Peter Struck
Das Erziehungsbuch

Peter Struck

Das Erziehungsbuch

Wissenschaftliche Buchgesellschaft

Umschlaggestaltung: Peter Lohse, Büttelborn.

Umschlagabbildung: „Kinder beim Inline Skating."
Foto: picture-alliance/dpa (aber besser mit Schutzhelm!).

© 2005 by Wissenschaftliche Buchgesellschaft, Darmstadt
Dieser Titel ist der komplett aktualisierte, erweiterte
und neu strukturierte Nachfolger des Buches „Die Kunst der Erziehung"
Die Herausgabe des Werkes wurde durch
die Vereinsmitglieder der WBG ermöglicht.
Redaktion: Cord Steinmeyer
Satz: Setzerei Gutowski, Weiterstadt
Gedruckt auf säurefreiem und alterungsbeständigem Papier
Printed in Germany

Besuchen Sie uns im Internet: www.wbg-darmstadt.de

ISBN 3-534-18684-2

Für
Thomas Schunck

„Wir müssen bei unserer Erziehung bedenken: Kinder, die heute geboren werden,
haben eine Lebensperspektive bis zum Jahr 2090 und darüber hinaus."

Otto Herz

„Das Kind ist der Zukunft näher als der Erwachsene."

Mathias Wais

„Da hat man Laufen und Sprechen gelernt, und dann heißt es:
,Still sitzen und Maul halten!'"

Aus einem Schülertagebuch

Inhalt

Vorwort:
Wenn die Gesellschaft ihre Kinder
zu verlieren droht

Immer mehr Eltern sind rat- oder hilflos, wenn es um die Erziehung ihrer Kinder geht. Der Buchmarkt hat darauf reagiert, und auch in Zeitschriften finden sich immer häufiger Empfehlungen, wie man mit den jungen Menschen umgehen sollte, damit sie gelingen. Nur, oft liest man durchaus Gegensätzliches, und das erhöht die erzieherische Sicherheit keineswegs.

Nachdem uns Neil Postman schon vor 20 Jahren mit seinen Thesen über „Das Verschwinden der Kindheit" erschüttert hatte, mit denen er davor warnen wollte, dass immer mehr Kinder die für sie so wichtigen Entwicklungs- bzw. Erziehungsphasen schlichtweg überspringen, weil sie Kindsein als Kindischsein empfinden, hatte er uns 1995 mit seinem Buch „Keine Götter mehr" sagen wollen, dass nun – gemäß dem Untertitel des Buches – „Das Ende der Erziehung" erreicht sei. Und schon 1993 hatte der berühmte New Yorker Pädagoge Lewis J. Perelman mit seiner Schrift „Schools's Out" feststellen wollen, dass junge Menschen in hochkomplexen postmodernen Gesellschaften wie denen der USA und Westeuropas mehr von den Medien und der Jugendkultszenerie mit ihren Trends und Sogwirkungen beeinflusst werden als von den beiden Lebenswelten Familie und Schule zusammen, kurz gesagt: dass Jugendliche mittlerweile außerhalb der Schule mehr lernen als innerhalb.

Amerikanische Psychologen und Genetiker legen jetzt nach und behaupten auf der Grundlage von Erkenntnissen über die Persönlichkeitsentwicklung getrennt aufgewachsener eineiiger Zwillinge und ersten Resultaten in Bezug auf die Zuordnung von einzelnen Verhaltensweisen zu Erbfaktoren und Genkonstellationen, dass etwa 50 Prozent der individuellen menschlichen Eigenarten durch die Chromosomen bedingt seien, die die Eltern ihrem Nachwuchs mit auf den Lebensweg geben, dass die anderen 50 Prozent aber vornehmlich durch den Freundeskreis der Kids und durch das soziale Milieu einschließlich der Medieneinflüsse geprägt würden. Für die Eltern bliebe nicht sehr viel an erzieherischem Einfluss, wenn man von dramatischen Aktionen wie Schlagen oder sexuellem Missbrauch einmal absehe.

In einem biologischen Sinnzusammenhang hieße dies: Wenn Eltern schon mit den von ihnen weitergegebenen Genen die Hälfte des kindlichen Wesens bestimmen, dann sollen sie nicht auch noch die andere Hälfte mit ihrer Erziehung prägen; Kinder müssen für die nächste Generation und nicht für die der Eltern erzogen werden, und deshalb wird am Beispiel der Yanomami-Kinder aus dem brasilianischen Regenwald belegt, dass offenbar schon vor Jahrtausenden die Gruppe der Gleichaltrigen stets einen größeren Einfluss hatte als die Eltern. Mathias Wais, ein Kinder- und Jugendtherapeut aus Dortmund, formuliert das so: „Die Kinder sind der Zukunft näher als die Erwachsenen."

In den USA tobt zurzeit ein heftiger Kampf um die Thesen der Psychologin Judith R. Harris. In ihrem Buch „The Nurture Assumption", was so viel wie „Die Erziehungslüge" bedeutet, legt sie dar, dass es die Freunde vom Spielplatz, der Kindergarten, die Mitschüler und die Peergroup seien, die neben dem Bildschirm den stärksten Einfluss auf junge Menschen ausüben. Der Part der Eltern dagegen sei im Wesentlichen mit dem Zeugungsakt erledigt.

Als „Der Spiegel" Ende 1998 mit diesen Aussagen und dem Aufmacher „Eltern ohne Einfluss – Ist Erziehung sinnlos?" erschien, ging ein Ruck durch viele Familien, Lehrerkollegien und erziehungswissenschaftliche Seminare in Deutschland, zumal auch der Münchener Junge „Mehmet", das Hamburger Crash-Kid Dennis und sogar Adolf Hitler in der Titelgeschichte für die Frage herhalten mussten, ob deren jeweilige Entwicklung überhaupt irgendetwas mit der Schuld oder der Unschuld ihrer Eltern zu tun hat.

Praktiker wie Kinderpflegerinnen, Kindergärtnerinnen, Erzieher, Sozialpädagogen, Familienhelfer, Grundschullehrerinnen, Präventionslehrer und Pädagogen in Heimen und Jugendstrafanstalten oder Erziehungswissenschaftler, die sehr nah an verhaltensschwierigen Kindern dran sind, stellen jedoch etwas ganz anderes fest als Judith R. Harris:

- Auf kleine Kinder haben Eltern einen riesigen direkten erzieherischen Einfluss; sie können in den ersten drei Lebensjahren mehr als bislang vermutet schädigen, befördern oder richten, und sie können es sogar schon während der Schwangerschaft.
- Mit dem Älterwerden des Kindes nimmt die erzieherische Beeinflussung der Persönlichkeit durch Kindergarten, Schule, Medien und Gleichaltrigkeit ständig zu, die durch die Eltern jedoch gleichzeitig ab.
- Und selbst wenn die nichtfamiliären Faktoren stetig an Bedeutung gewinnen, können die Eltern ihre erzieherischen Möglichkeiten indirekt bewahren, indem sie den Umgang des jungen Menschen mitgestalten (Nachbarschaft bzw. Wohnort, Freundeskreis, Sportverein, Reiseziele, Schullaufbahn, Auslandsaufenthalt usw.), indem sie Einfluss auf die multimediale Ausstattung des Kinderzimmers oder ihres Haushalts, auf das über Bildschirm Gesehene und auf die Auswahl der Lektüre nehmen, indem sie – im Fall von Konflikten – Werteentscheidungen per Gespräch begünstigen, Verhaltensalternativen aufzeigen und mit den jungen Menschen eintrainieren oder indem sie durch Nähe, Emotionalität und leibliche Versorgung für eine ausgeglichene Lebensbilanz ihrer Kinder sorgen, die sie vor einem Ausweichen in Gewalt, Sucht oder Krankheit und das Gewöhnen an solche Auswege bewahrt.
- Eines ist aber auch klar: Da Gleichaltrige auf Jugendliche einen hohen ungünstigen Einfluss haben können, muss man die „Restkonzentration" von jungen Menschen in eine missliche

Gleichaltrigkeit hinein möglichst verhindern, und das stellt immerhin Schulen für Verhaltensgestörte, Jugendstrafanstalten und in Problemgebieten sogar Hauptschulen in Frage.

■ Und wir wissen längst von Hirnforschern, Lernpsychologen und praktizierenden Lehrern: Junge Menschen lernen besser und mehr, wenn sie selbst lernen und nicht bloß von uns belehrt werden. Sie lernen in der Tat mit und von Gleichaltrigen leichter als von noch so guten Eltern und Lehrern – was uns Erwachsene gelegentlich kränkt.

Dass die erziehungspessimistische Schlussfolgerung der Amerikaner ganz und gar falsch ist, dass Eltern, je nach Altersstufe des jungen Menschen, durchaus starke bis indirekte Einflussmöglichkeiten haben, soll mit diesem Buch nachgewiesen werden. Es reiht sich gleichzeitig in die Kette der Erziehungsratgeber ein und bemüht sich, die Empfehlungen der bisherigen Abhandlungen zusammen zu schauen und herauszufinden, was allgemein als sicher gilt und was speziell für die Kinder und Jugendlichen gesagt werden muss, die jetzt am Beginn des neuen Jahrhunderts, das zugleich ein neues Jahrtausend ist, heranwachsen.

Wir sprechen heute von dem Phänomen der veränderten Kindheit und Jugend, und wir wollen damit sagen, dass sich zwar die mit auf die Welt gebrachten Grundbedürfnisse der jungen Menschen in den letzten 10 000 Jahren nicht gewandelt haben, weil sich genetisch in diesem Zeitraum kaum etwas verändert hat, dass sich aber rings um die Kinder und Jugendlichen herum fast alles verändert hat. Und diese Wandlungen haben auch die jungen Menschen gewandelt, was ein Beleg dafür ist, dass direkte (intentionale) und indirekte (funktionale) Erziehung durchaus eine Menge bewirkt, wenn wir beispielsweise an die so häufig beklagten Phänomene Gewalt, Sucht und Krankheit denken oder auch an die Trends und Sogwirkungen der Jugendkultszenerie, an das Sprachverhalten, an das Kleidungsverhalten, an den Musikgeschmack, an das Spielverhalten, an das Konsumverhalten, an Interessen und an von jungen Menschen bevorzugte Lerninhalte.

Die Lage scheint kritisch zu sein, denn offenbar laufen immer mehr Kinder aus dem Ruder; Verhaltensauffälligkeiten und Teilleistungsstörungen werden ebenso als ausufernd beklagt wie ein Niveauverlust beim Lernen; die Kinderarmut nimmt in Deutschland zu, aber auch die Scheidungsraten; immer mehr Kinder wachsen vater- und geschwisterlos auf, sie zeigen Wahrnehmungsstörungen und Sinnesschwächen; sie sind angeblich „verhausschweint", wenn sie aus Mangel an Bewegungserfahrungen im dreidimensionalen Raum nicht mehr ohne weiteres rückwärts gehen können, wenn sie Kräfte, Bewegungen, Geschwindigkeiten und Entfernungen nicht mehr richtig einschätzen können und deshalb leicht verunfallen, wenn sie hyperaktiv, konzentrationsgeschwächt und mit einem zu geringen Durchhaltevermögen ausgestattet sind und wenn sie in immer größerer Zahl auf Medikamente angewiesen sind.

Das Schlimmste ist jedoch, dass Kinder in unserer Gesellschaft mittlerweile so selten geworden sind, dass sie in der politischen Gestaltung nur noch eine nachrangige Rolle spielen und dass sie im Angesicht einer immer gewaltigeren Übermacht einer immer älter werdenden Erwachsenenwelt dazu neigen, innerlich schon früh den Generationsvertrag aufzukündigen. Sie schotten sich wie Schutzgemeinschaften von den Erwartungen, den Überforderungen und den bürokratischen Regelungen der vor ihnen lebenden Generationen zunehmend ab und gewähren nur ungern Einblick in ihre Lebensäußerungen. Sie leben neben der Gesellschaft in ihren Subkulturen, nicht mehr generationenübergreifend, und zwar deshalb, weil die Erwachsenen in den Familien, in den Kindergärten und in den Schulen erzieherisch allzu viel falsch machen. Ein Fehler ist dabei, Kindheit als paradiesischen Zustand zu idealisieren, ein zweiter, daraus resultierender, ist, Kinder vom Umgang mit Kompliziertem und auch Gefährlichem fern zu halten, denn sie lernen vor allem über diesen Umgang, und sie brauchen auch den Umgang mit Misslichem, um stark zu werden. Pädagogisch sinnvoll ist jedenfalls, mehr am Erleben des Kindes anzusetzen als an seinem Ideal. Wenn ein kleiner Junge mit einer Holzpistole spielt, kann man nämlich noch keineswegs hochrechnen, dass er auch späterhin Waffen zur Problembewältigung einsetzt. Jedenfalls gelingen Kinder eher durch eine Umgangs- als durch eine „Fernhaltepädagogik", die der Waldorfpädagoge Mathias Wais beispielsweise den Waldorfschulen vorwirft.

Die Gesellschaft droht im Moment ihre Kinder auf zweifache Weise zu verlieren, und zwar an Zahl und an Verbindung. Das liegt unter anderem daran, dass es ihr nicht gelingt, die Ansprüche unserer Verfassung erzieherisch umzusetzen. Auch mehr als 55 Jahre eines demokratischen wertepluralen und offenen Grundgesetzes haben immer noch nicht zu passenden Weisen des Zusammenlebens mit Kindern geführt. Kinder sind die letzten Untertanen unserer Gesellschaft; alle anderen Gruppen haben sich bereits einigermaßen emanzipieren können. Was Kinder heute noch – zum Beispiel in Schulen – erdulden müssen, würde sich keine andere gesellschaftliche Gruppierung mehr gefallen lassen.

Erziehung ist nicht schwierig, wenn man sie als eine gut gestaltete Beziehung versteht, und gut ist diese Beziehung zwischen Eltern und Kind, zwischen Lehrer und Schüler dann, wenn man bezogen auf die vom Kind in diese Welt mitgebrachten Grundbedürfnisse Liebe, Zeit, Ansprache, Zuhören, Bewegung, Spiel, Muße, Körperkontakt, Familiensinn, Weltbildaufbau, Kräfteentwicklung und Ernährung immer die Mitte trifft, und damit ist stets die Mitte zwischen Under- und Overprotection, zwischen Desinteresse und Überfürsorge, zwischen Unter- und Überforderung, zwischen Vernachlässigen und Verplanen gemeint. Erziehung ist eine Kunst, deren Erfolg wir insbesondere an zwei Bezugspunkten ablesen können:

- Eine bundesweite Befragung hat ergeben, dass die Kinder vor allem an ihren Eltern stört, dass sie von ihnen nicht ernst genug genommen werden, dass die Eltern ihnen also zu wenig zutrauen.
- Wenn Jugendliche aus dem Ruder gelaufen sind, kann man ihnen am besten helfen, indem man ihnen die Chance eröffnet, anderen Menschen zu gefallen, und das gelingt ihnen eher mit ihrer Persönlichkeit als mit der Berechnung des Rauminhalts eines Pyramidenstumpfes.

Wir müssen Kinder auch mal sein lassen können, wir sollten jedoch gleichzeitig ihre Sinne, ihre Kräfte und ihre Talente herausfordern, denn erzieherisch gilt es immer drei Arten von Bindungen des jungen Menschen hinbekommen: Der junge Mensch muss an andere Menschen, an ein Weltbild und an seine Zukunft gebunden sein, damit er als Wunschkind nicht zu einem Sorgenkind wird. Und das schaffen wir kaum mit einer repressiven Erziehung, aber schon mit der vom Landesinstitut für Schule und Weiterbildung in Nordrhein-Westfalen propagierten „ermutigenden Erziehung", die die ihm zugeordneten Schulen jedoch mehrheitlich immer noch nicht umzusetzen vermögen, weil sie sich eher als PISA-taugliche „Schulabschlussindustriebetriebe" und ihre Lehrer eher als „Unterrichtsvollzugsbeamte" verstehen, wie Ingo Würtl formuliert.

Das schaffen die Soslodon auf Borneo schon eher. Sie leben isoliert, also rücken sie näher zusammen. Ihnen ist ein aufgeräumtes Gruppenleben wichtiger als eine aufgeräumte Höhle. Sie haben keine erkennbare Hierarchie, aber sie beschäftigen sich miteinander, und sie leben eine hohe soziale Verantwortung. Körperkontakt zur stetigen Vergewisserung ihrer Gruppeneinbindung suchen sie alle ständig, und zwar nicht nur Eheleute oder Verliebte, sondern auch Kinder untereinander; sie kitzeln sich, balgen sich liebevoll und legen die Arme gegenseitig um die Schultern, als ginge es um eine „soziale Körperpflege". Vor so etwas stehen wir entweder fasziniert oder wie die Amerikaner prüde entsetzt, offenbar weil wir es auch gern hätten und weil es uns verloren gegangen zu sein scheint.

Ich werde mit diesen Buch versuchen, ein erzieherisches Leitbild nicht für Borneo, sondern für unsere Gesellschaft in Deutschland und Europa und für unsere Zeit aufzubauen, und zwar eines, das jeder auch ohne ein Pädagogikstudium und ohne einen „Elternführerschein", wie er in den USA diskutiert wird, umsetzen kann. Ich beginne damit neun Monate vor der Geburt, gehe über die Kindheit bis zum 13. Lebensjahr sowie das Jugendalter von 14 bis 17 Jahren, und ich ende mit dem Heranwachsenden, der die Altersstufen von 18 bis 21 umfasst.

Gelegentliche Wiederholungen sind unvermeidlich, damit jedes der vielen kleinen Kapitel eine innere Stimmigkeit erhält. Wenn ich von Schülern, Erziehern und Lehrern spreche, meine ich geschlechtsneutrale Funktionsbegriffe, wie sie seit Jahrhunderten mit unserer Sprachgeschichte gewachsen sind, so dass es selbstverständlich ist, dass Schülerinnen, Erzieherinnen und Lehrerinnen jeweils eingeschlossen sind. Ich möchte damit keineswegs emanzipatorische Zugewinne schmälern, meine aber, dass es für Leser ermüdend wäre, wenn ich ständig von Konzertbesucherinnen und Konzertbesuchern, von Scharlatanerinnen und Scharlatanen, von Bürgerinnen- und Bürgersteigen, von Unterdrückerinnen und Unterdrückern, von Stotterinnen und Stotterern, von Bettnässerinnen und Bettnässern, von Ladendiebinnen und Ladendieben, von Fußgängerinnen- und Fußgängertunneln oder gar von LeserInnen und BürgerInnen schreibe. Schließlich ist doch auch noch nie jemand der Meinung gewesen, dass Fußgängerampeln nur für Männer gelten. Ich will es wie in der englischen Sprache halten; dort werden weibliche Formen nur für einzelne Personen verwendet, nicht aber für weibliche Mitglieder einer Gruppe von Frauen und Männern. Im Englischen spricht man von „citizens"; das Wort „citizenesses" für Bürgerinnen oder so etwas wie „citizenEsses" für BürgerInnen gibt es dort gar nicht, obwohl die Frauen dort ebenso emanzipiert sind wie bei uns.

Für so manche Anregung danke ich meinem Freund Ingo Würtl sehr.

Hamburg, im Sommer 2005   Peter Struck

I. Warum Erziehung?

1. Jedes Kind ist eigentümlich

Im Laufe unserer Geschichte schwankte das vorherrschende Menschenbild zwischen der genetischen und der Umwelttheorie mehrfach hin und her. Einige glaubten, dass die Persönlichkeit im Wesentlichen vom Erbgut bestimmt wird, andere – wie die Marxisten – gingen davon aus, dass vor allem die Erziehung das Wesen des Menschen beeinflusst. Der deutsche Psychiater Ernst Kretschmer sah sich in den zwanziger Jahren des vergangenen Jahrhunderts sogar veranlasst, verschiedene Körperbautypen wie den Pykniker, den Leptosomen und den Athleten mit der Neigung zu bestimmten Geisteskrankheiten wie der Manischen Depression oder der Schizophrenie in Verbindung zu setzen und Temperamente zu typisieren, wenn er in Anlehnung an Ärzte der Antike wie Hippokrates und Galenus Galen vom Phlegmatiker, vom Sanguiniker, vom Choleriker und vom Melancholiker sprach.

Heute wissen wir, dass die Wahrheit in der Mitte liegt, dass der Mensch also etwa zur Hälfte Produkt seiner Gene ist und zur anderen Hälfte Ergebnis der auf ihn einwirkenden Einflüsse, die ihn schon während der Schwangerschaft prägen. Und bezogen auf Körperbautypen und Temperamente ist es so, dass die von Kretschmer beschriebenen reinen Formen nur selten vorkommen und dass fast alle Menschen Mischungen von allem darstellen. Es kann also nicht um Typen gehen, die einem irgendwie gearteten „Schubladendenken" entsprechen, sondern es muss vielmehr davon ausgegangen werden, dass wir es mit einer riesigen Bandbreite von Eigentümlichkeiten der Veranlagung und von erziehungsabhängigen Persönlichkeitsmerkmalen sowie der Kombination von beidem zu tun haben. Und wenn wir schon Typen von Menschen beschreiben wollen, dann müssen wir so viele Typen auswerfen, wie es Menschen auf der Erde gab, gibt und geben wird, und darüber hinaus noch diejenigen Typen, die zufällig nie geboren und erzogen wurden und werden.

Jeder Mensch ist einmalig bzw. eigentümlich; er ist unwiederholbar, und das gilt selbst für eineiige Zwillinge, die in einem gemeinsamen Milieu aufwachsen. Wenn wir sie von außen nicht so gut unterscheiden können, so kann es ihre Mutter dennoch, weil sie in ihrem Wesen zumindest minimal voneinander abweichen. Das gilt im Übrigen auch, weil sie sich selbst zumindest in ihren Interessen voneinander unterscheiden wollen. Die Bandbreite menschlicher Eigentümlichkeiten findet jedoch Grenzen der Akzeptanz, und zwar jeweils an ihren Extremen: Ein Baby, das rund um die Uhr schreit, wollen wir mit dieser Eigentümlichkeit nicht dulden, auch dann nicht, wenn wir feststellen, dass Jungen eher und öfter schreien als Mädchen, und auch dann nicht, wenn uns jemand sagt, dass das Schreien einen konkreten Grund hat, weil das Kind beispielsweise unter großen Schmerzen leidet. Also gibt es in Deutschland mittlerweile Schreiambulanzen für solche Kleinstkinder, ebenso wie es Brutkästen für Frühgeborene, Vollheime, Pflege- und Adoptionsfamilien für Waisen, ein Privatgymnasium für Legastheniker, Schwimm-, Tennis- und Skigymnasien, Internate für Hochbegabte, Kliniken für Asthmatiker und Neurodermiker, erlebnispädagogische Reisen für Crash-Kids und Segelschiffprojekte für Drogenabhängige gibt.

Innerhalb einer akzeptierten Bandbreite fangen wir Kinder mit Musikschulen, mit Sportinternaten, als Wunderkinder, als Kinderstars im Showgeschäft, als Mitglieder der Waldjugend, als Überspringer von schulischen Klassenstufen oder gar als 14-jährige Studenten ein, aber außerhalb dieser Bandbreite von irgendwie akzeptierten Eigentümlichkeiten laufen wir zu Erziehungsberatungsstellen, fragen wir Schulpsychologen und Kinderärzte und fordern wir geschlossene Heime und Jugendstrafanstalten, zumindest machen wir uns Sorgen oder haben gar Ängste.

Wie gehen wir damit um, wenn wir unseren 13-jährigen Sohn beim Rauchen oder beim Onanieren erwischen? Was bedeutet es, wenn der zehnjährige Raoul Wüthrich die Genitalien seiner fünfjährigen Schwester anfasst? Wie sieht es mit der Akzeptanz der Eigentümlichkeit aus, wenn ein neunjähriges Mädchen esssüchtig und übergewichtig ist oder ein 15-jähriger Junge keine Freunde hat und sich täglich sechs Stunden in seinem Zimmer einschließt, um ausschließlich mit dem Computer und dem Internet zu kommunizieren? Und wie steht es mit der Toleranz gegenüber der Eigentümlichkeit, wenn mein Sohn ständig viel zu laut Rap-Musik hört, sich zu selten die Zähne putzt, nie sein Zimmer aufräumt, drogenabhängige Freunde hat und seine Freizeit in einer Punk- oder einer Skinhead-Gruppe verbringt? Ist die Eigenart meiner Tochter, überall zu spät zu kommen, genauso zu bewerten oder gar hinzunehmen wie die ihres Bruders, der überall und ständig viel zu früh erscheint?

In einer Zeit des sich aufrichtenden Ichs, das eine Folge von Demokratisierung, Werte- und Meinungsvielfalt sowie Konkurrenz in einer Winner-and-Loser-Society ist, werden Individualitäten und Eigentümlichkeiten mehr akzentuiert und akzeptiert als in totalitären und autoritären Gesellschaften. Die Beamten und Soldaten des preußischen Königreiches sollten alle in etwa gleicher Weise funktionieren; in unserer modernen komplexen und komplizierten Gesellschaft wollen wir so etwas nicht, wir wollen eher die unverwechselbare Besonderheit des Einzelnen betonen, auch als Gegengewicht zu vermassenden Anpassungsprozessen. Aber wenn die Eigentümlichkeiten zu Lasten der Allgemeinheit gehen, dann ist für uns Schluss, außer der Einzelne kann nichts für seine Besonderheit, weil er rot-grün-blind oder körperbehindert ist oder minderbegabt. Dennoch sagen wir zum Hyperaktiven „Nun reiß dich doch mal zusammen!", und den Kleptomanen wollen wir einsperren und den Homosexuellen ausgrenzen.

Eigentümlich zu sein bereitet nicht nur oft der Gesellschaft Schwierigkeiten, sondern auch dem eigentümlichen Menschen selbst; er ist deshalb geneigt, die Nähe zu ähnlich Eigentümlichen zu suchen: Skater fühlen sich am wohlsten unter Skatern, Hools unter Hooligans, Rapper unter Rappern, Skins unter Skinheads, Russlanddeutsche unter Aussiedlern, Türken unter Türken, Riesenwüchsige unter Riesenwüchsigen, Hochbegabte unter Hochbegabten und Stadtstreicher unter Stadtstreichern.

Die meisten Kinder haben es mit ihren Eigentümlichkeiten nicht leicht: Die Rothaarigen werden gehänselt, die Lernbehinderten werden ausgelacht, die Hyperaktiven werden als Spielkameraden gemieden, die Übergewichtigen werden in keine Handballmannschaft gewählt, die Schwulen müssen Heterosexualität vorgaukeln, die Geigenvirtuosen schämen sich in manchen Lebenslagen ihrer Vorliebe für klassische Musik, die Hochbegabten finden keine gleichaltrigen Freunde, und die vaterlos aufwachsenden Jungen lügen ihren Freunden vor, ihr Papa sei vorübergehend beruflich im Ausland.

Erzieherisch schwierig ist dabei Folgendes:

■ Wenn die Eigentümlichkeit des jungen Menschen unveränderbar ist, muss er seiner Besonderheit zustimmen, weil ihm keine andere Wahl bleibt: Gleichgeschlechtliche Vorlieben sind wie Farbenblindheit keine Charaktersache, sie lassen sich auch mit Gewalt nicht ändern und müssen deshalb vom jeweiligen jungen Menschen, von seinen Eltern und der sonstigen sozialen Umwelt akzeptiert werden. Erziehungsauftrag ist wie gegenüber Hochbegabten, musischen Genies, geistig Behinderten, Kleinwüchsigen, Linkshändern und Sommersprossigen, die Übereinstimmung von Eigentümlichkeit und Ich-Findung – die wir ja Identitätsfindung nennen – hinzubekommen. Gleichzeitig sind zu der jeweiligen Besonderheit passende Lebensstrategien als Handlungs- und Konfliktfähigkeit einschließlich einer Fülle von angemessenen Verhaltensalternativen aufzuzeigen und auch für lähmende Situationen per Vorleben und Training verfügbar zu machen.

■ Wenn die Eigentümlichkeit eines jungen Menschen hingegen nicht akzeptabel und gleichzeitig veränderbar ist, dann muss er sehr deutlich und eventuell auch mit Gewalt auf einen anderen Weg gebracht werden. Dies gilt etwa, wenn er ständig klaut, lügt, Grenzen ignoriert oder anderen gegenüber aggressiv ist. Das funktioniert bei kleinen Kindern leichter als bei Jugendlichen, und wenn die Eigentümlichkeit eines 17-Jährigen über viele Jahre hinweg tief eingefahren ist, dann dürfen wir keineswegs mehr auf der Stufe einer bloßen Verständnis- und Appellationspädagogik stehen bleiben, dann müssen wir handeln und eventuell sogar mit Gewalt gegen Gewalt vorgehen, indem wir den 17-Jährigen im Rahmen des Anti-Aggressivitäts-Trainings auf dem „Heißen Stuhl" massiv und auch körperlich bedrängend mit seinen schlimmen Taten konfrontieren, beschimpfen und zur Reue sowie zur Wiedergutmachung über viele Stunden und Tage hinweg so lange herausfordern, bis er endlich zustimmt und sich gegenüber den anderen und gegenüber sich selbst zu einer entschiedenen Wandlung verpflichtet.

Dass Menschen und auch schon Kinder sehr eigentümlich, also ganz anders als andere Menschen sein dürfen, ist ein großer Fortschritt unserer gesellschaftlichen Entwicklung. Erziehung wird dadurch jedoch nicht leichter, denn je mehr Eigentümlichkeiten wir akzeptieren, desto mehr unterschiedliche Erziehungsweisen benötigen wir auch. Wenn wir aber mehr Eigentümlichkeiten begünstigen, produzieren wir gleichzeitig auch mehr Eigentümlichkeiten, die wir nicht akzeptieren können; oder wenn wir solche auch noch irgendwie akzeptieren können, tun es andere Zeitgenossen schon längst nicht mehr oder immer noch nicht. Dies führt dazu,

- dass Ältere nicht akzeptieren, was bei Jungen eine hohe Akzeptanz findet,
- dass Junge nicht mehr akzeptieren können, was für Ältere noch wünschenswert ist,
- dass Christen nicht akzeptieren können, was für Moslems selbstverständlich ist,
- dass Kinder heute eine andere Erziehung benötigen als Erwachsene kennen und umzusetzen bereit sind bzw. umsetzen können,
- dass Erziehung leicht sein könnte, wenn man sie mit dem Wandel der Gesellschaft auch zu wandeln bereit ist,
- und dass wir eigentlich für jedes deutsche Kind eine andere Erziehung und auch eine eigene Schulform bräuchten.

2. Bedürfnisse und Erziehung: Die Wahrheit liegt immer in der Mitte

Kinder gegen ihre Grundbedürfnisse erziehen zu wollen, ist so etwas wie Dressur, es ist unmenschlich und widerspricht unserem Grundgesetz. So wenig, wie man Kinder gegen ihr grundsätzliches Ess- und Trinkbedürfnis erziehen kann, kann man sie gegen ihren Bewegungs-, Spiel- und Körperkontaktdrang sozialisieren. Selbstverständlich müssen die angeborenen Bedürfnisse nach Ansprache und Zuhören, nach Sinnes- und Kräfteentwicklung mit dem nach einem stimmigen Weltbildaufbau in Einklang gebracht werden, denn das Kind hat auch Orientierungsbedürfnisse in Bezug auf Normen und Werte, also auf die Spielregeln unseres Zusammenlebens. Es will schon ganz früh am Gesicht von Mama ablesen, was gut, was neutral und was böse ist, und mit seinem Älterwerden will es über den engen Familienkreis hinaus guckend auch die Gesetze des Zusammenlebens im Kindergarten, im Freundeskreis, in der Nachbarschaft und in der Gesellschaft an sich verstehen. Dazu gehört unter anderem das Ausprobieren von Grenzüberschreitungen. Es will wissen, was denn eigentlich passiert, wenn etwas Verbotenes, etwa Unbotmäßiges dennoch getan wird, wohl wissend, dass es von vornherein nicht erlaubt ist.

Das Kind muss seine Bedürfnisse ausleben dürfen, und zwar nicht zu wenig und nicht zu viel, also in der Mitte. Und deshalb ist Erziehung leicht, wenn Eltern ihrem Kind nicht zu viel Liebe geben („Affenliebe") und nicht zu wenig, wenn sie sich nicht mit zu viel Zeit an es klammern, ihm aber auch nicht zu wenig widmen („Kaspar-Hauser-Effekt"), wenn sie nicht zu kalt und nicht zu verzärtelnd erziehen, ihm nicht zu viel und nicht zu wenig zu essen geben, es nicht verwöhnen und nicht vernachlässigen, wenn sie ihm nicht zu viele Bezugspersonen im ständigen Wechsel verordnen, es aber auch nicht nur einer einzigen überlassen, weil es keine Geschwister und keinen Vater gibt und weil gleichaltrige Freunde vielleicht unerwünschte Einflüsse ausüben könnten, wie Jean-Jacques Rousseau das bei seinem Émile befürchtet hat.

Zugegeben, das alles erfordert einen Seiltanz, und in jeder Entwicklungsstufe – die nicht unbedingt mit einem bestimmten Lebensalter korellieren muss – sind andere Dosierungen an Zuwendung und Grenzsetzung, an Gewährenlassen und Verbieten, an Herausforderung und Entlastung nötig. Der bloße Blick auf die Erziehung des Nachbarkindes führt da nicht unbedingt weiter. Setzt man die Grenzen zu eng, wird das Kind neurotisch gestört, setzt man sie zu weit oder mit Inkonsequenz jeden Tag anders, verwahrlost es, und beides zusammen äußert sich bekanntlicherweise in Form von Verhaltensauffälligkeiten, Verhaltensstörungen und Deviationen, d.h. Abweichungen, Krankheiten, Suchterscheinungen oder gewalttätigem Verhalten.

Kinder sind eigentümlich, sie sind so verschieden, dass wir eigentlich für jedes Kind eine eigene Sonderschule bräuchten. Der Staat kann sich mit seiner Institution Schule nur schwer auf die Vielfalt der Kinder einstellen, die Familie kann da schon deutlich besser individualisieren, und eigentlich ist jeder Mutter der Instinkt für die spezifische Förderung ihres Kindes mitgegeben, wäre sie nicht so verunsichert und durch die anderen Faktoren ihres Lebens überfordert. Mütter spüren in der Regel, was für ihr Kind gut ist und was nicht, und das gilt sogar für Mütter, die ihr Kind als störend, als nicht in ihren Lebenszusammenhang oder in ihre Karriere passend empfinden. Mütter von unerwünschten Kindern neigen daher zu einem schizophrenen Unglücklichsein: Sie freuen sich, wenn sich jemand anderes um ihr Kind kümmert, und sie merken zugleich, was ihr Kind unglücklich macht.

Manche sich selbst überfordernde oder von anderen überforderte Mütter bekommen den erzieherischen Spagat aber dennoch hin, und mit der Singularisierung in unserer Gesellschaft und dem zunehmenden Phänomen, dass die Mutter ganz allein mit einem Kind eine Kleinstfamilie darstellt, müssen immer mehr Mütter Folgendes können: Sie organisieren die Befriedigung der Grundbedürfnisse ihres Kindes, indem sie dafür sorgen, dass ein Mann als Bezugsperson für ihren Jungen zur Verfügung steht (ein Freund, ein Trainer, ein männlicher Klassenlehrer), dass sie gemeinsam mit ihrem Kind und einer anderen Kleinstfamilie in den Urlaub fahren, damit ihr Kind auch so etwas wie Geschwisterlichkeit erfährt, oder dass ihr Kind nachmittags in der Familie eines Schulfreundes oder einer Schulfreundin Hausaufgaben machen kann.

Da Erziehung keine Dienstleistung sein kann, sondern so etwas wie eine gestaltete Beziehung im Zusammenleben ist, kann der Staat die Erziehung, die den Eltern nicht gelingt, eigentlich nicht direkt übernehmen. Er kann lediglich dazu beitragen, dass Eltern erzieherisch gestärkt werden oder dass in Kindergärten, in Schulen und in Heimen familienähnliche Lebensbedingungen für Kinder und Jugendlichen geboten

werden. Denn neben den anderen Grundbedürfnissen haben junge Menschen ange-
borenerweise auch ein Familienbedürfnis. Und wenn dies nicht direkt in ihrer Herkunftsfamilie befriedigt wird und die Familienergänzung bzw. der Familienersatz
durch staatliche Unterstützung nicht hergestellt werden kann, dann machen junge
Menschen ihre diesbezügliche Bilanz dennoch stimmig, wie es bei jedem Grundbedürfnis immer irgendwie mit Zucker- oder Esssucht, mit Drogen, mit Gewalt, mit
Sammelleidenschaft, mit Arbeitswut, mit Promiskuität, mit Spielsucht, mit einer
sexuellen Besonderheit oder mit Krankheit geschieht. Sie machen sich entsprechend
selbst auf die Suche nach einer Ersatzfamilie, und die kann dann auch ganz ungünstig eine Hooligan-, Skinhead- oder Neonazigruppe, eine Jugendbande, eine okkultistische oder Satanskultgruppe, eine Gruftie-, eine S-Bahn-Surfer- oder eine Graffiti-
Sprayer-Clique sein.

Der Staat kann also nicht selbst erziehen, er kann allenfalls erzieherische Einbet-
tungen begünstigen, aber genau dies macht er oft falsch, indem er die Lehre von den
„sinnvollen Größen" vernachlässigt: Bezugspersonen lassen sich nicht zu einem sinnvollen Ganzen addieren oder austauschen, und so entspricht es nicht den Bedürfnissen eines elfjährigen Schülers, in einer viel zu großen Schule auf einen Tutor, zwölf
Fachlehrer und, wenn es dann nicht gut läuft, zusätzlich noch auf Sozialpädagogen,
Schulpsychologen, Beratungslehrer, Familienhelfer, Schriftsprachberater, Spielpäda-
gogen und gegebenenfalls noch auf einen Kinderarzt aufgeteilt zu werden, so wenig,
wie es ein elfjähriges Heimkind verkraften kann, wenn es auf mehrere Erzieher, die
sich im Schichtdienst abwechseln, die versetzt werden, in Urlaub gehen und wegen
Krankheit ausfallen, aufgeteilt und bei jeder größeren Schwierigkeit in eine wieder
andere Institution umgetopft wird.

Am besten lässt sich die Lehre von den sinnvollen Größen bezogen auf das Bedürfnis nach Bezugspersonen je nach Alter des Kindes so differenzieren:

- Die ersten Wochen nach der Geburt erträgt das Kind eigentlich nur eine Hauptbezugsperson; das kann Mama sein, aber es kann auch Papa oder ein ganz anderer Mensch sein; die
  Blutsverwandtschaft ist für diese Rolle keineswegs erforderlich.
- Ab dem vierten Monat tut es dem Kind gut, wenn es zwei Bezugspersonen hat, herkömm-
  licherweise sind das Mama und Papa.
- Nach einem Jahr, eher noch nach zwei Jahren, freut sich das Kind auch über weitere Bezugs-
  personen (Geschwister, Großeltern).
- Mit vier Jahren werden in Ergänzung zu Mama, Papa, Oma, Opa und Geschwistern auch
  gleichaltrige Bezugspersonen wichtig.
- Vom fünften Lebensjahr an ist die Ergänzung durch ein zweites familienähnliches Milieu
  für die Förderung des Kindes günstig (Spielplatz, Kindergarten, Vorschule, Schule).
- Mit zehn Jahren benötigt ein Kind eigentlich unbedingt zwei Hauptbezugspersonen (in der
  Regel sind das Mama und Papa), wobei die erst später in Erscheinung getretene etwas be-
  deutsamer wird als die ursprüngliche Hauptbezugsperson. Für Jungen ist daher mit zehn
  Jahren der Vater oft wichtiger als die Mutter. Zumindest ein gleichaltriger „Busenfreund"

oder eine „Busenfreundin" sind nun aber ebenfalls unverzichtbar, insbesondere wenn es keine Geschwister gibt.

- Mit 13 Jahren weiten sich die Lebenskreise, und die gleichaltrigen Freunde beginnen wichtiger zu werden als die ursprünglichen Hauptbezugspersonen. Das tut Mama und Papa oft weh, ist aber biologisch normal, weil mit Beginn der Pubertät die Ablösung aus der Herkunftsfamilie einsetzt und der Übergang in andere Beziehungsweisen (Sexualpartnerschaften) vorbereitet wird.

- Bis zum 15. oder 16. Lebensjahr brauchen junge Menschen eigentlich das Mütterliche, das Väterliche, das Großmütterliche, das Großväterliche, das Geschwisterliche, das Freundschaftliche und für dies und das den Fachmann (Trainer, Musikerzieher, Lehrer). Aber das ist jetzt weniger wörtlich als funktional zu verstehen. Mama kann auch freundschaftlich, Papa kann mütterlich, die Klassenlehrerin kann großmütterlich, der Trainer kann freundschaftlich sein usw. Hauptsache ist, dass die Funktionen des Mütterlichen (an der leiblichen und emotionalen Versorgung des Kindes interessiert), des Väterlichen (in die Zukunft und in die weite Welt hinausfordernd), des Großmütterlichen (für die Werteermittlung und das Tradieren von Sitten und Bräuchen zuständig), des Großväterlichen (für Lebenserfahrung und Taktik stehend), des Freundschaftlichen (für das Bedürfnis nach Gleichaltrigkeit) sowie des Fachmanns (für das, was die anderen Bezugspersonen nicht können: Reiten, Klavier, Ballett, Computer, Inlineskating, Latein, Basketball, Chemie …) jeweils von irgendjemandem repräsentiert werden. Die ergiebigste Person in der Fachmannrolle ist neben dem Vereinstrainer übrigens der Klassenlehrer, während eine Summe von fachwissenschaftlich hochkompetenten Fachlehrern zumeist noch kein sinnvolles erzieherisches Ganzes ergibt.

Der fertige junge Mensch ist zu etwa der Hälfte seiner Persönlichkeit Produkt besonderer Anlagen, d. h. der eigenen Gene, und zur anderen Hälfte Produkt seiner beabsichtigten Erziehung, vorausgesetzt sie hat sich ereignet. Und in dem Maße, wie sie sich nicht oder schlecht ereignet hat, treten an ihre Stelle andere Einflüsse, wie sie durch die Medien, aus der Werbung, von Gleichaltrigen, aus gesellschaftlichen Trends und Sogwirkungen und mit Verführungen kommen. Erziehung kann jedenfalls diese Einflüsse dosieren, verringern, befördern oder indirekt kanalisieren, indem die Eltern schon früh auf Auswahl, Umfang und Gesprächsbegleitung achten oder nicht, indem sie sich entscheiden, hier zu wohnen und nicht dort, indem sie hierhin reisen und nicht dorthin, indem sie allein mit dem Kind oder mit anderen Menschen zusammen reisen und diese Schule und nicht die andere wählen. Eltern haben Einfluss auf den Umgang des Kindes, und je früher und geschickter sie ihn nutzen, umso mehr prägen sie die Persönlichkeit des jungen Menschen mit, im Groben nach folgender Faustformel:

Von den 50 Prozent, die die absichtsvolle Erziehung überhaupt Einfluss auf die Persönlichkeitsentwicklung hat, ereignen sich etwa zwei Drittel bis zum Ende des dritten Lebensjahres, ein weiteres Sechstel bis zum Ende des zehnten Lebensjahres, und ab dann bleiben noch etwa ein Sechstel Einflussmöglichkeiten grundsätzlicher Art, was nicht Lernen im engeren Sinn meint, denn das kann man unbegrenzt ein Leben lang.

Will man bei einem 14-jährigen Jugendlichen etwas in seiner Persönlichkeit erreichen, weil er ständig lügt, klaut oder zuschlägt, dann muss man allerdings den zehnfachen Aufwand im Vergleich zu einem Dreijährigen betreiben, und es kommt höchstens noch 80 Prozent Erfolg dabei heraus.

Die Einflussmöglichkeiten gegenüber den Persönlichkeitsdetails eines jungen Menschen sind ohnehin unterschiedlich groß: Die Augenfarbe oder die Nasenform kann man erzieherisch gar nicht beeinflussen, Homosexualität, Linkshändigkeit, Autismus und Hyperaktivität kaum, aber gegenüber Lügen, Klauen und Gewaltbereitschaft hat man schon recht große Chancen der Veränderung. Die Gene sind eben nicht in allem eine Zwangsjacke, sie sind ein formbares Rohmaterial mit den Beschränkungen, die Materialien stets innewohnen.

Die Gene sind kein übermächtiges Schicksal, die erzieherischen Einflüssen widerstehen; sie begrenzen aber auch erzieherische Möglichkeiten mehr, als wir in den vergangenen 25 Jahren glaubten. Aus einem Arbeitsgaul lässt sich kein Rennpferd machen, aus einem schwach begabten Kind kein Wunderkind, aus einem Zappelphilipp kein Stoiker; aber aus einem gewalttätigen Jungen lässt sich schon ein friedfertiger, aus einem Dieb ein Gesetzestreuer und aus einem Lügner ein Wahrheitsliebender machen. Allerdings ist es schwer, aus einem Phlegmatiker einen Workaholic zu formen und aus einem sehr stillen, schüchternen Menschen eine Quasselstrippe. Etwa 20 Prozent aller Kinder tragen nämlich eine Anlage zur Schüchternheit in sich. Wer sich als Kind schüchtern zeigt, tastet sich auch als Erwachsener vorsichtig an neue Situationen heran, ergab eine große Langzeitstudie der Harvard University. Denn verantwortlich für das Temperament ist ein Bereich im Gehirn, der Amygdala genannt wird; in ihm werden Gefühle und Abenteuerlust mit der Besonderheit des angeborenen Stoffwechsels gesteuert.

Wenn eineiige Zwillinge bei ihrer Geburt getrennt werden und in höchst unterschiedlichen Familien aufwachsen, sind sie sich als Erwachsene meist so ähnlich, als wären sie gemeinsam aufgewachsen. Dass das elterliche Verhalten dagegen eine geringere Rolle als bisher vermutet spielt, sieht man dagegen schon daran, dass übergewichtige Adoptiveltern, die zu viel essen, mehrheitlich keine Kinder haben, die das gleiche tun. Auch die Art der Sprachentwicklung basiert übrigens auf einer starken genetischen Grundlage.

Da Kinder nicht für die Generation ihrer Eltern erzogen werden, sondern für die nächstfolgende, hat die Natur es so eingerichtet, dass die Eltern, die ja schon ihr Erbgut in ihr Kind gegeben haben, nicht auch noch grenzenlose erzieherische Einflüsse obendrauf setzen können. Ihr Einfluss muss beschränkt bleiben, damit noch Freiraum für die Einflüsse durch die eigene Generation bleiben. Für Kinder ist die Orientierung an Gleichaltrigen und auch die Anpassung an sie außerordentlich wichtig, weil sie mit ihnen ihre Zukunft teilen müssen. Deshalb gilt zumindest für junge Menschen ab 14 Jahren, dass sie mehr von anderen jungen Menschen beeinflusst werden und beeinflusst werden müssen als von ihren noch so guten Eltern und Lehrern. Das schützt sie, übrigens auch vor den zufälligen Ideologien einer bestimmten Generation, die in der folgenden Generation nicht mehr mehrheitlich geteilt werden, wie wir nach 1918, nach 1945 und nach 1989 ja schon deutlich in unserer Gesellschaft erfahren haben. Gleiches gilt für die jungen türkischen Mitbürger, die hier geboren, aber anfangs in ihrer Familie stark moslemisch beeinflusst wurden und oft schmerzlich im Zuge von Kulturkollisionen gelitten haben, bevor sie mit dem 14. Lebensjahr beginnend ihr eigenes Weltbild für ein Leben in unserer multikulturellen und werteplurallen Gesellschaft zimmern durften. Wenn wir sie heute für ihre Zukunft erziehen, dann dürfen wir dabei nie vergessen, dass sie als jetzt Geborene eine Lebensperspektive bis in das Jahr 2090 haben; eine Zeitspanne, die uns eine gewaltige Verantwortung auflädt.

Wenn ein kleines Kind eher schüchtern, eher hyperaktiv oder eher zugehend offen ist, wenn es nicht so niedlich oder aber sehr attraktiv ist, beginnt in seinem Leben eine persönlichkeitsgestaltende Wechselwirkung mit vielen Erwachsenen und Gleichaltrigen. Ein von der Veranlagung her zufriedenes fröhliches Kind bekommt andere Rückmeldungen als ein zurückweisendes und aggressives oder ein ständig weinendes und schreiendes Kind, und damit werden schon viele Weichen für die Zukunft des jungen Menschen gestellt, die etwas mit Erfolg oder Versagen, mit Stigmatisierung, mit Neurosen oder auch dauerhafter Krankheit zu tun haben.

Wie schwierig die Aufdröselung von Persönlichkeitsmerkmalen nach Genen, elterlicher Erziehung und Einflüssen der Gleichaltrigen ist, wird am folgenden Beispiel deutlich: Die Höhe der Sprachbegabung wird von den Genen bestimmt, der Akzent oder Dialekt jedoch von der Erziehung, wobei Gleichaltrige mehr Einfluss haben als die Eltern, so dass Kinder von Einwanderern durchweg den Akzent ihrer Spielkameraden, Klassenkameraden und Freunde sowie die Insider-Sprachcodes ihrer Generation und ihrer Subkultur, nicht aber die Sprache ihrer Eltern übernehmen und nur sehr begrenzt die ihrer Lehrer und der Fernsehmoderatoren.

Und das ist auch irgendwie tröstlich, wie die amerikanische Psychologin Judith R. Harris feststellt: „Falls Eltern hartherzig oder gleichgültig sind, wird das die *Persönlichkeit* ihres Kindes zwar beeinflussen, nicht aber zerstören; allerdings vermag Härte die *Beziehung* der Eltern zu ihrem Kind zu zerstören, nicht sofort, aber viel früher als das bei anderen Eltern der Fall ist. Wenn Eltern wollen, dass auch ihre erwachsenen Kinder noch nett zu ihnen sind, dann sollten sie ihrerseits von Anfang an nett zu ihren Kindern sein."

In einem anderen Aspekt haben Eltern jedoch einen riesigen Einfluss: Pessimistische Eltern haben meist auch pessimistische Kinder, und optimistische Eltern haben optimistische Kinder. Der Grad des „Katastrophisierens" überträgt sich leicht, meint der amerikanische Psychologe Martin E. P. Seligman; und auch das hat eher biologische Gründe, weil sich die Menschen der Urzeit viel mehr als die heutigen auf rasch wechselnde Lebensbedingungen (Nomadisieren, Schneestürme, Feuersbrünste, Kälte, Dürren, Überschwemmungen, Hungersnöte) einstellen mussten und weil die Kinder im Notfall nur überleben konnten, wenn sie ihren Eltern bedingungslos folgten. Nun leben wir heute nicht mehr in solchen Zeiten, wir sind etwas unabhängiger von Naturgewalten geworden, so dass wir es uns erzieherisch auch leisten können, Kinder von höchst pessimistischen Eltern im Kindergarten und in der Schule in eine kritische Distanz zum Pessimismus ihrer Eltern zu bringen. Wir müssen sie dann außerhalb der Familie in Richtung Optimismus stärken, weil optimistische Kinder erfolgreicher durch ihr Leben kommen als pessimistische.

Zum Schluss sei noch erwähnt, dass kindliche Bedürfnisse und Erziehungsanspruch ganz oft beim Essen und den Essgewohnheiten des Kindes auseinander fallen. Eltern glauben vielfach besser zu wissen, was für das Kind gut ist, als der kindliche Körper:

- „Iss mein Kind, damit du groß und stark wirst!", „Was auf den Teller kommt, wird gegessen", „Einen für Papa, einen für Mama, einen für Oma …" sind elterliche Formulierungen für eine Art von Zwangsernährung, die durchweg ganz widersinnig mit dem zweiten Lebensjahr einsetzt, in dem sich das Wachstum des Kindes vorübergehend verlangsamt, so dass nicht mehr so viele Stoffe aufgenommen werden müssen wie zuvor.
- Ermahnungen wie „Du musst jetzt essen" oder „Wenn du nicht aufisst, musst du ins Bett" sind genauso sinnlos wie ein Appell an das Kind, es möge jetzt bitte schneller atmen.

Kinder wissen meist sehr viel besser als ihre Eltern, wie viel Essen und welches ihr Körper braucht, auch weil sie ganz anders als Erwachsene, die diese Fähigkeit weitgehend eingebüßt haben, Schwankungen in der Menge der Nahrung, in den aufgenommenen Dosen von Spurenelementen und Vitaminen sowie von Flüssigkeitsmaßen über größere Zeiträume mit ihrem Stoffwechsel auszugleichen vermögen.

Ähnlich unergiebig sind elterliche Interventionen in Bezug auf die Vorbeugung gegen Erkältungskrankheiten und gegenüber dem Schlafbedürfnis. Kinder brauchen Erkältungskrankheiten, um ihr Immunsystem zu stärken bzw. um Abwehrkräfte aufzubauen. Vor dem vierten Lebensjahr haben Kinder vier bis acht Erkältungen pro Jahr, bei Zehn- bis 14-Jährigen reduziert sich diese Zahl auf drei- bis fünfmal jährlich. Sie wird nicht mit warmer Kleidung, mit Vitamin C, mit geschlossenen Fenstern sowie mit dem Verzicht auf das Spielen bei Regen reduziert, sondern eher erhöht, wie Forschungen ergeben haben. Erkältungen sind nämlich Viruserkrankungen, die durch Ansteckung übertragen werden und nicht durch Schals und Mützen verhindert, allerdings durch „Verweichlichung" durchaus begünstigt werden können.

Auch beim Schlaf ist es so, dass das Kind sich so viel davon holt, wie es braucht, jedenfalls bis etwa zum Alter von 13 Jahren. Erst vom 14. Lebensjahr an treten gelegentlich wirkliche Schlafdefizite auf, weil das Nachts-lange-durchhalten-Können zurzeit ein hoher jugendkultureller Wert ist, der auch rangordnungsbildenden Charakter hat. Aber selbst Jugendliche holen ihren Schlaf instinktiv, also automatisch, nach, leider jedoch oft im Unterricht der Schule oder an ihrem Ausbildungsplatz. Dagegen hilft dann nur noch ein Mehr an Tagesdisziplin mit einem über die Woche hinweg stimmigen Rhythmus von Wach- und Schlafzeiten, zu dem die Eltern durchweg hilfreich, also erzieherisch, beizutragen vermögen. Schlafforscher haben festgestellt, dass das Schlafbedürfnis vom zwölften bis zum 17. Lebensjahr nicht abnimmt, bei etwa neun Stunden täglich liegt und bei 18-Jährigen eher wieder anwächst.

3. Die Phase der totalitären Erziehung vor der Geburt

Etwa neun Monate lang bis zu seiner Geburt ist das Kind in seiner Mutter gefangen, es ist ihr ausgeliefert; aber das Kind will es auch gar nicht anders haben. Es braucht den Schutzraum im Mutterleib, in dem es geborgen ist, in dem es versorgt wird. Die Mutter umfasst das Kind ganz, es hat nur wenig Spielraum für Bewegungen, es kann fast nichts entscheiden.

Eigentlich entspricht dieses Leben dem Begriff der totalitären Erziehung, der ja meint, dass das Kind nicht nach seiner Zustimmung zu den Führungsweisen gefragt wird und dass auch das Private, das Intime des Kindes mit beeinflusst wird. Das Kind kann nicht ausweichen, weder wenn Mama vom Schlafzimmer ins Wohnzimmer geht, weder wenn Mama Ungesundes isst, raucht, Alkohol trinkt, Drogen nimmt, noch wenn Mama Stress oder Ärger hat, sich mit Papa prügelt oder nächtelang in Diskos tanzt. Insofern wundert folgende Untersuchung nicht:

Frauen, die vor oder während der Empfängnis großem Stress ausgesetzt sind, bekommen eher ein Mädchen als einen Jungen. Dies ist das Ergebnis einer dänischen Studie, die in der Fachzeitschrift „British Medical Journal" veröffentlicht wurde. Das Team des John-F.-Kennedy-Instituts im dänischen Glostrup untersuchte den Anteil von Jungen und Mädchen, die zwischen 1980 und 1992 geboren wurden. Ein Teil der Mütter hatte zur Zeit der Empfängnis in der näheren Familie entweder einen Tod, eine Krebserkrankung oder einen Herzinfarkt miterleben müssen. In dieser Gruppe waren 49 Prozent der Babys Jungen. Bei Müttern, die derartigen Stresssituationen nicht ausgesetzt waren, betrug die Jungenquote dagegen 51,2 Prozent.

Das Kind muss im Negativen alles mitmachen, aber auch im Positiven, wenn Mama nämlich mit den Kind spricht, obwohl es noch in ihr ist, wenn Mama das Kind über ihren Bauch streichelt, sich schont, entspannende Musik genießt und sich optimal gesund ernährt. Und meist korreliert dann auch Mamas Freude auf das Kind, ihr Stolz über die Schwangerschaft mit dem Wohlbefinden ihres Ungeborenen.

Bei katastrophalen oder höchst dramatischen Ereignissen im Leben der Mutter ist dieses ungestörte Wohlbehagen aber nicht mehr garantiert, und wenn sie seelisch völlig aus der Bahn geworfen wird, ist die Gefahr für schwere organische und später psychische Störungen derart groß, dass der Embryo vorzeitig abzugehen droht, wenn er noch nicht lebensfähig ist. Und das ist wohl eine von der Natur vorgesehene Korrektur, auch um zumindest der Mutter die Chance auf ein späterhin neu gefundenes Gleichgewicht, auf wenigstens ihr Überleben und das ihrer vorhandenen Kinder zu wahren.

Sobald der Embryo aber zur Not auch schon mit Hilfe anderer Menschen lebensfähig ist, kommt er als Frühgeburt im siebten oder achten Monat zur Welt; das schützt ihn ein Stück weit vor „posttraumatischen Stressphänomenen", die ihn das gesamte spätere Leben plagen könnten.

Kinder, die in Kriegen, während schlimmer Naturkatastrophen oder auch in beruflichen oder familiären Krisen ausgetragen werden, zeigen übrigens oft späterhin diese „posttraumatischen Stressphänomene", die von Psychologen, Psychiatern oder auch Pädagogen als schwere neurogene bzw. neurotische Störungen therapiert werden, und dabei reicht die biografische Analyse in der Regel bis in die vorgeburtliche Zeit zurück, in der die Störung ihren Ausgangspunkt haben kann. So hat eine groß angelegte Studie der Universität Maastricht mit 133 000 Menschen ergeben, dass starke Stresserlebnisse schwangerer Frauen das Risiko erhöhen, dass ihr Kind als Erwachsener schizophren wird. So liegt der Anteil der Schizophreniekranken der nach dem deutschen Überfall auf die Niederlande im Mai 1940 geborenen Menschen 28 Prozent über dem Bevölkerungsdurchschnitt, wobei die Auswirkungen auf die Frühphase der Schwangerschaft verheerender waren als die auf die Spätphase, offenbar weil die Gehirnentwicklung in den ersten drei Monaten der Schwangerschaft in einem besonders empfindlichen Stadium ist. In den ersten drei Monaten wirken sich daher auch Alkohol- oder Drogenkonsum und Virusinfektionen der Mutter stark beeinträchtigend aus. Der Projektleiter Jim van Os weist allerdings darauf hin, dass immer genetische und soziale Faktoren – aber auch psychische der Mutter – zusammenkommen müssen, damit dauerhafte gravierende Störungen im Hirnaufbau und Hirnstoffwechsel des Kindes auftreten.

Wir empfinden den Begriff des Totalitären ja heute als äußerst negativ. Im Zusammenhang mit den Einflüssen auf die Entwicklung während der Schwangerschaft muss er aber ganz neutral gesehen werden, weil die totalitäre Erziehung dann ganz und gar unausweichlich ist. Alternativen gibt es nicht, es sei denn, man würde eine perfekte Versorgung des Kindes im Brutkasten organisieren können, was heute noch keineswegs als möglich erscheint.

Das Unausweichliche der eng verbundenen Zweisamkeit von Mutter und Kind während der Schwangerschaft, das totalitäre Ausgeliefertsein des Embryos, zwingt die Mutter zu einem Höchstmaß an Verantwortung gegenüber ihrem Kind und seiner Zukunft. Weil die Einflüsse während der neun Monate der Schwangerschaft einschließlich der Geburtsumstände stärker wirken als die Einflüsse der ersten drei Lebensjahre und diese wiederum stärker als alle folgenden Einflüsse vom vierten Lebensjahr an – jedenfalls was die Weichenstellungen des jungen Menschen anbelangt, nicht was Lernen betrifft –, muss die Mutter sich während der Schwangerschaft eigentlich so verhalten, wie es das alte Ideal der pädagogischen Autonomie, das Herman Nohl formuliert hat, gebietet:

Nicht irgendwelche Ansprüche von außen, also von überlieferten Sitten und Bräuchen, vom Staat, von der Kirche, von Parteien, vom Vater, von der Oma, von Freunden oder auch von der Mutter selbst, die gerade träge oder unternehmenslustig sein möchte, dürfen sich bei der Lebensgestaltung des Kindes durchsetzen. Vielmehr muss das Wohlbefinden des Kindes und sein Gedeihen in seine eigene Zukunft hinein zum Maßstab für alles werden, was die Mutter zulässt, abschirmt oder filtert. Diese „relative Selbstständigkeit des Eigenwesentlichen" des Kindes verstehen wir unter „Autonomie der Pädagogik". Und da kann es sein, dass Oma etwas empfiehlt, was neuen Erkenntnissen über eine gesunde Entwicklung des Embryos widerspricht (z.B. in Bezug auf die Ernährung der Mutter); es kann aber auch sein, dass Oma mit ihrer größeren Lebenserfahrung mehr Recht hat als die Mutter. Die Mutter wird also bemüht sein, sich zum Wohl ihres Kindes genaustens über eine optimale Schwangerschaftsgestaltung zu informieren. Sie wird engen Kontakt mir ihrem Gynäkologen und mit ihrem Kinderarzt halten, sie wird Bücher lesen, mit anderen Schwangeren sprechen, eventuell zu einer Beratungsstelle gehen und sich auch mit Omas Ratschlägen auseinander setzen; aber sie wird alles, was an Empfehlungen auf sie einströmt, immer prüfen und zum Wohl ihres Kindes filtern müssen. Am besten hilft ihr dabei jedoch ihr angeborener Mutterinstinkt, auf den sie stets vertrauen kann, manchmal auch gegen den in ihr wohnenden „Schweinehund".

4. Die Phase der autoritären Erziehung gegenüber dem kindlichen Urvertrauen

So wie während der Schwangerschaft das totalitäre Ausgeliefertsein des Kindes gottgegeben, also bar jeder Alternative ist, so muss die Erziehung in den ersten drei Lebensjahren des Kindes zwangsläufig autoritär sein. Das Autoritäre fragt nicht nach der Zustimmung des Kindes, und in den ersten drei Lebensjahren kann das Kind – von Ausnahmen wie beim Schlafenmüssen und beim Essen einmal abgesehen – deshalb noch nicht den normativen Erwartungen seiner Eltern zustimmen, weil es zu diesem Zeitpunkt seiner Entwicklung gar nicht in der Lage ist, Begründungen zu verstehen. Da macht es keinen Sinn, wenn Papa wohlmeinend seinem zweijährigen Sohn zu erklären versucht, warum und wie man Sondermüll trennt, denn um das verstehen zu können, müsste er schon ein paar chemische und ökologische Grundkenntnisse haben.

Kleine Kinder bis zum dritten Lebensjahr erwarten noch keine Begründungen, denen sie zustimmen können; ihre Entwicklung ist noch nicht so weit. Sie wollen einfach ihren Bezugspersonen, also üblicherweise den Eltern, folgen. Was allenfalls bereits funktioniert ist das Imitationslernen, so dass die Kinder nachmachen, wie Papa den Sondermüll trennt.

Während die Erziehung von Kindern passend zu unserer demokratischen wertepluralen Verfassung an sich etwa vom vierten Lebensjahr an nicht autoritär sein darf, sondern autoritativ, also um die Zustimmung des jungen Menschen bemüht sein muss, kommen wir bei Null- bis Dreijährigen gar nicht um das ansonsten negativ belastete Autoritäre herum, und positiv bezeichnen wir dieses kleinkindliche Bedürfnis nach autoritärer Führung durch seine Bezugspersonen ja auch als sein Urvertrauen, mit dem es bedingungslos seinen Eltern folgt.

Vor allem an dieser frühkindlichen Entwicklungsphase wird deutlich, dass die alte Frage, ob Kinder autoritär oder antiautoritär erzogen werden sollten, nicht grundsätzlich, sondern nur nach Altersstufen differenziert beantwortet werden kann: Während der Schwangerschaft ist die Erziehung totalitär; in den ersten drei Lebensjahren muss sie vorwiegend autoritär sein, weil nur dann das Kind ausreichend geschützt ist und weil es biologisch so gebaut ist, dass es ohne seine ausdrückende Zustimmung geführt werden will. Vom vierten bis zum 13. Lebensjahr sollte die Erziehung – jedenfalls in unserer Gesellschaft – autoritativ sein, das heißt, dass sie dann in Bezug auf alle Forderungen und Grenzsetzungen stets um die Zustimmung des jungen Menschen bemüht sein muss, der in seinem Kopf und in seinem Herzen entscheidet, wer für ihn Autorität besitzt; und vom 14. Lebensjahr an können wir die Jugendlichen nur noch begleiten und beraten, allenfalls noch indirekt erziehen, indem wir die auf sie wirkenden Einflüsse mitbedingen, vorausgesetzt erzieherisch ist zuvor alles mehr oder weniger richtig gelaufen.

Mit einem völlig verwahrlosten und kriminellen Jugendlichen müssen wir die Entwicklung wieder ganz von vorn beginnen. Nach einer anfänglichen Entlastungsphase, die ihn von seinem bisherigen schlimmen Milieu entfremden und erst einmal zu sich selbst führen soll, müssen wir ihn – in jetzt wesentlich kürzeren Phasen – wieder totalitär einfangen und autoritär führen. Danach müssen wir auf autoritative Weise seinen Weltbildaufbau fördern und ihn schließlich so lange begleiten und beraten, bis er sich von uns ablöst.

Für den zum kindlichen Urvertrauen passenden autoritären Führungsstil der ersten drei Lebensjahre gilt aber zugleich, was auch schon über die unausweichliche totalitäre Erziehung der Schwangerschaft gesagt wurde: er muss mit einem Höchstmaß an Verantwortung gegenüber der kindlichen Seele, seinem Geist und seinem Herzen sowie seiner Zukunft umgesetzt werden, weil das Kind noch vollständig wehrlos der autoritären Erziehung seiner Bezugspersonen ausgeliefert ist.

Das Autoritäre im Kleinkindalter legitimiert keineswegs eine falsche Ernährung, ein Zuwenig an Greifanlässen und Bewegungserfahrungen, ein Schlagen des Kindes, das Vernachlässigen seiner Körperkontakt-, Ansprache- und Zuhörbedürfnisse, zu geringe Herausforderungen seiner Kräfte- und Weltbildbedürfnisse sowie Defizite an Nähe und Familieneinbettung. Kinderbett, Kinderwagen und ein eigenes Zimmer liegen dabei schon an der Grenze des für das Kind Erträglichen, denn lieber schläft es bei den Eltern, lieber will es am Körper von Mama oder Papa getragen werden, als dass es sich früh mit asketischer Distanz arrangieren wollte.

Kleinkinder lieben es emotional und deutlich, und das auch oft zusammen. Wenn der Klaps auf den Po angedeutet, aber spürbar und lustig gemeint ist, dann juchzt das Kind voller Freude, aber nur deshalb, weil Papa, der den Klaps gab, gleichzeitig lachte, so dass das Kind die ironische Botschaft richtig versteht. Wenn Papa hingegen böse ist und der Klaps zu doll ausfällt, dann tut der kindlichen Seele vor allem Papas Bösesein weh, weil die Deutlichkeit nicht mit der altersgemäßen Zärtlichkeit verknüpft ist, die Papas Gesicht zu übermitteln vermag.

Wenn kleine Kinder geschlagen werden, gucken sie stets zugleich in das Gesicht des Schlägers, um die Botschaft des Schlages interpretieren zu können. Die rein mechanische Einwirkung auf den Po ist dabei für sie nicht so entscheidend.

Väter, die ihre kleinen Kinder zu Bett bringen, lassen sie im Schnitt aus einer 15 Zentimeter größeren Höhe in die Kissen plumpsen, als Mütter das tun; aber die Kinder leiden nicht darunter, sie genießen sogar die damit verbundene andere Druckbelastung auf ihre Haut und ihre Muskeln mit Sinnesfreude, so wie Kinder, die zu selten in ihrem Leben angefasst wurden, das deutliche Klopfen mit Fäusten durch einen Schlafsack hindurch, in dem sie liegen, auf ihre Brust durch eine Fachkraft für Psychomotorik als ganz neue Erfahrung auf dem Wege zum Spüren ihrer Körperlichkeit mit Lachen und mit dem Ausruf genießen: „Oh, ist das schön!" Bei der autoritären Erziehung kommt es also stets viel mehr darauf an, wie sie gemeint ist und wie sie ankommt, als auf das, was sich objektiv ereignet.

Wenn ein Dreijähriger sich von der Hand seiner Mutter losreißt und ansetzt, ohne zu gucken eine vierspurige Schnellstraße zu überqueren und nach den ersten Schritten gerade noch von Mama eingefangen wird, wenn sie ihren Sohn dann durchrüttelt und anschreit und wenn so etwas sonst noch nie im Alltag dieser beiden vorgekommen ist, dann ist dieses unstetig stattfindende, also einmalige Ereignis völlig anders zu interpretieren als die alltägliche stetige, also kontinuierliche Erziehungsweise dieser Mutter: Mit ihrer Überdeutlichkeit ist die Mutter bemüht, über den Umweg einer schockartigen Erfahrung, die allemal besser ist als ein Überfahrenwerden, in alle Zukunft hinein das Leben ihres Kindes zu schützen. Dieses hohe Maß an Deutlichkeit prägt sich ein, das Kind hat aus der Kombination von Durchschütteln, Schreien und panischem Gesicht von Mama gelernt: „So etwas Schlimmes mache ich nie wieder." Was hier wirkt, ist das Unerwartete, das die sonst so verlässliche Stetigkeit der mütterlichen Erziehung durchbricht, gepaart mit einer sehr negativ wahrgenommenen Emotionalität.

Das Schlagen von Kindern ist katastrophal schlimm, wenn es ständig und auch aus

geringfügigen Anlässen heraus geschieht. Es kann jedoch, einmal in 17 Jahren ange-
wendet und am Ende vom Kind als einmalige Notwehrmaßnahme akzeptiert, auf
Dauer höchst Positives bewirken. „Explosionsmethode" nennt der ukrainische Pädagoge Anton S. Makarenko das. Stellt man hingegen die theoretische und allgemeine
Frage, ob man Kinder schlagen dürfe, dann muss die Antwort „nein" heißen, auch
weil das Schlagen in der Regel die schlechtere, die einfallslosere Alternative zu besseren und besser wirkenden pädagogischen Maßnahmen ist. Dass das Schlagen von
Kindern grundsätzlich vom Deutschen Bundestag per Gesetz verboten worden ist, ist
dennoch ein unverzichtbares Signal, das hoffentlich eine Sogwirkung gegenüber den
allzu vielen Eltern zeitigt, denen die Hand immer noch zu locker sitzt, weil sie selbst
als Kinder zu oft geschlagen wurden.

So wie die Persönlichkeitsentwicklung des jungen Menschen mehr von seinem
Erbgut, den Einflüssen der Gleichaltrigen und den über Medien repräsentierten
Trends beeinflusst wird als direkt von seinen Eltern, so gilt auch umgekehrt, dass ein
Kind nur schwer von seinen Eltern zu verderben ist; aber leider kann es dennoch geschehen, und zwar durch willkürliche, egoistische, konsumabhängige, autoritäre Erziehung plus Nichterziehung der Eltern. Eltern, die nur an den beiden Extremen
einer denkbaren Bandbreite von Führungsstilen erziehen, also im permanenten
Wechsel zwischen Hochautoritärem und Sich-nicht-Kümmern, haben eine große
Chance, ihr Kind zu verderben. Das Wechselbad der Gefühle entspricht nämlich
überhaupt nicht den kindlichen Bedürfnissen nach Emotionalität, Deutlichkeit und
einer sinnvoll in der Mitte dosierten Zuwendung. Autoritäre Erziehung in den ersten
drei Lebensjahren ist also nötig, aber sie muss den kindlichen Bedürfnissen und Kräften entsprechend proportioniert werden, sie muss der zarten Seele und dem Urvertrauen gemäß gestaltet werden. Das Kind sollte der Maßstab der autoritären Zuwendung sein, nicht Mama oder Papa; denn Kinder gehören uns nicht, wir dürfen sie nur
ein Stück ihres Lebens begleiten, indem wir am Anfang mehr handeln und auch filtern, was von außen an Einflüssen einzuwirken droht, und im Laufe der Zeit immer
weniger.

5. Die autoritative Erziehung im Kindesalter

Eine Umfrage des Meinungsforschungsinstituts Forsa hat ergeben, dass 53 Prozent
der Deutschen an die Wirksamkeit des autoritären Erziehungsstils glauben. Dass er
irgendwie wirkt, ist nun allerdings klar, aber ob die Wirkung eher positiv oder eher
negativ ist, ist damit noch nicht gesagt. „Richtiges Verhalten" müsse vorgelebt werden, sagen 93 Prozent aller Befragten, und 90 Prozent äußern sich dahingehend, dass
Disziplin mit Ermutigung erreicht werden solle. 88 Prozent äußern gleichzeitig, dass
man Kinder mit Argumenten überzeugen müsse, 72 Prozent haben nichts gegen
einen gelegentlichen Klaps, und lediglich 14 Prozent sind der Auffassung, dass Ver-

sprechungen und kleine Geschenke ebenfalls eine disziplinierende Wirkung erzeugen würden.

Viel wert ist diese Umfrage nicht, und zwar weil sie erstens keine Unterschiede zwischen den verschiedenen Entwicklungsphasen des jungen Menschen macht und weil zweitens im allgemeinen Sprachgebrauch die Begriffe Autoritäres und Autoritatives nicht auseinander gehalten werden.

Totalitäres und autoritäres Verhalten fragen nicht nach der Zustimmung des jungen Menschen, er wird jeweils wie in einem Pflichtrestaurant mit Aufesszwang mehr oder weniger „zwangsbeglückt", wobei das Totalitäre sämtliche Elemente der Persönlichkeit, also auch das Private und Intime, zu erreichen trachtet, während das Autoritäre sich nur an die nach außen sichtbaren Verhaltensweisen richtet und sich nicht so sehr um die innere Verfassung des Kindes oder Jugendlichen kümmert.

Das Autoritative hingegen ist etwas ganz anderes: Begrifflich kommt es von Autorität, und die ereignet sich weniger in den erwachsenen Bezugspersonen als vielmehr im Kind. Das Kind muss mit seinem Kopf und Herzen entscheiden, ob es jemandem Autorität zumisst oder nicht; der Erwachsene trägt allerdings viel dazu bei, wie sich das Kind entscheidet.

Vom vierten Lebensjahr an – je nach Entwicklungsstand und Anlass mal früher, mal später einsetzend – bis etwa zum 13. Lebensjahr sollte das Kind passend zu unserer Gesellschaft autoritativ erzogen werden. Das bedeutet, dass Kinder zwar Herausforderungen und Grenzen brauchen, dass wir uns aber zugleich um Überzeugung, um die Einsicht in die Notwendigkeit, um Zustimmung bemühen müssen. Oft ist das ein länger währendes Bemühen, wenn es um Ordnung, um Pünktlichkeit, um Verzicht oder um die begrenzte Übernahme von häuslichen Pflichten geht; aber wenn wir die Zustimmung des jungen Menschen zu dem, was wir wünschen oder verbieten, nicht erreichen, dann tut er das, was er soll, und lässt, was er nicht soll, nur dann, wenn wir dabei sind, aber keineswegs mehr unbedingt, wenn er sich unkontrolliert oder unbeobachtet fühlt.

Unser Grundgesetz sieht Meinungsfreiheit vor; zugleich erschwert unsere werteplurale Gesellschaft uns allen die Orientierung in einer Vielzahl grundsätzlicher und rivalisierender Normen und Werte erheblich. Für Kinder ist diese Orientierung noch sehr viel schwieriger, und deshalb müssen wir ihnen helfen, Kriterien für angemessene Entscheidungen zu entwickeln. Das gelingt nur über den Umweg des Fehlermachens. Der Fehler ist also etwas Gutes auf dem Weg zur Verhaltenssicherheit, und deshalb brauchen wir dringend eine andere Fehlerkultur in unserer Erziehung. Bislang wird Fehlermachen durchweg bestraft, mit erhobenen Zeigefingern, mit bösen Blicken, mit Schimpfen, mit enttäuschten Gesichtern, mit roter Tinte, mit schlechten Noten, mit Liebes- und Taschengeldentzug, mit Hausarrest oder gar mit Schlägen. Wir verknüpfen dabei Leistungserwartungen mit Angst statt mit Motivation, und wir züchten uns auf diese Weise Duckmäuser, heimlich ausweichende, aggressive, in neurotische und in subkulturelle Nischen flüchtende junge Menschen, die eher dressiert als erzogen sind. Leider sind wir in der Pädagogik erst so weit, wie es die Medizin vor 200 Jahren war.

Wenn wir wollen, dass sich Kinder angemessen entscheiden, wehren, behaupten und durchsetzen können, dass sie einen großen Teil der allgemein vorherrschenden Normen übernehmen und leben, dann müssen wir sie überzeugen, dann benötigen wir für den von uns gewünschten Weltbildaufbau ihre Zustimmung, und das bedeutet eben autoritative Erziehung, und die passt sowohl zu vier- bis 13-jährigen Menschen als auch zu unserer heutigen demokratischen Gesellschaft am allerbesten. Aber gerade in Bezug auf die autoritative Erziehungsphase gibt es die allergrößten Defizite. Wenn sie nicht gelingt, ist es zu schwer für das Kind, angemessen auf ein Problem zuzugehen, eine Krise gut zu bewältigen und einen Konflikt zu meistern, dann ist es leichter auszuweichen, weil es nicht gelernt hat, wie man es denn machen kann, wenn man sich in einem Dilemma sinnvoll entscheiden muss. Und für dieses Ausweichen, weil die direkte Konfliktbewältigung zu schwierig ist und zu selten eingeübt wurde, stehen dann die vier großen Möglichkeiten zur Verfügung, unter denen unsere Gesellschaft am meisten leidet, nämlich Gewalt, Sucht, Überangst und Krankheit, die wir mit dem Oberbegriff Verhaltensschwierigkeiten oder -störungen bzw. Devianzen bündeln.

Autoritär erzogene Kinder haben in kritischen Lebenssituationen in der Regel nur Verhaltensweisen drauf, die sie von ihren Eltern und Geschwistern, von Menschen ihrer Nachbarschaft und von ihren schießenden, zuschlagenden und zerstörenden Bildschirmhelden zwischen Paulchen Panther, Bud Spencer, Clint Eastwood, Bruce Willis und anderen kennen, und das sind für unsere komplexe und komplizierte Gesellschaft einfach zu wenige.

Damit Kinder in Konfliktfällen nicht immer nur das tun, was ihr Papa dann immer tut, sind bereits viele Kindergärten und Schulen, aber auch Präventionspolizisten dazu übergegangen, mit Kindern Konfliktfähigkeit über das Veranschaulichen von sowieso im Alltag sich ereignenden Dilemmata, über Fragen nach Reaktionsmöglichkeiten, Bewerten dieser Alternativen und handelndes Anwenden im Rahmen von Rollenspielen aufzubauen, und das gelingt nur, wenn man so etwas täglich über Jahre hinweg macht. Konfliktfähigkeit muss eben genauso mühselig und lange gelernt werden wie Reden, Lesen, Schreiben und Rechnen. Ziel dieser Methode ist es, dem jungen Menschen eine Fülle von Verhaltensalternativen auch für lähmende oder unerwartete Lebenssituationen zur Verfügung zu stellen sowie andere – wie Zuschlagen, Zerstören und Selbstzerstören – zugleich zu verpönen.

Die Bewertung aller vorgeschlagenen absurden, eventuell tauglichen und außerordentlich sinnvollen Verhaltensweisen im Klassenverband vertraut übrigens auch darauf, dass sich Kinder in ihrer Urteilsbildung mehr von Gleichaltrigen als von noch so guten Erwachsenen beeinflussen lassen.

Demokratiedefizite in unserer Gesellschaft sind im Allgemeinen auf die Defizite an autoritativer Erziehung zurückzuführen, also einer Erziehung, die Zustimmung, Vorleben und Erproben über Fehler-machen-Dürfen propagiert. Demokratiedefizite werden mit einer nicht um Zustimmung bemühten autoritären Erziehung im Kindesalter zwischen vier und 13 Jahren begünstigt.

Die in den 60er-Jahren des vergangenen Jahrhunderts propagierte antiautoritäre Erziehung, die mit Alexander S. Neill zwangfrei sein wollte und die Grenzen unscharf ließ, hatte vor allem einen das Kind ungemein überfordernden Nachteil: Es sollte lernen, „Alleingelassensein als Selbstständigkeit zu verstehen", wie Job-G. Klink seinerzeit kritisch bemerkte.

Immerhin war ja die antiautoritäre Erziehung nicht vollends zwang- und grenzenlos, denn sie übertrug die erziehende Rolle der erwachsenen Bezugspersonen auf die zufälligen Reaktionen innerhalb einer Kinder- oder Jugendgruppe. Die jungen Menschen sollten sich miteinander erziehen, was erstens ohnehin leichter funktioniert und was zweitens allemal besser ist als eine nicht mehr zu Vier- bis 13-Jährigen passende autoritäre Erziehung.

Zum Schluss zwei Beispiele, wie Kinder und auch wie Eltern diese zeitgemäße Art der Konfliktbewältigung im Rahmen einer autoritativen Erziehung lernen können:

- In Hamburg-Billstedt wurden über viele Wochen Erstklässler von etwas älteren Schülern erpresst; sie sollten Geld mitbringen, es ihren Eltern aus dem Portemonnaie nehmen und nichts erzählen, weil ihnen sonst schwere Rache widerfahren würde. Sie taten, was ihnen befohlen wurde, und schwiegen, bis alles irgendwann herauskam. Zwei junge Polizistinnen haben dann mit den Grundschülern im Kreis gesessen und haben gefragt, was man denn mit sechs Jahren hätte dagegen tun können. Den 22 Schülern fiel vieles ein; alle Vorschläge wurden per Rollenspiel dargestellt und danach von den Schülern bewertet. Einiges hielten sie für abwegig, Einiges für andere Situationen für gut und einiges für ausgezeichnet. Die ausgezeichneten Vorschläge wurden dann erneut mit wechselnden Rollen vorgespielt, damit jedes Kind das verbal Verstandene und optisch Dargestellte auch selbst einmal über Handeln eintrainieren konnte. Es gab nämlich wirklich gute Vorschläge, auf die man als Sechsjähriger erst einmal kommen muss: Da die Abpressungen auf einer belebten Einkaufsstraße stattfanden, hätten die Opfer in einen Laden mit einer Verkäuferin und Telefon laufen können, denn die Täter waren erst zehn Jahre alt; man hätte in einen Bus an der Haltestelle springen können, denn der Fahrer hat Sprechfunk; oder man hätte auch eine Taxe anhalten können und sich in die Schule, nach Hause oder zur Polizei fahren lassen können. Die Kinder gewannen durch diese ihnen anschaulich zur Verfügung gestellten positiv bewerteten Verhaltensalternativen jedenfalls derart viel Selbstsicherheit, dass sie nie wieder „abgezogen" wurden.
- Eine Mutter geht mit zwei siebenjährigen Jungen aus der Grundschule, die nicht ihre eigenen Kinder sind, in ein Spielwarengeschäft, um Buntpapier für die Klasse einzukaufen. Während sie gerade an der Kasse bezahlt, klaut Lukas hinter ihrem Rücken einen Flummi-Ball; Daniel sieht das, sie aber nicht. Etwas später erfährt sie von einer Verkäuferin von dem Diebstahl. Wie soll sie reagieren? Trägt man Eltern dieses Ereignis auf einem Elternabend

vor, schlagen sie alles Mögliche vor: Ignorieren, den Flummi-Ball bezahlen, die Eltern von Lukas anrufen, die Klassenlehrerin informieren, die Polizei rufen, das Kind schlagen, Stubenarrest, Taschengeldentzug über Monate bis hin zum Schulwechsel, Daniel für mitschuldig erklären, weil er zwar selbst nicht geklaut, aber als Mitwisser geschwiegen hat, usw. Auch hier folgen Rollenspiele und Bewertungen der Vorschläge und das erneute Vorspielen der für gut befundenen elterlichen Reaktionsweisen. Eltern beginnen nämlich das Erziehungsgeschäft oft erst dann so richtig zu verstehen, wenn sie häufig darüber sprechen. Das Verständnis wächst mit der Sprache, aber auch der autoritative Erziehungsstil, der bei Siebenjährigen der angemessenste ist, wächst damit.

Und eines ist auch klar: Die Zustimmung des Kindes zu den gewünschten Normen und Werten kann man nur dann erreichen, wenn man diese Normen und Werte auch selbst vorlebt. Eltern, die in ihrem Kleinwagen bei geschlossenen Fenstern Kette rauchen, während ihre kleinen Kinder auf den Rücksitzen Hustenanfälle bekommen, die aber ihrerseits entsetzt sind, wenn sie später das ältere der beiden Kinder mit 13 Jahren beim Rauchen erwischen, müssen sich auf ziemlich schlechte Resultate ihrer Überzeugungsbemühungen gefasst machen.

Wenn es in einer Schule Rauchverbot gibt und gleichzeitig drei Sorten von Lehrern, die höchst unterschiedlich darauf reagieren, dass sie den 13-jährigen Karl-Heinz beim Rauchen hinter einem Busch auf dem Pausenhof sehen, dann gilt Ähnliches: Lehrer Meyer schießt auf Karl-Heinz zu, schimpft, straft, informiert Eltern und Schulleiter; Lehrer Müller ist ausgebrannt, will sich damit nicht auch noch befassen und guckt weg; und Lehrer Schulz geht zu Karl-Heinz und raucht eine Zigarette mit. Karl-Heinz lernt dabei eigentlich nur eines, er lernt nämlich taktisches Geschick unter dem Motto: „Es gibt Situationen, da kann ich nicht rauchen, es gibt welche, in denen ich vorsichtig sein muss, und es gibt welche, da kann ich durchaus rauchen." Sich aber grundsätzlich an ein Rauchverbot zu halten, das lernt Karl-Heinz an einer solchen Schule nie und nimmer. Denn durch welches Argument soll er sich dort noch überzeugen lassen? Dass Rauchen schädlich ist, weiß er nämlich ohnehin schon längst.

6. Die beratende Begleitung im Jugendalter

Wenn Forscher feststellen, dass die Kinder der Yanomami-Indianer im brasilianischen Urwald eigentlich gar nicht von ihren Eltern erzogen werden, sondern nahezu ausschließlich von anderen Kindern und dem Urwald, dann mag das ja so funktionieren, weil sich über die letzten Tausende von Jahren in der Welt dieser Menschen kaum etwas verändert hat. In unserer komplexen und höchst komplizierten, sich rasch verändernden Welt wären Kinder überfordert, wenn sie sich nur an anderen Kindern und an den Medien orientieren sollten. Um sich bei uns zurechtzufinden, ist Erziehung und auch Lernen nur mit der Hilfe von Erwachsenen denkbar.

Allerdings muss sich die Rolle der Erwachsenen mit dem Älterwerden des Kindes ändern: Das Totalitäre während der Schwangerschaft wird durch das Autoritäre in den ersten drei Lebensjahren abgelöst, dann kommt vom vierten bis zum 13. Lebensjahr die allein zu unserer Gesellschaft und zum Reifegrad dieser Altersstufen passende autoritative Erziehung. Diese ist um Zustimmung des jungen Menschen bemüht, macht ihn selbstständig und konfliktfähig und lebt von Vor- (konkrete Personen) und Leitbildern (mosaikartig zusammengebaute Eigenschaften). Vorausgesetzt, dass bis zum 13. Lebensjahr erzieherisch alles optimal gelaufen ist – was nur selten der Fall ist –, so muss dann ab 14 die Rolle der Eltern und Lehrer in eine beratende und aktiv begleitende gewandelt werden, weil erst für Jugendliche gilt, dass sie mehr von Gleichaltrigen, Medien und den allgemeinen Trends und Sogwirkungen der Gesellschaft beeinflusst werden als von noch so guten Eltern und Lehrern.

Eltern sind oft verwirrt und auch gekränkt, wenn sie an ihren Jugendlichen feststellen, dass ihnen die Werte der Jugendkultszenerie zunehmend wichtiger werden als die des überkommenen häuslichen Milieus. Aber das ist nun mal so.

Der New Yorker Pädagoge Lewis J. Perelman fordert sogar die Abschaffung der Schule, weil Menschen ab 14 Jahren fortan mehr außerhalb der Schule – also durch die Medienlandschaft und die Peergroups – lernen als in der Schule, zwar ungeordnet, unsystematisch und mit vielen unsinnigen Anteilen, aber es ist deutlich mehr. Bis zum 14. Lebensjahr verbringen übrigens Schüler etwa 15 000 Stunden in der Schule, aber 19 000 vor dem Bildschirm, und ab dem 15. Lebensjahr steigert sich dieses Missverhältnis noch mehr. Bildschirm heißt dabei nicht nur Fernsehen, sondern auch Video, Playstation, Computer und Internet, und die Fülle der von diesen Errungenschaften ausgehenden Informationen ist gewaltig und auf jeden Fall größer als das, was die Schule zustande bringt.

Mit dem Älterwerden weiten sich die Lebenskreise des jungen Menschen, und seine Orientierung an den außerfamiliären Lebenswelten nimmt ebenso zu wie das Bedürfnis, immer wieder andere Menschen kennen zu lernen, ihnen zu gefallen und Beziehungen zu ihnen zu erproben. Der biologische Sinn ist dabei, dass der junge Mensch sich in Richtung Eigenständigkeit langsam von seinem Elternhaus ablösen muss und dass er sich auf das Zusammenleben mit seiner Generation einstellen will, aber nicht mehr länger auf das mit der vor ihm lebenden Generation.

Wir wissen, wie außerordentlich schwer es für einen 14-Jährigen ist, der bis dahin in einem guten Milieu gut erzogen worden ist – was immer gut dabei auch heißen mag –, als einziger „nein" zu sagen, wenn abends aus Anlass einer Party, bei der alle im Kreis mit dem Rücken zur Wand sitzen, während laute Techno-Musik durch den Raum dröhnt, in einem Kellerraum ein Joint herumgereicht wird, und er soll ihn, ohne daran zu ziehen, einfach nur weiterreichen. Es gehört eine sehr große Ich-Stärke dazu, dem Sog der Gruppe zu widerstehen.

Erziehung muss sich immer sehr sensibel auf die jeweilige Entwicklungsstufe des jungen Menschen einstellen, wenn sie im Sinne des Erziehenden wirken soll. Und so wie Papa seinen zweijährigen Sohn überfordert, wenn er ihm erklärt, warum und wie man Sondermüll trennt, so machen es auch viele Eltern mit den Jugendlichen falsch:

Wenn Papa zu seiner 17-jährigen Tochter freitagabends, als sie zur Disko aufbricht, sagt „Du bist heute um 22 Uhr zu Hause" und sie dann entgegnet „Warum denn so früh, Papa?", dann passt seine Antwort „Weil ich dir das gesagt habe" nicht mehr zu ihrer Altersstufe.

14-Jährige wie Elfjährige zu behandeln oder 17-Jährige wie Dreijährige ist erzieherisch höchst kontraproduktiv. Zu jungen Menschen ab 14 passt hingegen die elterliche Einstellung, sie zu beraten, sie zu begleiten. Manchmal erlebe ich, dass Eltern erleichtert aufatmen, wenn ich ihnen sage, dass ihre Kinder nicht ihr Besitz sind, sondern dass es ein Geschenk Gottes ist, sie ein Stück ihres Weges begleiten zu dürfen. Mit dieser Einstellung wird den Eltern vieles leichter, sie tragen dann auch nicht mehr so hart an ihrer Verantwortung, und wenn sie von anderen Menschen hören, dass das Langsam-loslassen-Können und das Lassen überhaupt die bessere Einstellung gegenüber Jugendlichen ist, dann wird ihnen leichter ums Herz, dann fällt der Stein der hohen Verantwortung von ihrem Herzen, und deshalb atmen sie auf.

Wenn amerikanische Forscher behaupten, Erziehung sei sowieso völlig sinnlos, dann gilt das nicht für junge Menschen zwischen null und 13 Jahren, aber für Menschen ab 14 stimmt das halbwegs. Ab 14 will man seinen eigenen Weg finden, in Anlehnung an andere junge Menschen, mit Maßstäben, die man zum Beispiel aus den Medien, aber auch aus dem Schulleben rekrutiert. Man lässt sich Überdeutliches dann nicht mehr so gern sagen, aber schon Angedeutetes.

Beim Kleinkind muss man fordern und verbieten, ohne zu begründen, weil es die Begründungen noch nicht versteht; bei Kindern zwischen vier und 13 Jahren sollte jede Forderung und jedes Verbot immer auch begründet werden, und vom 14. Lebensjahr an muss eigentlich die Begründung allein ausreichen, weil der junge Mensch die der Begründung innewohnende Forderung selbst schlussfolgern muss.

Bei einem bis dahin gut erzogenen 14-Jährigen müsste es also eigentlich genügen, wenn man ihm im Winter, bevor er zur Schule geht, sagt: „Du, heute ist Glatteis"; dann muss er selbst schließen: „Heute fahre ich nicht mit dem Fahrrad zur Schule, sondern mit dem Bus." Wohlgemerkt, dies ist nur ein Idealfall.

Wenn 14-Jährige nach einem schweren Leben immer wieder kriminell geworden sind, wenn sie von einem Heim ins andere umgetopft wurden, dann auf eine erlebnispädagogische Reise kamen, dann in der Jugendarrestanstalt und in der Psychiatrie eines Universitätskrankenhauses waren und dann dennoch immer wieder als Crash-Kids Autos klauen und sich damit Wettrennen mit der sie verfolgenden Polizei liefern und gleichzeitig Drogen nehmen und auf den Strich gehen, dann kann man sie nicht, wie das bei einem normal aufgewachsenen 14-Jährigen funktioniert, begleiten und beraten, dann muss man sie sehr eng anbinden und fordern und zunächst totalitär umfassen, damit sie nicht wieder weggelaufen sind, bevor man anfangen konnte, sie an sich zu binden; dann muss man sie autoritär an der kurzen Leine führen, danach autoritativ ihre Zustimmung zu Normen und Werten und zu dem, was sie lernen müssen, gewinnen, und erst danach – nach frühestens zwei Jahren – kann man sie begleiten, beraten und den Ablösevorgang in ein selbstbestimmtes berufliches und privates Leben vorbereiten. Viele deutsche Jugendämter haben diese Notwendigkeit der in Kurzform nachgereichten Stufenabfolge von verschiedenen Führungsstilen im Nacheinander bis heute nicht verstanden. Sie tun so, als sei ein aus dem Ruder gelaufener 14-Jähriger genauso zu behandeln wie ein gut erzogener 14-Jähriger aus einem optimalen Milieu, und sie glauben, das Konzept „Menschen statt Mauern" sei mit irgendwelchen Erziehern umsetzbar, zu denen der Jugendliche gar keine innere Bindung findet, und das auch noch per Addition im Schichtwechsel und mit Versetzungen sowie mit ständigen Umtopfungen des jungen Menschen von einer Institution in die nächste und von dort in die übernächste. Man kann junge Menschen nur begleiten und beraten, wenn sie zuvor gebunden sind, wenn sie anfangs autoritär geführt wurden und danach autoritativ ein stimmiges eigenes Weltbild aufzubauen vermochten.

Gibt man Jugendlichen, die normal aufgewachsen und gelungen sind, den Rat, nicht zu rauchen und keine Drogen zu nehmen, wirkt das im Allgemeinen sehr viel mehr, als wenn man ihnen das mit dem Hinweis auf die Begründung („das ist gesundheitsschädlich") verbietet. Denn die Begründung ist ihnen bereits vollends bekannt. Gerade Jugendliche fühlen sich genervt, wenn man sie mit etwas konfrontiert, was sie schon längst wissen. Schließlich steht ja auf jeder Zigarettenschachtel, dass Rauchen die Gesundheit schädigt.

Bei Jugendlichen ist also Begleitung und Beratung angesagt. Eltern, die sich an diese Maxime halten, stellen immer wieder fest, dass die Beziehung zu ihrem Kind dann länger gut ist, länger und vielleicht sogar lebenslang trägt und dass der junge Mensch viel später von zu Hause wegdriftet, als wenn man ihn noch weiterhin autoritär zu gängeln sucht.

Am frühesten ziehen nämlich solche jungen Menschen zu Hause aus, die durchweg ungeliebt waren oder als störend empfunden wurden, und solche, die allzu lange autoritär geführt wurden, aber auch solche, an die Mama sich allzu eng klammert, so dass ihnen fast die Luft zum Atmen wegbleibt.

Eltern, die früh beginnen, ihr Kind nicht mehr als Untertan, als Befehlsempfänger zu behandeln, und Eltern, die ihr Kind nicht mit einem Übermaß an Liebe und mit Overprotection zuschütten, die ihr Kind mit einer mittleren Dosis von Zuwendung weder allein lassen noch übermäßig an sich binden, haben die besten Erziehungserfolge. Das Kind früh auf eigene Beine zu stellen, es selbstständig, kritisch, konfliktfähig und mündig zu machen und dann noch für Rat und für vom jungen Menschen selbst angeforderte Taten zur Verfügung zu stehen, das ist der Königsweg einer erzie-

herischen Begleitung im Jugendalter, der eine tragfähige lebenslange Verbindung gestattet, mit der die Kinder stets gern an ihr Zuhause zurückdenken und stets gern
zurückkehren, auch wenn sie längst in der Ferne wohnen.

7. Der sich ablösende Heranwachsende

Einige junge Menschen sind „Nesthocker", die sich im „Hotel Mama" pudelwohl fühlen. Sie denken gar nicht daran, irgendwann einmal auszuziehen, obwohl sie mit 18
bis 21 Jahren bereits Heranwachsende sind. Und einige wenige bleiben sogar für
immer bei Mama, indem sie nie heiraten. Die Letzteren haben in der Regel eine sehr
stark klammernde Mutter, die ihrem Kind schon immer jeden Stein aus dem Weg geräumt hat, die es stets verhätschelt und unselbstständig gelassen hat, auch weil es als
Partnerersatz dienen musste, entweder weil Papa überhaupt nicht mehr da war oder
weil Papa aus der Sicht von Mama immer völlig unzulänglich war. Tragisch ist dabei,
dass sie ihren Sohn nun auch mit seiner Unzulänglichkeit klein halten will, so dass er
am Ende nicht besser gelingt als Papa, wenn auch anders.

„Nesthocker" im „Hotel Mama" haben vielfach gar keine Chance gehabt, sich von
Mamas Dominanz zu befreien. Meistens entwickeln sie erst sehr spät konkrete Be-
rufsvorstellungen. Und da Mama mit Luchsaugen über jede sich anbahnende Be-
kanntschaft zu einem Mädchen wacht und dieses schon nach wenigen Tagen abwer-
tet, stellt sich bei ihrem Sohn „Cocooning" ein. Er bildet einen Kokon um sich, entwickelt keine normalen Sozial- und auch Sexualkontakte, und Mama ist es recht so.
Bei Mädchen kommt so etwas sehr viel seltener vor, allenfalls wenn sie als Arbeits-
oder Pflegekraft im häuslichen Betrieb gebraucht werden oder wenn sie behindert
sind.

Immerhin belegen die Nesthocker, dass Eltern mit einer hohen Dosis von bewusst
eingesetzter oder ganz unbewusst sich ereignender Psychotaktik ihre Kinder durchaus fester und länger an sich zu binden vermögen; sie müssen ihr Kind einfach nur
klein halten, ihm alles abnehmen und mit der Methode „steter Tropfen höhlt den
Stein" jeden sich anbahnenden freundschaftlichen Kontakt zu anderen Menschen
vermiesen. Zum Glück gelingt das aber nur selten. Es widerfährt eher introvertierten
oder nicht so optimal aussehenden Kindern, die ohnehin Kontaktprobleme haben.

Der Regelfall ist, dass junge Menschen zwischen 18 und 21 so flügge geworden
sind, dass ihnen eine feste Freundin oder ein fester Freund wichtiger wird, als ihre
Herkunftsfamilie es ist, wenn auch eigentlich völlig unvergleichbar auf ganz andere
Weise. Wenn Eltern alles richtig machen, funktioniert beides: Der Heranwachsende
ist sehr gern zu Hause, ist aber auch sehr gern unterwegs, bindet sich an eine Freundin oder an einen Freund und überlegt sich ganz cool, ob er sich nun nicht eine eigene Wohnung suchen oder gar weitab in einer anderen Stadt studieren sollte. Goethes

„Lehr- und Wanderjahre" stehen für diese Normalität der äußeren Ablösung bei gleichbleibender innerer Verbundenheit mit den Eltern.

Allerdings geht es beim Zeitpunkt der äußeren Ablösung im Moment wie bei einer Schere auseinander: Abiturienten ziehen später aus, junge Menschen aus wirtschaftlich armen Verhältnissen ebenfalls. Junge Menschen, die nicht Abitur machen, solche, deren Eltern vermögend sind, und solche, die überstreng, kalt und überfordernd erzogen wurden, ziehen in der Tendenz immer früher aus, auch solche, bei denen zu viel Streit ist oder bei denen viel zu lange ein autoritärer Führungsstil gepflegt wurde oder wird.

Junge Menschen sind heute, anders als noch in den 60er-Jahren des vergangenen Jahrhunderts, körperlich, geistig und sogar seelisch durchweg ein bis zwei Jahre früher reif, so dass die Ablösung vom Elternhaus sich ebenfalls verfrüht hat, jedenfalls was die Neigung anbelangt, der eventuell jedoch wirtschaftliche Zwänge, aber auch die in Deutschland viel zu spät verliehene Hochschulreife entgegenstehen. Unser Schulsystem hat mit dieser Art der Beschleunigung nicht Schritt gehalten. Während für die Mitte des letzten Jahrhunderts noch charakteristisch war, dass die jungen Menschen körperlich früher in die Länge schossen und auch sexuell früher reif wurden, die geistig-seelische Entwicklung aber gleichzeitig retardiert blieb, also nicht mithielt, sind junge Menschen heute geistig und seelisch so weit, wie ihr Körper verheißt. Die Kindheit und die Jugend sind damit verkürzt worden, und Eltern dürfen deshalb heute einen 18-Jährigen nicht mit der Entwicklungsstufe vergleichen, in der sie selbst einmal 18 Jahre alt waren. Das gilt erst recht für 14- und 15-Jährige.

Was wir momentan massenhaft beobachten, passt zu dieser Aussage:

Immer mehr 18-jährige Gymnasiasten mit guten Noten verlassen für ihre Eltern und Lehrer völlig unverständlich die Schule nach der 12. Klasse mit dem Fachabitur, obwohl die Prognose in Richtung allgemeine Hochschulreife nur ein Jahr später hervorragend ist. Sie halten dieses eine zusätzliche Schuljahr eben einfach nicht mehr aus. Die Dosis von Schule ist ihnen um ein Jahr zu hoch; sie wollen dieses eine Jahr länger nicht auch noch den Untertanen Schüler spielen, sie wollen endlich selbstständig, unabhängig, frei und mündig sein, und deshalb verlassen sie nicht nur nach Klasse 12 die Schule, sondern ziehen auch gleichzeitig zu Hause aus. Wenn man sie jedoch überredet, das eine Schuljahr noch durchzuhalten, dann ziehen sie ein Jahr später aus; und um das von ihnen vermutete Defizit an zugestandener Mündigkeit zu kompensieren, neigen sie dann zu einem Studienplatz besonders weit weg vom Elternhaus, am liebsten im Ausland.

Eltern tut das oft sehr weh; sie fragen sich, was sie so falsch gemacht haben, dass der junge Mensch nun mit Macht wegdriften will. Sie müssen gar nichts falsch gemacht haben, und sie sollten auch weniger traurig als vielmehr glücklich sein. Denn wenn das passiert, haben sie ziemlich viel richtig gemacht, weil ihr Kind sich ganz normal verhält. Der Drang, von zu Hause wegzuziehen, ist zwischen dem 18. und 21. Lebensjahr am allergrößten. Wenn man sie beeinträchtigt, wenn man dann den Auszug, die „Nestflucht" irgendwie verhindert, dann wird es ab 22 für den dann Jungerwachsenen immer schwieriger und schließlich nahezu unmöglich, ohne Hilfe anderer noch den Absprung zu schaffen. Und dann nehmen auch die Sorgen der Eltern wieder zu: Wieso hat er immer noch keine Freundin? Wieso hat sie immer noch keinen Freund? Wann steht der junge Mensch endlich auf eigenen Beinen? Wann liegt er uns nicht mehr auf der Tasche?

So wie es ist, hat es der liebe Gott mit der Ablösung zwischen 18 und 21 schon gut eingerichtet, auch wenn es Mama und Papa vorübergehend etwas schwer ums Herz wird. Dies hat wohl auch damit zu tun, dass mit dem Auszug des eigenen Kindes, das sich zwischen 18 und 21 Jahren zugleich in der Phase der höchsten sexuellen Aktivität befindet, der Übergang in das Großelterndasein angebahnt wird. Im Zuge der Zunahme des Ewig-jung-sein-Müssens mit Jugendklamotten und gefärbten Haaren beschert das selbst 60-jährigen Zeitgenossen statt Stolz leicht Wehmut.

Tröstet es da, wenn man solche Zeitgenossen daran erinnert, dass es erst ein paar Jahrhunderte her ist, dass nur wenige Menschen älter als 40 Jahre wurden, dass die durchschnittliche Lebenserwartung im Mittelalter und auch in der Steinzeit bei 33 Jahren lag? Biologisch sinnvoll war die Ablösung vom Elternhaus vor dem 20. Lebensjahr also früher allemal, wenn man ab dann eigentlich nur noch 13 bis 14 Jahre auf Erden wandeln durfte.

8. Brauchen wir eine Jungenpädagogik?

Die meisten Sitzenbleiber in Deutschland sind mit 3,2 Prozent Jungen. Nur 2,3 Prozent der Mädchen werden nicht versetzt. Von den deutschen Abiturienten sind mittlerweile 54 Prozent Mädchen und nur noch 46 Prozent Jungen, während sich in den Sonder- und Hauptschulen wesentlich mehr Jungen als Mädchen befinden. Und auch im Studium sind die jungen Frauen erfolgreicher als die jungen Männer, ganz zu schweigen von Aspekten wie Säuglingssterblichkeit und Lebenserwartung; auch hier schneiden die männlichen Menschen schlechter ab.

Die britische Regierung hat die Benachteiligung der Jungen sogar mit dem Begriff „neuer Geschlechterkonflikt" versehen und dieses Thema auf die Tagesordnung des Ministerrates der Europäischen Union gesetzt. Der britische Premier Tony Blair hatte 1996 prophezeit, dass das Hauptproblem seiner Gesellschaft im neuen Jahrhundert die jungen Männer darstellen werden, weil vor allem sie von Arbeitslosigkeit, Alkoholismus und Kriminalität betroffen sein würden, denn der Bedarf an ungelernten Arbeitskräften wie überhaupt die Zahl der Arbeitnehmer in klassischen Männerberufen (Hafen- und Fabrikarbeiter, Müllabfuhr, Polizei, Militärdienst) ginge zurück, während die Nachfrage nach hoch qualifizierten Menschen zunähme, und das seien mittlerweile vor allem die Mädchen. Und er hat Recht bekommen.

Die Emanzipationsbewegung der letzten hundert Jahre trägt also mittlerweile Früchte. In dem Maße, wie die Benachteiligung von Mädchen und Frauen aufgehoben werden konnte, erreichen sie im Zuge von Chancengleichheit mehr. Die direkte Konkurrenz von Jungen und Mädchen lässt eher die Jungen auf der Strecke bleiben und hängt weniger mit einer jeweils unterschiedlichen Rollenerziehung als mit einem kleinen Unterschied im Hirn zusammen, mit dem die Mädchen alte Erziehungsweisen besser als Jungen auszugleichen vermögen:

Zu Hause und in der Schule wird überwiegend noch die linke Hirnhälfte angesprochen, in der so etwas wie das Verstandesmäßige, das Vernünftige, das Logische, das Rationale, aber auch das Zahlenverständnis und das Raumvorstellungsvermögen ihren Ort haben. Diesbezüglich gibt es keinen Unterschied zwischen Jungen und Mädchen, und auch nicht in der rechten Hirnhälfte, in der das Emotionale, das Musische, das Kreative, das Kommunikative und das Soziale ihren Platz haben.

Aber die Mädchen haben eine stärkere Brücke zwischen linker und rechter Hirnhälfte, die in Form eines breiteren Neuronengeflechts existiert, als die Jungen. Die Vernetzung zwischen linker und rechter Hirnhälfte ist also bei Mädchen besser als bei Jungen; wenn Mädchen überwiegend linkshirnig angesprochen werden, wird über die breitere Brücke immer zugleich auch indirekt ihre rechte Hirnhälfte mitentwickelt; offenbar war das vor Zehntausenden von Jahren biologisch sehr sinnvoll, weil die Mutter immer zugleich auch Verantwortung für ihre Kinder, die Alten und die Kranken zu tragen hatte, während der Mann mehr ein Einzelkämpfer war.

Mädchen werden wie die Jungen vielfach mit Moralpredigten und Belehrungen, also kognitiv und rational erzogen, zugleich werden sie aber auch häufiger als Jungen, die das viel nötiger hätten, direkt in der rechten Hirnhälfte angesprochen, weil sie mit einem Mehr an Kommunikation, Emotionalität, Körperkontakt und sozialen Herausforderungen konfrontiert werden als Jungen, wie eine Studie der Europäischen Union ergeben hat.

Jungen erhalten nicht nur eine geringere emotionale Zuwendung als Mädchen, sie müssen im Moment auch noch erschwerend damit fertig werden, dass anders als in den 70er-Jahren des letzten Jahrhunderts Coolsein, Machosein, Sich-martialisch-Aufmachen, Bodybuilding und Kampfsport für ihr Geschlecht „in" sind. Sie müssen also ihre emotionale, soziale, kreative und kommunikative Innenseite noch mehr vernachlässigen, als es ihre Erziehung ohnehin schon tut; und mit ihrer schwachen Brücke zwischen links und rechts können sie kaum einen Ausgleich in sich finden, so dass sie in der rechten Hirnhälfte derart ungebildet bleiben, dass sie Frust nur noch mit Schreien, Zerstören und Zuschlagen, mit Feindbildern, Hooliganismus, Suff und nach außen dargestellter Stärke, beispielsweise durch Waffentragen oder Pitbulls, die die innere Schwäche überspielen sollen, zu kanalisieren vermögen.

Wir brauchen also eine eigene Pädagogik für Jungen, damit sie wieder mit den Mädchen gleichziehen können. Sie brauchen bis zum Alter von etwa elf Jahren mehr Körperkontakt, Trost, emotionale Zuwendung, Nähe und Sozialkontakte als Mädchen, denn sie sind bis dahin zerbrechlicher, krankheitsanfälliger und empfindlicher. Nach dem elften Lebensjahr verwischen sich diese Unterschiede zwar, aber es ist trotzdem entscheidend, dass die Jungen von Anfang an mehr direkt in der rechten Hirnhälfte angesprochen und entwickelt werden, damit sie im Jugendalter nicht mehr so oft mit Gewalt, Sucht und Krankheit ausweichen und damit der hohe Anteil an Sorgenkindern bei Jungen reduziert werden kann. Hierzu ist es nötig, dass sich die Schulen von Belehrungsanstalten zu Lernwerkstätten wandeln, in denen Kinder mehr selbst im Rahmen von Partner- und Kleingruppenarbeit und mit dem Erlaubtsein von Fehlermachen lernen können, in denen sie mehr handeln und reden, als nur sitzend zuhören zu dürfen, in denen Bewegung, Spiel, Muße, Musisches und Kreativität eine größere Bedeutung haben, als es heute der Fall ist.

Kleine Jungen weinen wesentlich öfter als kleine Mädchen, Mädchen passen sich leichter an Lehrererwartungen an als Jungen, die viel häufiger Abwehrreaktionen zeigen; Eltern sprechen mit Mädchen mehr als mit Jungen, und sie schenken ihren Töchtern mehr Bücher als ihren Söhnen. Ändern muss sich jedoch nicht nur etwas durch eine andere Behandlung von Jungen; Jungen brauchen auch andere männliche Vorbilder, als ihnen durchweg mit ihren Fernsehhelden und ihren Sportidolen zur Verfügung stehen. Liebevollere Väter, mehr männliche Lehrer auch schon in Vor- und Grundschulen, die etwas anderes als eine brutale Männlichkeit repräsentieren, müssen hinzukommen.

Väter, die ihr Kind am Körper tragen und auch in der Öffentlichkeit windeln, die sich nicht schämen, die sonderbarsten Fragen ihrer Kinder auch in Bahnen und Bussen zu beantworten, Eltern, die das Weinen und das Spielen ihrer Söhne mit Puppen zulassen und sich freuen, wenn sie kochen und Mama im Haushalt helfen, tragen jedenfalls mehr zur inneren Stärkung von Jungen bei als Menschen, die an althergebrachten Rollenklischees festhalten und von Jungen Steinewerfen und Rangeln erwarten und von Mädchen, dass sie ihre weißen Socken beim Spielen nicht schmutzig werden lassen. Dies gilt ebenso für eine allgemein höhere Akzeptanz für Schwule und die Verpönung von Gewalt und nach außen dargestellter Stärke.

Eine Studie der Fachhochschule Braunschweig-Wolfenbüttel mit dem Titel „Manns-Bilder" hat ergeben, dass oft schon Erzieherinnen in Kindergärten ungewollt die Weichen bei kleinen Jungen falsch stellen, und zwar indem sie von den zarten Jungen mehr Stärke erwarten als von den stabileren Mädchen. Eine Folge davon ist, dass Jungen in Kindergärten infolge dieser Überforderung viermal so häufig stottern wie Mädchen. Und da Erzieherinnen Schwächen und Unsicherheiten bei Jungen nicht so gut erkennen wie Erzieher, fordert die Fachhochschule eine Quotenregelung beim Personal für Kindergärten, Vorschulen und Grundschulen. Damit wäre nicht nur erreicht, dass Jungen nicht allein von Frauen erzogen werden – die es übrigens mit der Erziehung ansonsten sehr gut machen –, sondern auch, dass mehr kleinen Jungen als bisher erspart bliebe, immer wieder mit vertrauten Mustern wie Hyperaktivität und Aggressionen auf Überforderungsdilemmata zu reagieren, weil sie ihren erhöhten Bewegungsdrang nicht ausleben dürfen.

Denn wenn Jungen wegen nicht mehr zeitgemäßer Rollenerwartungen und wegen der Linkshirnigkeit ihrer Erziehung ihre Gefühle nicht richtig ausleben dürfen, dann weichen sie zunächst auf einen erhöhten Bewegungsdrang aus, der in unserer Stillsitzkultur oft noch verpönt ist. Am Ende bleibt ihnen nur noch das Ventil der Aggression, für die sie dann bestraft werden, was ihnen unnötige Versagenserlebnisse beschert. Was ihnen schließlich erlaubt bleibt, sind der Rückzug und die Verlagerung der sowieso fehlenden inneren Stärke nach außen: Muskeln, Waffen, Ketten, Glatzen, Springer-Stiefel, Bomber-Jacken, Piercing, Tattoos, Kampfhunde, Kampfsport, Cool- und Machosein; all das steht für den Mangel an liebevoller Väterlichkeit und für die Defizite an Emotionalität, Musischem, Sozialem, Kommunikativem, Kreativität, Fehlermachendürfen und Konfliktbewältigungsstrategien. Warum müssen gerade Jungen ihre Emotionen kontrollieren, was ihnen ohnehin schwerer fällt als Mädchen? Warum dürfen sie immer noch nicht Schwäche, Schmerz, Traurigkeit, Angst und Nachgiebigkeit zeigen, ohne gleich als Weichlinge oder Memmen zu gelten? Warum dürfen sie über Sex sprechen und lachen, nicht aber zärtlich zu anderen Jungen sein? Dürften sie es, ginge es ihnen wesentlich besser. Und dürften japanische Männer auch Gefühle zeigen, würden sie sich wahrscheinlich nicht allein deshalb so massenhaft selbst umbringen, weil sie ihren Job verloren haben.

Wir tragen immer noch schwer an unseren preußischen Soldatentugenden. Mädchen haben nicht diese Vorbelastung aus unserer Geschichte; sie durften sich befreien, die Jungen durften es noch nicht, wenn wir einmal von der Zeit zwischen 1968 und 1985 absehen. Weil zumindest beim Lernen mittlerweile Gleichberechtigung herrscht, die zwar noch nicht ganz am Beginn der Gymnasien besteht, weil da immer noch etwas mehr Jungen als Mädchen angemeldet werden, aber ab dann, können die Trendforscher vermelden, dass die Frauen zur Zeit der „dynamischere Teil" unserer Gesellschaft sind.

Stichwörter wie „vaterlos aufwachsende Jungen", „Mangelväter", „Fernväter", „Feminisierung von Kindergarten, Vorschule und Grundschule" stehen jedenfalls für den großen Bedarf an Gedanken, die wir uns um die Jungen, aber auch um die Männer machen müssen, und an Handlungskonzepten, die wir für dieses neue Jahrhundert entwickeln müssen. Vielleicht brauchen wir ja sogar Liebesschulen für Väter und ihre Söhne? Wie wollen wir aber zugleich verhindern, dass liebevolle Väter, Erzieher und Lehrer, die Wunderbares bei Jungen bewirken, als weich, schwul oder pädophil missverstanden werden?

Übrigens ist es auch noch so: Eine amerikanische Studie, die in der Zeitschrift „Development Psychology" veröffentlicht wurde, kommt zu dem Schluss, dass Jungen im Grundschulalter, die extrem unangepasst, frech und aggressiv sind, unter Gleichaltrigen eine hohe Anerkennung gewinnen, so dass sie sich an Erfolge durch Drohen, Mobben, Zuschlagen, Zerstören und auch Abpressen und Stehlen gewöhnen. Das trifft auf etwa jeden dritten Jungen zu. Da unter Erwachsenen aber ein derartiges Verhalten kaum noch Zustimmung findet, erleidet ein hoher Anteil von Jungen Niederlagen und Ausgrenzung, und nur ein kleinerer Anteil ist dann noch in der Lage, umzulernen und sich fortan sozial angemessen zu verhalten.

9. Gute Erziehung muss ein Kinderspiel sein

Es ist eigentlich nicht schwierig, ein Kind zu erziehen; man sollte nur von allem die Mitte treffen, was die Ansprache seiner Grundbedürfnisse anbelangt. Kinder haben folgende Grundbedürfnisse, die sie schon mit auf die Welt bringen: Liebe, Zeit, Bewegung, Spiel, Muße, Körperkontakt, Gespräch, Weltbildaufbau (was ist gut, was böse?), Herausforderung der Kräfte, Familie und eine stimmige Ernährung. Heutzutage wachsen sie oft mit einem Zuviel und einem Zuwenig zugleich auf: zu wenig Zeit, zu viel Zucker, zu wenig Liebe oder zu viel „Affenliebe", zu wenig Körperkontakt, zu viel Gewalt, zu wenig liebevolle Väterlichkeit, zu viel brutale Männlichkeit, zu wenig Bewegung, zu viel sitzendes Konsumieren, zu wenig Zuhören, zu viel Einreden, zu wenig Entlastung, zu viel Schimpfen und Strafen, zu selten Fehlermachen dürfen, zu viel Ernst, zu wenig Familie sowie zu wenig Spiel.

Der Mensch ist im Unterschied zu den meisten Tieren ein lebenslanger Spieler; er verdankt diese Eigenart seiner Kreativität, seiner Phantasie, seiner Fähigkeit, sich mit Träumen gegen seine Niederlagen zu entlasten. Er hat eine hohe Flexibilität gegenüber Sackgassen, er ist entscheidungsoffen und vermag sich Verhaltensalternativen zu schaffen, wenn er auf Probleme stößt. Während das Tier eher instinktgesichert reagiert, ist der Mensch umweltoffen und anpassungsfähig ohne unterzugehen, vorausgesetzt die Fähigkeit verkümmert nicht.

Oft verkümmert sie infolge einer Erziehung, die nicht die Mitte trifft: Über- oder Unterforderungen beeinträchtigen die gesunde Bilanz schon des kleinen Kindes. Während Welpen von Hunden, Wölfen und Füchsen nur in ihrer Kindheit durch Spiel alle möglichen Strategien und Techniken ausprobieren und eintrainieren, so wenn es um des Fangen von Beute und um das Unterwerfen eines Rivalen geht, will der Mensch in seiner höchst komplizierten Lebenswelt ein ganzes Leben lang Variationen von Verhaltensweisen austesten; und wenn das in der Realität nicht gut gelingt, dann weicht er in Scheinwelten aus: Spielautomaten, Playstations, Filme, Abenteuerurlaub, Internet, Romane und Drogenrausch, aber auch Karneval gehören dazu.

Kinder müssen spielen dürfen, allein und mit anderen, und sie müssen dabei ihrer

Phantasie freien Lauf lassen können. Im Spiel entfalten unsere Kinder ihre Kräfte, sie trainieren mit ihm Verhaltensweisen, sie tun das aber auch in ihren Traumwelten. Für sie ist Spiel der eigentliche Ernst des Lebens. Kinder, die sich die Leichtigkeit des Spiels bis ins hohe Alter zu erhalten vermögen, sind besonders gut gelungen. Und wenn dieser Spieltrieb von uns Erwachsenen verbaut und verpönt wird, dann spielen sie dennoch, aber oft eindimensional in verfestigten, einbetonierten Sackgassen, die nur noch durch eine sehr aufwendige Therapie geöffnet werden können, wenn sie beispielsweise später als Erwachsene spielsüchtig jeden Tag das Gleiche monoton und einfallsarm „spielen" und – im Extremfall – sogar das eigene Vermögen, die eigene Familie und sich selbst am Spielautomaten „verspielen".

Wenn das kindliche Spielen und Träumen noch gesund ist, passt am besten eine spielerische, aber ernst gemeinte Erziehung dazu: Ein Kind kommt sich nicht blöd vor, wenn es auf einem Bein hüpft; dieses Hüpfen stärkt seinen Muskelkoordinationssinn und seinen Gleichgewichtssinn. Kinder lachen, wenn man mit ihnen über das berühmte Bild des belgischen Malers René Magritte mit dem Titel „Dieses ist keine Pfeife" spricht; gemalt hat er eine sehr real aussehende Pfeife, das ist realistisch; aber surrealistisch ist Magrittes Begründung: „In eine gemalte Pfeife kann man keinen Tabak stopfen". Kinder lachen dann, und sie lachen auch, wenn man ihnen sagt: „Ein Hund kann beißen, aber das Wort Hund kann auf keinen Fall beißen."

Am Lachen der Kinder können wir erkennen, ob unsere Erziehung gelingt. Stetige Erziehungsweisen, die sich jeden Tag wiederholen, sind eingefahren, sie sind für das Kind langweilig, sie beleidigen es in seiner Phantasie, sie vernachlässigen sein Bedürfnis nach Herausforderung seiner Kräfte. Erziehung muss immer wieder überraschend, also auch unstetig, aber zugleich konsequent sein, was das Ziel anbelangt.

Erziehung sollte viele Anlässe zum Lachen bringen, und Psychologen lehren uns ja, wir alle – nicht nur Kinder – sollten jeden Tag mindestens 20 Minuten lachen, damit neurogene Störungen ausbleiben. Nur der Mensch ist zum Lachen fähig, und das müssen wir auch in der Erziehung ausnutzen.

Wenn der Körper oder die Seele des Kindes geschlagen werden, dann schlägt es zurück: Gewalt, Überangst, Sucht oder Krankheit nennen wird das. Mit Spiel, Spaß, Humor, Phantasie und mit „paradoxen Interventionen" werden aber Körper und Seele des Kindes gestreichelt. Die These der Schweizer Heilpädagogin Eva Zeltner ist: „Wir plündern die Jugend, indem wir Kindern die Kindheit rauben und selbst immer länger jung wirken wollen." Wir Erwachsenen gaukeln unseren Kindern vor, wir seien mit unserer Humor- und Phantasielosigkeit jugendlich und zwingen damit unsere Kinder, die eine eigene Welt haben wollen, in eine andere Welt, die nicht mehr kindlich oder jugendlich ist; wir zwingen sie zu Verhaltensstörungen, weil wir ihnen glauben machen wollen, wir seien die besseren Jugendlichen. Aber nur mit Lockerheit, Lachen und Kreativität können wir diese moderne Spannung, die Erwachsene kindisch aussehen und Kinder nicht mehr kindlich sein lässt, auflösen. Die Wege müssen allerdings spontan sein, zu den jeweiligen Kindern, Erwachsenen und konkreten Situationen passen; deshalb taugen Rezepte dafür überhaupt nicht.

Kinder lernen am besten über Fehlermachen. Fehler sind ihre Umwege zum Weiterkommen, und deshalb dürfen wir sie nicht grundsätzlich für ihre Fehler bestrafen; wir müssen diese mit Humor relativieren, nicht immer, aber häufiger als bisher.

II. Familie und Alltag

1. Bedürfnis nach Familie

Etwa 1,5 Millionen deutsche Mütter und etwa 270 000 Väter erziehen ihre Kinder allein. Fast 2,3 Millionen Kinder leben in Deutschland in Ein-Eltern-Familien, die in 87 Prozent der Fälle von Müttern und in 13 Prozent von Vätern geführt werden. Die meisten Single-Mütter haben ein monatliches Einkommen von unter 1000 Euro, so dass gerade die Kinder aus unvollständigen Familien mit geringen finanziellen Mitteln aufwachsen.

Etwa 2,9 Millionen der 16 Millionen Kinder unter 18 Jahren in Deutschland leben an der „Armutsgrenze", etwa vier Millionen in äußerst beengten Wohnverhältnissen, und addiert man zu den Kindern von Single-Eltern noch diejenigen dazu, die in nichtehelichen Lebensgemeinschaften aufwachsen, kommt man auf 2,8 Millionen.

Die Scheidungszahlen steigen. Während vor zehn Jahren eine deutsche Ehe durchschnittlich sieben Jahre hielt, dauert sie heute nur noch fünf Jahre (in ganz Europa vier Jahre), und dabei ist noch gar nicht mitgerechnet, wie viele deutsche Eltern zwar noch verheiratet zusammenleben, aber sich schon lange nicht mehr verstehen bzw. sich permanent streiten. Das Statistische Bundesamt weist jedenfalls 2,4 Millionen Kinder bis zum Alter von 13 Jahren aus, die Scheidungskinder sind. Eine noch viel größere Zahl machen die so genannten „Schlüsselkinder" einschließlich der „Straßenkinder" aus, die weitgehend allein zurechtkommen müssen.

Zwar setzt sich im Falle einer Scheidung immer mehr das „gemeinsame Sorgerecht" mit „Besuchsregelung" durch, aber etwas mehr als eine Million Kinder, also fast jedes zweite Kind, verlieren nach der Scheidung den Kontakt zu ihrem Vater gänzlich. Etwa 175 000 Ehen werden pro Jahr in Deutschland geschieden, und davon sind dann jeweils etwa 140 000 Kinder betroffen.

Das Bedürfnis nach einer familiären Einbettung gehört zu den auf die Welt mitgebrachten kindlichen Grundbedürfnissen, wobei nicht die kirchlich abgesegnete traditionelle Familie gemeint ist, sondern das Vorhandensein von mehreren Bezugspersonen, die ganz unterschiedliche Funktionen gegenüber dem Kind wahrnehmen. Kinder brauchen Mütterliches für die leibliche und emotionale Versorgung, Väterliches für das Hinausfordern der Kräfte in die weite Welt und in die Zukunft hinein, Großmütterliches für die Einbettung in die Generationenabfolge mit Bräuchen, Sitten, Normen und Werten, Großväterliches für Taktik, Lebenserfahrung und die historische Dimension, Geschwisterliches für das Ausprobieren von Möglichkeiten und

Grenzen und Freundschaftliches für Spiel, Muße und Orientierung an der Gleich-altrigkeit.

Wer jeweils diese Funktion übernimmt, ist nicht ganz so wichtig, und Blutsver-wandtschaften und Trauscheine sind dafür wirklich nicht erforderlich. Der neue Freund von Mama kann eventuell gut das Väterliche repräsentieren, ein Trainer oder Lehrer kann es aber auch. Die Kindergärtnerin oder auch Oma können das Mütter-liche leisten. Eine junge Mama kann freundschaftlich sein, und eine alte gute Klassen-lehrerin stellt vielleicht die großmütterliche Dimension dar, während der befreundete Nachbar das Bedürfnis nach Großväterlichkeit zu befriedigen vermag.

Wir müssen uns heute immer dringender fragen, wie wir dem Grundbedürfnis des Kindes nach Familie optimal entsprechen können, da doch der Verfall der klassischen Familie immer sichtbarer wird. Immer mehr Kinder wachsen ohne Geschwister und ohne Vater auf, und schon vor längerer Zeit verschwanden für viele Kinder die Groß-eltern weitgehend aus ihrem Blickfeld. In mancher deutschen Großstadtstraße wohnt nur noch ein Kind, das sein Bedürfnis nach Freundschaft in der Gleichaltrigkeit nicht mehr leicht befriedigen kann, es sei denn im Kindertagesheim, in der Schule oder im Ferienlager. 34 Prozent der deutschen Kinder sind mittlerweile bereits Einzelkinder, die oft mit einem Mangel an Bewegung, Spiel, Ansprache, Zuhören und Erprobungs-möglichkeiten für Rangeln, Toben sowie deutlichen Körperkontakt aufwachsen. Und auch die Gelegenheiten für Geheimnisse, für das Austesten von Phantasien, Flunkern, kleinen D, Diebereien und Kaputtmachen fehlen ihnen, da dies Dinge sind, die mit posi-tiven Auswirkungen am besten unter Geschwistern ausprobiert werden können.

Familienersatz lässt sich gut organisieren, und zum Glück gibt es viele allein erzie-hende Mütter, die zugleich mütterlich, väterlich und freundschaftlich, vielleicht sogar geschwisterlich zu sein vermögen, die Spiel- und Sportgruppen für ihr Kind und möglicherweise auch einen Strand-, Wald- oder Wattkindergarten finden, die mit einem anderen Vater und seinen Kindern in den Urlaub fahren und dafür sorgen, dass ihr Kind Kontakt zu einer alten Dame im benachbarten Seniorenheim hat und nachmittags in einer anderen Familie Schulaufgaben macht. Auch in Wohn- oder Hausgemeinschaften wird das Familienbedürfnis der Kinder gelegentlich gut be-friedigt.

Die herkömmliche Familie scheint ein Auslaufmodell zu sein; immer häufiger ist sie nur noch eine Familie auf Zeit, und immer häufiger ist sie ausgesprochen klein. Wir beschreiben für die letzten hundert Jahre die Entwicklung von der Großfamilie mit zwölf und mehr Kindern, mit dicht dabei wohnenden vier Großeltern, mit zahl-reichen Tanten, Onkeln, Cousins und Cousinen, mit Mägden und Knechten über die Kleinfamilie der Jahre von 1955 bis 1970, die idealiter aus Vater, Mutter, Sohn und Tochter bestand, während die Großeltern schon weit weg wohnten, bis zum heute vorherrschenden Modell der Kleinstfamilie, die im Zweifelsfall nur noch aus einer Mutter und einem Kind besteht.

Eine Untersuchung der niederländischen Universität Limburg hat ergeben, dass Kinder, die in Großfamilien mit mehreren Geschwistern aufwachsen, deutlich seltener Gesundheitsprobleme haben als Einzelkinder: 50 Prozent der ausgezählten Krankheitsfälle betrafen Einzelkinder, während bei Kindern mit drei und mehr Geschwistern nur zehn Prozent der erfassten Gesundheitsprobleme auftraten. Und dänische Mediziner haben ermittelt, dass Kinder mit einer zu geringen sozialen Versorgung, die mit einem Mangel an Bezugspersonen korreliert, als Erwachsene häufiger unter Übergewicht leiden; sie kompensieren ihr Defizit an Familie durch Essen.

Andere Kinder, die mit einem Mangel an gelebter Familie aufwachsen, suchen sich recht bald Ersatzfamilien. Dies tritt auch auf, wenn es zwar Mama, Papa und Geschwister gibt, aber alle Familienmitglieder weitgehend kommunikationslos nebeneinanderher leben. Solche Kinder finden „ihre" Ersatzfamilien im subkulturellen Bereich, also unter Peergroups, Hooligans, Skinheads, Graffiti-Sprayern, okkultistischen oder Satanskultgruppen, Stadtteilbanden, Grufties oder auch harmloser bis günstig unter Skatern, im Sportverein, bei der Jugendfeuerwehr, bei den Pfadfindern oder im Rahmen der kirchlichen Jugendarbeit.

Mit dem Kleinerwerden der Familien und mit der Abnahme der verschiedenen Arten von Bezugspersonen im näheren Umfeld der Kinder ist vor allem den Müttern eine wesentlich bedeutsamere Rolle zugewachsen, als das zu Zeiten der Großfamilie der Fall war. Einige Mütter werden ausgezeichnet damit fertig, dass sie die Erziehungslast weitgehend allein auf ihren beiden Schultern tragen, andere sind jedoch damit außerordentlich überfordert. Diese Mütter sind hilflos, inkonsequent, oft erschöpft und wünschen sich gelegentlich sogar – wie sie dann selbst sagen – ihr Kind wegen des eigenen Ausgebranntseins oder aufgrund eigener Erkrankung „ganz zum Teufel". In solchen Fällen sind Kindergärten, Kindertagesheime, Schulen, Kinderdörfer, Ferienlager und Jugendwohnungen gefragt, Familienergänzung oder auch Familienersatz hinbekommen. So wird immer häufiger bei den Schulen angemahnt, gegenüber einem Teil ihrer Schüler auch die Funktion der familienergänzenden Erziehung wahrzunehmen, weil mittlerweile Schule die einzige Institution unserer Gesellschaft ist, die wegen der „Schulpflicht" noch sämtliche Kinder und Jugendlichen erzieherisch zu erreichen und zu umfassen vermag. Die Familie schafft das jedenfalls zunehmend nicht mehr.

In Deutschland wird jede dritte Ehe geschieden, in den USA bereits jede zweite. Die Kinder bleiben meistens bei der Mutter, und mit dem Verschwinden von Geschwistern, Vätern, Großvätern und auch männlichen Lehrern hat die „Feminisierung" der Erziehungsstile zugenommen, die sich vor allem auf kleine Jungen oft verheerend auswirkt, selbst dann, wenn die Erzieherinnen und Lehrerinnen insgesamt recht bemüht sind und es gut machen: Auf der Suche nach ihrer Männlichkeitsrolle müssen sich die Jungen ihre Geschlechtorientierung dann dort abholen, wo sie sich ihnen noch bietet, nämlich bei den Bildschirmhelden und bei Jugendbanden in ihrer Nachbarschaft. Sie suchen den Kontrast zu den vielen Frauen um sie herum, und der fällt dann häufig so deftig aus, dass Fäkaliensprache („motherfucking" ist das meistbenutzte Schimpfwort unter amerikanischen Jugendlichen männlichen Geschlechts), Zuschlagen, Zerstören, Waffentragen und -einsatz, martialische Aufmachung, Tätowieren, Bodybuilding, Kampfsport sowie Coolsein und Machogehabe, also brutale Männlichkeit statt Gestalten einer liebevollen Väterlichkeit, für sie eine außerordentlich große kompensatorische Rolle spielen, gepaart mit der Angst davor, zu weich, zu emotional, zu feminin oder schwul zu wirken. Das normale Vier-Phasen-Modell ihrer Sozialisation wird damit aber zugleich erheblich beeinträchtigt, so dass sie im Verlauf von Schulbildung, Berufsausbildung, Familiengründung und beruflicher Karriere derart viele Niederlagen erleben, dass sie und damit die ganze Gesellschaft in immer schlimmere Teufelskreise geraten, die dann auch die Institution Familie auf Dauer noch weiter schädigen.

Die durchschnittliche Haushaltsgröße hat in Deutschland von 1880 bis 2003 von 4,6 Personen auf 1,7 abgenommen, die Zahl der nichtehelichen Lebensgemeinschaften ist in Deutschland allein von 1991 bis 2001, also in nur zehn Jahren von etwa 1,4 Millionen auf etwa 2,3 Millionen angewachsen, 1972 lag sie in den alten Bundesländern noch bei 137 000.

„Scheidungswaisen" tragen meist ein Leben lang schwer an der Trennung ihrer Eltern; vor allem betrifft das die Mädchen. Sie sacken in der Schule ab, sind im Studium nicht so erfolgreich und landen öfter in der Arbeitslosigkeit. Am meisten leiden Kinder zwischen dem elften und 15. Lebensjahr unter dem Auseinanderbrechen der elterlichen Beziehung, und zwar deutlich mehr, als wenn beispielsweise ein Elternteil stirbt. Töchter geschiedener Eltern heiraten übrigens wesentlich früher als Mädchen aus intakten Familien, sie lassen sich aber auch früher und häufiger auf ihre Initiative hin scheiden, wie eine Studie der englischen Universität Cambridge belegt.

Eigentlich muss man aber wesentlich differenzierter an das Schicksal der Scheidungskinder herangehen:

▨ Nach einer Langzeitstudie des Münchener Arztes Matthias Franz leiden diejenigen Kinder, die ohne Vater aufwachsen, häufiger an Angsterkrankungen, Depressionen sowie Selbst- und Beziehungsstörungen als andere Kinder. Durch Väter lernen Kinder nämlich, sich einerseits zu behaupten und sich andererseits mit der „mächtigen Mutterfigur" der ersten Lebensjahre konstruktiv auseinanderzusetzen.

▨ Wenn die Kinder beide Eltern vor der Trennung sehr lieb gehabt haben, leiden sie immens und oft ein Leben lang unter der Scheidung; sie haben dann vielfach von der Scheidung an ein geringeres Selbstwertgefühl, und sie fühlen sich merkwürdigerweise mitschuldig am Misslingen der elterlichen Ehe.

▨ Das gilt aber nicht, wenn die Kinder zum Zeitpunkt der Trennung der Eltern jünger als sechs Jahre oder älter als 16 Jahre waren.

▨ Wenn Kinder schon lange unter einem Elternteil sehr gelitten haben, bevor es zur Trennung kommt, dann empfinden sie mehrheitlich die Scheidung als befreiend, und sie leben dann mit fortan größeren Erfolgen (zum Beispiel in der Schule) auf.

- Vergleicht man verschiedene Familienmodelle miteinander, wie es das Volkszählungsbüro Washington D.C. getan hat, dann schneiden in Bezug auf ihr Gelingen am besten die Kinder allein stehender Väter ab, gefolgt von den Kindern berufstätiger Mütter (egal ob sie verheiratet sind oder nicht), und erst dann kommen die Kinder aus üblichen Kleinfamilien mit Vater, Mutter, Sohn und Tochter. Offenbar machen diejenigen Menschen es mit der Erziehung ihrer Kinder besonders gut, denen man es am wenigsten zutraut. Allein erziehende Väter und berufstätige Mütter wirken also erfolgreich gegen das Vorurteil an, sie könnten es mit der Erziehung nicht so optimal bewerkstelligen.
- An der Universität Michigan ist eine Untersuchung durchgeführt worden, die ergab, dass Kinder von Eltern, die sich zwar getrennt haben, die sich aber fortan überhaupt nicht mehr streiten, sondern in Bezug auf ihre gemeinsamen Kinder irgendwie kooperieren, nach einem Jahr in ihrem Selbstwertgefühl, in ihren Schulerfolgen und in ihrem späteren Lebensvollzug nicht mehr unterscheidbar sind von Kindern nichtgeschiedener Eltern, vorausgesetzt die Mutter übt nach der Scheidung einen Beruf aus und die Kinder stehen sich wirtschaftlich nicht deutlich schlechter als zuvor.
- Etwas genauer beschreibt eine Studie der Universität Virginia, dass fast alle Kinder nach der Scheidung ihrer Eltern Verhaltensauffälligkeiten zeigen, nach etwa sechs Jahren aber nur noch jedes fünfte Kind. Umgekehrt gibt es einen auffällig hohen Anteil von Scheidungskindern, der sechs Jahre nach der Scheidung der Eltern als ungewöhnlich belastungsfähig, reif und zielstrebig auffällt. Kinder, die vor der Trennung ihrer Eltern in außerordentlich konfliktträchtiger Atmosphäre darben mussten, fallen zwei Jahre nach der Scheidung ihrer Eltern sogar mehrheitlich als „Scheidungsgewinner" auf, wie die Projektleiterin Mavis Hetherington kundtut.
- Wenn der Vater „weggeschieden" wird, neigen Jungen eher zu psychosomatischen Erkrankungen, Mädchen hingegen eher zum Idealisieren des nicht mehr vorhandenen Papas.
- Scheidungskinder sind ängstlicher als andere Kinder; ihre Ängste beziehen sich vor allem auf Krieg, Sitzenbleiben, Krankheit, Verkehrsunfälle und Atomkatastrophen sowie auf den Verlust des verbliebenen Elternteils (in dieser Reihenfolge).

In Wirklichkeit reagiert natürlich jedes Kind auf ein und dasselbe ganz anders als das nächste. Statistiken beantworten nicht, wie ein konkretes Kind mit dem Zerfall der Familie fertig wird, sie beschreiben allenfalls ein durchschnittliches Risiko. In dem Maße jedenfalls, in dem Eltern ihr Kind auf die Scheidung vorbereiten, mit ihm über Gründe sprechen und die Folgen verarbeiten, wird auch das Maß von Trauer, von Entlastung und von der Dauer der Bewältigung im Kind bestimmt.

Das ist also ähnlich wie bei der Geburt eines Geschwisterkindes: Das vorhandene Kind kann sich entthront fühlen, eifersüchtig und krank werden und unter der fortan zu spürenden Liebesteilung leiden, es kann sich aber auch sehr auf den Bruder oder die Schwester freuen oder ganz gefasst und offen der neuen Ensemble-Situation der Familie entgegensehen; meist hängt das davon ab, wie die Eltern ihm die bevorstehende Erweiterung der Familie vermitteln.

Interessant ist noch Folgendes: Wir beschreiben zwar einen zunehmenden Familienzerfall, gleichzeitig ergaben aber Umfragen, dass den Deutschen insgesamt die Familie wichtiger ist denn je. Viele, die keine Familiengründung hinbekommen oder die mit der Familiengestaltung gescheitert sind, halten sie dennoch für das optimale Modell, insbesondere als Lebensform für Kinder. Zwar entsprechen nur noch 28 Prozent aller deutschen Familien dem „Standardmodell" bestehend aus Vater, Mutter und Kind(ern), aber die Sehnsucht danach ist weitaus größer. Immerhin müssen diese 28 Prozent noch um weitere zehn Prozent ergänzt werden, bei denen Mann, Frau und Kind(er) zusammenleben, in denen aber die Eltern keinen Trauschein haben; man nennt so etwas auch „Partnerschaft mit Kindern". Weitere acht Prozent sind „Stieffamilien", in denen die Eltern verheiratet sind, die Kinder aber ganz oder teilweise aus früheren Partnerschaften stammen.

Manche Eltern helfen sich übrigens, zumal in den USA, wenn das Familienleben irgendwie beeinträchtigt ist (meist beruflich bedingt), mit Kindermädchen, Au-pair-Mädchen, Gouvernanten oder anderen Hausangestellten, die dann partiell Elternfunktionen übernehmen sollen. Das kann hervorragend für das Kind sein, aber auch ganz schrecklich. So wissen wir von Königskindern, die mit Gouvernanten aufwachsen, dass sie oft schlimme emotionale Nähe- und Körperkontaktdefizite mit sich herumtragen, die späterhin eventuell mit sexuellen Abartigkeiten kompensiert werden, weil sie mit den Ersatzpersonen nicht so kuscheln, schmusen und sonstwie zärtlich sein können und dürfen, wie es mit allgegenwärtigen Eltern möglich wäre.

In den USA wachsen mittlerweile Millionen von Kindern mit einer Nurse, „Nanny" genannt, auf. Wenn diese ihren Job gut macht und wenn die Eltern in den „Qualitätszeiten" von Erziehung (morgens, abends, am Wochenende, in den Ferien, an Feiertagen) mit ganzer Kraft für ihre Kinder zur Verfügung stehen, dann unterscheidet sich die Entwicklung dieser Kinder nicht von der anderer Kinder, bei denen ein Elternteil immer zu Hause ist. Wenn die Nannys aber keine Lust auf die Kinder haben, dann können diese schon erheblichen Schaden nehmen.

Jedenfalls sind in Amerika immer mehr Eltern dazu übergegangen, mit versteckten Kameras in Räumen oder sogar in Teddys und Puppen den Einsatz der Kinderbetreuer zu überwachen, und dabei können sie dann Schläge, sadistische Strafmaßnahmen oder auch den Drogenkonsum der Nanny beobachten. Eine ganze Industrie lebt mittlerweile von diesem „Babywatching".

Mit der Lehre von den sinnvollen Größen in der Erziehung wissen wir jedenfalls, dass zwei Bezugspersonen in der Regel besser sind als nur eine, auch wenn die eine alles optimal zu tun vermag. Das gilt für Klassenlehrer und für Eltern. Rein statistisch sind jedenfalls Kinder von Alleinerziehenden benachteiligt, wie die Autoren einer schwedischen Langzeitstudie mit etwa einer Million Kindern ermittelt haben: Kinder von Alleinerziehenden nehmen dreieinhalb Mal häufiger Drogen, werden eher kriminell, neigen mehr zu psychischen Erkrankungen und sind doppelt so häufig suizidgefährdet.

Natürlich gilt das nicht für Einzelfälle, sondern nur für große Populationen. Denn schließlich sind zwei vorhandene Elternteile keine Garantie für eine problemfreie Kindheit und Jugend.

2. Eltern sind nicht gleich Eltern

Junge Menschen werden in ihrem Aufwachsen über ihr Erbgut hinweg im Wesentlichen von vier Lebenswelten geprägt, mit denen sie alle positiv oder negativ irgendetwas zu tun haben: Familie, Schule, Medien und Jugendkultszenerie. Die Einflüsse der zweidimensionalen Welt des Bildschirms und die Trends und Sogwirkungen der Gleichaltrigkeit ereignen sich insbesondere nach dem 13. Lebensjahr sehr stark, ohne dass sie absichtlich erziehen wollen. Aber die Medien tragen keinerlei Verantwortung für die Folgen dessen, was sie anrichten. Die Familie wird von vielen Zeitgenossen bösartig als „Auslaufmodell" beschrieben, und Stichworte wie „Entwicklung von der Groß- über die Klein- zur Kleinstfamilie", „Schlüsselkinder", „Scheidungskinder" sowie „vater- und geschwisterlos aufwachsende Kinder" stehen für ihre rasche Wandlung, zumal in den letzten Jahrzehnten, in denen wir die Zunahme von Verhaltensstörungen, Gewalt, Sucht, Angst und Krankheit bei jungen Menschen beklagen. Die Schule hingegen wäre, wie bereits beschrieben, mittlerweile die einzige Lebenswelt, die noch sämtliche Kinder und Jugendliche bewusst erziehend erreichen könnte. Dies jedoch ist nicht ihr primärer Auftrag; zudem hinkt sie mit ihren Reformen immer ein Stück weit den raschen Wandlungen der drei anderen Lebenswelten hinterher.

Wir leben in Deutschland mit einer herkömmlich bewährten Arbeitsteilung zwischen Eltern und Lehrern: Das Elternhaus ist für Erziehung zuständig und die Schule für Bildung. Nur ist es mittlerweile so, dass immer mehr Eltern den im Artikel 6 unseres Grundgesetzes formulierten Anspruch, dass sie das Recht und die Pflicht zur Erziehung haben, nicht mehr umzusetzen vermögen. Wir sprechen von hilflosen, von inkonsequenten, von vernachlässigenden, von verwöhnenden und von verplanenden Eltern, die das Kind nicht in dem Maße für die Schule und für das Leben ausstatten, als dass es ohne Hilfe von Erziehern, Lehrern, Sozialpädagogen, Familienhelfern, Präventionslehrern, Kinderärzten, Jugendpsychiatern, Schulpsychologen und Jugendrichtern auf eigenen Beinen stehen kann.

Jahrelang haben wir bloß an Eltern appelliert, sie mögen es doch bitte wieder richtig mit der Erziehung machen, weil ihr Kind sonst missrät; aber solche Appelle nützen natürlich gar nichts, wenn die Eltern sich nicht helfen lassen wollen oder wenn sie sich allein nicht helfen können.

Die Eltern gibt es jedenfalls nicht, sondern wir haben es im Wesentlichen mit vier Gruppen zu tun:

▨ Es gibt etwa 15 Prozent Eltern, die ihr Kind gar nicht mögen, es als störend oder nicht in ihren Lebenszusammenhang passend empfinden, die sich vielleicht noch über die Schwangerschaft und auf die Geburt gefreut haben, sich dann aber bald oder zumindest in einigen Stunden ihr Kind wieder wegwünschen. Dazu gehört auch die Mischform, dass Mama zwar ihr Kind liebt, der neue Freund von Mama tut das aber keineswegs. Wenn es Eltern an Liebe zu ihrem Kind mangelt, wenn sie dazu neigen, ihr Kind totzuschütteln (wie in Husum geschehen) oder gar im Ofen zu verbrennen (wie in Flensburg vorgekommen), dann muss man ihnen das Kind wegnehmen, dann sollte man das Kind gegen seine Eltern stärken. Denn es gibt auch Eltern, die unbewusst wollen, dass ihr Kind neurotisch gestört ist, weil sie dann einen permanenten Gegenpol, eine Aufgabe bzw. ein Lebenssinn gebendes Feindbild haben.

▨ Etwa 15 Prozent der deutschen Eltern meinen es zu gut; sie verplanen und verwöhnen ihr Kind restlos, sie überfordern es mit Karriere- und Prestigeerwartungen, indem Mama von klein auf den Terminkalender führt, das Kind gegen seinen Willen zu Tennis, Hockey, Klavier, Geige, Ballett, Reiten und schließlich zum altsprachlichen Gymnasium zwingt. Solche Eltern sind mit Ratschlägen kaum zu erreichen, weil sie ohnehin alles besser zu wissen glauben. Ihr Kind macht bis zur Pubertät fast alles mit, was von ihm erwartet wird, aus Angst, die Eltern zu enttäuschen; aber neben psychosomatischen Störungen stellt sich dann häufig später Drogensucht, sozialer Rückzug oder gesellschaftlicher Ausstieg ein.

▨ Etwa 60 Prozent der deutschen Eltern haben gemein, dass sie ihr Kind sehr lieben, dass sie aber erzieherisch hilflos oder inkonsequent sind; sie wollen es richtig machen, machen aber allzu viel falsch. Immerhin sind sie offen für Ratschläge; sie sind also erreichbar, wenn sich Erzieherinnen, Lehrer oder Erziehungsberatungsstellen ihnen gegenüber engagieren.

▨ Bei etwa jedem zehnten deutschen Kind kann man im Rückblick sagen, dass hier erzieherisch mehr oder weniger alles richtig gelaufen ist. Sämtliche Grundbedürfnisse wie Liebe, Zeit, Ansprache, Zuhören, Bewegung, Spiel, Körperkontakt, Muße, Kräfteherausforderung, Weltbildorientierung, Familieneinbettung und stimmige Ernährung sind weder über- noch unterdosiert, sondern stets in der sinnvollen Mitte angesprochen worden, so dass das Kind weder gewalttätig noch süchtig noch krank noch überängstlich werden musste, so dass es weder mit Aggressionen noch mit Autoaggressionen und auch nicht mit neurotischen Störungen bemüht sein musste, irgendwie ausweichend seine Lebensbalance, sein Gleichgewicht im Sinne stimmiger Reizbilanzen zu suchen.

▨ Quer dazu verzichten zurzeit etwa 30 Prozent der deutschen Eltern ganz auf eine bewusste Erziehung, hat eine Studie der Universität Bielefeld ermittelt. Sie leben einfach nur irgendwie mit ihren Kindern wie in einer Wohngemeinschaft zusammen, was sogar gelegentlich gut ausgeht.

Erziehung ist leicht, wenn man alle vom Kind mit auf die Welt gebrachten Grundbedürfnisse wahrnimmt und weder mit Überfürsorge noch mit Vernachlässigung anspricht; und Eltern sind ideal, wenn sie diese Lehre von den sinnvollen Größen in der Erziehung verstanden haben und umzusetzen vermögen:

▨ Von der Ernährung einmal abgesehen sind sämtliche kindlichen Grundbedürfnisse nicht materieller Art. Wer seinem Kind statt Zuwendung bloß Nahrung, Spielzeug und später Geld gibt, gewöhnt es früh daran, dass das eigentlich von ihm Gewollte auch stofflich ersetzt werden kann: Esslust, Bulimie, Kaufrausch, Sammelwut, Spielsucht und Drogenkonsum, mit denen vorübergehend aus den vielen kleinen Niederlagen des grauen Alltags ein Ausstieg, eine Ersatzbefriedigung gesucht wird, können die Folge sein, und zwar beginnt sie mit dem Gefühl: Wenn andere mir schon nichts Gutes zufügen, dann verabreiche ich mir wenigstens selbst etwas, das mir gut tut.

- Ideale Eltern haben verstanden, dass in unserer höchst komplexen Welt voller Wertevielfalt und Meinungsfreiheit Erziehung und damit das Kind nur gelingen kann, wenn sie ihm früh beibringen, was man denn tun kann, wenn man ein Problem hat. Sich angemessen entscheiden, sich wehren, sich behaupten, Nein sagen und sich durchsetzen zu können, setzt voraus, dass eine Fülle von Verhaltensalternativen eröffnet, vorgelebt und durch häufiges Training zur Verfügung gestellt worden sind, die dann auch in lähmenden Situationen zur Bewältigung von Krisen und Konflikten in einer Weise zur Verfügung stehen, dass das Kind nicht nur deshalb mit Gewalt, Sucht, Angst oder Krankheit ausweichen muss, weil es ihm zu schwierig erscheint, direkt auf ein Problem zuzugehen.

- Gutwillige, aber hilflose Eltern werden erzieherisch in der Regel dadurch optimal, dass sie häufig über Erziehung sprechen. Die Lernpsychologen sagen uns ja, dass wir die Dinge erst dann richtig verstehen, wenn wir sie anderen zu erklären haben. Man muss Eltern also die Chance geben, über Erziehung zu sprechen, und dann werden sie auch besser: Elternabende mit Erziehungsthemen, Elternstammtische, Hausbesuche durch Lehrer und Selbsthilfegruppen stehen überall in Deutschland für derartige deutliche Erfolge.

- Eltern können erst dann mit Kindern gut umgehen, wenn sie mit sich selbst gut umgehen, wenn sie sich selbst mögen. Dafür vor allem müssen Kinderpflegerinnen, Lehrer, Sozialpädagogen, Erzieher, Ärzte und auch Politiker sorgen, aber auch Verwandte und Nachbarn. Denn wir brauchen weniger so etwas wie einen „Elternführerschein" als vielmehr eine Eltern aufsuchende Pädagogik, eine „zugehende Pädagogik", wie man in Schleswig-Holstein sagt.

- Vielen Eltern und Kindern ginge es besser, wenn wir eine andere Fehlerkultur in unserem Lande entwickeln würden: Wir alle und insbesondere Kinder lernen besser, wenn wir und sie beim Lernen Fehler machen dürfen. Laufen und Sprechen lernen Kinder über Fehlermachen, zum Glück bestrafen wir sie nicht, wenn sie dabei hinfallen und wenn sie am Anfang zur Katze „Hund" sagen. Aber in der Schule verfolgen wir ihre Fehler mit roter Tinte, schlechten Noten, erhobenen Zeigefingern und enttäuschten Gesichtern. Wir verknüpfen damit ihre angeborene Lernfreude unnötig mit Angst statt mit Motivation. Zwar sollen Kinder das Überqueren einer vierspurigen Schnellstraße keineswegs durch Fehlermachen lernen, aber beim Lesen-, Schreiben- und Rechnenlernen und beim Aufbau von Normen und Werten auf dem Wege zur persönlichen, sozialen und politischen Mündigkeit funktioniert es über die Umwege von Grenzüberschreitung und Auf-den-Bauch-Fallen schon besser.

Wenn Eltern die hohe Bedeutung des Fehler-machen-Dürfens und des Noch-einmal-zurückgehen-Dürfens verstanden haben, dann bleiben sie lockerer, dann gehen sie mit sich selbst besser um und somit auch mit ihren Kindern. Kinder müssen beschützt werden, aber sie müssen auch gewagt werden, wenn sie gelingen sollen.

Können sich Kinder ohne ihre leiblichen Eltern auch gut entwickeln? Grundsätzlich ja, wenn die Ersatzfamilie es genauso günstig macht wie ansonsten optimale Eltern.

Früher galt der Spruch: Die schlechteste Familie ist immer noch besser als das beste Heim. Der ist jedoch ganz und gar falsch. Wir wissen von den SOS-Kinderdörfern, die bemüht sind, mit ihrer familienersetzenden Konzeption die Lebensbedingungen für Kinder noch günstiger zu gestalten, als sie im allgemeinen Bevölkerungsdurchschnitt gegeben sind, dass sich die ihnen anvertrauten Kinder außerordentlich positiv entwickeln, und das mit einer negativen Ausgangslage, mit der sie durchweg in ihrer Herkunftsfamilie in ihr Leben starten. Zwar fehlt ihnen neben ihrer Kinderdorfmutter vom Konzept her ein Papa, den die Albert-Schweitzer-Kinderdörfer bieten, aber das vermögen die männlichen Funktionsträger in der jeweiligen Einrichtung in der Regel einigermaßen zu kompensieren. Jedenfalls hat Cécile Ernst von der Psychiatrischen Universitätsklinik in Zürich mit einer Langzeitstudie ermittelt, dass in Heimen aufgewachsene Kinder, die vom ersten Lebensjahr bis zum Alter des Heranwachsenden wissenschaftlich begleitet und nervenärztlich untersucht wurden, keinerlei Entwicklungsrückstände aufweisen und keine schlechteren Schulabschlüsse erreichen. Allenfalls zeigen sie etwas häufiger ängstliche und depressive Gefühle und sind ein wenig gehemmter. Cécile Ernst kommt zu dem Schluss, dass schon die ersten drei Lebensjahre recht entscheidend für den Aufbau oder das Defizit an allgemeiner Widerstandskraft für das gesamte spätere Leben sind, dass das aber weniger davon abhängt, ob leibliche Eltern vorhanden sind oder nicht, sondern vielmehr davon, *wie* die Bezugspersonen, die leiblich oder nicht leiblich sein können, ihre Zuwendung zum Kind gestalten.

Die Liebe zwischen Eltern und Kindern ist eine wunderbare Kraft; sie erträgt aber keine Bedingungen. Großen Schaden im Kind richtet vor allem die dauerhaft „bedingte Liebe" an, wie Ingo Würtl sie nennt, wenn also bei den Eltern bei jeder Zuwendung zum Kind der Anspruch von Bedingungen mitschwingt. Leider gibt es viel zu viele Kinder in unserer Gesellschaft, die noch nie gespürt haben, wie das ist, wenn sie bedingungslos bejaht und gemocht werden. Wie wichtig das für das ganze Leben eines jeden Menschen ist, soll die folgende wahre Geschichte erhellen, die Ingo Würtl berichtet:

Ein 15-jähriges Mädchen lebt seit mehreren Jahren in einer Wohngruppe im Rahmen der öffentlichen Erziehung. Seine Lebensumstände und seine persönliche Art der Verarbeitung lassen es in Depression fallen; es hat alle Hoffnungen verloren, hängt nur noch herum, ist schon aus mehreren Schulen wegen dauerhaften Schwänzens hinausgeflogen, und sein Zustand verschlimmert sich immer mehr, ohne dass die Sozialpädagogen und Erzieher, die sich um es kümmern, daran etwas ändern können. Es rafft sich aber noch einmal auf und sucht um Aufnahme in eine Gesamtschule, die ihm gewährt wird. Es kommt, wie es alle vorhergesehen haben: Das Schwänzen fängt nach wenigen Tagen wieder an, erst sind es Stunden, dann Tage. Als das Mädchen jedoch wieder einmal in der Schule erscheint, nimmt sein Leben eine Wende, die niemand vorhersehen konnte, die auch nicht arrangierbar gewesen wäre: Es verliebt sich in einen Jungen; und um ihm nahe zu sein, beginnt es, die Schule regelmäßig zu besuchen; um ihm zu gefallen, nimmt es zunehmend und mit mehr Erfolg am Unterricht teil. Schließlich schafft es nicht nur den für unmöglich gehaltenen Hauptschulabschluss, sondern später sogar den Übergang auf die gymnasiale Oberstufe. In Klasse 11 spricht Ingo Würtl mit ihm über die vergangenen Jahre. Die Frage „Wie war das?" beantwortet es sehr nachdenklich und zögernd: „Das war furchtbar, wie ich da immer mehr abgesackt bin und immer mehr die Hoffnung verloren habe, wie ich erleben musste, dass ich rein gar nichts durchhalten konnte, obwohl ich es doch wollte. Das Wichtigste – wenn ich so zurückdenke – war für mich, dass zwei Betreuer trotz allem über meine Krisen hinweg zu mir gehalten haben; sie konnten zwar auch keine Änderung bei mir bewirken; aber sie haben mir immer wieder gesagt, dass sie mir vertrauen würden und dass da noch Hoffnung sei. Sie haben nichts Sichtbares bewirkt, aber ich bin ihnen dankbar, dass sie mich nie haben fallen lassen."

Vielen Vätern, Müttern, Omas, Opas und Lehrern fällt es schwer, zu Jugendlichen zu halten, wenn sie deren Untergang mit ansehen müssen, aber auch, wenn Kinder scheinbar oder wirklich nur einen gefährlichen Weg gehen. Oft kündigen sie dann ihre Zuneigung auf, selbst dann, wenn die jungen Menschen Achtung, Freundschaft und Ausdauer besonders dringend benötigen. Man muss es also mit jungen Menschen über ihre Krisen hinweg aushalten, denn jeder junge Mensch hat das Recht auf einen Umweg in seiner Biografie bzw. auf einen gebrochenen Lebensweg.

3. Mütterlichkeit und Väterlichkeit

Vieles ist für viele Kinder besser geworden und vieles für viele Kinder schlechter. Besser ist, dass viele Mütter auch väterlich und viele Väter auch mütterlich sein können, und schlechter ist, dass viele Kinder keine ausreichende Väterlichkeit mehr erleben und gleichzeitig eine beeinträchtigte Mütterlichkeit.

Mütterlichkeit und Väterlichkeit müssen heute nicht mehr an die uralte Rollendifferenzierung von Eltern geknüpft sein, es geht dabei vielmehr um Funktionsbegriffe, die nicht mehr an das Geschlecht der Eltern gekoppelt sein müssen.

Untersuchungen haben gezeigt, dass ein Neugeborenes vom Vater in den ersten Lebensjahren genauso gut um- und versorgt werden kann, wie das früher nur durch die Mutter der Fall war.

Mit Mütterlichkeit ist also der Anteil von Bezugspersonen gemeint, der dem kindlichen Bedürfnis nach Schutz, Geborgenheit, Ernährung, Gesundheit, Wohnstubenatmosphäre und Zärtlichkeit entspricht, und mit Väterlichkeit derjenige, der das Kind in seinen Sinnen und Kräften in die weite Welt und in seine Zukunft herausfordert. Beides kann sowohl von Mama als auch von Papa, von Oma oder von irgendwelchen Ersatzeltern geleistet werden, aber es muss stets von Menschen repräsentiert werden, damit das Kind mit einer ausgeglichenen Bilanz gelingt.

Mütter neigen dazu, ihre Kinder für etwas jünger zu nehmen, als sie schon sind, während Väter ihr Kind häufig so ansprechen und behandeln, als wäre es schon etwas älter. Dieser ständige Wechsel von Schützen und Herausfordern tut dem Kind gut, er entspricht seinem Rhythmusbedürfnis schon über einen einzigen Tag seines Lebens hinweg und erst recht seinen Erwartungen über einen längeren Zeitraum.

Wenn das Kind erschöpft ist, weil es sich ausgetobt hat und die letzte Schlafphase schon länger zurückliegt, dann begibt es sich gern in Mamas Schoß, lässt es sich umarmen, trösten, ermuntern und mit Essen und Trinken versorgen; wenn es sich hingegen langweilt, sucht es eher die Nähe von Papa, in der Hoffnung, es könnte sich etwas Spannendes oder Interessantes ereignen.

Schon immer war das Mütterliche gefragt, wenn sich das Kind unwohl, krank, müde, hungrig, durstig oder überfordert fühlte, und das Väterliche, wenn es sich ausgeruht, unternehmenslustig oder unterfordert fühlte.

Kinder dürfen nicht permanent geschont, aber auch nicht ständig überfordert werden, das bringt schon der Wortteil „über" zum Ausdruck. Aber herausgefordert werden müssen sie schon, damit sie nicht innerlich klein, intellektuell unterentwickelt, sozial defizitär und emotional zu weich bleiben. Der Vater war es ganz früher, der seinen Sohn schon mit sechs Jahren mit zur Jagd nahm; und etwa zehn Jahre alt waren noch um die Wende zum 20. Jahrhundert die Sylter Jungen, wenn sie von ihrem Vater zum ersten Mal mit auf Walfang nach Grönland genommen wurden. Sieben oder acht Jahre waren die Mädchen alt, wenn sie zum ersten Mal allein verantwortlich über viele Stunden auf ihre jüngeren Geschwister aufpassen mussten, und zehn Jahre waren sie alt, wenn sie das erste Mal am Webstuhl mitarbeiten mussten, ganz zu schweigen von den kleinen Jungen, die schon mit zehn Jahren im Bergbau unter Tage zehn Stunden lang schuften mussten. Bei diesen Beispielen kam das Schützende, das die Kindheit Bewahrende des Mütterlichen oft allzu kurz, so dass Kinderarbeit verboten wurde.

Heute kommt oft das Väterliche zu kurz. Viele Kinder bleiben allzu lange unter der Glasglocke des Schonraumes Kindheit, sie können ihre Sinne und Kräfte nicht richtig entfalten, weil Mama zu sorgsam ist, ein Papa fehlt oder weil beide Eltern dem Kind zu viel abnehmen, so dass es unselbstständig bleibt und viel zu spät lebenstüchtig wird, wenn überhaupt. Das Rhythmusbedürfnis zwischen Muße und Herausforderung braucht den steten Wechsel von Mütterlichkeit und Väterlichkeit, und den bekommen zwar vielfach auch allein erziehende Mütter hin, weil sie beides zu repräsentieren vermögen oder weil sie über andere Menschen eine „Leihväterlichkeit" organisieren, andererseits wird er aber oft vernachlässigt, wenn beide Eltern vorhanden sind und Papa ebenso wie Mama der Meinung ist, ein Kind muss vor allem nur geschont und geschützt werden.

Dass die herausfordernde Väterlichkeit gut ist, kann man schon daran erkennen, dass Kinder, die allein von ihren Vätern erzogen werden, in der Regel in der Schule bessere Leistungen bringen und kontaktfreudiger sowie selbstsicherer sind, wie eine Studie der Yale-Universität in den USA ergeben hat. Ähnlich gut sind jedoch auch die Kinder von berufstätigen Müttern, offenbar weil sie täglich an ihrem Arbeitsplatz erleben, dass man bloß mit Mütterlichkeit nicht besonders erfolgreich ist. Umgekehrt gilt, dass Jungen, die ohne Vater aufwachsen, häufiger gewalttätig werden als Jungen, die mit einem Vater groß werden, wie Bertold Grünfeld von der Universität Oslo festgestellt hat. Über den leiblichen Vater lassen sich differenzierte männliche Verhaltensmuster für Konflikte offenbar leichter erlernen als über abstrakte, entfernt lebende Männer, die man nur auf dem Bildschirm in konkreten oder fingierten Lebensausschnitten erlebt. Das Vorbild des eigenen Vaters ist nämlich viel schattierungsreicher als das von Filmhelden; den eigenen Vater erlebt man auch schon mal weinend oder traurig, abstrakte Idole wie Silvester Stallone oder Arnold Schwarzenegger aber gar nicht.

Sicher wäre Erziehung einfacher, wenn Kinder auch ohne Vater gut zurecht kämen. Manche Mütter bekommen das allein über ihre Person oder durch die Organisation, andere konkrete und anfassbare Männer im Leben ihres Kindes vorkommen zu lassen, ganz gut hin, aber mehrheitlich gelingt das keineswegs. Der Amerikaner David Popenoe spricht in seinem Buch „Life without Father" sogar vom Resultat der „seelischen Verwüstung", wenn Kinder vaterlos aufwachsen. Zumindest ist bei ihnen das Risiko deutlich höher, Gefühls- oder gar Verhaltensstörungen aufzubauen. Und mit Vätern, die „Möchtegern-Mütter" darstellen, ist dem Kind auch nicht geholfen, weil es biologisch so gebaut ist, dass es täglich den Kontrast von Mütterlichkeit und Väterlichkeit zugleich braucht, und zwar im Wechsel. Hier bestehen durchaus Gefahren, wenn die „neuen Väter" vermuten, dass sie ihrem Kind ausschließlich mit Zärtlichkeit, mit Femininsein und mit dem Kopieren von Mama Gutes zufügen. Irgendjemand muss stets auch das klassisch Väterliche repräsentieren; wenn Mama das kann, dann kann es mit den „neuen Vätern" gut gehen, aber später gibt es dann Probleme, wenn die Welt draußen für junge Männer andere Rollen vorgesehen hat, als sie Papa gespielt hat. Der liebe Gott wusste schon, warum er den Kindern schon vor sehr, sehr langer Zeit sowohl eine Mama als auch einen Papa gab!

Stiefväter können übrigens gelegentlich recht gut den leiblichen Vater ersetzen; mehrheitlich schaffen sie es aber dennoch nicht. David Popenoe sagt uns auch, warum das so ist: „Die Menschen haben in den Jahrtausenden ihrer Entwicklung die Eigenart herausgebildet, einen ungeheuren Aufwand für genetisch verwandte Personen zu treiben"; offenbar können wir das nicht in wenigen Jahrzehnten mit einer gut gemeinten Ideologie über den Haufen werfen. Und so haben denn auch Wissenschaftler von der Universität Pennsylvania mit einer großen Langzeitstudie festgestellt, dass Jungen, die mit einem leiblichen Vater aufwachsen, am seltensten straffällig werden, gefolgt von Jungen, die ganz ohne Vater groß werden, während Jungen, die von einem Stiefvater miterzogen werden, doppelt so häufig straffällig werden wie Jungen, die mit einem leiblichen Vater zusammengelebt haben.

Wir brauchen die Wiederentdeckung der liebevollen, deutliche Grenzen setzenden und herausfordernden Väterlichkeit als Bollwerk gegen das brutale Machogehabe der wiedererstarkten Männlichkeitsideale, die mit der zunehmenden Feminisierung der Erziehung in den ersten Lebensjahren des Kindes einhergehen, damit Verhaltensstörungen, Gewalt, Kriminalität, Sucht und Krankheit bei jungen Menschen wieder abnehmen. Wenn Väter sich im Büro verstecken und die Erziehung ganz ihrer Frau überlassen, wenn sich in den USA Väter mit ihrem Kind im Schnitt nur 37 Sekunden pro Tag bis zum 18. Lebensjahr beschäftigen, dann sind nicht nur die Kinder – und unter ihnen insbesondere die Jungen – überfordert, sondern auch die Mütter und die gesamte Gesellschaft. Selbst die Vierjährigen, mit denen Väter mehr Zeit pro Tag verbringen als mit Jugendlichen, haben oft schon ein Vaterdefizit. In Hongkong befassen sich die Väter mit ihnen durchschnittlich acht Minuten, in Deutschland 55 Minuten, während deutsche Mütter täglich zehn Stunden mit ihrem vierjährigen Kind verbringen, in den USA elf Stunden, allerdings in Belgien nur fünf Stunden.

Neuerdings sind Forscher dabei, die Gene zu erfassen, die den Mutterinstinkt bedingen. Und da hat man bei Vätern ebenso viele gefunden wie bei Müttern, und man hat interessanterweise festgestellt, dass die Gene, die bei der Mutter den Fürsorgeinstinkt und auch seinen Grad ausmachen, von ihrem Vater stammen. Also muss man sich offenbar den Opa mütterlicherseits ganz genau ansehen, wenn man vorweg wissen will, wie stark das neugeborene Kind fortan bemuttert wird.

Väter wollen eben eigentlich auch bemuttern, selbst wenn die Mutter das beeinträchtigt oder verhindert oder wenn die Väter dieses in ihnen wohnende Bedürfnis verdrängen oder Angst davor haben, die Gesellschaft würde das als zu weich oder gar als pädophil interpretieren. Ermuntern wir sie also zum Ausleben ihrer mütterlichen Anlagen unter Beibehaltung ihrer Väterlichkeit!

Am Ende der Entwicklung des jungen Menschen verraten Väter übrigens oft die in ihnen steckende „Auch-Mütterlichkeit", wenn sie das offenbaren, was Psychologen das „Leeres-Nest-Syndrom" nennen: Männer sind gern „Familienoberhäupter", das können sie aber bei beruflich erfolgreichen Ehefrauen von dem Moment an nicht mehr sein, in dem auch das letzte Kind zu Hause ausgezogen ist. Ein Teil des väterlichen Lebenssinns scheint damit abhanden zu kommen, so dass solche Väter, die unter diesem Syndrom leiden, geneigt sind, ihre Frau zu verlassen, um noch einmal eine Familie mit neuen Kindern zu gründen. Damit einher geht die Angst, man könne sonst zum „alten Eisen" und zu früh der Großelterngeneration zugeschlagen werden; der Jugendwahn unserer Gesellschaft trägt dazu sicher seinen Teil bei.

Eine aktuelle italienische Studie der SOS Affido (Interessensgemeinschaft Scheidungskinder) kommt übrigens zu dem Schluss, dass drei von vier Vätern, die in der Scheidung das Sorgerecht erhielten, ihre Aufgaben optimal erfüllten. Sie kamen zwar mit Töchtern etwas besser zurecht als mit Söhnen, aber insgesamt sind „Väter-Kinder" zufriedener als „Mutter-Kinder" und allein erziehende Väter ausgeglichener und geduldiger als allein erziehende Mütter. Sie spielen und sprechen häufiger mit ihren Kindern, beanspruchen weniger Zeit für sich als allein erziehende Mütter. „Väter-Kinder" sind darüber hinaus selbstständiger und weniger „verzogen" als „Mütter-Kinder". Warum ist das so? Menschen, denen man das Erziehungsgeschäft nicht so zutraut, geben sich gegenläufig besonders viel Mühe damit; sie erziehen bewusster.

Und noch etwas sagt einiges über Eltern aus: Eine Befragung von 18- bis 45-Jährigen in Deutschland hat ergeben, dass sie rückblickend zu 34 Prozent ihren Müttern ein mangelndes Selbstbewusstsein bescheinigen und zu 26 Prozent „Gluckenhaftigkeit". Umgekehrt hätten sich aber 34 Prozent mehr Emotionen von ihrem Vater gewünscht und 21 Prozent einen „weniger strengen Herrn im Haus".

4. Geschwisterlichkeit

Alfred Adler hat 1927 in seinem Buch „Menschenkenntnis" ein Kapitel dem Thema „Geschwister" gewidmet. Darin führt er aus, dass älteste Kinder sich an die Autorität der Eltern anlehnen und später oft „Stützen der Macht" werden. Jüngste Kinder neigen eher zur Rebellion, weil sie den Stachel ihrer Kleinheit empfinden und günstigenfalls dagegen revoltieren. Das ist aber kein zwingender Zusammenhang. Mitunter sind die Ältesten rebellisch und die Jüngsten Anpasser. Im Seelenleben regiert eben nicht eine starre Kausalität, sondern eher eine „statistische Wahrscheinlichkeit".

Was Einzelkinder an Geschwisterlichkeit nicht haben, müssen Eltern teilweise selbst anbieten und teilweise über Freunde der Kinder ermöglichen: Balgen, Ausprobieren von Macht und Unterwerfung, Heimlichkeiten, Grenzerfahrungen, Sprachanbindung, Spiel, Bewegung und Körperkontakt.

Einzelkinder orientieren sich früher in der Erwachsenenwelt als Geschwisterkinder. Sie laufen eher Gefahr, für sie wichtige Bewegungs- und Spielerfahrungsstufen zu überspringen; andererseits sind aber Erstgeborene zunächst auch immer Einzelkinder, bis ein Bruder oder eine Schwester hinzukommt.

Das Einzelkinddasein muss kein benachteiligendes Schicksal sein; es kommt letztlich mehr auf die Zuwendung aller im Umfeld vorhandenen Bezugspersonen an als auf den Umstand, dass man keine Geschwister hat. Einzelkinder sind entweder weiter als andere Kinder, weil sie ein Mehr an ungeteilter Aufmerksamkeit und an sprachlicher sowie anderer Fürsorge haben können; oder sie sind deutlich benachteiligt, weil sie ihre Eltern im Wesentlichen stören und ihre Defizite nicht über Geschwisterlichkeit ausgleichen können.

Man sagt mit Recht, das erste Kind treffe immer die ganze Wucht der unerfahrenen Elternschaft, und Eltern mit mehreren Kindern berichten oft, wie viel leichter ihnen die Erziehung der jüngeren Geschwister des ersten Kindes gefallen sei. Mütter, die selbst als Einzelkind aufgewachsen sind, haben es mit der Erziehung besonders schwer, weil sie nicht auf ihre eigenen Erfahrungen mit Geschwistern aufbauen können. Schon zwei Kinder öffnen vielen Eltern die Augen, weil sie erkennen können – und müssen –, wie verschieden die beiden Kinder sind, obwohl sie doch dieselben Eltern haben. Mit mehreren Kindern zu leben, öffnet die Augen für die im Zusammenleben und Umgang mit Kindern sehr wichtige Erkenntnis, dass jedes Kind eine unverwechselbare Besonderheit ist und deshalb nur mit einem zu ihm allein passenden Maß gemessen werden darf.

Die Volksrepublik China versucht seit langem, durch drastische Gesetze die Ein-Kind-Ehe zu erzwingen, um wenigstens das Anwachsen der Bevölkerungszahl zu dämpfen; in den meisten Ländern Europas sind solche Gesetze unnötig, weil Wohlstand und eine demokratiebedingte starke Aufrichtung des Ichs eine Abkehr vom Wunsch nach vielen Kindern bewirkt haben. Einzelkinder sind bei uns mittlerweile die Regel.

Mit dem Mangel an Geschwistern geschieht es jedoch, dass Kinder nicht mehr so oft wie früher von Kindern erzogen werden, sondern zunehmend überwiegend von Erwachsenen. Eltern mit nur einem Kind können die Eigentümlichkeit ihrer Tochter bzw. ihres Sohnes nicht durch den Vergleich mit *seinen* Geschwistern erkennen, sondern nur durch Vergleiche mit anderen Kindern, die nicht ihre eigenen sind; das aber ist deutlich schwieriger.

Roosevelt, Sartre, Stalin, Elvis Presley oder Indira Gandhi waren Einzelkinder. Sind ihre Karrieren, ihre Unduldsamkeit dadurch unterstützt worden, dass sie Liebe und Zeit ihrer Eltern mit niemandem teilen mussten?

Angeblich werden geschwisterlose Kinder eher altklug, vorlaut, intolerant und egoistisch sowie weniger anpassungsfähig. Die britische Kinderpsychologin Ann Laybourn von der Universität Glasgow stellt in einer Langzeitstudie, in der im Jahr 1958 geborene Kinder bis heute begleitet worden sind, fest, dass im Vergleich von 400 Einzelkindern mit 2000 in Geschwisterlichkeit aufgewachsenen Menschen keinerlei Bestätigung dafür gefunden werden konnte, „dass Einzelkinder zu Verhaltensstörungen neigen und mehr Schwierigkeiten emotionaler und psychischer Natur haben als Kinder, die mit Geschwistern aufwachsen". Sie kommt zu dem Schluss, dass die Art der Elternbindung viel wichtiger als Geschwister sei.

Es gibt aber auch ein gegensätzliches Resultat: Der Arzt Job Metsemakers von der niederländischen Universität Limburg hat die Gesundheitsprobleme von 5943 Familien ausgewertet und dabei festgestellt, dass Einzelkinder häufiger als andere krank sind und Übergewicht haben und dass in Großfamilien der Gesundheitszustand am besten ist.

Nimmt man etwa 50 große Analysen aus den letzten Jahren zusammen und sucht sich heraus, zu welchen gemeinsamen Resultaten sie kommen, dann ergibt sich als Tendenz, aber nicht für den konkreten Einzelfall, folgendes Bild:

- Einzelkinder sind klüger und sprachgewandter, weil die Eltern mehr Zeit für sie haben und häufiger mit ihnen sprechen.
- Einzelkinder sind nur dann krankheitsanfälliger, wenn es zu Familienkrisen kommt, denn bei einer Scheidung der Eltern verlieren sie 50 Prozent ihre Hauptbezugspersonen, Drittgeborene dagegen nur 25 Prozent.
- Einzelkinder sind oft kontaktfreudiger, aufgeschlossener, lockerer und freundlicher, weil sie früher als andere Kinder in die Außen- und in die Erwachsenenwelt drängen, weil sie häufiger von einem Elternteil als Gesprächspartner für Lebensprobleme genutzt werden und weil sie jahrelang stets im Mittelpunkt der familiären Aufmerksamkeit stehen.
- Einzelkinder werden häufiger als andere Kinder verwöhnt oder verplant; Mütter sind mit ihnen ängstlicher als mit einer Reihe von Geschwistern.
- Einzelkinder und Erstgeborene sind angepasster und wirken reifer bzw. vernünftiger oder erwachsener, weil sie sich eher mit den Eltern und deren Verantwortung identifizieren; sie sind daher auch schulisch und beruflich erfolgreicher, und sie neigen mehr zu konservativen Weltbildern.
- Einzelkinder zeigen einen geringeren Familiensinn; sie hängen auch späterhin etwas weniger an ihrer Familie, weil sie schon in der Kindheit oft mehr unter der übergroßen Aufmerksamkeit und dem damit verbundenen erzieherischen Elan gelitten haben.
- Die Zahl der Einzelkinder nimmt zu; 30 Prozent aller deutschen Eltern haben nur noch ein Kind, in manchen Regionen wie im Hamburger Stadtteil Horn sind es schon fast 80 Prozent. Und in ganz Hamburg sind 56 Prozent aller Kinder Einzelkinder.

An sich ist Geschwisterlichkeit ebenso wie das Vorhandensein von Väterlichkeit, Freundschaft, Großmütterlichkeit und Großväterlichkeit sozialisationsbegünstigend und erfahrungsbereichernd. Aber auch innerhalb der Geschwisterlichkeit gibt es oft Unterschiede zwischen Erst- und Letztgeborenen sowie mittleren Kindern in einer Geschwisterreihe, was ihre Persönlichkeitsentwicklung anbelangt. Wichtig ist dabei auch die Geschlechterfolge. Handelt es sich um ein Mädchen zwischen zwei Brüdern, sieht das Schicksal im Allgemeinen anders aus als bei der mittleren von drei Schwestern:

- In getrennten Milieus aufwachsende eineiige Zwillinge sind sich im Charakter ähnlicher als eineiige Zwillinge, die im selben Milieu leben, weil sie in der direkten Konkurrenz jeweils eigene Überlebensnischen suchen, in denen sie andere Schwerpunkte ihrer Persönlichkeit akzentuieren und diese kreativ weiter entwickeln als ihr Bruder oder ihre Schwester.
- Es hängt sehr vom elterlichen Verhalten und auch vom Altersabstand ab, ob Erstgeborene, die ja anfangs Einzelkinder waren, durch Geschwister „entthront" werden oder sich zurückgesetzt fühlen und in der Folge die Aufmerksamkeitsintensität über auffälliges Verhalten zurückgewinnen wollen. Erstgeborene zeigen jedenfalls ein Leben lang mehr Engagement als danach Geborene, sie müssen aber auch mehr „Erziehungsfehler" ihrer noch unerfahrenen Eltern erdulden. Die Kombination von Ehrgeiz, Erfolg und Fehlerhaftigkeit symbolisiert wohl am besten eine NASA-Statistik, die auswirft, dass von 23 Astronauten 21 Einzelkinder und Erstgeborene waren. Denn welche allseitig gelungene Persönlichkeit würde schon ausgerechnet Astronaut werden wollen?

- Erstgeborene neigen außer zu einer erhöhten Anpassung an die Eltern zu Dogmatismus, Ehrgeiz und Dominanz. Berühmte Erstgeborene sind Winston Churchill und Hillary Clinton.
- Letztgeborene haben – zumal in einer größeren Geschwisterreihe – als leicht oder schwer verwöhnte „verhätschelte Nesthäkchen" eine relativ ungünstige Prognose. Ihnen werden zu viele Probleme aus dem Weg geräumt, und von ihnen werden zu viele wichtige Herausforderungen fern gehalten, so dass sie wie unter einer Glasglocke mit „Overprotection" und einem Defizit an Eigenverantwortung, Konfliktbewältigung und Selbstständigkeit, also mit zu viel Schonraum und zu wenigen Möglichkeiten, Fehler zu machen, erzogen werden. Es mangelt ihnen an Lebenstüchtigkeit.
- Andererseits gilt auch, dass jüngere Geschwister, also „Spätgeborene", die aber nicht Nachzügler mit einem großen Altersabstand zu dem Zuvorgeborenen sind, eher gegen elterliche Erwartungen aufbegehren und Grenzen überschreiten als Erstgeborene, so dass sie unkonventioneller werden und beruflich erfolgreicher. Benjamin Franklin und Bill Gates stehen dafür.
- Mittlere Kinder haben eine harte Kindheit zwischen dem mit Stolz bedachten „Thronfolger" und dem liebevoll umsorgten „Nesthäkchen". Sie wachsen mit „Underprotection" auf und werden deshalb zu früh und zu häufig in Eigenverantwortlichkeit und Selbstständigkeit gedrängt, so dass sie antriebsstarke Querdenker, eher revolutionär, aber auch beruflich erfolgreich, vor allem aber oft „Aussteiger" werden. Als eher ungeliebte Kinder werden sie später vielfach neurotische und daher eher unbequeme Chefs.
- Während nur ein Drittel aller Erstgeborenen und Einzelkinder rebellierend-kreative Tendenzen zeigen, neigen zwei Drittel aller Zweitgeborenen und mittleren Kinder dazu. Berühmte Zweitgeborene sind Kopernikus, Charles Darwin und Sigmund Freud.
- Der Wunsch von Eltern, besonders viele Kinder zu haben, entspricht nicht gleichzeitig dem kindlichen Bedürfnis nach möglichst vielen Geschwistern; die kindliche Psyche findet die Grenze ihrer sozialen Belastbarkeit durchweg im Vier-Personen-Haushalt mit Mutter, Vater und einem Geschwisterkind. Vom dritten Kind an stellt sich häufig Überforderungsstress ein, und der trifft meist das mittlere Kind, das in der Folge mit etwas weniger Familiensinn, aber etwas mehr „Power" in die weite Welt und in seine Zukunft drängt und dann meist eher als die Geschwister heiratet. Am leichtesten ist die Erziehung von zwei Geschwistern; sie gelingt besser als bei Einzelkindern und bei drei Geschwistern; noch günstiger ist, wenn die Eltern nicht zwei gleichgeschlechtliche Kinder haben.
- Am allergünstigsten ist in Bezug auf erzieherischen Erfolg, wenn die Eltern lediglich ein eineiiges Zwillingspärchen haben. Wegen der Konkurrenz untereinander mindern eineiige Zwillinge unbewusst ihre Rivalität, indem sie voneinander abweichende Interessen entwickeln, so dass in getrennten Familien aufwachsende eineiige Zwillinge sich ähnlicher sind als solche, die in einer Familie groß werden.
- Eine aktuelle deutsche Studie des Bamberger Familienforschers Hartmut Kasten kommt zu dem Ergebnis, dass der optimale Altersabstand zwischen Geschwistern bei etwa drei Jahren liegt. Ist der Abstand geringer, nehmen Streitigkeiten zu, ist der Abstand größer, wird zu wenig miteinander geredet und gespielt.

Aufschlussreich ist übrigens der Zusammenhang von Bildungsniveau und Familienstand: Während nur 19 Prozent der Hauptschüler später ledig bleiben, entscheiden sich 45 Prozent der Abiturienten für ein eheloses Leben, so dass Kinder von Hauptschülern erstens eine größere Chance haben, in einer Familie aufzuwachsen, zweitens seltener von der Scheidung ihrer Eltern betroffen sind und drittens häufiger Geschwister haben als Kinder von Abiturienten, denn die Scheidungsrate ist bei Menschen mit Abitur dreimal so hoch wie bei Menschen, die die Hauptschule besucht haben.

Alle eben gemachten Aussagen gelten nur in der Tendenz. Letzten Endes gilt nämlich auch die trostreiche Feststellung, dass eine allein erziehende berufstätige Mutter mit drei Kindern, die „gut drauf" ist, alle denkbaren statistischen Nachteile, die für die Sozialisation in ihrer Familie gelten, durchaus kraft ihrer Persönlichkeit, ihrer Einstellung zu ihren Kindern, ihres Engagements und ihres Organisationstalents mehr als gut aufzufangen und auszugleichen vermag.

Es gibt aber auch merkwürdige Blüten wissenschaftlicher Forschung zum Thema Geschwisterlichkeit, deren Wert höchst zweifelhaft ist: So stellt die englische Universität Essex eine Studie über 11 000 Schüler vor, nach der Einzelkinder in nichtwissenschaftlichen Fächern erfolgreicher seien, Geschwisterkinder aber in wissenschaftlichen; am besten schneiden dabei die älteren von zwei Geschwistern ab, am zweitbesten die ältesten von dreien und am drittbesten die jüngeren von zweien. Noch Fragen?

5. Nähe, Emotionalität und Körperkontakt

Menschen, die Kinder sexuell missbrauchen, schädigen nicht nur direkt ihre Opfer, sondern sie richten mittlerweile in der gesamten Gesellschaft einen riesigen Flurschaden an.

Gefahr droht Kindern aber nicht nur durch direkte Gewalt gegen sie und durch lieblosen verwalterischen Umgang mit ihnen, sie droht ihnen und unserer ganzen Gesellschaft vor allem durch den Rückzug der Erwachsenen von der Befriedigung der kindlichen Grundbedürfnisse: In einer Elternveranstaltung an einer Schule in Schleswig-Holstein stand unlängst ein Vater auf und teilte den Anwesenden mit: „Meine Frau und ich haben vier Kinder. Mit den beiden ältesten haben wir früher noch sonntagmorgens im Bett gekuschelt, mit den beiden jüngsten trauen wir uns das nicht mehr."

Sexueller Missbrauch von Kindern ist schrecklich. Er hinterlässt vielfach lebenslange Traumata, und die Dunkelziffern sind hoch. Das ist die eine Seite der Medaille. Die andere, ebenso schlimme Seite ist, dass sich gleichzeitig immer mehr Väter, Sozialpädagogen, Erzieher und Lehrer aus Angst davor, es könne als Pädophilie missverstanden werden, aus den so wichtigen erzieherischen Dimensionen „Nähe zum Kind", „Emotionalität" und „Körperkontakt" zurückziehen. Dadurch wachsen immer mehr Kinder mit einem Mangel an Zuwendung, mit einer völlig unstimmigen Körperkontaktbilanz auf. Vor allem für Jungen ist der Verzicht auf Schmusen, Trösten, liebevolles Balgen, In-den-Arm-Nehmen und mutmachendes Handauflegen tragisch, denn gerade die Männer in der Erziehung meiden zunehmend Körperkontakt zu Kindern. Auf der Suche nach ihrer Geschlechterrolle reagieren Jungen dann oft so: Zunächst werden sie distanzlos, laufen der zu wenig erlebten Emotionalität mehr als andere hinterher und sind dann gefährdet, jedem fremden Mann, der „nett" zu ihnen ist, zu folgen und auf seine Verführungen hereinzufallen. Etwa vom elften Lebensjahr an geben sie jedoch dieses Hinterherlaufen auf, weil sie nie gelernt haben, mit den feinen Nuancen von Nähe, Emotionalität und Körperkontakt angemessen umzugehen, darauf sinnvoll zu reagieren. Ein stetig größer werdendes Problem vor sich herschiebend weichen sie ab diesem Zeitpunkt auf Cool- und Macho-Gebahren und auf martialische Äußerlichkeiten wie Tattoos, Piercing, Glatzen, Springerstiefel, Waffen, Bodybuilding und Kampfsporttechniken aus anstelle einer nicht vorhandenen inneren Ich-Stärke, zu der auch Nein-sagen-Können gehört. Ihre Körperkontaktbedürfnisse befriedigen sie dann unverdächtig deutlich mit Zuschlagen, mit pornografischen und sexistischen Interessen und Aktionen. Aus diesem Personenkreis erwächst dann eine nächste Generation von Kinderschändern, und derartige Teufelskreise können sich über Generationen hinweg durchaus multiplizieren.

Gewalt einerseits und Mangel an Liebe, Nähe, Emotionalität und Körperkontakt andererseits liegen also eng beieinander. Und deshalb können wir es uns nicht länger leisten, liebevolle oder zärtliche Väter in der Tendenz als potenzielle Sexualstraftäter in Verdacht zu nehmen, gefühlsbetont vorgehende Lehrer der Päderastie zu bezichtigen und Eltern ersetzenden Heimerziehern zu raten, auf jede Art von körperlicher Nähe zu den ihnen anvertrauten Kindern wegen der damit verbundenen Interpretationsgefahren zu verzichten. Unsere Gesellschaft repräsentiert zurzeit – auch über die Medien – ein Übermaß an brutaler Männlichkeit und zugleich ein Untermaß an liebevoller Väterlichkeit. Die Spirale der Gewalt, die wir seit vielen Jahren beklagen, wird sich jedenfalls weiter hoch schrauben, wenn wir weiterhin leichtfertig die gefühlsstark gegenüber Kindern handelnde Männer in die Schublade mit der Aufschrift „weich, feminin, schwul, pädophil" zu packen bereit sind. Für Vorurteile, Rache oder Mobbing eignet sich eine derartige Pauschalisierung jedenfalls deshalb nicht, weil mit ihr viel zu viele junge Menschen künftig gefühlsarm, gewalttätig, süchtig oder krank auf der Strecke blieben.

Dass Kleinkinder besonders viele Streicheleinheiten benötigen, ist jedermann klar. Dass die kleinen Jungen noch wesentlich mehr davon benötigen als die kleinen Mädchen, wissen schon nicht mehr so viele Zeitgenossen. Babys und Kleinkinder erleben ihre Umwelt zum großen Teil gerade über Hautkontakte, das gilt auch beim Stillen; und schon im Mutterleib spürt das ungeborene Kind vom Ende des zweiten Schwangerschaftsmonats an Druck und Streicheln durch die Bauchdecke der Mutter hindurch und lernt, die Reize einzuordnen und zu bewerten. Ihre Haut ist ihr größtes

Sinnesorgan, sie ist zunächst weiter als die Augen, das Ohr, der Gleichgewichtssinn und die Muskelsinne entwickelt; von Berührungen der Bezugsperson her entwickelt sich anfänglich auch der Tastsinn und später der Greifsinn. Mit der Haut wird angefasst, befühlt, gedreht, gewendet, gekniffen, gematscht, geknetet, geklopft, gestreichelt, und das zumeist in Wechselwirkung mit den entsprechenden Aktionen der Mutter. Begreifen kann das Kind schließlich nur dann, wenn es zunächst gegriffen hat, und das setzt intensive Körperkontakte durch und mit anderen Menschen voraus, wenn es nicht zu Defiziten in der Sinnesentwicklung kommen soll.

Kanadische Wissenschaftler der McGill University in Montreal haben festgestellt, dass Hautkontakte im Allgemeinen und Streicheln im Besonderen das Immunsystem des Kindes stärken, späteren Herzerkrankungen und Depressionen sowie Diabetes vorbeugen und die Intelligenz fördern. Jedenfalls haben sich bei dieser Studie Kinder, die in den ersten drei Lebenswochen täglich 20 Minuten gestreichelt wurden, im Schulalter als geschickter und begabter erwiesen als Kinder, die deutlich weniger Körperkontakt hatten.

Wenn Frühgeborene täglich dreimal 15 Minuten ganzkörperlich gestreichelt und massiert werden, haben sie eine deutlich größere Überlebenschance und Entwicklungsprognose; sie nehmen auch schneller zu, ohne eine Extrakost zu bekommen. Außerdem fördert das Streicheln die Bindung zu der streichelnden Person, was man bei Dressur von Tieren ausnutzt, was aber auch für Menschen gilt.

Problematisch ist daher, dass in den USA mit ihrer wiedererstarkten Prüderie selbst in Intimbeziehungen, also zwischen Ehepartnern und zwischen Eltern und Kindern Körperkontakte immer mehr abnehmen und Berührungen in der Öffentlichkeit zunehmend verpönt sind. Was wird da für eine junge Generation nachwachsen? Eine Studie, die Zwölf-Jährige in Miami und Paris vergleicht, kommt zu dem Resultat, dass physische Kontakte in Amerika weitgehend vermieden werden, und wenn sie dennoch stattfinden, eher zu Aggressionen führen, während sie in Paris gern angenommen werden und Zuneigung erhöhen. Amerikanische Jugendliche fummeln daher mehr an sich selbst herum, zwirbeln ihre Haare, kauen an ihren Lippen oder Nägeln und haben mehr Sex mit sich selbst als mit anderen Menschen.

Vor diesem Hintergrund erscheinen dann auch die Erfindung von Kinderbett, Kinderwagen und Kinderzimmer für Kleinstkinder als problematisch bzw. sie müssen historisch betrachtet der preußischen Askese- und Soldatenerziehung zugeordnet werden. Heute wird von Psychologen und Medizinern jedenfalls wieder dringend das „Känguruhing" empfohlen, also das Tragen des Kindes am Körper, beginnend damit, dass das Neugeborene sofort nach der Abnabelung der Mutter auf den Bauch gelegt wird. Aber selbst bei Pubertierenden gilt: Wenn sie cholerisch ausrasten, hilft das Konzept der „Haltprojekte" aus den Niederlanden: 20 Sekunden den Aufgebrachten fest in die Arme drücken, und er beruhigt sich in 80 Prozent der Fälle sofort.

Kinder, die zu wenig angefasst werden, die unter einem Mangel an Nähe zu ihren
Bezugspersonen, unter zu viel Distanz, Kälte und überfordernder Härte sowie unter
zu wenig Ansprache leiden, sorgen oft selbst für einen graduellen Ausgleich ihrer
unterversorgten emotionalen Bedürfnisse; sie streicheln ihre Puppen und Kuschel-
tiere mehr und sprechen viel mit ihnen, sie fallen durch ein Übermaß an Selbstge-
sprächen auf, und sie wünschen sich ein Tier als Ersatzbezugsperson, sei es ein Hund
oder eine Katze oder gar ein Pferd oder eine Ratte; Schildkröten eignen sich für sie
nicht so gut. Hauptsächlich neigen Mädchen zu dieser Art von Kompensation, Jungen resignieren diesbezüglich eher. Aber unter der Überschrift „Frühwarnsystem im
Vorschulalter" gehen mittlerweile immer mehr Kindergärten dazu über, ausgleichend
genügend Nähe, Emotionalität, Sinneserfahrungen und auch Körperkontakt nachzureichen, und zwar mit Kuschelecken, mit Sinnespfaden und auch mit dem aus den
Niederlanden zu uns herübergeschwappten „Snoezelen"-Raum, in dem ein Wasser-
bett die Schwingungen der Musik oder Klänge auf die Haut und die Muskeln überträgt, in dem Lichteffekte und Gerüche bzw. Düfte gestaltet werden, in dem man ent-
spannen, sich abreagieren und auch schmusen kann; denn „Snoezelen" bedeutet im
Holländischen so viel wie Schnüffeln, Schnuppern, Dösen und Schlummern zugleich.

6. Die Sprachentwicklung

Ob in Frankreich, Schweden, Japan oder Brasilien, unabhängig von der Sprache, die
sie umgibt, formen Kleinstkinder beim ersten Plappern weltweit die gleichen Laute.
Drei Muster der so genannten Babysprache haben US-Forscher in einer Studie nachgewiesen und in der Wissenschaftszeitschrift „Science" vorgestellt. Ein viertes Lautmuster erkannten sie über alle Kontinente und Kulturen hinweg an der Struktur und
Bedeutung der ersten komplett geformten Wörter.

Dies unterstützt die Hypothese, dass die vier festen Folgen von Konsonanten und
Vokalen auf den „Ursprung von Sprache" überhaupt zurückzuführen sind, schrei-
ben Peter MacNeilage und Barbara Davis von der Universität Texas in Austin. Die
Forscher verglichen keineswegs nur gängige Sprachen wie Englisch, Deutsch und
Spanisch. Die gleichen Lautmuster setzten sich ihrem Bericht zufolge auch in He-
bräisch, Estnisch, Suaheli und der Maori-Sprache in Neuseeland fort. Es sind zum
Beispiel Silben mit einem der Lippenkonsonanten „p", „b" oder „m", gefolgt von
einem zentral gesprochenen Vokal. Daraus ergibt sich etwa das universelle „Mama".
Das zweite Muster bildet sich aus den koronalen Konsonanten „t", „d" oder „n", die
von der Spitze der Zunge kommen, und einem Vokal („Dada"). Das dritte Muster
entsteht im hinteren Bereich des Vokaltraktes und setzt sich aus dorsalen Konsonanten wie „k" und „g" sowie dem Vokal „o" zusammen („Gogo"). Den ersten komplett
geformten Wörtern mit Bedeutung liegt dann folgendes Muster zu Grunde: Lippen-

konsonant („p", „b", „m"), Vokal und Koronalkonsonant („t", „d", „n") – etwa „put"
für kaputt.

Das vielfach beschriebene Phänomen der veränderten Kindheit hat eine Menge mit
der bei vielen Kindern veränderten Sprachentwicklung zu tun. So stellt der bayerische Schulrektorenverband fest, dass bei „immer mehr Kindern die Sprachfähigkeit
ihrem Alter hinterherhinkt". Sie können sich nicht altersgemäß artikulieren, so dass
sie auf andere Kommunikationsformen ausweichen müssen:

- Jedes vierte Vorschulkind ist heutzutage sprachgestört, wie die Logopäden-Lehranstalt in
  Mainz feststellt; 1985 galten nur vier Prozent der Dreijährigen als in ihrer Sprachentwick-
  lung zurückgeblieben.
- Kinder, die in Ein-Eltern-Familien und ohne Geschwister aufwachsen, haben oft einen
  Mangel an trainierenden und ihre Sprachentwicklung herausfordernden Anlässen.
- Kinder, deren Eltern zu wenig Zeit haben, deren Eltern erschöpft oder problembeladen
  sind, stören mit ihren Kommunikationswünschen und passen daher in dem Moment, in
  dem sie mit ihren Eltern sprechen wollen, nicht zu deren Bedürfnislagen.
- Kleine Kinder brauchen neben viel Liebe, Körperkontakt, Bewegung, Spiel, Muße und richtiger Ernährung auch genügend Ansprache und Zuhören. Ihr Plappern signalisiert ihr
  Sprachbedürfnis.
- Kinder, die mit allem versorgt werden, aber nicht mit Sprache, werden krank oder sterben
  früh (Kaspar-Hauser- bzw. Wolfskind-Effekt).
- Was an altersspezifischer Sprachentwicklung versäumt wird, kann nie wieder ganz nachgeholt und ausgeglichen werden, wie wir von autistischen Kindern wissen, die normal oder
  überdurchschnittlich intelligent sind, sich aber gegenüber der Außenwelt anfangs oder für
  länger abkapseln, aber auch von Kindern, die lange unerkannt nicht oder nur sehr schlecht
  hören können.
- Die intellektuelle Entwicklung korrespondiert mit der Sprachentwicklung. Kinder, mit
  denen viel und anspruchsvoll im Sinne des elaborierten Sprachcodes kommuniziert wird,
  zeigen ein differenzierteres Ausgestalten ihrer kognitiven Fähigkeiten als solche, die mit
  einem Ansprachedefizit reifen müssen.
- Kinder, die tagsüber vor dem Fernsehgerät oder in Kinderkrippen „geparkt" werden, in
  denen sich die Kinderpflegerinnen mit allzu vielen Kindern beschäftigen müssen, zeigen
  später einen restringierten Sprachcode (Hospitalismuseffekt).
- Kinder, deren Eltern stets zu wenig Zeit oder Bereitschaft zum ruhigen Zuhören und zur
  engagierten Ansprache haben, lernen, dass nicht genug Zeit bleibt, um eine Botschaft in den
  Kopf der Mutter oder des Vaters zu bekommen. Sie überschlagen sich dann mit ihren dürftigen Wortschatz- und Grammatikfähigkeiten in ihrer Sprache (Poltern) oder beginnen zu
  stottern. Vor allem aber neigen sie später zur Distanzlosigkeit, hängen sich sofort an die
  Arme wildfremder Menschen und plaudern in kürzester Zeit alles Intime und Private aus,
  weil sie gelernt haben, dass für einen vorsichtigen Aufbau einer kommunikativen Beziehung
  keine Zeit bleibt.
- Mütter sprechen im Schnitt mit ihren Töchtern häufiger und länger als mit ihren Söhnen.
  Mädchen zeigen daher vielfach eine differenziertere Sprachentwicklung als Jungen und sind
  später durchweg im Fremdsprachlichen erfolgreicher. Sie trainieren aber auch im sprechen-

den Umgang mit Puppen, Kuscheltieren oder Haustieren ihre Verbalkompetenz. Und da man ihnen im Handwerklichen und Technischen sowie Sportlichen nicht so viel zutraut, kompensieren sie auch mit sprachlichen Leistungen und entwickeln so selbst ihre Kommunikationskompetenz, also im Grunde aus Not geboren. Von Jungen wird oft weniger Sprachvermögen erwartet, deshalb kompensieren sie gern mit Technik und Mathematik. Und warum scheitern Jungen und Mädchen in gleicher Weise an rechnerischen Textaufgaben? Die Jungen verstehen die Sprache nicht, die Mädchen die Mathematik nicht.

- Kinder, die aus Mangel an Sprachanlässen in ihrer Sprachentwicklung zurückgeblieben sind, versuchen, mit Mimik und Gestik zu kompensieren. Sie weichen zur Unterstützung ihrer Botschaften auf Lächeln, Charme, Rollen der Augen und auf Reden mit Händen und Füßen aus, wozu auch Schlagen, Treten, Würgen, Kneifen und Spucken gehört.

- Wenn sie feststellen, dass ihnen der verbale Ausdruck so viel Schwierigkeiten bereitet, konzentrieren sie sich auf kürzere und deftigere Sprachfloskeln, mit denen sich eine höhere Aufmerksamkeit sowie eine größere Betroffenheit erzielen lässt: Sie wählen dann unvollständige Sätze oder schlicht Wörter der Fäkaliensprache wie „Scheiße", „Arsch", „Wichser", „Pisse", „Kanake", „Fotze" usw., oft ohne zu wissen, was sie bedeuten oder woher sie kommen; sie haben aber im Kindergarten gelernt, dass man sich mit ihnen besser wehren, behaupten und durchsetzen kann. Und wenn sie merken, dass sie mit ihnen bessere Resultate erzielen, gewöhnen sie sich an sie und bauen dieses Instrumentarium aus. Gewalt beginnt also mit der Sprache und wird schließlich zu einem hochanerkannten Kommunikationsund Interaktionsmittel über den Umweg des „Lernens durch Erfolg". Gegen die Sprachgewalt muss daher das Mittel „Wehret den Anfängen!" eingesetzt werden. Jeder Ansatz von Sprachgewalt sollte im Elternhaus, im Kindergarten und in Vor- und Grundschulen sofort zurückgewiesen und verpönt werden, damit der nur damit erzielte kommunikative Erfolg und die Gewöhnung an ihn ausbleiben.

- Kinder, die große verbale Schwierigkeiten haben, neigen nicht nur zum Stottern und Poltern, zum Ausweichen auf die Körpersprache mit Mimik und Gestik, zur Distanzlosigkeit und zur deftigeren Fäkaliensprache, sie konzentrieren sich auch so sehr auf die Artikulation und das schnelle Sprechen, dass sie kaum noch bereit sind, zuzuhören. Sie können dann auch in der Vor- und Grundschule nicht mehr richtig zuhören, werden also von den Worten der Lehrer kaum noch erreicht, insbesondere am Montagmorgen, wenn sie sich am Wochenende in Überdosierung an die Kombination von farbigem und actionreichem Bild und Ton durch das Konsumieren von Fernsehsendungen, Videofilmen und Computerspielen gewöhnt haben („Montags-Syndrom").

- Heutige Kinder müssen daher oft mühsam zum Zuhören erzogen werden, und zwar durch langes, spannendes Erzählen und Vorlesen sowie durch das mußevolle und gesprächsreiche Sitzen der Eltern auf der Bettkante vor dem Einschlafen und nach dem Fernsehen, damit die Reize und Eindrücke des Tages so verarbeitet werden können, dass sie nicht in die Nacht mitgenommen werden und dann in Form von Albträumen und Wälzen, Schreien und Schwitzen weiterwirken. Und auch in den Schulen sollte als Gegengewicht gegen die massiven Bildschirmeinflüsse wesentlich mehr vorgelesen und erzählt werden, damit die Kinder wieder das Zuhören lernen. Der „Stuhlkreis" des offenen Unterrichts zu Beginn eines jeden Schultages dient diesem Zweck.

■ Kleine Kinder, die schon vom zweiten oder dritten Lebensjahr an viel zu viel fernsehen, bleiben anfangs von der Sprache des Fernsehens weitgehend abgekoppelt. Sie versuchen daher, sich ausschließlich im Bild der Filme oder Comics zu orientieren, so dass sie schließlich den begleitenden Ton nur noch in seinen nonverbalen Aspekten des Schreiens, Weinens und Lachens und in Form von Explosionen, Zusammen- und Aufprallgeräuschen wahrnehmen. Als man in Hamburg einmal Fünfjährigen eine sechsteilige „Tom-und-Jerry"-Serie vorspielte, deren erster Teil in Deutsch, deren zweiter Teil in Englisch und deren weitere Teile in Französisch, Spanisch, Italienisch und Dänisch synchronisiert waren, haben sie diese „feinen Unterschiede" überhaupt nicht bemerkt, ein Indiz dafür, dass sie längst gelernt hatten, sich nur visuell, aber nicht auch verbal im Film zu orientieren. Aus diesem Grund sind moderne Kinder mit ihren anderen Hirnvernetzungen vor allem Augenmenschen und fast nie mehr sich vornehmlich auditiv orientierende Menschen. Weil sie am Anbeginn Sprache nicht verstehen, wählen sie das Zuhören als Orientierungsmedium für sich weitgehend und auch oft für immer ab.

Und nun noch ein paar Sätze zur Jugendsprache: Sprache an sich ist in ständiger Wandlung begriffen; besonders stark verändert sie sich aber in der Jugendszenerie. Lehrer, die eine neunte Klasse abgeben und dann wieder eine siebte übernehmen, stellen immer wieder fest, dass sie es nur drei Jahrgänge darunter wieder mit einer ganz anderen Generation zu tun haben; Kleidung, Haarschnitt, Musikgeschmack, Freizeitbevorzugungen, Partnerschaftsverhalten und der modische Trend zu bestimmten Jugendkultnischen wie denen der HipHopper, Breakdancer oder Techno-Musik-Freaks haben sich stark verändert, aber auch die dazugehörigen Insider-Sprachcodes, die oft mit einzelnen Nischen wie denen der Hooligans, Rapper oder Graffiti-Sprüher korrespondieren.

Jede Jugendkultnische hat ihre eigene Sprachkultur; sie ermöglicht Orientierung, Wir-Bewusstsein, Identifikation und Abgrenzung nach außen gegenüber anderen Nischen sowie der Erwachsenenwelt. „Pieces", „Tags", „Whole Trains", „Cans" und „Caps" sind Begriffe, die nur die Graffiti-Sprüher verstehen, „wheely" und „kick down" kennt man in der Moto-Cross-Nische, „Asys klatschen" bei den Skinheads, und die Inline-Skater sprechen von „Air Walks", „Grinds", „Air Drays" und „downstairs" mit anschließendem „oneeighty".

Darüber hinaus gibt es allumfassende Sprachtrends der gesamten Jugend, die sich teils rasch überholen wie „oberaffengeil", teils etwas längerlebiger wie „voll die Härte" oder „cool" sind; sie erwachsen manchmal aus dem Jugendkult selbst, wie „megadef", manchmal sind sie werbe- und konsumindustriegesteuert wie „der Duft der großen weiten Welt", bloß „chic" bzw. „in" oder schlichtweg aus dem Bemühen um die Anreicherung mit Amerikanismen, die für fortschrittlich, international oder modisch aktuell gehalten werden, entstanden. „Shopping", „Kids", „happy", „Feeling", „relaxen", „fighten", „killen", „Drive", „powern", „dealen", „high" und „sprayen" sind solche Wortschöpfungen, mit deren Benutzung man besser über die Runden zu kommen glaubt.

Sprachverhalten ist jedenfalls nicht nur historisch im Sinne von Kultur gewachsen und geprägt, es ist nicht nur erzieherisch-intentional durch Elternhaus und Schule beeinflusst, es wird auch funktional durch Medien, durch Werbung und durch Trends der Jugendkultszenerie geprägt, die auch aufbegehrend genau das fördern, was bürgerliche Erwachsene oder Pädagogen ablehnen. Mit Sprache kann man sich abgrenzen und protestieren, aber sich auch kleiden und somit bei denjenigen interessant machen und aufwerten, die darauf hereinfallen. Umgekehrt ist Kleidung deshalb auch unter dem Motto „Kleider machen Leute" ein Element von Körpersprache. Mit Kleidung wird oft geringe Verbalkompetenz kompensiert; sie spielt bei Jugendlichen eine umso größere Rolle, je geringer die sprachlichen Möglichkeiten sind.

Jugendsprache passt nicht zu jeder Altersstufe, auch wenn Erwachsene heute immer länger jugendlich wirken und wie Jugendliche leben wollen. Da Kinder immer früher wie Jugendliche leben wollen, da das Jugendalter sowohl für Kinder als auch für viele Erwachsene maßgebend ist, greift die Jugendsprache immer stärker in die allgemeine Sprachentwicklung ein. Jede Altersstufe, jede Persönlichkeit sollte aber die zu ihr passende Sprache wählen und sich nicht mit Jugendsprache bei Jugendlichen anbiedern wollen, wie es beispielsweise so mancher Lehrer versucht. Denn erstens sprechen auch die jetzigen und die künftigen Jugendlichen in zwanzig Jahren ganz anders, und zweitens haben Lehrer, Erzieher und Eltern die Aufgabe, nicht die Sprachentwicklung junger Menschen hemmend dort zu belassen, wo sie gerade steht, sondern mit vorbildlichem Verhalten fördernd, bewahrend und rettend zu beeinflussen: fördernd, wenn es sich um einen reichen Wortschatz handelt, bewahrend, wenn es um das trostlose Um-sich-Greifen solcher gedankenlos eingesetzten Floskeln wie „halt", „ich denke" oder „denke ich mal" geht, und rettend, was beispielsweise das Aussterben des Genetivs („trotz Schnee(s)", „wegen Umbau(s)") anbelangt. Erwachsene müssen sich als Orientierungs- bzw. Zielpunkte eines hoch entwickelten Sprachverhaltens anbieten, als Modelle, mit deren Hilfe junge Menschen dann auch späterhin in gymnasialen Oberstufen, in Hochschulen und im Berufsleben bestehen können.

7. Lispeln, Poltern und Stottern

Wenn kleine Kinder „einen Slick auf der Zunge" haben, also lispeln, finden das viele Zeitgenossen niedlich. Sie verstärken mit ihrer positiven Resonanz diese Sprechtechnik, so dass sich die Sprechmuskelkoordination des Kindes an diese Besonderheit gewöhnt. Wenn die Kinder dann älter werden, folgt aber auf das Niedlichfinden das Hänseln durch Gleichaltrige, so dass anfangs erfolgsverwöhntes Sprechen in ein niederlagenreiches umschlägt, das dann eher zur Sprachvermeidung führt.

Deshalb brauchen lispelnde Kinder schon früh entweder eine kieferorthopädische Zuwendung (wenn die Zahnstellung ursächlich ist) oder eine logopädische bzw. später eine Sprachheilschule (wenn die Gewöhnung an eine bestimmte Koordination der am Sprechen beteiligten Muskeln zu Grunde liegt).

Wenn Eltern ihrem Kind nur schlecht zuhören, weil sie zu wenig Zeit für das Zuhören aufbringen, wenn es dem Kind am Wortschatz mangelt, um das auszudrücken, was es eigentlich formulieren will, oder wenn die Gedanken schneller sind als das Sprechen-können, dann geraten Kinder in einen Sprechstress, mit dem sie Silben und Wörter verschlucken und sich im Sprechen überschlagen. Was dabei herauskommt, nennt man Poltern. Ein berühmter Polterer ist der ehemalige Bremer Bürgermeister Hans Koschnick. Polterer sind oft sehr intelligent, das heißt, in ihrem Kopf läuft mehr und dies schneller ab, als ihre Sprechmuskulatur umzusetzen vermag. Auch an das Poltern kann sich das Kind so gewöhnen, dass es beim Sprechen stets hektisch wirkt, so dass auch Stress beim Zuhörer wächst, der dann geneigt ist, die Kommunikation zum Polterer zu vermeiden. Auf diese Weise entsteht ein Teufelskreis, der den Polterer nötigt, noch schneller zu sprechen, um seine Botschaften in immer kürzerer Zeit rüberzubringen. Deshalb braucht auch der Polterer eine frühe logopädische Therapie, mit der er vor allem das Langsamsprechen trainieren muss.

Statt des Polterns kann jedoch auch Stottern die Folge sein. Stottern kann höchst unterschiedliche Ursachen haben; im Einzelfall bleibt aber auch nach Jahren therapeutischer Bemühungen oft unklar, welche genau es ist, denn manche Stotterer haben durchaus Eltern mit viel Zeit zum Zuhören und Antworten. Manche stottern zunächst nicht, sondern beginnen erst mit sechs, neun oder zehn Jahren damit. Außer dem Zeitmangel und dem Nicht-gut-zuhören-Können des Kommunikationspartners weiß man auch von anderen möglichen Gründen für das Stottern wie hirnorganischen Besonderheiten, Muskelkoordinationsproblemen des Sprechapparates, Ängsten vor Ablehnung, häufigen kommunikativen Niederlagen, Hänseln und Auslachen, Überforderungen durch bilinguales Aufwachsen oder durch zu hohe Spracherwartungen der Eltern oder zu häufigem Korrigieren des zuvor Ausgesprochenen. Entscheidend ist aber die psychische Komponente, weshalb Stotterer oft sehr sensible und emotionale Menschen sind und insbesondere Jungen: Angst und Stress beim Sprechen, verknüpft mit dem Umstand, dass der Stotterer immer eine Doppelbelastung beim Sprechen hat, weil er sowohl an die zu formulierende Botschaft denkt als auch zugleich an sein Stotterproblem, ist der bedeutendste Faktorenkomplex.

Stotterer sind nicht immer, aber oft überdurchschnittlich intelligent; also grübeln sie ständig über ihr Stottern nach. Und da sie als Folge dann zur Sprechvermeidung neigen, sich also im Unterricht nie melden, mangelt es ihnen schließlich auch an Sprecherfahrung, so dass ihre Lage immer prekärer wird.

Mittlerweile gibt es jedoch gute therapeutische Ansätze von Logopäden, vor allem aber über die „Bundesvereinigung Stotterer-Selbsthilfe" in Köln (siehe Adressenliste am Schluss des Buches): Stotterer stottern nicht, wenn sie singen, also lernen sie, das, was sie aussprechen wollen, leicht singend auszudrücken; sie stottern kaum, wenn sie dem Gegenüber nicht ins Gesicht gucken müssen, so dass sie stotterfreies Sprechen gut am Telefon trainieren können; und sie vermögen sich gut zu helfen, indem sie das zu Formulierende zunächst sich selbst still vorsagen, so dass sie mehr Zeit zum Antworten und deshalb verständnisvolle Lehrer benötigen, die auf ihren Redebeitrag zu warten bereit sind.

8. Linkshändigkeit

Ob jemand zum Hämmern oder Schreiben lieber die linke oder die rechte Hand benutzt, ist angeboren und hat etwas mit der unterschiedlichen Entwicklung der linken und rechten Hirnhälfte zu tun (die linke ist für die rechte Körperhälfte und das Rationale zuständig, die rechte für die linke Körperhälfte, aber auch für das Musische). Früher hat man Linkshänder gezwungen, mit der rechten Hand zu schreiben („umgeschulte Linkshänder"), heute lässt man sie gewähren. Das ist zwar gut so, hat aber dennoch Nachteile.

Wegen der für Rechtshänder entwickelten Schreibweisen ist das Schreiben für Linkshänder mühseliger und langwieriger. Da sie überdies das gerade mit Tinte Geschriebene mit ihrem Handballen leicht wieder verwischen, stellen sich beim Anfangsunterricht gegenüber allem Schreiben gelegentlich so starke Unmutsgefühle ein, dass linkshändige Grundschüler Schreiben als unerfreulichen Leistungsbereich abhaken, so dass sie in der Folge und als Ausstrahlungseffekt nicht nur im Schönschreiben, sondern auch in der Rechtschreibung, im Aufsatz und manchmal sogar im Lesen und in Fremdsprachen eher versagen als Rechtshänder. Linkshänder kompensieren diese Schwäche vielfach durch besonders gute mathematische oder musische Leistungen.

Das muss nicht so sein, und die Gefahr kann von Anfang an reduziert werden, indem Linkshändern erlaubt wird, mit nichtverwischbaren Stiften zu schreiben, und indem sie mehr als Rechtshänder in der anfänglich auch bei ihnen vorhandenen Schreibfreudigkeit ermuntert und unterstützt, aber auch geschont werden. Kritik an Linkshändern muss sowohl von Lehrer- als auch von Elternseite so gut wie gänzlich unterbleiben. An einigen deutschen Schulen wird Linkshändern schon von der 1. Klasse an gestattet, statt mit einem Füller am Laptop zu schreiben; das Geschriebene sieht dann immer gut aus, beide Hände sind beim Tippen gleichberechtigt, und mit dem Korrekturprogramm können falsch geschriebene Wörter immer sofort erkannt und verbessert werden, ohne dass dafür viel rote Lehrertinte und schlechte Noten erforderlich sind. Die Lust am Schreiben bleibt auf diese Weise länger und stärker erhalten, so dass Linkshänder ebenso gut Schreiben lernen können wie Rechtshänder. Denn Linkshänder sind im Schnitt etwas begabter, kreativer, emotionaler und sozialer als Rechtshänder, was nicht im Einzelfall gilt, aber schon in der Masse.

Zum Glück haben sich die Studienergebnisse zweier kanadischer Psychologen als nicht haltbar erwiesen. Diese meinten belegen zu können, dass Linkshänder im Schnitt sieben Jahre kürzer lebten als ihre rechtshändigen Zeitgenossen, da sie wegen ihrer Linkshändigkeit wesentlich mehr Niederlagen einheimsen und zu verkraften hätten als Rechtshänder.

9. Vorbilder, Deutlichkeit und Konfrontation

Wenn Erwachsene bemerken, dass Kinder oder Jugendliche Probleme oder Krisen haben, ist es das Verkehrteste, abzuwarten, sie auszusitzen oder zu ignorieren. Der Satz „Lasst uns noch einmal darüber schlafen!" entspricht nicht der Psyche junger Menschen, die eher so gebaut sind, dass sie sofort wissen wollen, wie es weitergeht.

Wenn Kinder auf Grenzen stoßen oder Grenzen übertreten, muss immer sofort etwas passieren, andernfalls gewöhnen sie sich rasch mit ihrer hohen Flexibilität an die neue, ungewohnte Situation, oder sie lernen, dass sie nicht genügend wert sind, um ernst genommen und ebenso behandelt zu werden wie andere Kinder auch. Kinder sind nur zu einer geringen Überbrückungsleistung fähig; wartet man zu lange, verdrängen sie, um neu anfangen zu können; das schützt sie durchweg, tut ihnen aber langfristig nicht gut, weil das Verdrängte in ihrem Unterbewusstsein nagt.

Seitdem sich die Lehrer an der Eylardus-Schule für Erziehungsschwierige im niedersächsischen Bad Bentheim angewöhnt haben, jeden Konflikt, den ihre Schüler untereinander oder mit einem Lehrer haben, noch am selben Tag zu lösen, damit der nächste Tag unbelastet begonnen werden kann, haben sie die Gewaltproblematik halbieren können. Umgekehrt wissen wir von der Jugendkriminalität her, dass eine Gerichtsverhandlung, die erst anderthalb Jahre nach dem Delikt beginnt, und die in ihrem Rahmen dann verhängte Strafe eigentlich immer ihren Zweck verfehlen. Dies führt dazu, dass zwischen Delikt und Strafurteil oft viele weitere schlimme Taten begangen werden und nach der Verurteilung ein hohe Rückfallquote von über 75 Prozent zu beklagen ist.

Wenn eine Strafe nötig ist, dann muss sie „auf dem Fuße folgen". Wenn das Kind etwas angestellt hat, muss der Ausgleich unmittelbar danach stattfinden. Wenn das Kind ein Problem hat, sollte der Ausweg noch am selben Tag aufgezeigt oder verarbeitet sein, also spätestens wenn Mama oder Papa abends auf der Bettkante sitzen, damit die Last nicht in den Schlaf oder den folgenden Tag mitgenommen wird.

Allerdings gilt das nur grundsätzlich; denn wenn das Kind im Affekt cholerisch „ausrastet", sollte es sich erst beruhigt haben, bevor es wieder rational, also vernünftig ansprechbar ist. Das muss auch für die Mutter oder den Vater gelten, die nicht sofort reagieren können, während sie noch zutiefst betroffen oder erregt sind. Das Motto muss also sein: Warten, bis sich beide Seiten beruhigt haben, und dann rasch eine Lösung, einen Ausweg oder einen Ausgleich suchen.

Strafen sollten bei Kindern und Jugendlichen immer direkt sein, sie müssen in unmittelbarem Bezug zur Tat stehen. Falsch ist es also, einen Schüler, der einen Mitschüler fremdenfeindlich gemobbt hat, mit Papiersammeln zu bestrafen; aber richtig ist es, den jungen Menschen zu bewegen, einen angerichteten Schaden wieder gut zu machen, und zwar entweder mit Arbeit, materiell oder – wie in diesem Fall – mit persönlichem Engagement.

Lange haben viele Eltern und Berufspädagogen den Fehler gemacht, das Kind oder den Jugendlichen bloß verstehen zu wollen. Im Fall einer Tat haben sie lediglich appelliert oder gar unter dem Motto „Das richtet sich mit der Weiterentwicklung schon irgendwie von selbst" weggeschaut bzw. erst im Wiederholungsfall reagiert.

Kinder brauchen Grenzen, sie brauchen Grenzerfahrungen, um ein stimmiges Werte- und Weltbild aufbauen zu können, und sie tun vieles nur, um die Reaktionen der anderen zu erfahren, um ihr Handeln in den Antworten der anderen zu spiegeln. Das ist entwicklungspsychologisch normal. Aber dann muss auch unbedingt etwas passieren, und das, was dann passiert, sollte angemessen sein:

Wenn man einen Ball gegen eine Wand schlägt, kommt er mit einer Stärke zurück, die der Schlagstärke entspricht. In der Erziehung muss es ähnlich sein. Die Antwort auf ein Fehlverhalten des Kindes muss deutlich sein, und sie sollte direkt sein, vor allem muss sie aber seinem Verhalten entsprechen, und zwar auch im Grad der Heftigkeit. Wenn ein 17-Jähriger einen Behinderten aus dem Rollstuhl gekippt hat, um ihm 20 Euro zu rauben, dann ist es unangemessen, ihn mit einem Lächeln zu fragen, warum denn, bitte sehr, er das getan habe. Dann muss man ihn schon hart am Arm packen, ihn anschreien und ihm zu verstehen geben, dass es feige ist, sich an den Schwächsten unserer Gesellschaft zu vergreifen. Man muss ihm auf den Kopf zu sagen, dass seine Tat ein Ausdruck seiner inneren Schwäche ist, die er mit nach außen demonstrierter Stärke zu überspielen versucht. Aus Erfahrung mit den allerschlimmsten jugendlichen Gewalttätern wissen wir mittlerweile, dass wir im Sinne von Reue und Resozialisierung nur weiterkommen, wenn wir den Täter mit seiner Tat direkt konfrontieren – wozu auch der Täter-Opfer-Ausgleich gehört (wir zeigen dem Täter, wie er sein Opfer und dessen Umfeld zugerichtet hat). Wir müssen dabei sehr deutlich sein, also nicht verharmlosen bzw. bagatellisieren, und es ist am wirkungsvollsten, wenn diese deutliche Konfrontation von seinesgleichen – also von anderen Jugendlichen – kommt.

Wenn wir junge Menschen nicht sofort nach ihrem Fehlverhalten deutlich mit ihrem Verhalten durch andere junge Menschen konfrontieren, dann lernen sie etwas Falsches, dann neigen sie zum Verharmlosen, zum Selbstrechtfertigen, zum Verdrängen oder zum Ausweichen, und im schlimmsten Fall gewöhnen sie sich sogar – durch Erfolg – an ihr Fehlverhalten. Wir machen uns mit einer falsch verstandenen Verständnispädagogik dann mitschuldig an ihrer Fehlentwicklung, indem wir sie glauben machen, Alleingelassensein sei so etwas wie Selbstständigkeit. Dieses war der Hauptvorwurf, den Job-Günter Klink der 68er-Bewegung und der „antiautoritären" Erziehungsbewegung bereits 1974 gemacht hat. Dessen Richtigkeit hat sich bis heute stetig mehr erwiesen.

Grenzen müssen also deutlich sein, und das setzt Konsequenz voraus, sie müssen begründet sein, und das setzt Überzeugung voraus. Der Grenzübertritt braucht eine konfrontative Zurückweisung, am besten durch Gleichaltrige, die hoch anerkannt sind, und die Grenze sollte durch die Erwachsenen, zumal also durch die Eltern, Erzieher und Lehrer vorgelebt werden. Wenn Kinder Probleme haben, müssen sie also lernen, direkt und angemessen darauf zugehen zu können, damit sie nicht mit Gewalt, Angst, Sucht oder Krankheit auszuweichen geneigt sind. Wie man aber direkt und angemessen auf ein Problem zugeht, das müssen die erwachsenen Bezugspersonen vorleben. Sie sollten Vorbilder für Konfliktlösungen und für Verhaltensalternativen sein, und sie müssen dem Kind sinnvolle Verhaltensalternativen aufzeigen, vormachen und mit ihm zusammen eintrainieren. Das ist die wichtigste Eigenschaft eines Vorbildes.

10. Loben, Ignorieren und Strafen

Viele Mütter neigen dazu, nur in der Bandbreite zwischen Loben und Ignorieren zu erziehen, weil sie ihr Kind so stark lieben und ihm nicht weh tun wollen; sie verzichten auf Strafen, sie verstärken das erwünschte Verhalten und ignorieren das unangemessene.

Väter dagegen ignorieren oft das Positive, sanktionieren aber das negative Verhalten und halten das Gute für so selbstverständlich, dass sie es nicht kommentieren. Andere Eltern wiederum, vor allem aber Lehrer, nutzen oft nur die Kategorien des Lobens und Strafens, verzichten aber auf die positive Wirkung des Ignorierens; sie glauben, alles beurteilen zu müssen, und zwar entweder als gut oder als schlecht.

Nur wer das gesamte Instrumentarium von Loben, Ignorieren und Strafen sinnvoll nutzt, erzielt auch optimale Effekte, wobei Loben nicht derart übertrieben werden darf, dass das Kind sich schließlich überschätzt, und Strafen darf nicht die Folge eines jeden Fehlers sein, weil Kinder nämlich am besten über Irrwege lernen.

Wenn das Kind bereits selbst unter dem sehr leidet, was es angerichtet hat, braucht man es keineswegs noch darüber hinaus zu strafen; wenn es bereits die natürliche Strafe des Verbrennens, des aufgeschlagenen Knies, der Verlusttrauer, des Sitzenbleibens oder des Ausgestoßenwerdens durchlebt hat. In diesem Fall verschlimmert eine zusätzliche Strafe nur noch seine Lage.

Männer neigen in der Erziehung vor allem gegenüber Jungen dazu, gute Leistungen beiläufig hinzunehmen, schwache oder ausbleibende Leistungen jedoch mit heftigen niedermachenden Reaktionen herabsetzend zu kommentieren oder zu bestrafen, so dass Lern- und Verhaltensfortschritte nicht verstärkt werden, unerwünschtes Verhalten aber als totales Versagen beim Kind ankommt. Die Folgen können fatal sein. Solche Kinder halten schließlich nichts mehr oder nur sehr wenig von sich selbst, sie verkümmern unter dem Mangel an Zutrauen, Zuversicht, Lob und Verstärkung und driften in Autoaggressionen, also in Ersatzbefriedigungen ab.

Es gibt Väter, die nie etwas Positives zu ihrem Kind sagen, die aber ständig an ihm herumnörgeln, auch weil sie wegen ihrer geringen häuslichen Präsenz in Kurzform beim Abendessen und am Wochenende aus ihrem schlechten Gewissen heraus Erziehung in hohen Dosen nachreichen wollen. Dass ihre Strategie durchweg misslingt, ist ihnen überhaupt nicht bewusst, aber immerhin lernt das Kind aus Erfahrung, dass ein Ignorieren als Lob verstanden werden kann und dass Beschimpfungen und Strafen als nicht so kompetente Maßnahmen relativiert werden müssen. Wenn es gut geht und sie noch keinen Schaden an dem kalten Erziehungsstil ihres Vaters genommen haben, stellen sie späterhin mit Recht ihre Ohren auf Durchzug, aus Selbstschutz, damit die väterlichen Kommentare nicht allzu sehr verletzen und das Selbstwertgefühl herabsetzen. Solche Kinder bezeichnet man dann als „vatertaub".

Lob und Ermunterung, eingebettet in Verstehen und in leibliche Zuwendung sowie in Geduld und in Anerkennung schon kleinster Fortschritte beim Lernen und im Verhaltensbereich, lassen viele Kinder aufleben, vor allem wenn sie Kritik, Strafen und Ablehnung im Übermaß durchlitten haben.

Sie geben ihnen die Zuversicht, dass sie so akzeptiert werden, wie sie nun einmal sind, und dort abgeholt werden, wo sie sich mit ihrer Entwicklung gerade befinden. Dass man zugleich im Sinne von Herausforderung der Kräfte immer ein wenig mehr von ihnen erwarten muss, als sie gerade gezeigt haben, ist dabei selbstverständlich. Gute Erziehungskunst macht das Kind in seinem momentanen Sosein zum Ausgangspunkt und Maßstab für Fortschritte in Bezug auf emotionale, soziale und kognitive Leistungen, die sich allerdings dann auch irgendwann einmal einstellen müssen. Denn eine Pädagogik, die keinerlei Fortschritte zeitigt, die allenfalls den Abstieg bremst, ist nicht sehr erfolgreich.

Nimmt man dagegen stets nur das Erziehungsziel als Endpunkt sämtlicher Bemühungen zum Maßstab, wie das viele beruflich erfolgreiche oder insgesamt unzufriedene Väter tun, kann man stets nur das Unzulängliche, das Noch-nicht-Perfektsein konstatieren. Leider gibt es allzu häufig Väter, Erzieher und Lehrer, die bereits am Beginn ihrer pädagogischen Arbeit das schon abgeschlossen erzogene Kind, das keine Fehler mehr macht, erwarten.

Wenn Väter und Pädagogen nicht ganz bewusst ihre Reaktionsskala vom Sanktionieren über das Ignorieren von Fehlern bis zum Verstärken, Loben, Anerkennen, Ermuntern und Verzeihen erweitern, wenn sie also nicht in der Lage sind, gerade im Unglück, beim Scheitern und bei Vergehen ihr Kind in den Arm zu nehmen, zu trösten und aufzubauen sowie auf einen zynischen, bissigen und alles nur verschärfenden Kommentar zu verzichten, dann müssen sie auf verheerende Sozialisationsfolgen bis zur späteren Ablehnung durch ihr Kind und ein frühes Verlassen des Elternhauses gefasst sein; das gilt natürlich auch für Mütter, zumal für die allein erziehenden.

Man kann einem Kind gar nicht häufig genug sagen, dass man es lieb hat, dass es etwas kann und dass es etwas anderes gut kann, wenn es bei dem einen versagt hat. Das bloße Sagen reicht aber nicht, Bejahung muss dem Kind auch glaubhaft gezeigt werden. Tut man das nicht, muss man mit der Verfestigung eines ungünstigen Selbstkonzepts unter dem Motto „Keiner hat mich lieb, ich bin zu nichts zu gebrauchen" rechnen und in der Folge mit psychosomatischen Störungen wie nervösen Tics, Bettnässen, Nägelkauen, Allergien, Asthma, Migräne, Essstörungen, Psychosen, Hyperaktivität, Sucht, Selbstverletzungen oder Todessehnsucht.

Stotternde und asthmatische Kinder haben allzu häufig stets nur nörgelnde, zu Überforderungen neigende und Wohlverhalten sowie Fortschritte übergehende Eltern.

Jedes Kind möchte von klein auf so gern gut sein, und es will sein Wesen und seine Leistungen als Lob zurückgespiegelt bekommen.

Eltern und Pädagogen sollten sich daher angewöhnen, Kinder täglich mindestens einmal zu loben; denn Kinder, die mit zu wenig Anerkennung, Zuwendung und Verstärkung aufwachsen, können späterhin nur schwerlich mit Lob und Nähe umgehen. Sie reagieren, wenn sie beides nicht ausreichend erlebt haben, oft ganz unverständlich abweisend und ausweichend; sie glauben die positiven Bewertungen nicht, weil die plötzliche Anerkennung im Widerspruch zu ihrer bisherigen Erfahrung und zu ihrem daraus resultierenden ungünstigen Selbstbild steht; oder sie schämen sich, weil sie in ihrem Leben zu selten Gelegenheit hatten, Lob anzunehmen und souverän darauf zu antworten, beispielsweise weil ihre Eltern dazu neigen, auf unerwünschtes Verhalten stets nur undifferenziert mit Liebesentzug zu reagieren. Wer ein Kind mit Liebesentzug bestraft, geht aber vor allem auch mit sich selbst schlecht um, denn er vergrößert seine Probleme und die des Kindes; außerdem nimmt er sich, wenn er zu diesem Mittel greift, in der Regel selbst für zu wichtig; er wirkt beleidigt, was immer schlecht ankommt bzw. meist als Reaktion nicht akzeptiert wird, so dass Liebesentzug als pädagogisches Mittel weder überzeugt noch positiv wirkt.

11. Wenn das Kind aus dem Ruder läuft

Der traurige Fall des Münchener Jungen „Mehmet" und der der beiden Hamburger Jungen, die den Rentner Willi Dabelstein ermordet haben, bilden – wie schon zuvor die Lebensgeschichten vieler deutscher Crash-Kids wie Dennis und René – nur die

„Spitzen von Eisbergen" um die Fragen herum: „Was ist mit unseren Kindern los?",
„Ist Erziehung sinnlos oder können Eltern doch etwas bewirken?" und „Was mache
ich mit meinem Kind, wenn es sich anders entwickelt, als ich gehofft hatte?"

Wenn Kinder nach Auffassung ihrer Eltern „aus dem Ruder laufen", heißt das ja,
dass sie eine andere Entwicklungsrichtung einschlagen, als die Eltern gewünscht
haben, aber es bedeutet noch keineswegs, dass es eine total „falsche" Richtung ist;
möglicherweise ist es eben nur eine andere, jedoch durchaus sinnvolle: Das Kind sollte Tennis spielen, will aber lieber in einen Fußballverein; es sollte Klavier spielen, will
aber lieber Drums traktieren, und es sollte sich für alte Sprachen interessieren, will
sich aber lieber mit Technik, Computern und Englisch befassen.

Das Aus-dem-Ruder-Laufen kann jedoch auch ganz schlimm bedeuten, dass das
Kind Drogen nimmt, klaut, ständig lügt, öfter mal zuschlägt, dass es fast alle Aufgaben und Termine vergisst, in der Schule stört, hyperaktiv oder unkonzentriert ist,
die erwünschten Leistungen verweigert und mehrfach hintereinander als Sitzenbleiber oder Rückläufer scheitert, dass es sich stets verspätet, nie aufräumt, Gespräche
mit den Eltern meidet und überdies nach Auffassung von Mama und Papa einen
„denkbar schlimmen Umgang" hat.

Irgendwann schließlich stellen dann die Verwandten, die Nachbarn, die Lehrer, die
Polizisten, die allgemeine Öffentlichkeit und der Jugendrichter fest: Dieser Mensch ist
„in den Brunnen gefallen", und spätestens jetzt müssen wir doch beginnen, diesen Jugendlichen wieder ins Lot zu bringen, ihm wieder Orientierung zu geben, ihn zu „resozialisieren", also sein Ruder wieder funktionsfähig zu machen, damit er die Spielregeln des Zusammenlebens, die Normen und Werte, die Gesetze wieder beachtet.
Wir wollen dann in einem Alter von 16 oder 17 Jahren, das das allerungünstigste
dafür ist, versuchen, ganz schnell ein stimmiges Weltbild nachzureichen und zugleich
Bindungen an Bezugspersonen, an Regeln und an die Zukunft herzustellen, am besten in drei Wochen.

Erfahrene Erzieher und Lehrer fordern mittlerweile ein „Frühwarnsystem" für ver-
haltensauffällige Kinder, die von einigen auch „verhaltensoriginelle Kinder" genannt
werden, indem sie einerseits feststellen, dass sie durchweg schon bei Sieben- und
Achtjährigen erkennen können, wer „später einmal den Bach hintergeht", und
indem sie andererseits zu Recht sagen, was wir mit relativ geringem Aufwand bei
Grundschülern noch richten können. Denn dieses Richten erfordert Jahre später
etwa den zehnfachen Aufwand, und es wird höchstens noch 80 Prozent der Strecke
auf dem Weg zum eigentlich gewünschten Ziel erreicht.

Wenn etwa sechs Prozent der jungen Menschen schlimme Straftaten begehen,
heißt das schließlich auch, dass 94 Prozent so etwas nicht tun. Wenn viele Kinder
krank sind, viele Jugendliche Drogen nehmen, wenn viele unter Essstörungen leiden,
wenn zunehmend Kinder sinnesschwach oder wahrnehmungsgestört sind, wenn fast
zehn Prozent der Schüler nicht mal bis zum Hauptschulabschluss kommen und ganz

viele als verhaltensgestört beschrieben werden, dann darf man nicht nur, um zu verstehen, wie man es mit der Erziehung richtig oder falsch macht, auf diese Gruppen gucken. Es lohnt sich auch, auf die Vielzahl junger Menschen zu schauen, die gut gelingen, die wunderbar durch ihr Leben und das ihrer Eltern marschieren, die also „pflegeleicht" sind und erfolgreich ihren Weg in eine gute Zukunft machen.

Was ist aber zu tun, wenn das Kind bereits aus dem Ruder gelaufen ist, wenn Eltern unbewusst oder mit schlechtem Gewissen schon vieles falsch gemacht haben? Dann ist leider oft schon einiges verfahren, aber es immer noch nicht zu spät. Dann sind zwar viel Autorität und Vertrauen und auch Sicherheit auf beiden Seiten geschwunden, dann sind Eltern vielfach zu dicht dran an ihrem Kind, um selbst noch gemeinsam mit ihm aus dem Dilemma herauszukommen. Außenstehende, die unvorbelastet neu beginnen, haben jedoch noch große Chancen, indem sie das Kind zunächst entlasten und an sich binden, es dann herausfordern zu einer neuen Bindung an ein Weltbild mit Gut und Böse und an Regeln, die zu Anfang nur aus Angst, die neue Person wieder zu verlieren, eingehalten werden; denn Überzeugung und Gewöhnung greifen erst auf Dauer. Den Abschluss bildet schließlich der Aufbau einer Bindung an die Zukunft mit Träumen, Motivationen, Interessen und Perspektiven.

Solche Außenstehenden können engagierte Erzieher und Lehrkräfte, Sozialpädagogen, Therapeuten, Schulpsychologen, Familienhelfer, Beratungs- oder Präventionslehrer, aber auch schlichtweg gute Freunde oder gute Freundinnen sein.

Mit deren Arbeit oder Beziehungsgestaltung muss vor allem eine Aufgabe bewältigt werden: „Was machst du, wenn du ein Problem hast? Bisher bist du immer dann, wenn du dich in deiner Haut nicht wohl gefühlt hast, ausgewichen, und zwar mit Wegschauen, mit Gewalt, mit Krankheit oder mit Sucht." Und dann müssen sie dem jungen Menschen beibringen, wie man angemessen mit einem Problem, einem Konflikt oder einer Krise fertig wird. Dazu müssen Verhaltensalternativen aufgezeigt, erarbeitet und (z.B. über Rollenspiele oder „Provokationstests") eintrainiert werden, damit sie für spätere Konfliktsituationen zur Verfügung stehen. Und in dem Maße, wie damit Konfliktfähigkeit langsam wächst, stellen sich Erfolge ein, wächst das Selbstbewusstsein, gewinnt der junge Mensch Kontrolle über sein inneres Ruder, mit dem er dann besser durch sein Leben zu schippern vermag.

Aber fünf Chancen bleiben den Eltern dennoch immer, wenn sie vermuten, sie kämen mit ihrem Kind überhaupt nicht mehr klar:

■ Wenn sie gut mit sich selbst umgehen, können sie auch besser mit ihrem Kind umgehen; sie bleiben dann ausgeglichener und sind dann eher in der Lage zu begreifen, dass ihr Kind nicht ihr Besitz ist, sondern dass sie es nur ein Stück seines Lebens weit aktiv begleiten dürfen.

■ Wenn sie ihr Kind erzieherisch nicht nur auf den Kopf reduzieren (z.B. mit Moralpredigten) und seinen Körper nicht nur als Straf- oder Misshandlungsobjekt drangsalieren, sondern ihn als die Seele und den Geist Einbettendes verstehen, wenn sie ihr Kind gelegentlich streicheln, drücken, trösten, in den Arm nehmen und mit ihm kuscheln, dann vermögen sie ihm von außen den nötigen Halt zu geben, wenn es innerlich haltlos ist.

▪ Der für Erziehung günstigste Zeitpunkt des Tages ist immer derjenige, zu dem Kind und Mama oder Kind und Papa gleichzeitig Muße haben; das Gespräch, das Vorlesen, das Erzählen funktionieren am besten, wenn das Kind abends im Bett liegt und Mama oder Papa auf der Bettkante sitzen. Vor allem in dieser halben Stunde lässt sich so außerordentlich viel für den nächsten Tag, für die nächsten Wochen und für das spätere Leben richten.

▪ Man muss dem Kind die Gelegenheit geben, anderen Menschen gefallen zu können.

▪ Strafen sind nur dann sinnvoll, wenn sie vom Kind akzeptiert werden und wenn sie Probleme lösen, statt neue zu schaffen.

12. Die Wiederentdeckung der Grenze: Kinder und Mutproben

Immer öfter hört man in letzter Zeit das, was Jan-Uwe Rogge mit seinem Buch „Kinder brauchen Grenzen" postuliert; andere sind hingegen noch immer der Meinung, man solle Kinder lieber wachsen lassen, Grenzen würden sie nur psychisch krank machen.

Richtig ist das erste: Alle Menschen brauchen Grenzen, auch die Erwachsenen, nur hält man das bei ihnen für so selbstverständlich, dass man darüber kaum redet, auch wenn rasende Autofahrer sich nicht immer an die Geschwindigkeitsbegrenzungen halten und Radfahrer mehrheitlich rote Ampeln ignorieren.

Kinder brauchen Grenzen, aber sie brauchen in jeder Altersstufe andere. Und wenn man diese Grenzen zu eng setzt, werden sie neurotisch gestört, setzt man sie zu weit oder jeden Tag anders, verwahrlosen sie. Normal ist, dass sie in den drei Trotzaltern (mit etwa zwei bis drei Jahren, mit etwa sieben bis acht Jahren und mit etwa 13 Jahren) Grenzen und damit ihre Möglichkeiten auf dem Weg in ein stimmiges Weltbild antesten.

Grenzerfahrungen sind für die Orientierung der Kinder, für ihren Weltbildaufbau unverzichtbar; und deshalb beginnen sie schon früh, sobald ihre Augen voll funktionsfähig sind, am Gesicht von Mama abzulesen, was erwünscht oder erlaubt, was „wurscht" und was negativ oder verboten ist. Sie wollen wissen, was „gut" und „böse" ist, aber sie wollen auch erfahren, wenn sie mit dem Greifen, mit dem Werfen, mit dem Spielen, mit dem Matschen, Kneten und Bauen sowie mit Zerstörungsversuchen beginnen, welcher Art die Grenzen von Materialien sind.

Da Kinder am besten über Fehlermachen lernen, wollen sie erleben, was passiert, wenn sie eine Grenze, die Mama ihnen bereits gesetzt hat, überschreiten. Diesbezüglich sind sie anfangs neugierig und späterhin schelmisch. Im späteren Kindesalter kommen dann noch der Reiz des Prickelnden, das Verbotene zu tun, bzw. die Abenteuerlust und die aktive Suche nach dem Risiko hinzu. Der ehemalige schleswig-holsteinische Generalstaatsanwalt Heribert Ostendorf nennt die Sehnsucht des Kindes nach Weltbildaufbau über Grenzerfahrungen auch das „Herantasten an Grenzen von beiden Seiten her", also auch von der verbotenen Seite aus: Weil durch den Bahnhof von Bordesholm bei Kiel die ICE-Züge rasen, hat die Deutsche Bahn AG einen dicken weißen Strich einen Meter vor der Bahnsteigkante gezogen; eine Erzieherin, die dort mit 20 Kindern auf einen Nahverkehrszug wartete, hatte für ihre Gruppe mit Kreide einen weiteren Strich noch einen Meter weiter zurück gezogen, und es geschah, was so normal ist: Fast alle Kinder versuchten, hinter dem Rücken der Erzieherin über diesen Strich zu treten.

Viele Menschen bleiben sogar ein Leben lang in dieser Phase der Suche nach extremen Gefahren und dem Austesten der eigenen Möglichkeiten und Grenzen neben denen, die die Natur, der gesunde Menschenverstand, die allgemeinen Normen und Werte oder die Gesetze vorgeben. Sie legen sich dann selbst Überlebensmechanismen zu, überqueren mit einem Floß den Atlantik wie Rüdiger Nehberg, durchwandern die Antarktis wie Arwed Fuchs oder erklimmen Achttausender im Himalaja wie Reinhold Messner, machen Bungee-Springen und Gleitschirm- oder Fallschirmspringen, erklettern als Rock- oder Freeclimber Felswände, betreiben River-Rafting, River-Boarding, Canyoning oder River-Riding. Dies alles sind Grenzerlebnisse mit „Kick", die umso reizvoller werden, je mehr Menschen bereits an ihnen gescheitert sind oder gar den Tod gefunden haben. Ein normaler Mensch, der auch anders sein inneres Gleichgewicht mit einer ausgeglichenen Reiz- bzw. Lebensbilanz zu finden vermag, braucht so etwas alles nicht, ihm genügen eine Bergwanderung, das allmorgendliche Jogging oder ein Segeltörn.

Immerhin leben ganze Industriezweige von diesen ewig in der Pubertät verharrenden Survival-Freaks, die oft gar nicht merken, dass sie geschickt mit werbe- bzw. mediengesteuertem Trendsetting zu diesen Lebensweisen an der Grenze der eigenen Kräfte, der Natur und der Materialien verführt und mitgerissen werden.

Normale junge Menschen sind für Extrem-Kicks anfälliger als leicht verrückte Erwachsene, weil sie zur Überschätzung ihrer Kräfte neigen und weil es ihnen an Grenzen setzender Lebenserfahrung mangelt.

Während es bei kleinen Kindern mehr um das Kennenlernen von Grenzen geht, die sie dann auch beachten, und während sie allenfalls spielerisch in Gegenwart von Mama oder Papa und mit einem verschmitzten Lächeln, das den Eltern signalisiert, das die Grenze durchaus bekannt ist, einen geringen Grenzübertritt wagen, ist die Lust, gelegentlich das Verbotene zu tun, in der Pubertät entwicklungspsychologisch völlig normal. Eher sollten Eltern nachdenklich werden, wenn ihr Sprössling nie etwas Verbotenes tut, denn dann scheint eine irgendwie geartete Neurose oder Psychose vorzuliegen.

Wenn in der Vorpubertät oder Pubertät Grenzen überschritten werden, sollten Eltern Folgendes beachten:

▨ Zuallererst müssen sie ganz ruhig bleiben, wenn sie ihre 13-jährige Tochter beim Rauchen, ihren zwölfjährigen Sohn beim Stehlen oder ihren 15-Jährigen mit einem Mädchen im Bett erwischt haben. Denn die Unaufgeregtheit entspricht der Normalität von Zwölf- bis 16-Jährigen, mit der sie irgendetwas in die Zone des Unerlaubten oder Unüblichen hinein tun müssen. Eltern sollten solche Grenzübertritte als Belege für die gesunde Entwicklung ihres Kindes interpretieren.

▨ Als direkte Folge muss aber irgendetwas passieren: An die Grenze muss erinnert werden, oder sie sollte neu und vielleicht auch weiter gesetzt werden. Im Wiederholungsfall muss die Grenze mit Verpönung des Jenseitigen, eventuell mit Sanktionen und mit deutlicher Argumentation sowie mit einem vertragsähnlichen Versprechen des jungen Menschen erhöht werden, damit sie fortan eingehalten wird.

▨ Wenn der Grenzübertritt von den Eltern ignoriert wird, wird der junge Mensch noch weiter in das verbotene Land hineinzugehen versuchen, in der Hoffnung, dass hoffentlich dann etwas passiert, weil er ja ein stimmiges Weltbild gewinnen will, zu dem Werte, Normen, Regeln, auch Spielregeln des Zusammenlebens, sowie Gesetze gehören. Ohne diese Hilfe lässt man ihn in seiner Sehnsucht nach Orientierung, nach Lebenstüchtigkeit für die spätere Privat- und Berufswelt allein. Denn wenn junge Menschen immer weiter in das verpönte Terrain hineingehen und dann immer noch keine deutliche und konsequente Grenzsetzung erfolgt, lernen sie eventuell, dass sie es offenbar überhaupt nicht wert sind, dass irgendwann einmal irgendjemand „Halt, bis hierhin und nicht weiter, und im übrigen geh drei Schritte zurück!" zu ihnen sagt, so wie es anderen Kindern und Jugendlichen „aus besseren Kreisen" widerfährt.

Wir müssen hier wohl nicht mehr erwähnen, dass für das Einhalten von Grenzen durch das Kind das elterliche Vorbild entscheidend ist, dass Eltern, die sich von ihrem Kind am Telefon verleugnen lassen, von ihm kein besseres Maß an Wahrhaftigkeit verlangen können; und wenn sie selbst in Gegenwart des Kindes im Supermarkt etwas mitgehen lassen, wirkt ihre Empörung scheinheilig, falls ihnen ein Polizist nach einem ähnlichen Delikt ihr Kind nach Hause bringt.

Erwähnen müssen wir aber auch, dass Grenzübertritte vielfach zu den Aufnahmeritualen in Kindercliquen oder Jugendbanden gehören. Solche Mutproben sind dann von Kumpeln erwartete Gesetzesverletzungen, und sie bringen den Kandidaten in die Verlegenheit, zwischen der Sehnsucht nach einer Geborgenheit gebenden Einbindung in die Gruppe mit der Verheißung eines familienähnlichen Wir-Bewusstseins und den durch die bisherige Erziehung für gut befundenen Werten abzuwägen. Für so manchen jungen Menschen ist das in der konkreten Situation ein überforderndes Dilemma, aus dem er nur dann einigermaßen gut herauskommt, wenn er zuvor schon häufig mit seinen Eltern, Erzieherinnen und Lehrern Konfliktfähigkeit hat aufbauen und eintrainieren können. Denn schwierig wird es stets für Kinder und Jugendliche dann, wenn sie mit einem Spagat sowohl in der Wertewelt ihrer Familie voller angemessener Grenzen als auch zugleich in der grenzenlosen oder mit ganz anderen Grenzen ausgestatteten Welt ihrer Jugendkultnische bzw. gar ihrer Generation leben.

Leider gibt es aber auch junge Menschen, die nicht einmal bis zu den Grenzen vordringen, die ihnen eigentlich zugestanden sind. Sie sind regressiv oder autoaggressiv gestört, also in einer Weise „verhaltensoriginell", dass sie sich nicht angemessen wehren, behaupten und durchsetzen können. Sie treten ständig als „aggressiv-gehemmte" Wesen den Rückzug in ihr Inneres an; sie richten den Alltagsfrust gegen sich selbst, sie schweigen oder stottern, wenn sie angesprochen werden, sie werden rot und bekommen Schweißausbrüche und ein Zittern in ihren Händen oder gar in ihrem ganzen Körper, eventuell aber auch nur um ihre Augen herum (nervöse Tics), wenn sie mit Erwartungen, mit Stress oder mit Problemen konfrontiert werden. Einige Kinder reagieren dann autodestruktiv mit Allergien, mit Asthma, mit Fressanfällen, mit Durchfall oder mit Kopfschmerzen. Eigentlich sind diese Störungen schlimmer, als wenn das Kind aggressiv Grenzen überschreitet. Nur wird die regressive Störung eher hingenommen, weil sie nicht per Grenzübertritt andere Menschen zugleich beeinträchtigt.

Kinder, die nicht einmal das tun, was sie eigentlich dürfen, um ihr seelisches oder auch ihr körperliches Gleichgewicht wiederzugewinnen, müssen im Allgemeinen erst einmal entlastet werden, indem sie ermuntert werden, übliche Grenzen aktiv zu überschreiten. Sie werden aufgefordert, ganz schlimme Wörter der Fäkaliensprache aus sich herauszuschreien, ihren Therapeuten zu schlagen, gegen einen Punchingball zu boxen oder etwas zu zerstören. Das tut ihnen gut, auch weil es durchweg für sie völlig neue Erfahrungen birgt, die ihnen einen Lustgewinn vermitteln. Nach dieser Entlastungsphase kommt die Bindungsphase. Der junge Mensch, der nie bis zu den erlaubten Grenzen gegangen ist, wird an den Pädagogen und danach an für ihn neue Werte und an ein stimmiges Weltbild gebunden. In der Rationalisierungsphase werden Alternativen zu den bisherigen regressiven Verhaltensweisen erarbeitet, veranschaulicht (z.B. durch Rollenspiele) und durch vielfache Wiederholung im Handeln für die eigene Konfliktbewältigung in kritischen Situationen zur Verfügung gestellt und eingeübt.

Grenzen müssen nicht nur erfahren, ihr Einhalten muss eben auch gelernt werden. Das beginnt mit dem Anfassen des heißen Ofens, dem Stolpern, weil man es mit der Balance nicht hinbekommt, und es endet in feineren Schattierungen, wenn man beispielsweise Rücksicht auf das nachmittägliche Ruhebedürfnis von Mama zu nehmen hat, wenn es um Konsumverzicht aus Geldmangel geht, das Leiden der Nichtraucher unter Zigarettenqualm oder das Wahrnehmen des Gestörtseins anderer durch zu laute Musik.

Das Kind muss aber gelegentlich auch vor sich selbst mit Grenzen geschützt werden, damit ihm nicht durch unmäßiges Schokoladeessen übel wird, damit es nicht aus Schlafmangel Konzentrationsprobleme in der Schule bekommt, damit es nicht von anderen abgelehnt wird, weil es ungepflegt oder unhöflich ist, und damit es nicht verunglückt, weil es abends mit einem unbeleuchteten Fahrrad fährt.

Der Würzburger Kinderpsychiater Gerhardt Nissen nennt als Ursachen für eine nicht ausreichend fordernde, keine oder unklare Grenzen setzende Erziehung:

- Depressive Eltern, Erzieher und Lehrer, die ihre Ruhe haben wollen,
- Eltern, die sich selbst genug sind, die ihre Kinder nicht haben wollten oder solche, die sich oft von ihrem Kind gestört fühlen,
- die Uneinigkeit der Eltern untereinander oder der Eltern mit den Erzieherinnen und Lehrern über Normen, Werte und Erziehungsstile (so etwas zeigt sich häufig bei „Kulturkollisionen", wenn zu Hause ganz andere Werte gelten als in der Schule),
- Eltern voller „Affenliebe", die aus Angst, etwas falsch zu machen, ihr Kind lieber nur wachsen lassen und es verwöhnen.

Kinder mit ihrem Weltbildaufbau allein zu lassen oder bloß den Einflüssen anderer Kinder zu überlassen, wie das im Zuge der antiautoritären Erziehungsbewegung gelegentlich vorkam, ist eine Form schlimmer Kindesmisshandlung. Janusz Korczak, der polnisch-jüdische Kinderarzt, hat es da in seinem Kinderheim schon besser gemacht. Er hatte feste Regeln, aber an jedem Tag des Jahres war irgendeine davon außer Kraft gesetzt; an einem Tag durften die Kinder so lange schlafen, wie sie wollten, an einem mussten sie sich nicht waschen usw. So etwas entlastet enorm, wenn ansonsten Konsequenz waltet. Durch die Ausnahmeventile wird übrigens die Regeltreue gestärkt, weil das im Allgemeinen Gültige über den Umweg des Kontrasterlebnisses besonders bewusst gemacht wird.

Strafen machen Grenzen deutlich. Erziehung ohne Strafe missrät, genauso wie sie auch nicht mit der nicht vom Kind akzeptierten Amtsautorität gelingt. Aber das Kind muss irgendwann der Strafe zustimmen, damit sie seine Problematik löst und nicht verschlimmert. Menschen, die nie bestraft werden, weil sie nur Verwöhnung kennen, suchen sich ihre Strafen, also ihre Grenzerfahrungen, oft selbst, und das kann dann vom bloßen Ausprobieren des Grenzübertritts, der mit Sicherheit zu einer Bestrafung führt, sogar bis zur Todessehnsucht reichen, wobei man an der Grenze zum Tod eher noch überleben möchte. Junge Mädchen, die sich selbst mit Messern oder Rasierklingen anritzen, die ihre Pulsadern aufschneiden oder die sich mit dem Trinken von Säure absichtlich verätzen, wollen mit dem Schmerz ihr eigentliches Lebensproblem überlagern, um es kurz zu vergessen, oder sie wollen sich oder ihre Eltern – ihnen jedoch unbewusst – für irgendetwas strafen, und sei es auch nur für ihr Aussehen, das sie nicht bejahen wollen. Wenn nicht mehr die direkt erzielten Erfolge und nicht mehr die Muße das Leben lebenswert machen, sondern die Gefahr und der Schmerz mit ihren immens hohen Reizdosen, dann ist ein solcher Mensch bereits erheblich aus seiner Balance geraten, und nur eine Therapie mit großer Deutlichkeit vermag dann noch ein neues Gleichgewicht mit normalen Grenzsetzungen herzustellen.

Bis es so weit kommt, muss aber schon eine ganze Menge von der frühesten Kindheit an erzieherisch falsch gemacht worden sein.

In Nordrhein-Westfalen sind mehr als tausend Schüler zwischen neun und 17 Jahren befragt worden, was ihre letzte große Mutprobe war. Es waren vor allem die elfjährigen Jungen, die freihändiges Fahrradfahren, Springen aus großer Höhe, Öffnen der Tür einer fahrenden S-Bahn, Klauen, Schwarzfahren und Ähnliches angaben.

Bei den älteren Jungen waren es dann Straßenbahn- und S-Bahn-Surfing, Abpressen von Geld und Kampfsaufen, meist um Aufnahme in eine Jugendgruppe zu finden. Bei den Mädchen führte ganz etwas anderes: Sich wagen, einen unbekannten Jungen anzusprechen. Klingelstreiche, Prügeln, Äpfelklauen aus Nachbars Garten oder Regenwurmessen spielen hingegen nicht mehr die Rolle wie früher. Der Kick muss offenbar heute etwas größer sein, also der Reiz, das Verbotene zu tun, was neutral manchmal Abenteuerlust genannt wird. Auch Legales wie Wasserrafting, Gleitschirmfliegen oder Freeclimbing gehört heute dazu.

Warum tun junge Menschen so etwas, und was sind das für Menschen? Denn schließlich erklimmen auch Erwachsene den Mount Everest, machen Bungee-Springen oder überqueren mit einem Floß den Atlantik. „Um Spaß zu haben" und „Um mir etwas zu beweisen" waren die häufigsten Begründungen. Verschwiegen wurden eher peinliche wie „Sonst finde ich keine Anerkennung", „Ich weiß sonst nicht, was ich kann und nicht kann" oder „Ich kenne sonst meinen Wert nicht".

In der Tat geht es bei Mutproben nur selten darum, sich ganz allein etwas zu beweisen. Meist geht es um den Kampf um eine erhöhte Anerkennung durch andere Menschen, also zum Beispiel um die Aufnahme in eine Clique.

Mutproben sind ein Mittel gegen Außenseiterschicksale. Besser wäre, mit wirklich wichtigen Intelligenz- oder Sozialleistungen Erfolge zu haben und damit Akzeptanz und Ansehen zu gewinnen. Mut ist das Gegengewicht zu Angst. Und als ängstlich will ein junger Mensch nicht dastehen, also überwindet er sich für einen zweifelhaften Zweck, nämlich den der Außenwirkung statt der inneren Stärke, die jedenfalls auf Dauer mehr bringt als eine viel zu riskante, im Strafverfahren oder im Krankenhaus endende idiotische Mutprobe.

Aber wir wissen ja: In jungen Jahren weiß so mancher noch nicht, wer er ist. Deshalb betrachtet er sich stundenlang im Spiegel, deshalb braucht er zehn Minuten, bis er sich einen Sprung vom Dreier ins kalte Wasser traut, und deshalb will er auch die Grenze, die er eigentlich kennt, einmal von der anderen Seite sehen: „Was passiert eigentlich, wenn ich einen Schokoriegel oder eine CD im Kaufhaus mitgehen lasse?" Irgendwie ist also der Grenzübertritt in der Pubertät auch ganz normal.

13. Manche Eltern brauchen neurotische Kinder

Ärgern Sie sich immer über Ihr Kind? Kann es sein, dass Ihnen gar nicht bewusst ist, dass Sie Ihr gestörtes Kind als Lebensthema benötigen? Jedenfalls berichten Hamburger Präventionslehrer, dass sie nicht selten mit Eltern zu tun haben, die gar nicht glücklich darüber sind, dass sich die Situation ihres Kindes verbessert, weil ihnen dann ein Stück Feindbild, Sorgenfeld oder Sinnerfüllung fehlt.

So berichtet der Hamburger Sonderschullehrer Ingo Würtl von schlimm verhaltensauffälligen Kindern, die enorme Probleme mit ihrer Mutter haben, deren Störungen offensichtlich mutterbedingt sind und die dann auf Veranlassung der Schule tagsüber in einer Pflegefamilie untergebracht werden. Nach einiger Zeit bessert sich daraufhin ihre Lage erheblich, die Störungen nehmen deutlich ab, aber Mama wird gleichzeitig stetig unzufriedener, denn erstens ist sie eifersüchtig auf die Tagesmutter, die alles sehr viel besser hinbekommt und von der ihr Kind täglich schwärmt, und zweitens fehlt Mama jetzt ein Stück ihres täglichen Leidensdrucks, der von ihr und ihrem Anteil daran ablenkt. Sie ist plötzlich auf sich allein geworfen, sie hat Zeit, sich selbst mehr anzugucken, und was sie dabei dann an sich wahrnimmt, gefällt ihr ganz und gar nicht. Also setzt sie ihr Aufenthaltsbestimmungsrecht durch und untersagt, dass ihr Kind weiterhin zur Tagesmutter geht. In der Folge wird es mit ihrem Kind wieder schlimmer, ihr selbst geht es aber auch wieder besser. So wie unsere Gesetze heute noch sind, steht also offenbar das Wohl der Mutter immer noch über dem des Kindes; Kinder gehören eben ihren Eltern, obwohl sie doch nur sich selbst gehören dürften.

Wenn Mama parallel zum Fortschritt des Kindes in der Pflegefamilie wenigstens in einen immensen Nachbarschaftsstreit eintreten würde, dann hätte sie doch ein vergleichbares sie ganz in Anspruch nehmendes und den Tag ausfüllendes Thema, über das sie jammern und schimpfen könnte, während ihr Kind in einer Ersatzfamilie entlastet werden und ungestört Fortschritte machen könnte!

Viele Erwachsene sind geneigt, die Schuld für Fehlentwicklungen eher bei anderen als bei sich selbst zu suchen, während Kinder tragischerweise dazu neigen, die Schuld für Missliches eher bei sich als bei anderen zu vermuten. Sie fühlen sich verantwortlich, wenn die Eltern sich streiten oder scheiden lassen und Papa auszieht, sie glauben, dass sie das Weinen, die Armut und das Klagen der Mutter bewirkt haben, und sie halten sich selbst für schlecht oder unzulänglich, wenn Mama ihnen das immer wieder vorwirft. Am Ende erfüllen sie die Zuschreibungen von außen sogar, die Fremdurteile werden zu Eigenurteilen, die Stigmatisierung zu der sich selbst erfüllenden Prophezeiung.

Man muss einem Kind nur häufig genug sagen, dass es schlecht ist, dann fühlt es sich schließlich auch schlecht und verhält sich schlecht. Wir wissen das von den Hauptschülern, die nur selten dem Typus des Hauptschülers entsprechen, wenn sie in die Hauptschule kommen; aber wenn sie nach Jahren die Hauptschule verlassen, entsprechen sie im Sinne der „Self-fulfilling-Prophecy" tatsächlich dem Bild, das sich Menschen von Hauptschülern machen. Das Vorurteil bestätigt sich dann zum Urteil. Nur zehn Prozent der jungen Menschen sind in der Lage, ihr Umfeld damit zu überraschen, dass sie sich anders entwickeln, als ihnen prognostiziert wurde, weil sie mit einer ihnen eigentümlichen inneren Stärke oder mit ihrer Intelligenz aus der ihnen vorgegebenen Bahn auszubrechen vermögen; die anderen bleiben in der Spur der Außenerwartungen und kommen bei dem Ziel an, das ihnen vorhergesagt wurde.

Wenn Kinder Eltern haben, die mit sich selbst so schlecht umgehen, dass sie auch mit ihren Kindern nicht gut umgehen können, wenn Kinder Eltern haben, die ihr Kind in manchen ihrer Persönlichkeitsanteile oder sogar ganz als Blitzableiter für ihre eigenen Unzulänglichkeiten oder Unzufriedenheiten oder als Feindbild benötigen, wenn Kinder also Eltern haben, die neurotische Kinder zu ihrer Selbstaufrichtung benötigen, dann brauchen diese Kinder Hilfe von außen. Und dazu bietet sich zweierlei an:

- ▪ Wenn den Eltern klar gemacht werden kann, dass sie selbst ursächlich für die Störung ihres Kindes verantwortlich sind, und wenn sie dann bereit sind, bei sich selbst etwas zu ändern, dann ist das der beste Weg, um Fortschritte des Kindes zu erziehen. So gibt es Väter, die ihre Söhne derart kalt, überfordernd und eng erziehen, dass diese asthmatisch werden, weil sie im wahrsten Sinne des Wortes keine Luft mehr bekommen. Wenn diese Väter es eigentlich um der Zukunft ihres Kindes willen gut gemeint haben, ihnen der Zusammenhang zwischen ihrem Führungsstil und der Erkrankung des Kindes jedoch nicht bewusst war, dann sind sie bereit, bei sich etwas zu verändern, vorausgesetzt sie lieben ihr Kind. So etwas kommt aber eher selten vor.
- ▪ Wenn die Eltern jedoch nicht einsehen wollen, dass sie einen großen Anteil an der Störung ihres Kindes haben, oder wenn sie nichts ändern wollen, obwohl ihnen der Zusammenhang einleuchtet – weil sie zum Beispiel Alkoholiker sind oder weil sie ihr Kind ohnehin nur als störend empfinden –, dann muss der andere Weg beschritten werden, dann muss das Kind gegen seine Eltern gestärkt werden, indem es zunächst entlastet wird („Du bist nicht für die Trunksucht deines Vaters verantwortlich"), indem es danach in eine kritische Distanz zu seinen Eltern gesetzt wird („Du bist nicht Besitz deiner Eltern; du hast Stärken, die deine Eltern nicht anerkennen; andere Eltern würden dich ganz anders erziehen") und indem es auch an andere Bezugspersonen gebunden wird (Erzieherin, Lehrer, Freunde, Tagesmutter). Das vorher neurotisch gestörte Kind muss dabei ein neues Verhältnis zu sich, zu seinen Eltern, zu anderen Menschen, zu einem anderen Weltbild und zu seiner Zukunft gewinnen, denn die ist allemal bedeutsamer als die sowieso gestörte Beziehung zu seinem Vater, zu seiner Mutter oder zu beiden.

14. Die Notwendigkeit des Fehlers

Die Art und Weise, wie junge Menschen lernen, ist, durch Um- und Irrwege zu lernen. Insofern ist es nicht in Ordnung, dass wir Schüler jahrelang vor allem mit roter Tinte, schlechten Noten, erhobenen Zeigefingern oder auch bösen und enttäuschten Gesichtern durch die Schulzeit verfolgen. Deshalb sagen viele, wir bräuchten eine neue Fehlerkultur beim Lernen, wir sollten also gelassener mit dem Fehlermachen im Unterricht umgehen. Das ist keine Aufforderung zum Fehlermachen, und natürlich soll auch ein Dreijähriger nicht durch Fehlermachen lernen, wie man eine vierspurige

Schnellstraße überquert. Aber beim Lernen am Computer können wir beispielsweise sehen, dass zwar gelegentlich auf dem Bildschirm das Wort „Error" oder „Fehler" erscheint, und dann weiß der Schüler, er muss noch mal zurück und einen neuen Anlauf machen, aber dieser Umweg wird nicht noch zusätzlich mit roter Tinte und einer 5 bestraft. Und so bleibt seine Motivation erhalten, denn der Bildschirm bleibt moralisch immer neutral.

Viele Menschen vertun ihre Zeit damit, sich gegenseitig Fehler anzukreiden. Sie schimpfen aufeinander und argumentieren mit Schuld, statt sich zu trösten und zu unterstützen. Und selbst wenn der Schimpfer im Recht ist, geht der Beschimpfte dennoch auf Abstand und meist eher in die Resignation als in die Motivation.

Wer Fehlermachen bestraft, hat den Wunsch nach Fehlerlosigkeit, aber die bietet keine Chance zum Besserwerden. Und wer sich über die Fehler anderer Menschen ärgert, regt sich zumeist über Eigenschaften auf, die er an sich selbst besonders ablehnt. Wer mit dem Finger oder roter Tinte auf andere zeigt, hat vor allem Angst, deren Schwächen an sich selbst zu finden.

„Leute, macht Fehler, damit ihr vorwärts kommt!" ist also ein gutes Motto, das offenbar die norwegischen und schwedischen Schulen beherzigen, die in den ersten acht Klassenstufen keine Noten geben, das die dänischen Lehrer gelassen bleiben lässt, denn sie geben die ersten sieben Schuljahre keine Noten, und die finnischen Schulen an die Weltspitze geführt hat, obwohl sie nur vier Jahre keine Noten geben. Bayern hingegen hat gerade als einziges deutsches Bundesland die Noten ab Klasse 2 wieder eingeführt. Sind die Bayern deshalb gut? Nun, mit der einzigen Ausnahme von New Brunswick haben sämtliche kanadischen Provinzen bei PISA besser abgeschnitten als Bayern.

15. Man muss Kinder auch gehen lassen

Wenn die Lebensbilanz junger Menschen nicht stimmt, werden sie schwierig, entweder für uns oder auch für sich selbst. Kinder dürfen nicht nur herausgefordert werden, sie brauchen auch Muße, also Zeit für sich. Wir dürfen Kinder nicht permanent erziehen wollen, das halten sie nicht aus, sie wollen auch für sich allein sein. Daher müssen wir respektieren, wenn sie sich in ihr Zimmer zurückziehen; sie haben ein Recht auf ihre eigene Ordnung, auf ihr eigenes, aus unserer Sicht zweckfreies Spiel, auf ihr Tagebuch, das wir nicht einsehen dürfen, auf ihren Schrank, in den wir nicht hineinschauen, auf ihre Musik und auf ihre Freunde.

Manche Eltern halten so etwas nicht aus; sie müssen ständig in den Sachen ihres Kindes herumschnüffeln, sie wollen den Umgang ihres Kindes mitbestimmen, verhindern oder befördern, sie wollen ihre Tochter oder ihren Sohn zu einem bestimmten Musikinstrument oder zu einer bestimmten Sportart zwingen; aber Eltern können letztendlich gar nicht wissen, was für ihr Kind gut ist, es sei denn, sie würden in der Haut ihres Kindes gemeinsam mit ihm leben.

Es gibt Eltern, die nicht ertragen können, dass ihr Kind gerade einmal nichts aus ihrer Sicht Sinnvolles tut, und es gibt Lehrer, die meinen, auf einer Klassenfahrt müsste jede Minute von ihnen durchgeplant werden; dabei wollen 15-jährige Hauptschüler am Strand von Juist auch einmal nicht fremdbestimmt miteinander interagieren, ohne dass ihr Lehrer sie unentwegt einem Programm unterwirft, ohne dass er sich als allumfassender und allgegenwärtiger Animateur versteht.

Muße ist ein oft unterschätzter Wert, dessen Vernachlässigung zu Stress, zu Überforderung, zu einem Übermaß an Fremdbestimmung führt. „Uhren und Kinder darf man nicht beständig aufziehen wollen", sagt Ingo Würtl in Anlehnung an Jean Paul, „man muss sie gelegentlich auch gehen lassen."

Wenn man sich beeindruckende, erzieherisch gelungene 18-Jährige anschaut und wenn man bewundert, wie gut und locker sie sich „noch" mit ihren Eltern verstehen, dann kommt man in der Regel zu dem Schluss, dass die Eltern stets die Gabe besaßen, ihre Kinder auch mal gehen zu lassen und Führung, Anforderungen, Muße, Spiel und Selbstbestimmung zu einem ausgewogenen Verhältnis geraten zu lassen.

Eltern, die jede Minute ihres Kindes verplanen, meinen es in der Regel gut, aber sie machen das Kind abhängig von sich und von Programmen. Das Gutgemeinte daran richtet sich auf die Zukunft des Kindes, indem man viel Zeit und Geld in die Karriere investiert, indem man jede Minute eines Tages als Chance zur Frühförderung begreift, indem man also an einem breiten Fundament für spätere Erfolge baut. Das Miese daran ist jedoch, dass das Kind keine Chance hat, auszuweichen, um seine Balance und um sich selbst zu finden, sich selbst von außen und von innen und im Spiegelbild der anderen Kinder zu sehen, rückwärts zu gehen, um neue Anläufe zu nehmen und aus Irr- und Umwegen zu lernen.

„Man darf den Moment nicht einer ungewissen Zukunft aufopfern", so hat schon am Beginn des 19. Jahrhunderts Friedrich Daniel Ernst Schleiermacher das Recht des Kindes auf das Ausleben seiner Entwicklungsstufen zum Ausdruck gebracht.

In unserer immer schnelllebiger werdenden Zeit kommt dieses Recht vielfach zu kurz, so dass der junge Mensch, um sein inneres Gleichgewicht zu halten, unbewusst selbst um heimliche Ausflüchte bemüht ist, und die können ihm zum Beispiel die Drogen-, die Musikwelt und einige Jugendkultnischen bieten. Wer jahrelang immer nur den Wünschen seiner Eltern entsprochen hat, um sie nicht zu enttäuschen, hat mit 15 Jahren eine hohe Prognose, gelegentlich stundenweise aus dem grauen Alltag auszubrechen. Den Übererwartungen, Überforderungen und den ständigen kleinen Niederlagen, vor allem aber der Freudlosigkeit der Muße- und Spiellosigkeit und der Tristesse des Mangels an zweckfreier Selbsterprobung und Selbstbestimmung wird dann mit Hasch, Ecstasy, Alkohol, Nikotin, Tabletten oder gar Kokain, Crack und Heroin begegnet bzw. mit Spielsucht und Rückzug in Form von sich Einschließen oder Weglaufen.

Eltern sind nicht verantwortlich für die Zukunft ihrer Kinder, sie sind nur mitverantwortlich; sie dürfen ihre Kinder ein Stück des Weges begleiten, indem sie sie gelegentlich an die Hand nehmen und indem sie sie immer dann von der Hand lassen, wenn der junge Mensch es braucht, es sei denn, es geht dabei um sehr kritische umfallträchtige oder gesundheitsschädliche Situationen.

Kinder haben ein Recht auf ein eigenes Leben, sie müssen nicht so werden wie ihre Eltern; sie dürfen ganz anders mit völlig anderen Hobbys, beruflichen Interessen und Zukunftswünschen geraten. Sie bereichern unser aller Leben mit ihrem Anderssein. Warum fällt Eltern dieses Loslassen oft so schwer? Warum glauben sie, die nächste Generation müsse wieder genauso werden wie ihre? Noch nie gab es nur glückliche Zeiten, Gesellschaften oder Lebenswege; jede Kindheit beginnt wieder von vorn und jede Generation ebenfalls. Ein Kind muss nicht den Beruf des Vaters ergreifen, es muss nicht den Betrieb der Eltern übernehmen, aber es kann sein, dass das Kind dazu Lust hat. Wahrscheinlicher ist, dass das Kind beruflich etwas ganz anderes als die Eltern machen will, jedenfalls belegen das die Statistiken.

Wenn man Kinder nur gehen lässt, ist es falsch. Dabei kommen in letzter Konsequenz nur unerzogene bzw. auch Straßenkinder heraus. Kinder aber stets führen zu wollen, ist genauso falsch; neurotische Störungen sind dann die Folge. Von ihren Eltern restlos verplante Kinder sind jedenfalls meist seelische Krüppel, von den Eltern vernachlässigte aber ebenfalls. Die Wahrheit liegt, wie immer, in der Mitte: „Führen *und* wachsen lassen" hat Theodor Litt deshalb den Seiltanz genannt, der gute Erziehung bedeutet.

16. Darf man Kinder gelegentlich belügen?

Einerseits sind Erwachsene ständig unaufrichtig zu jungen Menschen, andererseits darf man im Prinzip Kinder nie belügen, aber gelegentlich ist es unausweichlich, es dennoch zu tun.

Junge Menschen haben in vielen Details viel höhere Werte als Erwachsene. Sie sind gerechter, weniger taktisch abgebrüht, sie können Unehrlichkeiten nicht so gut verbergen, sie sind durchweg sozialer eingestellt und, wenn es ihnen gelingt, auch höflicher. Außerdem sind sie viel mehr an Umwelt- und Tierschutz interessiert als die staatstragende Generation, wie die Umfragen von Jugendforschern und Soziologen ergeben haben. Erwachsene sind insgesamt weitaus gewalttätiger als junge Menschen; allerdings können Kinder auch gar keine Wirtschaftskriminalität wie Steuerbetrug und Korruption begehen. Vor allem sind Erwachsene aber auch in großer Anzahl recht schlechte Vorbilder, so dass man sich wundern muss, dass Kinder nicht noch gewalttätiger sind.

Die Schweizer Heilpädagogin Eva Zeltner ist der Meinung, dass die Verlogenheit der Erwachsenen schon damit anfängt, dass sie mit ihrem Jugendwahn – mit dem sie letztlich ihr eigentliches Alter verbergen wollen – den Kindern und Jugendlichen per Verdrängungswettbewerb die Chancen auf eine eigene Welt und eigenständige Identität, die nur für sie spezifisch ist, verbauen. Und deshalb fordert sie nicht nur Grenzen für Kinder, sondern auch für Eltern.

Mit ihrem Bedürfnis nach einem „Generationen-Mix" erreichen Eltern oft nicht viel mehr, als dass sich ihre Kinder für sie schämen, so wenn Mama den Kleiderschrank ihrer Tochter durchwühlt, um eine „coole" Bluse zu finden, mit der sie ihre Tochter in die Disko begleiten will, oder wenn Papa sich in Gegenwart seines Sohnes und dessen Freunden auf dem Skateboard als Vorturner anbietet. Jugendliche empfinden das jugendgemäße Anbiedern mit Kleidung, Sprache, Bewegungen und Lebensvollzug vielfach nur als peinlich, und ihnen flößen Erwachsene, die zu ihrem Alter stehen und die sich ihrem Entwicklungsgrad entsprechend verhalten, durchweg viel mehr Respekt ein.

Ähnlich pikiert sind junge Menschen auch, wenn Frauen sich wie Männer aufführen, wenn arme Leute sich als reich darstellen und wenn Glatzenträger eine Perücke ziert. All das ist verlogen und plündert irgendwie unsere Jugend aus, die gleichzeitig darum bemüht sein muss, ständig neue, alternative Lebensnischen zu finden, bis auch dorthinein die Erwachsenen wieder eindringen.

Schamlos bedienen sich die Erwachsenen der Jugend, um sich selbst ein paar Vorteile zu verschaffen. Mit Jugendlichkeit versuchen sie Wahlen zu gewinnen, den Jugendlichen versprechen sie Ausbildungs- und Arbeitsplätze sowie ein früheres kommunales Wahlalter, das diese gar nicht haben wollen, und gleichzeitig verprassen sie mit gewaltigen Staatsverschuldungen bereits jetzt das Geld, das eigentlich der kommenden Generation zustehen würde. Die Quittung für diese Verlogenheit ist dann das, was wir vor Jahren „Politikerverdrossenheit der deutschen Jugend" nannten. In Wirklichkeit brauchen junge Menschen eben beides: Das Ernstgenommenwerden und die Wahrhaftigkeit der Erwachsenen sowie Abstand, damit sie ihren eigenen Weg in ihre eigene Zukunft zu finden vermögen.

Grundsätzlich darf man Kinder nicht belügen, weil irgendwann die Unwahrhaftigkeit ohnehin herauskommt, weil dann Glaubwürdigkeit und Respekt beeinträchtigt sind und weil die von Erwachsenen vorgelebte Lebenstaktik höchst ansteckend ist und im Sinne von sich immer schneller drehenden Teufelskreisen multipliziert.

Dennoch muss man Kinder gelegentlich belügen, damit sie in einer bestimmten Situation keinen unreparierbaren Schaden nehmen. Die Legitimation solcher Notlügen ergibt sich aber nur, wenn der junge Mensch nachgereicht einer vorübergehend vorgetäuschten Unwahrheit zustimmt, weil sie ihn geschützt hat. Ein drastisches Beispiel macht klar, was gemeint ist:

Wenn bei einem schweren Verkehrsunfall ein Lastwagen das Auto einer Kleinfamilie zermalmt und alle Insassen bis auf den elfjährigen Sohn, der danach drei Tage im

Koma im Krankenhaus liegt, getötet werden, kann man ihm seine erste Frage nach seinem Erwachen „Wo ist Mama?" nicht sofort wahrheitsgemäß beantworten, weil er dann sofort und vielleicht noch schlimmer ins Koma zurückfallen würde.

Aber auch bei kleinen Dingen des Alltags sind manchmal ein Schweigen, ein leicht abgewandeltes Akzentuieren einer Gegebenheit oder gar eine direkte Lüge sinnvoller als die Wahrheit, vorausgesetzt, so etwas passiert nicht ständig, und vorausgesetzt, es geht nicht um Vorteile für die Erwachsenen selbst, sondern um eine sensibel abgewogene Entscheidung ausschließlich zur Schonung des Kindes.

Jedenfalls werden Kindern und Jugendlichen aus Trägheit, aus Scham, um vorübergehender Vorteile willen oder zur Vortäuschung eines weitaus günstigeren Charakters, als ihn der Gesprächspartner in Wirklichkeit hat, wesentlich mehr Lügen zugemutet, als zu ihrem Schutz erforderlich sind. Offenbar wird das Übermaß an Unwahrheit aus derselben misslichen Quelle gespeist, aus der so viele Kunstfehler der Erziehung stammen: Kinder und Jugendliche werden immer noch wie Untertanen behandelt, und man gewährt ihnen viel zu wenig Eigenständigkeit, Mündigkeit und das Recht auf eine selbstgestaltete Zukunft.

„Hier sitze ich, forme Menschen nach meinem Bilde, ein Geschlecht, das mir gleich sei, zu leiden, weinen, genießen und zu freuen sich, wie ich." Diese Worte hat Johann Wolfgang von Goethe seinem Prometheus in den Mund gelegt; das dahinter stehende Bild von Erziehung ist die größte Lüge, weil es Kinder klein wie ein abzurichtendes Haustier zu machen gedenkt. So etwas ist Menschen an sich und ganz besonders Kindern sowie einer zeitgemäßen Vorstellung von Erziehung und der demokratischen Verfassung unserer Gesellschaft völlig unwürdig, und es ist auch deshalb untauglich, weil es auf Dauer nicht funktioniert, wie wir beispielsweise an der Geschichte der DDR ablesen können.

17. Kinder brauchen Zeit

Wie schwer fällt es oft beruflich eingespannten und zu Hause abgespannten Vätern, mit ihren Kindern zu spielen, und wie selten ist es geworden, dass die Mütter zu Hause immer für ihre Kinder da sind!

Eines der kindlichen Grundbedürfnisse ist Zeit, d. h. Zeit des Zusammenseins mit den Hauptbezugspersonen. Je jünger das Kind ist, desto mehr braucht es davon, und erst der Jugendliche benötigt diese Zeit nicht mehr ganz so kontinuierlich wie das Kind, aber er benötigt sie gelegentlich mit hoher Intensität, wenn er in den Wirren seiner pubertätsbedingten Probleme und Krisen steckt.

Mütter dürfen durchaus berufstätig sein, aber sie müssen zugleich das Zeitbilanzbedürfnis ihrer Kinder befriedigen:

▨ Bei kleinen Kindern von null bis drei Jahren sollte Mama (oder Papa) nicht berufstätig sein, denn die Zeitbilanz des Kindes gegenüber seiner Hauptperson muss eigentlich immer im

Laufe von zwei Stunden stimmig gemacht werden. Mama oder Papa müssen „griffbereit" sein, das Kind sendet in diesem Alter ganz oft seinen „Stimmfühlungslaut", den wir von Vögeln kennen und den der Wiener Verhaltensphysiologe Konrad Lorenz mit „Hier bin ich; wo bist du?" übersetzt hat.

▨ Bei Kindern von drei und vier Jahren kann die Mutter durchaus mit reinem Gewissen halbtags berufstätig sein, denn die Zeitbilanz ihres Kindes muss über den Tag hinweg stimmig gemacht werden. Wenn das Kind vormittags bei Oma, im Kindergarten oder bei einer Tagesmutter ist, kann Mama nachmittags und abends das Bedürfnis nach Nähe, Emotionalität, Körperkontakt und Ansprache so ausgleichen, dass das Kind nicht geschädigt wird.

▨ Bei schulpflichtigen Kindern im Grundschulalter von sechs bis elf Jahren kann Mama das Bedürfnis nach Zusammensein über die Woche hinweg befriedigen, indem sie die Abende und das Wochenende für intensive Zuwendung nutzt;

▨ bei Elf- bis 14-Jährigen muss die Bilanz über den Monat hinweg stimmen

▨ und bei 15- bis 19-Jährigen über das Jahr hinweg, indem die Wochenenden, die Feiertage und die gemeinsamen Urlaubszeiten intensiv für Gespräche und gemeinsame Unternehmungen genutzt werden.

▨ Vom neunten Lebensjahr an wird der Vater für viele Kinder vorübergehend oder auch langfristig wichtiger für die Kinder als die bis dahin vorherrschende Bezugsperson der Mutter. Das gilt insbesondere für Jungen, aber bei vielen Lebensthemen auch für Mädchen. Eigentlich benötigen Kinder vom dritten Lebensjahr an zumindest zwei Bezugspersonen und vom fünften Lebensjahr an auch noch Geschwister und Freunde. Je mehr Bezugspersonen Kinder haben, umso geringer darf die Zeitbelastung für die Hauptperson, die meist die Mama ist, sein. Wenn Kinder mehrere Geschwister und in der Nähe auch noch Großeltern haben, wenn sie zwei Eltern besitzen, wenn sie auch noch eine Tagesmutter und eine engagierte Erzieherin oder eine umfassend mit ihnen zusammenlebende Klassenlehrerin im Rahmen einer vollen oder verlässlichen Halbtagsgrundschule, einer Ganztagsschule oder gar eines Internates haben, darf ihre Mutter voll berufstätig sein, wenn sie die wenigen verbliebenen gemeinsamen Stunden mit ihrem Kind besonders nah gestaltet.

▨ Hat ein Kind zwei um Intensität zu ihm bemühte Eltern, muss die zeitliche Intensität jedes Elternteils nicht ganz so groß sein, wie sie bei Alleinerziehenden sein sollte.

▨ Zeit hat aber auch noch eine andere Dimension: Das Kind spielt viel, es spielt viel allein und oft mit Mama, mit seinen Geschwistern und mit Freunden und gelegentlich auch mit den Großeltern; eigentlich sind also das Spielbedürfnis und das Zeitbedürfnis gegenüber mehreren Bezugspersonen erfüllt, aber das Kind möchte auch einmal mit Papa allein sein, spielen und sprechen. Selbst in gut funktionierenden, heilen Familien, in denen sämtliche Grundbedürfnisse des Kindes in der gesunden mittleren Dosierung angesprochen werden, tut es dem Kind sehr gut, wenn es einmal allein mit Mama oder allein mit Papa, also ohne den anderen Elternteil und ohne die Geschwister, ein Wochenende oder eine ganze Woche lang verreisen kann. Ganz allein ein Wochenende mit Papa in Berlin oder eine Woche in New York vermag auch in sonst glücklichen Verhältnissen einen großen Zugewinn an Lebensfreude zu bescheren, der dem jungen Menschen sehr gut tut.

▨ Zeit für Kinder zu haben, lässt sich durchaus mit dem Älterwerden addieren: Ganz am Anfang erträgt das Kind eigentlich nur eine einzige Hauptbezugsperson, der es ganz und gar ausgeliefert ist, so wenn es die Mutterbrust braucht. Aber dann genießt das Kind auch den

Wechsel der Präsenz von Mama und Papa und später darüber hinaus den ergänzenden mit Oma, Opa, den Geschwistern und den Freunden.

■ Ein 16-Jähriger schließlich braucht die Nähe der Gleichaltrigen etwas mehr als die der Eltern, und der verliebte 17-Jährige die der Freundin weitaus mehr als die der Mutter und des Vaters. Aber dennoch will kaum jemand, dass der Schoß der Eltern als Rückzugs-, Entspannungs- oder Auffangraum jemals ganz wegfällt. Die äußere Nähe zu den Eltern wird zwar weitgehend durch die innere Nähe ersetzt, die auch dann weiterbesteht, wenn Kontinente zwischen Eltern und Kind liegen, aber die Gewissheit, im Falle von Not jederzeit wieder auf die Eltern „zurückgreifen" zu können, ist ein Ausdruck von tiefer, unverbrüchlicher Bindung. Menschen, die eine solche „Rückversicherung" nicht oder nicht mehr haben, sind jedenfalls deutlich ärmer dran als solche, die jederzeit einen Zeitkredit bei ihren Eltern, ihren Geschwistern oder bei anderen Verwandten oder „Freunden fürs Leben" haben.

18. Schlafbedürfnis

Kinder und Erwachsene wollen in der Regel früh ins Bett gehen und früh wieder aufstehen. Jugendliche hingegen wollen spät ins Bett und am nächsten Tag lange schlafen. Das ist nicht neu, das war schon immer so. Warum? Der liebe Gott hat dafür gesorgt, dass Jugendliche ein paar Stunden am Tag haben wollen, in denen sie sich auf dem Weg in ihre späteren Partnerschaften miteinander erproben können, ohne dass ständig Kinder und Erwachsene zugegen sind. Deshalb haben sie einen anderen Tag-Nacht-Rhythmus.

Einige amerikanische und kanadische Schulen haben daher wie auch der Bielefelder Jugendforscher Klaus Hurrelmann erkannt, dass es volkswirtschaftlicher Unsinn ist, Jugendliche um 8 Uhr – oder gelegentlich gar schon zur Frühstunde um 7 Uhr – in die Schule zu zwingen, denn zwischen 7 oder 8 und 9.30 Uhr lernen sie nicht gut, so wie sie auch nicht um 6 oder 7 Uhr frühstücken können, was etwa so wäre, als würde man einen 45-Jährigen zwingen, morgens um 4 Uhr zu frühstücken, was ihm auch nicht behagt.

An manchen amerikanischen und kanadischen Schulen hat man deshalb geregelt: Kinder bis zu 13 Jahren kommen um 8 Uhr in die Schule und Jugendliche von 14 Jahren an aufwärts um 9.30 Uhr. Das geht dort leicht, weil die Schulen der USA und Kanadas ohnehin Ganztagsschulen bis 16 oder 17 Uhr sind.

Mit Charakter oder Erziehungsfehlern hat der andere Schlafrhythmus der Jugendlichen nichts zu tun, denn sie sind nicht nur Langschläfer, sondern auch Vielschläfer, sie brauchen mit 15 oder 16 Jahren also mehr Stunden Schlaf als Elf- oder Zwölfjährige. Und so belegt eine Studie von Schlafforschern aus Minnesota auch, dass es einen eindeutigen Zusammenhang zwischen späteren Anfangszeiten der Schule und besseren Leistungsergebnissen gibt, und spätere Anfangszeiten führen zugleich zu einer deutlichen Abnahme von Disziplinproblemen in den ersten Unterrichtsstunden und auch zur Reduktion des Schulschwänzens.

Der Psychologe Ronald E. Dahl von der Universität Pittsburgh stellt sogar fest: Jugendliche, die um 8 Uhr zur Schule müssen, schieben über die Schulwoche hinweg ein immer größer werdendes Schlafdefizit vor sich her, so dass sie am Donnerstag weit weniger leistungsfähig sind als am Dienstag und in den Ferien weitaus ausgeglichener, als wenn Schule ist; er beschreibt das traurige Schicksal von Jugendlichen, die um 8 Uhr zur Schule müssen, sogar mit „einer Art Jetlag", so als würden sie ständig zwischen Werktag und Wochenende zwischen verschiedenen Zeitzonen hin- und herreisen.

Vielleicht könnte Deutschland beim nächsten PISA-Test, bei dem ja 15-Jährige vermessen werden, schon dadurch deutlich besser abschneiden, dass es bloß den Schulbeginn bei Teenagern von 8 auf 9.30 oder 9.45 Uhr verlegt?

Wussten Sie übrigens, dass auch 17-Jährige ein größeres Schlafbedürfnis haben als 13-Jährige? Dass die 17-Jährigen dem nicht nachkommen, liegt nur daran, dass es ihnen peinlich ist, so viel zu schlafen, denn sie wollen nicht müde und schlaff wirken – was sie aber dennoch tun –, sondern „cool".

19. Ansprache und Zuhören

Viele Kinder können heute nicht mehr gut zuhören, obwohl ihre Ohren funktionieren. Mit ihnen wird einerseits zu wenig gesprochen, andererseits sind sie es gewohnt, das Wort nur in Kombination mit dem actionreichen farbigen Bild eines amerikanischen Spielfilms, eines Comicstrips oder des Playstation-Monitors wahrzunehmen, weil sie schon zu früh, zu oft und zu lange vor dem Bildschirm gehockt haben. Und weil sie am Anfang die Wörter noch gar nicht verstehen können – da sie erst drei Jahre alt sind und schon „vor der Glotze geparkt" werden –, lernen sie bereits früh, sich ausschließlich im Bild zu orientieren und allenfalls noch die nonverbalen Aspekte des Tons wahrzunehmen, also Schüsse, Explosionen, Schreie und quietschende Bremsgeräusche zum Beispiel. Wenn sie mit dem Älterwerden die Sprache zwar verstehen könnten, schalten sie jedoch nicht mehr ohne weiteres um; sie bleiben bei der bloßen Orientierung im Bild und entwickeln diese Fertigkeit zu solcher Perfektion weiter, dass sie am Ende auch fremdsprachlich synchronisierte Filme ohne Mühe erfassen können; das bloße Wort überwindet aber nicht ihre Wahrnehmungsschwelle.

Kindergärten und Schulen müssen daher heute wieder das verstärkt tun, was sie jahrelang nicht mehr gemacht haben: Sie gestalten offensiv den Kontrast zum farbigen, actionreichen und rasch wechselnden Bild und zum nonverbal akzentuierten Ton von der Art „boing", „zisch" und „peng". Erzieherinnen und Grundschullehrerinnen haben das lange Vorlesen, das Erzählen und den Gesprächskreis des offenen Unterrichts wiederentdeckt und ausgebaut. Sie gehen mit ihrer Kindergruppe oder

Klasse häufiger in die Kunsthalle, setzen die Jungen und Mädchen eine halbe Stunde lang im Halbkreis vor ein sich nicht bewegendes schwarz-weißes Bild und sprechen mit ihnen über das, was es darin zu sehen gibt und was es wohl aussagen soll, um die jungen Menschen gegenläufig zu ihren häuslichen Fernsehgewohnheiten dahingehend zu entwickeln, dass sie in der Lage sind, auch schwache Reize wahrzunehmen und zu verstehen. Auf diese Weise lernen sie wieder das Zuhören.

Schon ganz kleine Kinder brauchen selbst dann viel Ansprache, wenn sie die Worte noch nicht wörtlich begreifen können, aber sie sind in der Lage, die durch Tonfall, Mimik, Gestik und Augenkontakt vermittelte emotionale Botschaft zu erfassen. Und wenn sie anfangs nur plappern und späterhin lediglich stammeln können, ist es dennoch außerordentlich wichtig, dass man ihnen zuhört und als Erwachsener seinerseits die Schwingungen ihrer emotionalen Botschaft versteht.

Zu den wenigen Grundbedürfnissen des Babys und des Kleinkindes und genauso zu denen des älteren Kindes und des Jugendlichen gehören Ansprache und Zuhören, und wenn beides unterversorgt bleibt, zeigen sich späterhin Wortschatz-, Grammatik- und Sprachflussprobleme bis hin zum Stottern, zum Poltern (dem Überschlagen in Stimme oder Sprache) und zur Lese-Rechtschreib-Schwäche, also der Legasthenie, sowie der fremdsprachlichen Kompetenz. Defizite an Ansprache und Zuhören lassen sich vom elften Lebensjahr an nur noch mit einem vielfachen Aufwand und nur noch begrenzt ausgleichen, wie wir das ja von Wolfskindern und ihrem „Kaspar-Hauser-Syndrom" sowie von anfangs autistischen oder von schwerhörigen Kindern wissen, deren Behinderung zu spät entdeckt wurde.

Von der richtigen Menge an Ansprache und Zuhören (womit nicht „Totreden", „In-Grund-und-Boden-Sappeln" oder „Mit-Worten-Zumüllen" gemeint ist) hängen sogar der Gesundheitszustand, die Intelligenz- bzw. Begabungsentwicklung des jungen Menschen sowie die Lebenserwartung ab, wie die eben schon erwähnten „Wolfskinder" belegen, aber auch das spätere Ausweichen mit einem erhöhten Aggressionspotenzial wird hierdurch beeinflusst.

So hat eine Studie der Universität Potsdam über gewalttätige Jugendbandenmitglieder (meist Skinheads) in der brandenburgischen Kleinstadt Schwedt an der polnischen Grenze unter anderem ergeben, dass die Polizisten, die die jugendlichen Straftäter zu verhören hatten, immer wieder erkennen mussten, dass viele der vor ihnen sitzenden 13- bis 17-Jährigen eigentlich noch nie einen Menschen erlebt hatten, der ihnen einmal über längere Zeit hinweg zuzuhören bereit war.

Am bloßen Zeitmangel der Eltern kann das nicht liegen, es muss mit der elterlichen Bereitschaft zu Ansprache und zum Zuhören zu tun haben, denn Untersuchungen haben gezeigt, dass gerade Eltern, deren Alltag von Zeitmangel geprägt ist, intensiv ausgleichend bemüht sind, mit ihren Kindern viel zu sprechen, und dass solche Kinder besonders gut gelingen.

Eltern sollten daher zur Förderung von Psychohygiene, Sprachentwicklung, Gesundheit, Begabung und Konfliktfähigkeit ihrer Kinder zweierlei wiederentdecken und pflegen:

Die allumfassende Zuwendung zum Kind in Form des abendlichen Sitzens von Mama oder Papa auf der Bettkante. Gerade dann ist es am besten möglich, mit dem Kind über die Ereignisse des Tages oder über einen gesehenen Film zu sprechen, ihm etwas vorzulesen oder zu erzählen, die Programmpunkte des nächsten Tages durchzugehen und taktisches Verhalten zu erörtern sowie zu kuscheln, zu balgen und zu scherzen.

Eltern sollten zudem öfter mit ihren Kindern singen, weil auch das die Sprachkompetenz und die intellektuelle Entwicklung, aber auch das Musische, das Kreative und das Emotionale sowie die Gesundheit des Kindes sehr fördert.

20. Selbstgespräche

Ist es bedenklich, wenn ein junger Mensch häufiger laut mit sich selbst spricht?

Zunächst heißt die Antwort: Nein! Bei genauerem Hinsehen kommt es aber auf die Dosierung an. Wir alle haben schon einmal eine wirre alte Frau oder einen sturzbetrunkenen Stadtstreicher erlebt, die ständig auf der Straße, im Bus oder in einem Café vor sich hin plappern. „Eine Verrückte", „ein Spinner" oder „ein Außenseiter" ist dann unser Kommentar, und wir vermuten als Ursachen Einsamkeit, Krankheit oder ein sonst wie schweres Leben und haken dann einen solchen Menschen mit der Einordnung „der ist eben plemplem" ab.

Bei Kindern sehen wir das noch anders: Wenn das kleine Mädchen mit seiner Puppe oder seinem Hund spricht und wenn der kleine Junge mit seinen Spielzeugautos Verfolgungsjagden wie ein Fußballreporter kommentiert, dann ordnen wir das als niedlich ein. Wenn ein Kind laut ein Lied singt, obwohl es sich zuhörerlos wähnt, freuen wir uns über seine fröhliche Musikalität, und wenn ein Jugendlicher sich mit dem Hammer auf seinen Daumen schlägt, obwohl er doch den Nagel an der Wand treffen wollte, und sich mit schmerzverzerrtem Gesicht selbst als „Scheißkerl" beschimpft, haben wir Verständnis. Aber wenn jemand mit seiner Topfpflanze spricht oder ein Teenie mit dem Foto seines Idols, dann ordnen wir das als jenseits des Normalen liegend ein. Das Selbstgespräch ist ein Monolog und insofern das Gegenstück zum Wechselgespräch, das wir Dialog nennen.

Alle Menschen sprechen übrigens ständig mit sich selbst, nur fast alle tun das lautlos, um sich nicht schämen zu müssen. Nur derjenige, dem egal ist, wie andere über sein Selbstgespräch denken, spricht laut. Wahrscheinlich ist das laute Selbstgespräch natürlicher als das stille, aber in hochautoritären oder totalitären Gesellschaften mit großer sozialer Kontrolle – und so etwas hatten wir früher fast immer auf deutschem Boden – war das laute Selbstgespräch gefährlich: Ein falsches Wort, und man wurde als Hexe, als Ketzer oder als politischer Feind gebrandmarkt, geteert, gefedert, geviert-teilt oder gar geköpft. So sprach man nur, wenn man gefragt wurde und beschränkte sich dabei auf das Allernötigste, auf die Lüge oder auf Banalitäten wie „schönes Wet-ter, nicht?".

Heute in einer Demokratie mit Werte- und Meinungsvielfalt kann man sich auf eine Apfelsinenkiste an der Hyde-Park-Corner stellen und ungestraft seine Ansichten zu Gehör bringen, heute kann man sich in einem voll besetzten Bus mit einem MP3-Player einerseits von den Umstehenden abschotten und andererseits ungeniert dazu hotten, heute kann man jede Unwichtigkeit überlaut und die umstehenden Zeit-genossen nervend in sein Handy grölen und mit Hilfe von SMS-Nachrichten schein-bare Dialoge als tatsächliche Selbstgespräche führen.

Wenn ein Kind, das keine Geschwister und im Moment auch weder Spielkamera-den noch Erwachsene hat, die Zeit für es haben, mit sich spricht, und wenn ein Ju-gendlicher, der Außenseiter ist, Selbstgespräche führt, dann sollten wir uns eigentlich freuen, denn beide beginnen das, was sie verstehen wollen, erst dadurch zu begreifen, dass sie es aussprechen. Wie bei schrulligen Erwachsenen gilt nämlich, was die Hirn-forscher und Lernpsychologen uns lehren: Menschen lernen das, was sie lernen müs-sen, erst dadurch, dass sie es anderen zu erklären suchen. Wenn kein anderer da ist, erklären sie sich es sich selbst. Das nützt ihrer Sprachentwicklung und ihrem Wert-bildaufbau!

Nur wer redet, kann auch begreifen. Freu Dich also, wenn Dein Freund mit sich selbst schimpft, weil er dann nicht mit Dir schimpfen muss!

21. Bewegung, Spiel, Musik und Muße

Nach einer Studie des Karlsruher Sportwissenschaftlers Klaus Bös bewegen sich Grundschüler weniger als eine Stunde am Tag, während sie etwa neun Stunden schla-fen und ungefähr neun Stunden in der Schule, an den Hausaufgaben und vor dem Bildschirm sitzen. Dabei müssten sie sich eigentlich genauso viel bewegen, wie sie ruhen bzw. sitzen.

Kinder haben einen angeborenen sehr starken Bewegungsdrang. Sie entwickeln über ihn ihre Muskelkoordination, ihren Gleichgewichtssinn, ihren Hautsinn und ihre Orientierungsfähigkeit im dreidimensionalen Raum, mit der sie auf Dauer Kräf-te, Geschwindigkeiten und Entfernungen richtig einzuschätzen vermögen, so dass sie nicht so leicht Unfällen ausgesetzt sind. Kinder, die am Anfang zu selten krabbeln, greifen, matschen, kneten, berühren, laufen, springen, hüpfen, rollen, klettern, schau-keln, balancieren und rückwärts gehen konnten, weil ihnen die Anlässe und die He-rausforderungen dazu gefehlt haben, können diese Defizite kaum noch ausgleichen. Sie fallen schon beim Schulreifetest als unkoordiniert, sinnesschwach, wahrnehmungsgestört oder feinmotorisch unbeholfen auf, sie neigen dann später zu Rechen-schwäche und zu einem unzureichenden Raumvorstellungsvermögen, sie sind unfall-gefährdeter als andere, weil sie Bewegungen nicht richtig einzuschätzen vermögen, und sie meiden schließlich Bewegungen, so dass sie übergewichtig und krankheits-anfällig werden; außerdem bleibt ihre allgemeine intellektuelle Entwicklung zurück, und ihre Lebenserwartung liegt niedriger als im Bevölkerungsdurchschnitt. Sport-liche Betätigung ist dann oft für sie vor allem in der Pubertät ein Gräuel, und sie sind ständig versucht, mit Ausreden und Entschuldigungen körperliche Herausforderun-gen zu verhindern.

Eltern machen sich schuldig, wenn sie nicht schon von klein auf an bei ihrem Kind für ausreichend Bewegung auch im Freien sorgen und wenn sie aus Angst vor Gefah-ren das Risiko des Kletterns höher bewerten als die Chance der damit verbundenen Sinnes- und Kräfteentwicklung. Wir nennen diese Überängstlichkeit auch „bewahr-pädagogische Missbilligung".

Wenn die so notwendigen Bewegungsstufen des kleinen Kindes nicht richtig aus-gelebt werden konnten, sondern mehr oder weniger übersprungen wurden, dann sind bereits im Grundschulalter sehr aufwändige psychomotorische Therapien nötig, bei denen aber nur sehr langsam Fortschritte gemacht werden und mit denen nie mehr das Ganze herauskommt, das bei einem Kind erreicht wird, das von Beginn an ausreichende Bewegungserfahrungen machen konnte.

Weil der Zusammenhang von Bewegung, Lernen, Gesundheit und Begabung, aber auch von Gewaltverzicht inzwischen von immer mehr Menschen erkannt worden ist, sind ganz viele Eltern bemüht, ihr Kind zu einem Bewegungs-, Sport-, Wald-, Watt- oder Strandkindergarten anzumelden und vorschulische Einrichtungen zu bevorzu-gen, die „Sinnespfade" haben, über die das Kind im ständigen Wechsel von Kriechen und Hautkontakten die Unterschiede von Pflanzendecken verschieden harter und weicher Kräuter, von Holz, Stein, Metall, Sand, Kies, Lehm, Matsch, Plastik, Glas und Wasser fühlt. Nur Kinder, die mit den unterschiedlichsten Materialien, Zahligkeiten, Düften und Farben aufgewachsen sind und die diese Materialien und sich selbst oft genug im dreidimensionalen Raum bei verschiedenen Temperatur- und Lichtverhält-nissen erlebt haben, zeigen später eine gesunde Entwicklung. Jede Einseitigkeit ist dabei von Übel. Nur drinnen spielen, nur mit Holz oder nur mit Plastik umgehen, nur allein oder nur in der Gruppe sein, nur aufbauen dürfen oder nur zerstören kön-nen, all das lässt das Kind defizitär geraten.

Wenn Kindern nur perfektes Spielzeug in einer perfekt gestalteten, stets aufge-räumten und alle Risiken vermeidenden Welt angeboten wird, bleibt ihnen eigentlich nur noch die Chance, das teure ferngesteuerte Auto in Mamas durchgestyltem Wohn-zimmer auseinanderzunehmen oder zu zerstören, so wie Kinder, die in Nachkriegs-zeiten alles rings um sich herum kaputt vorfinden, die Chance ergreifen, aus dem vie-len Unfertigen um sie herum endlich einmal etwas dann Fertiges aufzubauen.

In der direkten Nachkriegszeit zwischen 1945 und 1953 wollten deutsche Kinder vor allem mit Bauklötzen, Stabilbaukästen, Spielzeugeisenbahnen und Modellflugzeug- sowie Modellschiffbaukästen konstruieren, in unserer heutigen für Kinder viel zu perfekten, alles regelnden Welt wollen Kinder hingegen lieber demolieren. Wenn jedoch alles sinnvoll in der Mitte dosiert ist, wollen Kinder beides: aufbauen und analysieren.

Aus der Sicht von Erwachsenen ist kindliches Spiel mehr oder weniger zweckfrei; für das Kind selbst ist es jedoch in der Regel Ernst; es verfolgt sein Ziel dabei mit hoher Konzentration, es versucht der Erwachsenenwelt, die es mit seinem Spiel kopiert, möglichst nahe zu entsprechen, sei es dass es mit Puppen spielt und spricht, sei es dass es Autorennen spielt oder Räuber und Gendarm.

So wie sich Welpen über ihr Spiel die später so lebenswichtigen Verhaltensweisen eintrainieren, so ist auch für die Menschenkinder Spielen sehr wichtig, und zwar Spielen allein, Spielen zu zweit und in größeren Gruppen, Spielen drinnen und draußen, Spielen mit älteren Kindern, mit Geschwistern, mit den Eltern und vor allem auch Spielen mit Papa, was heute so selten geworden ist.

Einige Menschen beklagen wie Christiane Grefe mit ihrem Buch „Ende der Spielzeit", dass immer mehr Kinder heute entweder nicht mehr allein oder nicht mehr mit anderen spielen können, dass sie zu wenig draußen spielen, weil in Großstädten Wohngebiete durch verkehrsreiche Straßen zerschnitten werden und Spielplätze oder auch Spielkameraden nicht mehr ohne weiteres gefahrlos zu erreichen sind oder weil der Bildschirm viele Kinder längst zu bloß noch konsumierenden, aber nicht mehr aktiv sein wollenden oder könnenden Wesen erzogen hat, denen es recht bald an der für Spiel so unentbehrlichen Kreativität mangelt, die ihnen späterhin auch dann noch fehlt, wenn sie als Arbeitslose auf der Couch „vor der Glotze" warten, dass das Arbeitsamt bei ihnen anruft und ihnen einen Job anbietet, statt sich selbst irgendwo eine Nische in dieser Gesellschaft einzurichten, in der sie gebraucht werden und ihren Lebensunterhalt zu erwerben vermögen.

„Sag mir, womit du spielst, und ich sage dir, was du wirst!" – das ist das Fazit von Umfragen unter deutschen Führungskräften. Das Institut für Demoskopie in Allensbach ermittelte, womit Führungskräfte aus Wirtschaft, Politik und Verwaltung als Kinder am liebsten gespielt haben: Schon früh lässt sich an diesen Spielen erkennen, welche berufliche Orientierung ein Kind später wahrscheinlich suchen wird. So erinnerten sich die befragten Politiker daran, dass sie schon als Kind gesellige Spiele bevorzugt hatten, bei denen Kontaktfähigkeit und Kommunikation nötig waren. Wirtschaftsbosse dagegen wollten schon früh Eigentum mehren und spielten eher „Monopoly", aber auch „Mensch-ärgere-dich-nicht" oder Schach. Führungskräfte mit technischer oder naturwissenschaftlicher Ausbildung dagegen hantierten schon als Kind am liebsten mit technischem Spielzeug. Sie sagten auch zu 55 Prozent, sie hätten am liebsten allein gespielt, während die Zahl der Einzelgänger bei den anderen Führungskräften deutlich darunter lag.

Eltern und anderen Schenkenden raten die Demoskopen deshalb, genau darüber nachzudenken, welches Spielzeug sie den Kindern bescheren wollen, denn jedes wirkt sich etwas anders aus; das gilt auch für die Modespielzeuge der letzten Jahrzehnte, die Kultcharakter erhalten haben und heute schon wieder teilweise in Vergessenheit geraten sind: Monchichis, Rubik's Cube, He-Man, Hartplastikdinos, Tamagochis, Jojo und – im Jahre 1999 – die Plastikknochen namens GoGo's.

Die Intelligenzentwicklung von Kindern ist durchaus auch abhängig von den Spielen im Babyalter. Kindern, die intensiv mit adäquatem Spielzeug spielen und sich dabei viel bewegen, fällt es leichter, Fähigkeiten zu entwickeln, die sie später benötigen. Zu diesen Erkenntnissen kommt Kathleen Alfano, Psychologin eines Spiellabors in New York. Sie hat dort 20 Jahre lang eine Studie über das Verhalten von Kleinkindern durchgeführt und analysiert, wie Kinder durch das Spielen mit ihrer Umgebung in Interaktion treten. Dadurch ermittelte sie Spielzeuge, die den Kleinen helfen, mit Veränderungen umzugehen und Probleme zu lösen:

- Für Babys bis zu sechs Monaten sind Rasseln, Spieluhren mit unterschiedlicher Musik und bewegliche Spielzeuge am besten. Für sechs Monate alte Kleinkinder eignen sich Eimer, die sie mit Bauklötzen füllen können, und Puppen oder andere Spielzeuge, die beweglich sind. Auch bunte Sachen zum Schütteln empfiehlt die Wissenschaftlerin.
- In den ersten zwei Lebensjahren kann ein Kind gar nicht genug spielen. In dieser Zeit entwickeln sich 90 Prozent des Gehirns, so dass die Zukunft eines Menschen zu einem großen Teil in dieser Phase mitbestimmt wird. Wie ein Baby gespielt hat, zeigt sich nach den ersten beiden Jahren an seinem Intelligenzquotienten und an der Größe seines Gehirns. Kinder, die überhaupt nicht spielen durften, haben zu diesem Zeitpunkt ein Gehirn, das 20 bis 30 Prozent kleiner ist als das ihrer intensiv spielenden Altersgenossen.
- Die Entwicklung des Gehirns wird auch durch Bewegung beeinflusst. Sobald das Kind krabbeln kann, sollte es Spielzeugautos und Bälle bekommen, denn es braucht einen Ansporn, sich zu bewegen. Das ist wichtig, weil physische Aktivität und Lernfähigkeit in demselben Teil des Gehirns ausgebildet werden.
- Zusätzlich lernen die Kleinen viel durch die Imitation Erwachsener. Richtig für das zweijährige Kind sind eine Miniküche und ein Kaufladen. So beobachtete Kathleen Alfano Folgendes: „Ein Dreijähriger spielte mit einem Minigrill, er nahm sich einen Malpinsel und tat so, als würde er Fleisch mit Öl bestreichen. Danach wischte er sich die Hände an seiner Schürze ab, genauso wie er es bei seinem Vater gesehen hat. Denn vor allem durch Nachahmen versuchen Kinder, ihre Umwelt zu begreifen." Das erklärt, warum Kinder so gern Vater-Mutter-Kind spielen. Sie imitieren damit ihre direkte soziale Umgebung, also zum Beispiel ihre Familie mitsamt aller Besonderheiten und Probleme.

Leider tun das auch Kinder in Kriegsgebieten, und deshalb haben in den schlimmsten Zeiten in Bosnien, im Kosovo, in Tschetschenien, in Eritrea, in Afghanistan, in Palästina und im Irak Kinder am liebsten Krieg gespielt. Wenn Erwachsene darüber mit dem Kopf schütteln, sollten sie bedenken, dass Kinder gerade dasjenige spielen wollen, was sie am allerdringlichsten verarbeiten müssen. Verstehen funktioniert am besten über Sprechen, wenn das aber nicht möglich ist, weil die Eltern nicht die Kraft haben, Krieg im Gespräch mit Kindern aufzuarbeiten oder weil sie ihn verdrängen wollen, indem sie ihn tabuisieren, dann wollen die Kinder wenigstens über das Spiel, also über handelnden Umgang mit dem sie am meisten Belastenden ein Stück mit der Verarbeitung ihrer Traumata vorankommen.

Das Leben ist eine Achterbahn, und zwar an einem einzelnen Tag ebenso wie über das ganze Jahr. Das Gesetz von den Reizbilanzen muss stimmen, und deshalb gehören zur Arbeit die Freizeit, zur Anspannung die Entspannung, zur Wachzeit der Schlaf und zur Konzentration die Muße. Es gibt Erwachsene, die es nicht gut ertragen können, wenn andere Menschen gar nichts tun; sie müssen andere stets beschäftigen. Und selbst Sozialpädagogen meinen ganz oft, dass sie Jugendliche am Strand pausenlos beschäftigen müssen, und Animateure, aber auch einige Urlauber glauben, in den Ferien muss jeder Mensch pausenlos aktiv sein. Einige Touristen haben das längst verinnerlicht und können sich nur noch einen Aktivurlaub vorstellen, in dem sie sich gänzlich verplanten Programmen hingeben.

Zum Glück funktioniert der kindliche Körper noch so, dass er sich von selbst holt, was er braucht. Erwachsene, die ständig unter Strom stehen, haben aber vielfach längst diese von Natur aus gegebene Korrekturfähigkeit eingebüßt, so dass ihr Körper mit einem Herzinfarkt oder mit anderen Krankheiten reagieren muss, wenn die Entspannung nicht mehr gelingt. Verplante Kinder, die vor allem nur Stress kennen, bleiben übrigens auch in ihrem Wachstum zurück. Und eine aktuelle britische Studie belegt, dass auch ständiger Streit in der Familie und die Scheidung der Eltern das Wachstum hemmen, so dass solche Kinder mit sieben Jahren wegen ihrer seltenen Tiefschlafphasen, in denen die Wachstumshormone produziert werden, im Schnitt zehn Zentimeter kleiner sind als Kinder, die in harmonischen Familien aufwachsen.

So wie Kinder sich über einen längeren Zeitraum hinweg stets das an Nahrung holen oder nachholen, was ihr Körper braucht, sofern es überhaupt irgendwie in Reichweite zur Verfügung steht, so schlafen sie auch an den unmöglichsten Orten und in den denkbar ungeeignetsten Situationen ein, wenn ihr Körper nach Muße ruft, sei es unter dem Tisch in einer verräucherten Kneipe oder auf Mamas Arm im allerdichtesten Menschengewühl.

Mittlerweile sind selbst Lehrer dazu übergegangen, Muße und Musisches, Spiel und Ernährung neben Psychomotorik sowie Nähe, Emotionalität und Körperkontakt als gleichwertige schulische Funktionen über die klassischen hinweg anzuerkennen. Sie haben Kuschel- und Entlastungsecken in ihren Klassenräumen, sie haben ihre Schule zu einer Bewegten Schule und die Hofpausen zu Aktiven Pausen gewandelt, damit das Lernen durch ausgewogene Körperbilanzen besser gelingt, und sie beginnen jeden Unterrichtstag mit Musik – so wie Lehrer früher mit dem Volksliedsingen.

Jugendliche wollen auch mal gammeln; sie genießen das Faulenzen in den Ferien, und sie empfinden stundenlanges Musikhören als Mußestunden. Sie wollen nicht pausenlos mit hohen Erwartungen gefordert sein, und sie werden im Wechsel von Tätigkeit und Nichtstun viel leistungsfähiger als viele Erwachsene glauben. Offenbar haben das die alten Griechen und Römer bereits besser erkannt als wir heute, denn „schole" im Griechischen und „schola" im Lateinischen bedeuten schließlich nichts anderes als Muße, wenn wir es wörtlich übersetzen.

Wenn 14- bis 19-Jährige abends später ins Bett gehen und morgens länger schlafen wollen, dann verbirgt sich dahinter weniger eine Rebellion gegen die Erwartungen der Erwachsenen als vielmehr eine ganz anderer, jugendspezifischer biologischer Rhythmus, wie im Schlaflabor der Brown-Universität in Providence im amerikanischen Rhode Island festgestellt wurde.

Wollen wir also hoffen, dass Klaus Hurrelmann von der Universität Bielefeld sich nicht zuletzt auch bei Eltern und Politikern mit seiner Forderung durchsetzen kann, zumindest von der siebten Klasse an die Schule erst um 9 Uhr beginnen zu lassen. Der Wirtschaftsstandort Deutschland wird es ihm danken. Jedenfalls leuchtet uns mit dieser Einsicht allemal ein, dass die immer noch an vielen Schulen existierenden Frühstunden ab 7 Uhr ganz besonders kontraproduktiv sind, wenn wir davon ausgehen, dass Lernen mit sinnvoll eingerichteten Mußephasen optimierbar ist.

22. Wenn Kinder stehlen

Wenn Kinder zu Diebstählen neigen, sind die Ursachen sehr unterschiedlich.

Nur selten wird aus wirklicher Not etwas entwendet („Mundraub"). Durch die Medien und über die Werbung geraten Kinder in den Sog des Strebens nach einem sehr hohen materiellen Lebensstandard, der ihnen verheißt, dass sie durch Statussymbole begehrenswerter und angesehener werden. Materialismus verführt sie zu Vergleichen zwischen ihren Fernsehhelden und ihrer eigenen Lebensqualität und erweckt in ihnen übersteigerte und oft auch unrealistische Konsumbedürfnisse. Schwache und wenig anerkannte Kinder versuchen sich gern mit Äußerlichkeiten, mit Besitz aufzuwerten, sie sind abhängig von ihrer Wirkung auf andere, und sie wollen ihre Lage mit Kleidung, Spielzeug, Discman, Handy, Süßigkeiten oder CDs verbessern, und sie wollen sich manchmal auch Zuwendung erkaufen, indem sie etwas klauen, um das Gestohlene verschenken zu können.

Misserfolge in der Schule, Ablehnung durch Gleichaltrige, Familienzerfall, permanente massive Kritik durch die Eltern und Unzufriedenheit mit dem eigenen Körper und seinen Leistungen können auf Dauer zu einem so geringen Selbstwertgefühl führen, dass Diebstahl, Kaufsucht und Besitz von sonst Unerreichbarem zu Ersatzbefriedigungen werden, die Defizite an Zuwendung und Wertschätzung sekundär ausgleichen sollen. „Wenn ich nichts kann und nichts wert bin, will ich wenigstens etwas haben" ist dann das Motto der kompensatorischen Bemühungen. Mit Gestohlenem will sich der junge Mensch selbst etwas Gutes zufügen.

In Cliquen Gleichaltriger gewinnt Diebstahl oft einen sportlichen Charakter; er wird als Mutprobe, als ein Stück Abenteuer mit dem prickelnden Reiz des Verbotenen angesehen, aber nur, wenn wenigstens ein anderer, der den gewagten Grenzübertritt bezeugen kann, zugegen ist. So spielt beispielsweise in der Graffiti-Nische das Klauen von Sprühdosen als Möglichkeit des Rangordnungsaufstiegs sowie als Aufnahmeritual eine große Rolle.

Stehlen kann ebenso wie Zerstören ein Ausdruck von Protest gegen das Leiden unter gesellschaftlichen Missständen sein, die man für das eigene Verliererschicksal verantwortlich macht. Das Respektieren fremden Eigentums wird dann weniger bedeutsam als das Bedürfnis nach Aufbegehren gegen das eigene Milieu und die eigene Biografie, insbesondere wenn die Bestohlenen anonym bleiben, so dass man sich nicht veranlasst sieht, mit ihnen mitzufühlen, oder wenn sie nicht Einzelpersonen, sondern Konzerne wie die Supermarkt- und Kaufhausketten sind.

Die Bewertung von Diebstahl hat sich heute so sehr in Richtung Bagatellisieren verändert („Kavaliersdelikt"), dass bei vielen Tätern keinerlei Schuld- oder Unrechtsbewusstsein mehr aufkommt, allenfalls noch dann, wenn man der Mutter etwas aus dem Portemonnaie entwendet hat. Gleichzeitig haben die Gelegenheiten zum Klauen verführerisch zugenommen, man denke nur an die unbeobachteten Regale in Warenhäusern. Und wenn junge Menschen dann noch wissen, dass in jedem Preis eines Supermarktartikels bereits eine Diebstahlsquote eingerechnet ist, dann überschreitet ihr Mut erst recht ihre Hemmschwelle.

Das Motiv Stehlen aus Not kann dadurch beeinträchtigt werden, dass man Kindern und Jugendlichen ausreichend Taschengeld gibt und dass man sich allen Sonderwünschen wie Kleidung, Schulsachen, CDs, Computerspielen, Handys, Spielzeug und Büchern gegenüber flexibel verhält. Vor allem muss aber von klein auf an die Bedeutung von Materialismus und Konsum im Kontrast zu bildenden und sozialen Verhaltensweisen deutlich heruntergespielt werden, auch über das Vorleben der Eltern. Dazu gehört der Wert, mit Wenigem möglichst lange auszukommen. In der familiären Haushaltsführung kann das vorgemacht werden: Reserven einteilen, Reste verwerten, Ausgaben planen, eine Phase der Askese einlegen, wenn das Konto überzogen ist, sich selbst etwas bauen und anbauen usw.

Neben den Hinweisen auf die Folgen von Diebstahl (Vorstrafen, Rufschädigung des Täters und seiner Familie, schlechteres Funktionieren des Gemeinwesens und seiner Spielregeln) muss die wichtigste Reaktion auf Stehlen jedoch sein, das Selbstwertgefühl des Ertappten zu steigern; denn seine geringe Selbstachtung ist sowohl Ursache als auch Folge von Diebstahl. Andernfalls wird Rückfall durch Gewöhnung an diese Art des Grenzübertritts aber auch an das nur anfangs schlechte Gewissen sowie an die mit Klauen beabsichtigte kompensatorische Selbstbefriedigung bis hin zur Verfestigung im Sinne von „krimineller Energie" begünstigt.

Rückfälle deuten immer darauf hin, dass die ursächlichen Probleme noch nicht gelöst sind, und die können sehr tief liegen, wenn Kleptomanie, also Stehlsucht, vorliegt. Psychologen führen die innere Not von Kleptomanen auf eine „infantile Entwicklungshemmung des Sexualtriebs" zurück, vor allem bei Mädchen. Aber selbst diese sehr weit gehende Deutung mündet in den therapeutischen Vorschlag ein, die mitmenschlichen Beziehungen von Kaufsüchtigen und Dieben auf ausreichende Aufmerksamkeit, Liebe, Leistungsanerkennung und Sinnerfüllung hin zu überprüfen.

Wenn junge Menschen immer wieder beim Stehlen erwischt werden, hilft dagegen, dass sie gesellschaftliche Rückwirkung spüren, indem sie den Schaden wiedergutzumachen haben und indem sie erleben, was sie angerichtet haben, zum Beispiel in der Form des sorgenvollen oder ängstlichen Leidens ihrer Opfer („Täter-Opfer-Ausgleich"). Denn nur personifiziert entwickeln sich Einfühlungsvermögen und Schuldbewusstsein. Strafen bewirken jedenfalls nur dann eine Verhaltensverbesserung, wenn sie Probleme lösen und nicht neue schaffen.

23. Wenn Kinder lügen

An der Universität Virginia in den USA ist eine Studie erstellt worden, die zu dem Ergebnis kam, dass Menschen in Gesprächen mit ihren Freunden in 28 Prozent aller Fälle nicht die Wahrheit sagen; zählt man zu den Freunden noch entfernt bekannte Menschen hinzu, sind es sogar 50 Prozent. Die dabei benutzten Lügen dienen meist dem Zweck, die Gefühle des anderen zu schonen. Am meisten lügen Schüler übrigens, wenn es um schlechte Noten geht, und bezogen auf Deutschland kommt dabei heraus, dass sie in den neuen Bundesländern ihre Eltern häufiger belügen als in den alten, offenbar weil der Leistungsdruck von der Elternseite her in den neuen Ländern noch wesentlich höher ist als in den alten.

Schüler belügen aber auch ihre Lehrer. Am meisten tun sie das in der Form des Mogelns bei Klassenarbeiten und Hausaufgaben.

Wer lügt, sagt, tut bzw. glaubt etwas, was er eigentlich anders weiß. Bis zu 200-mal lügt der Mensch am Tag, behauptet der Wiener Mentiologe (Lügenforscher) Peter Steglitz, und Männer flunkern 20 Prozent häufiger als Frauen, weil sie nicht so couragiert wie diese sind.

Das Lügen beginnt schon beim Kleinkind, das eine Vase zerbrochen hat und die Schuld aus Angst vor Strafe auf die Katze schiebt, die sich nicht wehren kann. Wenn Jungen lügen, neigen sie zum gleichzeitigen Schwitzen und zur Vermeidung von Blickkontakt, während Mädchen bei der Unwahrheit eher erröten und ihr Gegenüber fixieren.

Lügen ist hier im weitesten Sinne gemeint; es reicht vom entlastenden Selbstbelügen und der nicht ernst gemeinten Frage „Wie geht es dir heute?" über die soziale Lüge, die den anderen schonen will, das bewusste Weglassen von Informationen und die taktische Lüge, mit der man die Wahrheit so zurecht stutzt, dass man größere Erfolge erzielt (das „Schleimen" gehört dazu), bis hin zur Notlüge.

Der berühmteste Lügner der Geschichte ist der Freiherr Karl Friedrich Hieronymus von Münchhausen, der als „Lügenbaron" mit seinen unglaublichen Kriegs-, Jagd- und Reiseschilderungen im 18. Jahrhundert bekannt wurde; sie waren so etwas wie „Seemannsgarn" oder „Jägerlatein", die ja auch wie die Fabeln und Märchen die Funktion haben, die Wahrheit so zu verändern, dass der Zuhörer zum aufmerksameren und zum stärker bewundernden Wahrnehmen motiviert wird.

Wenn man sich selbst oder andere belügt, wird das Leben vermeintlich leichter; das ist jedenfalls das Motiv der Notlüge, aber auch des Sich-selbst-etwas-Vormachens. Die Lüge hat etwas mit Sehnsucht, mit Traum, mit Phantasie und mit einem bewusst oder schließlich auch unbewusst herbeigeführten unstimmigen Weltbild zu tun. Sie kann bis zur Pseudologia phantastica, also zur selbstständig gewordenen Einbildung, reichen.

Wenn Kinder immer wieder aus Selbstschutzbedürfnis die Unwahrheit sagen, kann ihre permanente Wiederholung wie beim autogenen Training dazu führen, dass sie das ursprünglich fälschlich Behauptete schließlich selbst als Wahrheit ansehen; die Lüge verfestigt sich zur Gewissheit, sie wird autonom, also unabhängig von der zugrunde liegenden Wahrnehmung. Eine solche Wahrnehmungswandlung spielt beispielsweise bei Prozessen um sexuellen Kindesmissbrauch eine Rolle, insbesondere wenn die behaupteten Taten lange Zeit zurückliegen. Sie ist aber auch im Sinne von Projektion bei besonders stark Verliebten typisch, die nur das Positive an ihrem Liebesobjekt sehen wollen, das Negative aber übersehen. Selbst die deutliche Zurückweisung wird von Menschen mit dem Phänomen der Pseudologia phantastica schließlich nicht mehr bemerkt oder gar als positiv gemeinte Zuwendung uminterpretiert.

Umfragen haben ergeben, dass die meisten Kinder Lügen an sich ablehnen, aber zugleich Notlügen in Zwangslagen für sinnvoll halten. Die Not ergibt sich in der Regel aus der Angst vor Strafe, vor Liebesentzug oder vor Verlust von Besitzständen oder von Bezugspersonen, aber auch dadurch, dass Kinder ihre Eltern nicht enttäuschen, ihnen also Verdruss ersparen wollen.

Wenn Kinder Notlügen durchweg für akzeptabel halten, erwächst daraus allerdings das erzieherische Problem, dass ihre innere Not dann nicht sichtbar wird. Angstfreie Erziehung ist also der beste Weg einer Erziehung zur Wahrhaftigkeit. Denn nur wer den Umgang mit Unbequemem langsam zu ertragen lernt, wird auch auf Dauer konflikt- und belastungsfähig, ohne ausweichen zu müssen.

Wer Drogen nimmt, um seine Wahrnehmungen und Empfindungen zu verändern, belügt sich ein Stück weit selbst; er kann eben auch nicht gut mit seinen Problemen umgehen, möchte sie lieber verdrängen.

Viele junge Menschen glauben, dass sie mit Lügen besser durch ihr Leben kommen. Aber „Lügen haben kurze Beine", sie werden meist irgendwann oder doch in einem so hohen Prozentsatz entlarvt, dass man dem Lügner am Ende gar nichts mehr glaubt. Irgendwie fühlen sich Kinder – übrigens im Unterschied zu vielen Erwachsenen – selbst dann nicht wohl, wenn ihre Lügen unentdeckt bleiben; es rührt sich ihr schlechtes Gewissen, und manchmal werden sie auch krank, weil sie mit jeder Lüge auch schlecht mit sich selbst umgehen. Sie spüren, dass die Lüge stets allenfalls die zweitbeste Möglichkeit ist, eine Krise zu überstehen, und dass es für sie und alle anderen günstiger wäre, wenn sie gut mit der Wahrheit umgehen könnten. Eine Erziehung zur Konfliktbewältigungskompetenz in Familie und Schule ist daher zugleich immer auch eine Förderung von Wahrheitsliebe. Das meint der Slogan „Kinder stark machen".

Wenn Eltern sich in ihrer Alltagsbewältigung stets sehr taktisch verhalten, wenn sie sich von ihren Kindern am Telefon verleugnen lassen, wenn sie sie dazu ermuntern, bei ihren Lehrern mehr zu „schleimen" oder bei Klausuren zu schummeln, wenn sie in deren Gegenwart Strategien von Betrug und Verzerrung der Wahrheit um irgendwelcher Vorteile willen erörtern, erziehen sie sie zugleich zu einem größeren Geschick in Bezug auf taktische Lebenstüchtigkeit, die ja auch großenteils eine verlogene ist.

Am Ende kann dabei herauskommen, dass junge Menschen nur noch wenig aus Überzeugung tun oder lassen, sondern nur noch wie dressierte Wesen deshalb, weil erwünschtes Verhalten belohnt und unerwünschtes bestraft wird. Sie orientieren sich dann nicht mehr vorrangig an Werten oder an ihrem Gewissen, sondern an den vermuteten Reaktionen ihres Umfeldes; sie sind dann leicht verführbar, korrumpierbar und eher außengesteuert als selbstgeleitet. Solche Menschen erkranken übrigens eher und sterben auch früher, beispielsweise am Herzinfarkt, weil sie weniger zu sich selbst, sondern eher zu erwünschten Erfolgen wie Ansehen, Außenwirkung, Vermeidung von Peinlichkeiten, Sozialprestige oder Karriere stehen.

Wenn ein Kind etwas sagt, das im Widerspruch zu seinem eigenen besseren Wissen steht, dann gibt es immer einen triftigen Grund dafür. Die Ursache des Lügens zu verstehen ist wichtiger als die Betroffenheit über die Zumutung von Unwahrheit:

- Von kleinen Kindern kennen wir die „Phantasie-Lüge" ihrer Traumwelt beim Zeichnen, beim Spielen, beim Plaudern oder beim Erzählen. Dieser schöpferischen Kreativität einer Märchenwelt sollte man freien Lauf lassen.
- Manchmal lügen Kinder aus innerer Not, aus Angst vor Liebesentzug, Zurückweisung oder Strafe. Die Notlüge von Kindern ist meist weniger eine charakterlich bedingte Abgebrühtheit, sondern mehr eine Kritik an oder ein Spiegelbild der bisherigen Reaktionen der Bezugspersonen. Sie ereignet sich seltener, wenn Eltern, Erzieher und Lehrer nach einem Missgeschick gemeinsam mit dem Kind in Ruhe erörtern, wie es zu dem Fehler gekommen ist.

- Es gibt Lügen, die gezielt eingesetzt werden, um Vorteile herauszuschlagen. Oft werden sie von Kindern gewählt, die schon viele Versagenserlebnisse hinter sich haben. Sie sind mit Prahlen, Angeben oder Aufschneiden bemüht, ihr Ansehen zu erhöhen bzw. in den Beliebtheits- und Tüchtigkeitsskalen von Gleichaltrigen eine höhere Rangordnungsposition zu gewinnen. Minderwertigkeitsgefühle begünstigen so etwas; Erwachsene können ihnen entgegenwirken, indem sie Kinder so akzeptieren, wie sie sind, und ihnen viele Erfolgserlebnisse verschaffen.

- Mit mancher Lüge wird über den Umweg des Mitleiderregens verzweifelt nach Liebe geschrien. Diese Lügenart lässt sich dadurch rasch ausmerzen, dass man dem Kind den durchschauten Zusammenhang auf den Kopf zusagt, indem man dem Wunsch nach mehr Zuwendung entspricht und indem man dem Kind die Chance eröffnet, anderen Menschen gefallen zu können.

- Die häufigste Lüge ist die, nach außen besser erscheinen zu wollen, als man im Inneren zu sein glaubt. Kinder, die dazu neigen, schämen sich ihrer Gefühle, beispielsweise weil sie wegen ihnen – wie im Falle von Bettnässen – schon einmal ausgelacht oder niedergemacht wurden. Dieser Scheinheiligkeit sollte durch Entlarvung, durch Toleranz für und Ermunterung zum Anderssein, durch mehr Verständnis für ungewöhnliche Gedanken, Gefühle und Reaktionsweisen Einhalt geboten werden.

- Für die Entwicklung zur Selbstständigkeit und stimmigen Selbsteinschätzung ist das Ausprobieren von Lügen, wie sie am 1. April üblich sind, die man aber kurz danach zugibt, wichtig. Lügen haben einen Reiz des Spielerischen, und in dieser Eigenschaft sind sie dem Witzeerzählen ähnlich. Es ist für Kinder eine große Lust, ihre Eltern gelegentlich hereinzulegen, und ein Triumph auf dem Weg, die eigenen Möglichkeiten und Grenzen besser kennenzulernen. An dem Bedürfnis nach Ausgliedern einer eigenen, privaten, ja intimen Lebenswelt und ihrer wachsenden Autonomisierung liegt es, dass junge Menschen zwischen zehn und 14 Jahren am meisten und am perfektesten lügen. Für dieses entwicklungspsychologisch gesehen nachvollziehbare Flunkern sollten Eltern, Erzieher und Lehrer viel mehr Verständnis als bislang üblich aufbringen. Gleichzeitig müssen sie aber deutlich Grenzen gegen dieses Phänomen aufzeigen, damit sich Kinder und Jugendliche nicht an das Lügen gewöhnen; und sie sollten sie davon überzeugen, dass es reifer, überlegener, gesünder und lebenstüchtiger ist, ohne Lügen zurechtkommen zu können, also auf direktem Wege gefallen zu können.

24. Nägelkauen

Wenn Menschen nicht genau wissen, wie sie auf ihre kleinen und großen Alltagsprobleme zugehen sollen, dann neigen sie entweder zu Aggressionen oder zu Autoaggressionen, also entweder zur Gewalt gegen andere oder zur Gewalt gegen sich selbst. Die Autoaggressionen nennt man auch Autodestruktionen, was so viel wie Selbstzerstörung heißt. Wenn jemand Frust hat und nicht weiß, wie er damit umgehen soll, frisst er ihn eventuell in sich hinein, und statt einen sinnvollen Ausweg zu finden, kanalisiert er seinen Frust dann mit einer ihm nicht bewussten Entscheidung, indem er sich zum Beispiel stofflich ersatzbefriedigt (Esssucht, Alkohol, Nikotin, Schnüffeln, illegale

Drogen, Sammelwut) oder mit der Schwachstelle in seinem Körper reagiert (Asthma, Allergien, Depressionen). Manchmal kommen mit dieser Entscheidung aber auch Übersprungshandlungen heraus, also Bettnässen, nervöse Tics oder Arbeitssucht. Solche Übersprungshandlungen sind Blitzableiter für Ängste oder für aufgestaute Aggressionen, und dazu gehört dann auch das Nägelkauen.

Früher dachte man, Nägelkauen hätte im Ursprung mit zu viel oder zu wenig Saugen an der Mutterbrust zu tun oder mit dem Schock, dass Mama das von einem bestimmten Alter an nicht mehr zulässt. Diese Annahme hat sich als falsch erwiesen. Heute weiß man: Nägelkauer sind gefühlsmäßig leicht irritierbar, sie sind sehr emotional, haben ein großes Schutzbedürfnis, neigen zur frühen Resignation, haben mehr Lebensangst als andere Menschen und halten von sich selbst nicht genug. Sie haben also ein geringes Selbstwertgefühl, sie fürchten, abgelehnt zu werden oder zu versagen. Vielleicht sind Mädchen deshalb doppelt so häufig Nägelkauer wie Jungen, während die kleinere Gruppe der nägelkauenden Jungen besonders heftig kaut, und in islamischen Ländern kauen dreimal so viele Mädchen wie in christlichen und fünfmal so viele wie in buddhistischen.

Das gilt für den Beginn des Nägelkauens, denn später verselbstständigt es sich per Gewohnheit in eingefahrenen Bahnen, so dass die meisten Nägelkauer immer wieder erschrecken, wenn sie sich selbst dabei ertappen, nachdem sie sich schon lange vorgenommen hatten, endlich damit aufzuhören. Zehn Prozent aller Erwachsenen kauen Nägel, 20 Prozent aller Jugendlichen und 27 Prozent aller Kinder. Dabei gibt es unterschiedliche Ausprägungen vom milden und seltenen Beißen bis zum dauerhaften Kauen mit schlimmen schmerzhaften Nagelbettentzündungen und Zahnschäden.

Vom Nägelkauen weg kommt nur der, der es auch will. In den Apotheken gibt es Tinkturen, die man auf die Nägel tupft und die das Kauen verleiden. Hilfreich ist aber auch, wenn Außenstehende konzentriert auf den Nägelkauer starren oder sogar gezielt fragen: „Schmeckt es?" Da das Nägelkauen aber letztlich nur ein angewöhntes Symptom ist, muss die eigentliche Ursache behoben werden, es müssen also Erfolge zur Hebung des Selbstwertgefühls und zum Abbau von Ängsten organisiert werden und nicht etwa Kalktabletten gegeben werden, weil früher fälschlicherweise vermutet wurde, Calciummangel sei die Ursache des Nagens am Nagel.

25. Mobbing, Gewalt, Angst, Selbstverletzungen, Sucht und Krankheit

Eine Untersuchung, die Achtklässler der Hamburger Gesamtschule Bergedorf durchgeführt haben, kommt zu folgenden Ergebnissen: 88 Prozent der Fünftklässler geben an, dass sie täglich mit krassen Schimpfwörtern wie „Schwachkopf", „schwule Sau", „Fischkopf" oder „Karpfenfresse" bedacht werden, 61 Prozent der Sechstklässler sind bereits am Telefon drastisch verbal oder sexuell belästigt worden, und 15 Prozent sind schon direkt in der Schule sexuell angemacht worden, was ja auch eine Form sprachlicher bzw. körpersprachlicher Gewalt ist.

Jugendliche wollen sich von Kindern und von Erwachsenen abgrenzen, sie wollen etwas Eigenes haben, wenn es um Frisuren, Kleidung, Musik, Freizeitverhalten und Sprache geht. Und in dem Maße, wie ihnen Kinder und Erwachsene mit Jugendwahn in ihre Nischen folgen, sind sie gezwungen, in noch abartigere, krassere Nischen auszuweichen. Das gilt für Klamotten und Musikgeschmack, aber auch für Insider-Sprachcodes, also für Jugendsprache. Viele Wörter, die sie dann benutzen, sind gar nicht so heftig gemeint, wie sie bei Erwachsenen ankommen. Wenn der Enkel zur Oma sagt: „Heute siehst du aber geil aus", kann es sein, dass die alte Dame schockiert ist, obwohl der Enkel ihr wirklich nur ein schönes Kompliment machen wollte, denn vor vielen Jahrzehnten bedeutete „geil" noch so viel wie sexuell aufreizend oder sexuell erregt, während es heute so etwas Ähnliches wie „super", „prima" oder einfach nur „voll in Ordnung" zum Ausdruck bringen soll. „Es bockt" eben, mit derben Sprüchen zu „checken", ob man als „hipp" oder als „total krass" gilt; sollen die „Grufties" doch „labern", Jugendsprache muss nun mal „voll die Härte geben", weil sie „Connections" schafft, für „Respekt" unter Gleichaltrigen sorgt und davor bewahrt, dass man „abkackt".

Das ist das eine. Das andere ist aber auch: Wer geringe verbale Möglichkeiten hat, wer mit einem Mangel an Wortschatz, Grammatik und Verhaltensalternativen aufgewachsen ist, tut sich schwer, einen Satz wie „Was du da eben angedeutet hast, besorgt mich" hinzukriegen; da ist Fäkaliensprache („Scheiße", „Pissnelke", „Flachwichser") dann leichter zustande zu bringen, und noch schneller gelingt dann Zuschlagen als Element einer Körpersprache, die in ihrem so gewaltreichen Ausmaß vor allem von Argumentationsschwäche zeugt.

Nach Angaben der Weltgesundheitsorganisation (WHO) werden jährlich weltweit etwa 40 Millionen Kinder misshandelt oder schwer vernachlässigt. In einigen Ländern betrifft die sexuelle Misshandlung 34 Prozent aller Kinder, in den USA sind es 27 Prozent. Nach Auskunft der Deutschen Gesellschaft für Kinderheilkunde und Jugendmedizin sind etwa 20 Prozent aller jungen Menschen chronisch krank. An erster Stelle stehen dabei Allergien, gefolgt von Erkrankungen des Bewegungsapparates und Fehlernährung. Das sind schlimme Zahlen.

Wir sprechen nun schon seit vielen Jahren über die Ursachen von Gewalt; wir haben in vielen Städten Gewaltpräventionsräte institutionalisiert, haben Bewegungs-, Sport, Strand- und Waldkindergärten eingerichtet und Sinnespfade geschaffen, damit Kinder mit einer ausgeglichenen Bewegungs-, Körperkontakt-, Muskelkoordinations- und Wahrnehmungsbilanz aufwachsen können, damit sie nicht psychomotorisch gestört, aggressiv, süchtig, krank, rechenschwach und stark unfallgefährdet werden, wir haben Projekte „Sport gegen Gewalt" und „Musik gegen Gewalt" geschaffen, wir haben „Werteerziehung über Dilemmata", „Täter-Opfer-Ausgleich" und ein mit den Taten konfrontierendes „Anti-Aggressivitäts-Training" in den Schulen gepflegt, damit junge Menschen schon früh passend zu unserer werte- und meinungspluralen Gesellschaft konfliktfähig werden; denn wer nicht gelernt hat, angemessen auf ein Problem zuzugehen und gut aus einer Krise herauskommen zu können, weicht mit Angst, Gewalt, Sucht oder Krankheit aus, weil das dann für ihn leichter ist, als das Problem direkt zu lösen. Und dennoch dreht sich die „Spirale der Gewalt" offenbar immer schlimmer nach oben; ganz aktuell wird Folgendes diagnostiziert:

- 20 bis 30 Prozent aller Vergewaltigungen und 30 bis 40 Prozent aller Fälle sexuellen Missbrauchs werden von Kindern und Jugendlichen begangen.
- Der Gerichtsgutachter Wilfried Rasch meint, dass im Alter von etwa 16 bis 21 Jahren bei Jugendlichen „die größte kriminelle Energie" vorhanden sei.
- Prügelnde Väter haben mehrheitlich auch prügelnde Söhne.
- Stress im Mutterleib fördert die spätere Gewaltbereitschaft von Kindern, weil bereits der Embryo eine „basale Affektivität" entwickelt, wenn seine Mutter vom Vater geschlagen wird, behauptet der Pränatalpsychologe Thomas Verny aus Kanada.
- 16-jährige Jungen haben gewaltige Identitätsprobleme auf der Suche nach ihrer Männlichkeitsrolle.
- 80 Prozent aller jungen Menschen werden irgendwann zumindest einmal erpresst; dieses „Abpressen" oder „Abziehen" betrifft Jacken, Schuhe, Geld, Handys, Zigaretten, Telefonkarten und Anderes.

Unlängst brachte „The Sunday Times" einen ganzseitigen Artikel mit der Überschrift „The Trouble with the Boys", der die Klage des britischen Premiers Tony Blair aufgreift, dass immer mehr junge Männer von Arbeitswelt und Familiengründung wegdriften würden und dass gerade die männliche Jugend von Entwurzelung, von Erziehungsdefiziten, von strukturellen Veränderungen in Gesellschaft und Wirtschaft sowie von Kriminalität betroffen sei, während Mädchen mit ihrer hohen Flexibilität immer bessere Berufschancen bekämen.

„Die Jungen verlieren ihren Kompass" wird resümiert, was heißen soll, dass sie zunehmend Orientierungsprobleme in Bezug auf ihre Rolle und ihre Zukunft haben, während sich zugleich für die Mädchen immer bessere Perspektiven eröffnen, weil sie dank Demokratisierungs- und Emanzipationsbewegung die Fesseln ihrer herkömmlichen Rolle haben sprengen können und zugleich flexibler auf den gesellschaftlichen Wandel zu reagieren vermögen.

Was in den USA schon länger beobachtet wird, was jetzt in Großbritannien problematisiert wird und was sich auch in Deutschland andeutet, ist wohl dieses: Wenn der Umbau von der bisherigen Industriegesellschaft, in der der Einzelne so etwas wie ein „funktionierendes Rädchen im Getriebe" war, zu einer Dienstleistungs-, Wissens-, Informations-, Freizeit- und Produktionsgesellschaft nicht aktiv erzieherisch begleitet wird, dann muss ein hoher Preis bezahlt werden, und den zahlen offenbar vor allem die Jungen und die Männer, jedenfalls in Großbritannien:

▨ Während in den Industriegebieten Englands früher insbesondere die Männer zur Arbeit gingen und die Frauen „Haus und Kinder" hüteten, wird es heute immer häufiger, dass die Frauen zur Arbeit gehen, während die Männer tagsüber irgendwelche Rennen auf dem Bildschirm verfolgen, sich keineswegs um Haus und Kinder kümmern und in dem Moment in den Pub flüchten, in dem die Frau von ihrem Job nach Hause kommt.

▨ Fabrik- und Hafenarbeitsplätze haben an Zahl stark abgenommen, auch weil immer weniger Menschen immer mehr produzieren; gleichzeitig hat die Zahl der Arbeitsplätze im Dienstleistungsbereich erheblich zugenommen, aber dort werden besonders Frauen beschäftigt.

▨ Schulabgänger mit geringen Qualifikationen sind vor allem Jungen; Mädchen sind schon in der Schule durchweg fleißiger und erfolgreicher, und zwar selbst dann, wenn sie aus gestörten Familienverhältnissen kommen.

▨ Jungen aus Ein-Eltern-Familien, die ohne eine positive Vaterfigur und zudem eher in Armut aufwachsen, leben mit einem erhöhten Risiko in Richtung emotionale Störungen, Krankheit, geringwertiger Schulabschluss, Versagen im Studium, geringer Wochenlohn, Arbeitslosigkeit, Kriminalität sowie späteres Single-Dasein.

Weil Mädchen leichter in sich einen Ausgleich für missliche Lebensumstände, aber auch für dramatische Veränderungen in ihrem Umfeld zu finden vermögen, sind sie in der heutigen Form von Schule schulgeeigneter als Jungen und damit auch ausbildungs- und studiengeeigneter. Erst mit einer anderen Schule, die auch die rechte Hirnhälfte mit Emotionalem, Musischem, Kommunikativem, Sozialem und Kreativem, also auch mit so etwas wie Selbstständigkeit, Teamfähigkeit und Konfliktfähigkeit zu entwickeln trachtet, könnten die Jungen wieder mit den Mädchen gleichziehen; sie müssten dann nicht mehr so oft entwurzelt, aggressiv und resignativ reagieren wie heute noch.

Vor 35 Jahren gab es noch eine ziemlich einheitliche Jugend in der westlichen Welt; sie war relativ uniformiert in ihren Lebensäußerungen, gekleidet mit blauem Jeans-Anzug, mit Schlüsselanhänger, mit schwarzen Holzschuhen, mit Beatles-Frisur, sie liebte Rock- und Pop-Musik und stand den Flower-Power-Hippies nahe; und auch politisch war sie recht solidarisch und international, pazifistisch und eher sozialistisch gesinnt. Sportvereine, Spielmannszüge, Schützenvereine und Jugendfeuerwehren gestalteten ihre Freizeit auf dem Lande.

Heute ist das ganz anders. Zwar gibt es in Deutschland noch 120 000 Jungen und Mädchen bei den Jugendfeuerwehren, aber Löschen und Bergen, Retten und Kameradschaft bieten für immer mehr junge Leute nicht mehr den notwendigen „Kick", die Dosis an Abenteuerreizen ist ihnen zu gering; und auch die Sport- und Schützenvereine beklagen Nachwuchsmangel.

Fast 200 verschiedenartige Jugendkultnischen werden zurzeit für Deutschland beschrieben. Sie sind höchst unterschiedlich, einige sind langlebig, andere sind nur ganz kurz „in".

Wenn wir von der „Patchwork-Jugend" in Deutschland sprechen, meinen wir, dass auch Jugendliche noch ein starkes Bedürfnis nach Familie haben. Aber dieses Bedürfnis befriedigen sie eher außerhalb ihrer Herkunftsfamilie in Nischen der Gleich- oder Ähnlichkeit, die Geborgenheit, Rangordnungsaufstieg, Action, Feindbilder und Überschaubarkeit bieten. Die globalisierte Welt und die deutsche Gesamtgesellschaft sind für junge Menschen kaum überschaubar. Der Einzelne gilt zu wenig in der Masse, und deshalb sind junge Menschen auf der Suche nach Anerkennung in kleinen Gruppierungen, in denen sie ihren Platz, ihren Sinn und ihre Aufgabe finden, in denen sie Gleichgesinnte an der Art der Kleidung, an den Frisuren, am Musikgeschmack, an Insider-Sprachcodes und an konkreten Freizeitaktivitäten erkennen und sich mit ihnen identifizieren können. Und so ist die deutsche Jugend heute keine internationale Hippie-Flower-Power-Peace-Generation mit einer gemeinsamen Vorliebe für Rock und Pop mehr, sondern ein Mosaik von vielen kleinen Bausteinen, die sich zwischen Wir- und Die-Bewusstsein nicht immer grün sind. Was gibt es da alles an Straßen- und Stadtteilbanden, an Hooligans und Skins, an Red-Skins und Faschos, an Sprayern, Skatern und Ravern, an Gangsta-Rappern, an Ökos, an Stadtindianern, an Grufties, an S-Bahn-, Bus- und Straßenbahnsurfern, an Computerfreaks, Hackern und Techno-Fans, an Anhängern von Ostküsten- und solchen von Westküstenrap (bezogen auf die USA) neben Anhängern von weißen Rappern wie Eminem und solchen von schwarzen Rappern wie Puff-Daddy, solchen, die No-commerce-Rap bevorzugen, und solchen, die eher auf deutschem Rap stehen. Andere zählen sich zu den Techno- oder Reggae- oder House-Fans, wieder andere hängen okkultistischen oder Satanskultnischen an, und dann gibt es noch Grundge-Punks, Girlies, Türken-Girls und die „Stinos", also die Stinknormalen, zu denen junge Menschen gehören, die speziell dem Basketball, dem Rudern, der Leichtathletik oder dem Skispringen frönen oder sich als Reiterin, Mitglied eines Spielmannszuges, einer Jugendfeuerwehr, eines Schützenvereins oder einer Pfadfindergruppe verstehen.

Keine Nische ist abartig genug, als dass sie nicht noch irgendwelche Interessenten finden würde. „Versucht nicht, uns zu verstehen, ihr werdet uns sowieso nicht verstehen!" ist eine häufig zu hörende Antwort, wenn Erwachsene nach dem Motiv für die Zugehörigkeit zu einer ungewöhnlichen Gruppe oder Bande fragen. Aber natürlich verstehen wir: Wer in seiner Familie nicht genug Familie findet, begibt sich auf die Suche nach einer Ersatzfamilie, wer ganz unten steht, sucht eine Nische, die ihm Aufstieg erlaubt, wer gesellschaftlich erwünschte Leistungen nicht hinbekommt, will wenigstens im nicht Akzeptierten Erfolge bringen, wer vermutet, dass er nicht wahrgenommen wird, will wenigstens mit Graffiti-Tags oder -Pieces seine Existenz dokumentieren, und wer sein Leben lang immer nur „auf die Nuss gekriegt hat", braucht eventuell noch tiefer Stehende, um wenigstens ihnen auf den Kopf treten zu können.

Die Sucht nach der Gefahr hat dabei durchaus etwas Autoaggressives; der eigene Körper und die Willenskraft sollen bis an ihre Grenzen und darüber hinaus geführt werden, damit der Erfolg zur Ersatzbefriedigung wird und das schwache Ich durch eine spektakuläre Außenwirkung gestärkt wird, aber auch um die eigenen Möglichkeiten bis zum Äußersten auszutesten.

Die Bereitschaft zu häufigen und brutalen Gewalttaten verheißt in manchen Nischen wie bei den Skinheads oder den Stadthagener Jugendlichen, die das Ritual pflegten, Geburtstagskinder zu verprügeln, oder der Duisburger Jugendgruppe, die nur durch das Ziel „Leute verhauen" als Freizeit-Kick verbunden ist, ein hohes Maß an Anerkennung, so dass Aggressionsbereitschaft zu einer hoch akzeptierten Binnennorm gerät, die selbst dann gepflegt wird, wenn man sie für sich allein ablehnt. Zu der Gruppe gehören zu dürfen, ist eben ein höherer Wert als die private Abneigung gegen Gewalt, so dass man „mit den Wölfen" anders „heult" als allein. Der Gruppenzwang macht daher aus so manchen zu Hause pflegeleichten und in Polizeiverhören liebenswert erscheinenden Individuen gewalttätige Bestien.

Die familienersetzende Funktion ist die wichtigste von Jugendkultnischen. Man kann direkt einen Zusammenhang zwischen Familienzerfall und Abdriften in missliche Jugendgruppen feststellen. Je kaputter die eigene Familie ist, desto größer wird der Sog in die Gruppe hinein. Und zwar ist hierbei entscheidend, wie der junge Mensch selbst seine Familie einschätzt, und nicht, wie hoch die materielle und sonstige Fürsorge durch die Eltern ausfällt. Schließlich formulieren diese zu ihrer Rechtfertigung – wenn denn etwas total schief gelaufen ist – ja durchweg den Satz: „Wir haben es doch immer nur gut gemeint."

Alles, was ein Mensch von außen her zu viel oder zu wenig an Reizen erhält, zwingt ihn, von innen her irgendwie gegenzusteuern. Das gilt für Kinder, Jugendliche und Erwachsene in gleichem Maße. Bei Schülern nennen wir die Phänomene dann Essstörungen, Hyperaktivität, Gewalt, Autodestruktion, Straßenkinddasein oder Schülerselbstmord, bei Erwachsenen sprechen wir von Singles, von Alkoholikern, von Bulimikern oder von Workaholics:

▪ Die Unüberschaubarkeit der abstrakten politischen Prozesse und der Werte- und Erwartungspluralismus im sozialen Nahbereich werden bei Jugendlichen mit Politikverdrossenheit und Singularisierung kompensiert, was Soziologen Tribalisierung und die Trendforscher Cocooning nennen. Allenfalls taugt eine überschaubare Jugendkultnische zur Entlastung vor Überforderungen und den täglichen kleinen und großen Niederlagen, da die Clique vorgibt, wie man sich zu kleiden und welche Musikrichtung man zu bevorzugen hat, welche Insider-Sprachcodes zur Identifizierung Gleichgesinnter gelten, welche Feindbilder den Bewährungsaufstieg ermöglichen und wie man seine Freizeit zu verbringen hat.
▪ Das höchste Risiko, rechtsradikal zu werden, haben Hauptschüler aus den neuen Bundesländern, hat die gemeinsame Ost-West-Studie der Technischen Universität Chemnitz und der Freien Universität Berlin ergeben.
▪ Der Mangel an Familienleben wird in familienersetzenden Gruppen ausgeglichen, die Wir-Bewusstsein, Geborgenheit, Solidarität, Akzeptanz und Rangordnungsaufstieg bieten, leider aber auch Feindbilder.

■ Kinder, die mit Geborgenheits- und Zuwendungsdefiziten aufwachsen, trösten sich vielfach mit Kuscheltieren, mit Haustieren oder gar mit Ratten. Wenn ihre Eltern ihnen nicht zuhören, wenn sie von ihnen zu wenig Ansprache bekommen, dann kompensieren sie, indem sie mit ihren Stofftieren, ihrer Katze oder ihrer Ratte sprechen, sie streicheln und striegeln ihr Pferd, und sie erproben mit diesen Platzhaltern Nähe und Distanz, Körperkontakt und Ablehnung, Liebe und Strafe. Sie genießen die unwidersprochene Macht, die Anhänglichkeit, das Dressier- und Knetbare, und deshalb gibt es so viele zarte Mädchen, die etwas für ihr Selbstwertgefühl tun, indem sie ein großes und starkes Pferd, auf dessen Rücken sie sitzen, mit leichtem Fuß- und Zügeldruck in die von ihnen gewünschte Richtung zwingen. Und die Ratte erfüllt ebenso wie der Kampfhund gleich zwei gegensätzliche Funktionen: Man kann sich mit ihr Respekt und Anerkennung bei Gleichaltrigen verschaffen und gleichzeitig die Erwachsenen, die sich dadurch provoziert fühlen, auf Abstand halten. Dieser Doppelfunktion entspricht auch das unübliche Frisur-, Piercing-, Tätowier- und Bekleidungsverhalten vieler Jugendkultgruppen wie der Punks, der Skins, der Autonomen oder der Hooligans.

■ Verplante Jugendliche, die von ihren Eltern permanent überfordert, in viele Niederlagen hineingetrieben und mit enttäuschten Gesichtern und schlechten Noten bestraft werden, weichen schließlich, vielfach in den Klassenstufen 9 bis 12, aus, indem sie mit Stoffen irgendwie über den Tag zu kommen versuchen. Sie beginnen ihn mit Koffein und Zucker, setzen ihn in den Hofpausen mit Nikotin fort, greifen nachmittags zu Power-Drinks mit besonders viel Koffein und dröhnen sich abends mit Alkohol und am Wochenende mit Hasch oder Ecstasy zu; und zu diesem ständigen Wechsel von Stimulation und Dämpfung gehören dann zwischendurch noch Schokoriegel, Cola, Schmerzmittel, Beruhigungspillen und am Ende des Tages Alcopops und Schlaftabletten. Dabei ist die Frage gar nicht so entscheidend, ob nun Hasch oder Alkohol gefährlicher ist, denn alles, was an Drogen legalisiert wird, wird im Zweifelsfall in einen einzigen Tag gepackt, ein Indiz für die tragische Hilflosigkeit, alles zu versuchen, um den Tag, die Woche, das Leben irgendwie stimmig in Bezug auf sonst unstimmige Reizbilanzen zu machen.

■ Mit dem Ausweichen bei unstimmigen Reizbilanzen lassen sich die meisten Verhaltensstörungen von jungen Menschen erklären. Die Symptome sind vielfältig, und sie reichen bis zum Kaufzwang, zur Spielsucht, zur Sammelwut, zum Workaholic-Dasein, zum Waschzwang, zur Putzsucht und zur Kontrollomanie; sie entstehen, weil sich das Kind entweder für diejenigen Aggressionsweisen entscheidet, die ihm in seiner Umgebung durch die Eltern, die Geschwister und das nachbarschaftliche Milieu sowie auf dem Bildschirm, den es überdosiert konsumiert, zum Modelllernen angeboten werden, oder für diejenigen, die sein eigener Körper mit seinen Schwachstellen für Autoaggressionen anbietet, sei es in der Haut (Allergien, Neurodermitis, Warzen, Ekzeme), sei es in den Bronchien (Asthma), sei es im Kopf (Migräne) oder sonstwo (Depressionen, Bulimie, Nägelkauen, Bettnässen). So nimmt jeder zehnte Schüler zwischen 13 und 16 Jahren regelmäßig Schmerz-, Beruhigungs- oder Schlafmittel, 90 Prozent aller 15-Jährigen haben gelegentlich nach Überforderungen oder Niederlagen Kopfschmerzen, viele Vorschulkinder sind sprachgestört (Sprachverweigerung, Stottern, Poltern), weil die Eltern ihnen keine Zeit zum Artikulieren lassen. Hinzu kommt das Phänomen der Sprachverzögerung durch zu viel Fernsehkonsum bei gleichzeitigem Mangel an Ansprache und Zuhören durch Eltern und Geschwister. Jedes dritte Schulkind ist mittlerweile verhaltensgestört (psychische Unruhe, Konzentrationsmängel, das „Montags-Syndrom", Wahrnehmungsstörungen und Gewaltbereitschaft zählen dazu), und an vielen Schulen wie an der Gesamtschule im nordrhein-westfälischen Kamen erreichen zwei Drittel aller Schüler nicht mehr das Mindestniveau, das sich die Schulpolitiker und Lehrer erhoffen; ihre Texte sind kaum zu entziffern, und sie verhalten sich alltäglich so, „als ob ihr zentrales Nervensystem direkt ans Fernsehprogramm angeschlossen" sei, sagt ihr Lehrer Horst Hensel. Im Ansatz kann man Autoaggressionen ein wenig mit Ernährung mildern; jedoch dass sie am Symptom ansetzt, löst das zugrunde liegende Dilemma noch nicht: Gegen Essstörungen wird zum Beispiel Zink empfohlen, gegen Asthma Seefisch, und gegen Hyperaktivität sollen Haferflocken, Linsen und rote Paprika helfen.

▪ Aggressionen sind biologisch gesehen für den Menschen normal; er braucht sie, um sich zu wehren, sich zu behaupten und sich durchzusetzen. Erziehung sorgt für ihre Kultivierung, für ihre Kanalisierung in Dispute, in Kampfsportarten, gegen Punching-Bälle, in Mannschaftssportarten, in Abgrenzungen und Deutlichkeit sowie in Leserbriefe und Demos. Wer aber schon früh oft Opfer von Gewalt wird, sammelt chemische Spuren im Gehirn an, die Gewaltausbrüche forcieren, nämlich Serotonin und Vasopressin, so dass Menschen in aggressionsreichen Milieus besser gewappnet sind, sich auch ihrerseits rascher mit entsprechenden Aggressionen zu wehren. Es verwundert also nicht, dass die am häufigsten verprügelten und am schlimmsten vernachlässigten Kinder genau diejenigen sind, die später die gewalttätigsten Jugendlichen werden, die 50 Prozent mehr Gewaltdelikte begehen als andere Gleichaltrige, wenn sie vernachlässigt werden, und 100 Prozent mehr, wenn sie körperlich misshandelt wurden.

▪ Überdurchschnittlich viel und schon früh fernsehende Kinder werden mit Bildschirmreizen überdosiert versorgt. Sie wachsen meist mit Bewegungsmangel und daher auch mit Sinnesschwächen auf; nur noch die Kombination aus farbigem actionreichen Bild und Ton überwindet ihre Reiz- bzw. Wahrnehmungsschwellen, so dass das stehende Bild, das schwarzweiße Bild und der Ton allein von ihnen nicht mehr richtig aufgenommen werden. Das moderne Kind kann deshalb oft nicht mehr gut zuhören und schon gar nicht am Montag nach 30 Stunden Bildschirmkonsum am Wochenende („Montags-Syndrom"), so dass Schulen im morgendlichen Stuhlkreis die Gelegenheit bieten müssen, unverarbeitete Reize erst einmal hinauslassen zu können. Was die Bildschirmhelden der Kinder können und dürfen, können und dürfen sie selbst zu Hause meist nicht, so dass für sie die virtuelle Fernseh- und Filmwelt einerseits und ihre reale graue Alltagswelt andererseits weit auseinander fallen. Da sie die Kluft dieses für sie unstimmigen Weltbildes nicht zu überbrücken vermögen, bauen sie in sich Spannungen auf, die sie zu Abreaktionen – und dann oft in der Weise der naturwissenschaftlich unstimmigen Verhaltensweisen ihrer Comic- und Wrestling-Idole – zwingen, mit denen sie gestört wirken und andere stören und verletzen, oft auf dem Schulweg, -bus oder -hof. Sie können sich in der Folge in den zwischenmenschlichen Beziehungen unserer gesellschaftlichen Realität nicht gut zurechtfinden, sie ecken überall an und ziehen sich dann im Sinne eines Teufelskreises erst recht in ihre Bildschirmwelt zurück; und dabei benötigen sie dann zum Ausgleich ihres nicht gelebten Lebens entweder immer stärkere Reizdosen, die ihnen Ninja-, Horror-, Zombie-, Action-, Kriegs-, Gewaltexzess- und Sexfilme, aber auch Stärke vorgaukelnde Spielzeuge wie die Super-Soaker oder die Softair Guns bieten, oder sie flüchten in Phantasiewelten, wie sie beispielsweise mit den Teletubbies oder an den Playstations geboten werden. Als vorwiegende Konsumenten von Bildschirmleben und mit ihrem Mangel an realem Leben versagen sie dann schließlich auch im „Turn-Talking", also im kommunikativen Wechsel zwischen Hörer- und Sprecherrolle. Kinder, die wenig fernsehen, sind dagegen deutlich dialogfähiger.

Wenn wir schon beim kleinen Kind dafür sorgen, dass in Bezug auf seine Grundbedürfnisse immer die Mitte getroffen wird, also sowohl Vernachlässigung als auch Verwöhnung vermieden werden, und wenn wir dem Grundschüler bereits beibringen, wie man das denn macht, wenn man ein Problem hat, indem wir ihm per Rollenspieltraining und per Bewertung in anschließenden Diskussionen ganz viele Verhaltensalternativen für jede kritische Lebenssituation zur Verfügung stellen (Argumentieren, Eingreifen, Hilfe holen, einen Bus oder ein Taxi mit Sprechfunk anhalten, in ein Geschäft laufen, Leserbriefe schreiben, in die Politikersprechstunde gehen), wie es die Lehrerinnen in der Lübecker Domschule tun, dann werden Gewalt, Sucht, Überangst und Krankheit abnehmen. Wir nähern uns dann endlich unserem schon so alten, aber immer noch nicht umgesetzten Erziehungsziel des mündigen demokratischen Staatsbürgers, der sich angemessen entscheiden, wehren, behaupten, „nein" sagen und durchsetzen kann und der es nicht mehr nötig hat, mit Cool-Sein, mit Macho-Gehabe, mit martialischem oder gar bewaffnetem Auftreten, mit provozierender Hässlichkeit, mit muskelstrotzendem Bodybuilding, Kampfsporttechniken und Kampfhunden, mit sprachgewaltreicher Rap-Musik voller Menschenverachtung (siehe Floskeln wie „motherfucking" oder „Bitch"), mit Zuschlagen oder mit Zerstören seine inneren Schwächen zu kaschieren oder in einer misslichen Jugendbande seinen Familienersatz zu finden und mit dem Mut, Hakenkreuze an Synagogenwände zu malen, eine hohe Rangordnungsposition in ihr zu erobern.

Mit der Stärkung des Selbstwertgefühls, mit dem Ermöglichen von Erfolgserlebnissen und dem Aufbau der Schlüsselqualifikation Konfliktfähigkeit durch das Zur-Verfügung-Stellen von zahlreichen Verhaltensalternativen werden junge Menschen gestärkt, und zwar jeweils in Bezug auf das Überwinden von Täter-, Opfer- und Zuschauerrolle, damit sie bei äußerer oder innerer Not nicht nur so reagieren, wie Mama, Papa, andere Verwandte und Bekannte, die Mitglieder der Jugendbande in ihrer Nachbarschaft oder ihre Bildschirmhelden es stets tun, sondern wie wir alle es letztendlich wünschen, nämlich angemessen und hilfreich, also vorbildlich. „Totreden" ist schließlich besser als „Totschlagen", sagt Michael Heilemann von der Jugendanstalt Hameln, in der junge Gewalttäter per Konfrontation mit ihren Taten auf dem „Heißem Stuhl" Argumentieren statt Zuschlagen lernen. Eingebettet wird dieses Vorgehen oft noch, wie in norwegischen Schulen, in eine aktive Höflichkeitserziehung oder wie in einigen deutschen Schulen in Verträge, die mit einzelnen Jugendlichen geschlossen werden und die zum Glück von den jungen Menschen häufiger, als von Kritikern vermutet, eingehalten werden: Sie verzichten im Falle von Unwohlsein in der eigenen Haut und bei Niederlagen bzw. Versagenserlebnissen fortan durchweg auf Aggressionen, weil man ihnen zu ihrer eigenen Verwunderung zutraut, den abgeschlossenen Vertrag auch einzuhalten.

Wenn der Eindruck wächst, wir würden stetig mehr zu einer Wegschau- oder Nur-Gaff-Gesellschaft werden, dann hat das allerdings nicht unbedingt etwas mit einer vermeintlichen Zunahme von schlechten Charakteren zu tun. Einige Zeugen von Gewalt haben Angst, sie würden selbst bedroht werden, zu Schaden kommen oder später nachteilig zur Rechenschaft gezogen werden. Andere fühlen sich ohnehin schon durch die vielen kleinen Lebenswelten eines einzigen Tages derart stark überfordert, dass sie gerade auf der Straße und in öffentlichen Verkehrsmitteln „dichtmachen", also nur noch selektiv wahrnehmen und vieles von dem dennoch Wahrgenommenen sofort verdrängen. Wieder andere vertrauen darauf, dass in unserem Staat alles irgendwie arbeitsteilig geregelt ist, dass es Polizei, Sicherheits- und Hilfsdienste, Kampfsport-kompetente, stärkere, jüngere oder belastbarere Mitmenschen oder Mitreisende geben würde, die ein eigenes Einmischen, Eingreifen oder Sich-Kümmern entbehrlich erscheinen lassen. Einige Zeitgenossen denken als Egoisten ohnehin nur an sich, machen in jeder Situation eine Kosten-Nutzen-Rechnung auf und fragen sich bloß: „Was bringt es mir, wenn ich jetzt helfe?" Dann gibt es diejenigen, die gelernt haben, das gesamte Leben lediglich per Bildschirm und Printmedien als Zaungast Revue passieren zu lassen, die die Welt nur passiv konsumieren, die nie selbstständig handeln mussten und deshalb auf einen Gewaltakt in der S-Bahn reagieren, als säßen sie im Kino.

In dem Maße, in dem in den vielen kleinen Lebenswelten eines einzigen Tages, also im Gedrängel der öffentlichen Verkehrsmittel, im Stau auf dem Weg zur Arbeit, im Großraumbüro, in der Schlange vor der Kasse im Supermarkt, in der Charterflughalle auf dem Weg in den Urlaub und in den multimedial vernetzten Wohn- und Schlafzimmern immer höhere Reizdosen auf den einzelnen Menschen einströmen, die er nicht mehr allein verarbeiten kann, ist er geneigt, mit sozialem Rückzug gegenzusteuern und sich entlastende Freiräume zu schaffen, in denen er niemandem mehr Rechenschaft schuldig ist. Was dabei auf andere wie bloße Ichbezogenheit oder gar wie Autismus wirkt, steht jedoch vielfach nur für ein hilfloses Bemühen um Balance, also um ein inneres Gleichgewicht gegenüber äußerlichen oder auch nur vermuteten Überforderungen.

Und das ist der Grund, warum Soziologen heute von der Zunahme der „Singularisierung", der Vereinzelung in unserer Gesellschaft sprechen. 37 Prozent der deutschen Haushalte sind bereits Single-Haushalte, in Hamburg sind es 50 Prozent, in München gar 54 Prozent. Diese Singles sind nicht unbedingt einsam, sie wollen aber wenigstens einige Stunden am Tag allein sein, niemandem Rechenschaft schuldig sein, wenn sie die Wohnungstür hinter sich zumachen, um nur noch Musik zu hören, am besten ganz laut, um ihr inneres Gleichgewicht zwischen den vielen Reizüberflutungen wiederzufinden und um ihre rechte Hirnhälfte in der „linkshirnigen" Beschulungs-

und Verwaltungswelt, in der es an Musischem, Ästhetischem, Kommunikativem, Emotionalem, Taktvollem, Kreativem und (Mit-)Menschlichem mangelt, direkt und damit kompensatorisch pflegen zu können.

Mittlerweile lässt sich schon auflisten, was man gegen Gewalt tun kann und was sich an manchen Stellen in Deutschland präventiv oder auch „reparierend" bewährt hat:

- Wir brauchen in den Kindergärten und Grundschulen ein „Frühwarnsystem", damit sich andeutende neurogene Störungen nicht zu schweren Verhaltensstörungen auswachsen, die später nur noch mit einem Vielfachen an Aufwand und mit graduell geringem Erfolg therapiert werden können.
- Präventionsräte in vielen Städten sind bemüht, alle mit Kindern und Jugendlichen befassten Institutionen so zu vernetzen, dass Hilfe eher greift und spätere Sanktionsmaßnahmen seltener vorkommen müssen. Jugendbeauftragte der Polizei und Präventionslehrer an Schulen, aber auch Familienhelfer, Straßensozialarbeiter und Gemeinwesenarbeiter stehen dafür.
- In Norwegen hat man ein Unterrichtsprinzip „Höflichkeitserziehung" geschaffen. Mit gutem Erfolg werden Lehrer dort fortgebildet, häufig „bitte" und „danke" zu sagen und die Schüler morgens per Handschlag zu begrüßen und nachmittags zu verabschieden.
- In vielen deutschen Schulen werden mittlerweile mit den Schülern „Klassenregeln" als Verhaltensregeln erarbeitet und ausgehängt oder Verträge mit einzelnen schwierigen Schülern oder ihren Eltern geschlossen („Verhaltensbündnisse" als „Pakte des Vertrauens").
- In der Jugend(straf)anstalt Hameln hat Michael Heilemann ein „Anti-Aggressivitäts-Training" entwickelt, das als „Coolness-Training" auf dem „Heißen Stuhl" jugendliche Mehrfachtäter von eingefahrenen Reaktionsweisen bei Konflikten per Konfrontation mit ihren schlimmen Taten befreit und ihnen Verhaltensalternativen für brenzlige Situationen zur Verfügung stellt („Totreden ist besser als Totschlagen"). Der Erfolg wird dann durch „Provokationstests" überprüft.
- Mit dem „Täter-Opfer-Ausgleich" wird dem Täter vor Augen geführt, was er angerichtet hat. Er wird zum Mitleiden mit dem Opfer und seinen Angehörigen sowie zu einer eigenen Ausgleichsleistung, also zur „Wiedergutmachung aus Überzeugung" geführt, außerdem wird ihm vermittelt, wie er künftig auf andere Weise seinen Frust kanalisieren kann.
- Mit der „Werteerziehung über Dilemmata" in Nordrhein-Westfalen wird jeder schulische Konflikt noch einmal per Rollenspiel veranschaulicht. Es wird dann gefragt, was Täter, Opfer und Zuschauer anderes hätten tun können. Die Vorschläge der Schüler werden im Anschluss in Diskussionen bewertet und die angemessensten erneut über Rollenspiele so eintrainiert, dass sie späterhin als Verhaltensalternativen für Krisen zur Verfügung stehen.
- Die Fähigkeit des sich Einmischens wird in Niedersachsen, Schleswig-Holstein, Hamburg, Nordrhein-Westfalen und anderen Bundesländern konkret geschult. Hier werden die größten an Gewaltszenen beteiligten Gruppen – die Zuschauer – ausgebildet. Aus „Wegguckern" und „Hingaffern" werden „Streitschlichter" und „Konfliktlotsen".
- In schulischen Opferschutzprogrammen wird jungen Menschen beigebracht, wie man Nein sagen und sich je nach Situation angemessen wehren, behaupten und durchsetzen kann, ohne Opfer zu werden.

▨ Nach New Yorker Vorbild hat die ehemalige Hamburger Justizsenatorin Lore Maria Peschel-Gutzeit einen Modellversuch gestartet, in dessen Rahmen jugendliche Straftäter das „Knast"-Leben einige Stunden oder einen Tag lang hautnah miterleben, um abgeschreckt zu werden. Die Erfahrungen aus New York belegen allerdings, dass viele Jugendliche zunächst tatsächlich geschockt sind, aber nach wenigen Tagen diese gut gemeinte anschauliche Deutlichkeit schon wieder verdrängt haben.

Alle diese Maßnahmen sind gegenüber einem Teil der Kinder und Jugendlichen durchaus wirkungsvoll. Ihr Erfolg hängt wesentlich von den Persönlichkeiten der beteiligten Pädagogen und von der jeweiligen Individualität des mit diesen Maßnahmen bedrängten jungen Menschen samt seiner Vorgeschichte ab. Im Übrigen setzen sie mehr an Symptomen an und beginnen zumeist erst, wenn „das Kind bereits in den Brunnen gefallen ist", also viel zu spät.

Der schrecklichste Gewaltvorfall der letzten Jahre war der Amoklauf von Robert Steinhäuser in Erfurt. Er war im Schützenverein, er hat durch ständige Ballerspiele an der Playstation und am Computer seine Tötungshemmschwelle heruntertrainiert, und er hatte mehrere Varianten von Computer-Simulationen des Littleton-Massakers heruntergeladen und immer wieder gespielt.

Der schleswig-holsteinische Lehrer, der Mitglied in einem Schützenverein ist und nun mit Schießübungen gegen Gewalt erziehen will, meint es offenbar gut. Denn er will die Kraft einer Schusswaffe fühlbar machen und die Ethik des Umgangs mit solch einem Gerät entwickeln, so wie ostasiatische Kampfsporttechniken mit einem hohen moralischen Kodex verbunden werden und so wie mit einem Messer jemand umgebracht, aber auch durch Operationen ein Leben gerettet werden kann. Positiv am Vorhaben des Pädagogen ist vielleicht das Ansinnen, die ungeheure Macht einer wirklichen Waffe gegen die Bagatellisierung des Ballerns am Computer zu setzen; hoffentlich will er aber nicht zugleich Nachwuchs für seinen Schützenverein keilen.

Kritisch muss jedoch angemerkt werden, dass es wesentlich bessere gewaltpräventive Maßnamen gibt, statt das Risiko der Faszination von Waffen einzugehen, das zumal Jungen oft erreicht: Die Konfrontation junger Menschen mit dem, was sie gerade getan haben, durch anerkannte Mitschüler, das Anti-Aggressivitäts-Training, die Streitschlichter-Modelle, die aufsuchende Pädagogik durch Lehrer gegenüber erziehungsschwachen Elternhäusern und vor allem das Massageprojekt einer Schule im dänischen Kolding, mit dem Schüler ein gutes Verhältnis zu ihrem eigenen Körper gewinnen, das Gewalttätern meist fehlt.

Jedenfalls hat eine Studie an 47 Schulen Schleswig-Holsteins ergeben, dass nur jeder dritte Schüler bereit ist, seine Opfererlebnisse einem Lehrer anzuvertrauen, und dass nur jeder vierte Lehrer einen Schüler, der unter Mobbing leidet, anspricht. Mobbing ist die Gewalt der Sticheleien, des Hänselns und der Intrigen. Eine britische Untersuchung hat gerade ergeben, dass etwa 40 Prozent der dortigen Schüler von

Mitschülern schikaniert werden und dass die meisten Opfer mehr darunter leiden als unter körperlicher Gewalt, also unter Schlägen zum Beispiel.

Selbstbewusste Kinder und solche, die gut reden können, werden übrigens seltener Opfer von Mobbing als Kinder, die sich selbst nicht mögen und die nicht gut argumentieren können.

Während man die Täter mit ihren Taten konfrontieren muss, während also Lehrer gegenüber Tätern vor allem die Aufgabe haben, zu organisieren, dass schlimme Taten durch anerkannte Schüler verpönt werden, brauchen Opfer die Stärkung ihres Ichs. Dafür haben viele Schulen schon ausgebildete Streitschlichter auf Schüler- und Lehrerseite, die dafür sorgen, dass Schüler, die von sich selbst nicht viel halten, über soziale und Leistungserfolge ein höheres Selbstwertgefühl bekommen und über eintrainierte Verhaltensalternativen sich erfolgreich behaupten, wehren und durchsetzen können sowie Nein sagen können. Das gelingt aber meist nur mit Solidarität durch wenigstens drei angesehene Mitschüler. Und wenn das alles nicht von Lehrern in die Wege geleitet wird, dann hilft immer noch eines: Junge Menschen, die nach mehreren Opfererlebnissen Kampfsporttechniken im Verein erwerben, kommen fortan nicht mehr so oft als Opfer in Frage, weil sie gar nicht ihre Judo-, Karate-, Kickbox- oder Taekwondo-Griffe und -Tritte einsetzen müssen, sondern schlichtweg selbstbewusst genug auftreten. Aber Redenkönnen hilft eben auch.

Fast jeder fünfte Jugendliche in Deutschland gerät inzwischen während der Pubertät in gefährliche seelische Krisen: Depressionen, Todessehnsucht, Magersucht, Bulimie (Ess-Brech-Attacken) oder Selbstverletzungen sind die Folge. Der Berufsverband der Kinder- und Jugendärzte zählt als Ursachen sehr allgemein auf: Intakte Familien gäbe es immer seltener, die Kirchen hätten zunehmend ihre Halt gebende Rolle eingebüßt und der Staat ziehe sich zunehmend aus sozialen Verpflichtungen zurück.

Die meisten jungen Menschen, die sich mit Messern an Beinen, Armen oder im Gesicht anritzen, die sich Heftzwecken in die Haut drücken, die sich absichtlich Brandwunden zufügen, blutig kratzen oder gar Säure oder andere Chemikalien trinken, sind Mädchen zwischen 13 und 19 Jahren. Sie machen 90 Prozent der Selbstverletzer aus, obwohl der Anteil der Jungen stetig steigt.

Warum tun junge Menschen so etwas? Für Außenstehende ist das schwer nachzuvollziehen: Wer sich selbst anritzt oder eine ätzende Flüssigkeit trinkt, ist meist jahrelang als Kind häufig geschlagen oder sonstwie missbraucht worden, oder er hat aus seiner eigenen Sicht nie die notwendigen intellektuellen oder sozialen Leistungen zustande gebracht, war also ein schlechter Schüler, war Außenseiter ohne hinlängliche Anerkennung, mochte sich selbst nie und immer noch nicht, war in der Familie das Aschenputtel oder – und das gibt es gelegentlich auch – war oft, lange oder schwer krank. Damit hat ein solcher junger Mensch dann ein ständiges Grundproblem, das rund um die Uhr an ihm nagt. Um diesen Lebensschmerz wenigstens gelegentlich zu verdrängen, führt er sich dann einen körperlichen Schmerz zu, der in Form eines

Schmerzes im Haut- und Muskelbereich oder in der Speiseröhre und im Magen akut den sonst chronischen Grundschmerz eine Zeit lang vergessen lässt. Selbstverletzendes Verhalten wird als Suchtkrankheit beschrieben, und diese Sucht hat etwas mit dem Bedürfnis nach einem „dissoziativen Zustand" zu tun, wie die Psychotherapeuten sagen: Einen dissoziativen Zustand muss man sich so vorstellen, dass ein Mensch träumt und dann klingelt der Wecker, und dann lebt dieser Mensch kurzfristig in zwei Welten zugleich: noch in der Traum- und schon in der wirklichen Welt. Der Selbstverletzer möchte seine grundsätzliche Leidenswelt mit einer andersartigen Schmerzwelt überlagern und so vorübergehend verdrängen.

Die Therapie von Selbstverletzern erfordert in schweren Fällen einen Krankenhausaufenthalt, und dort wird dann Folgendes zum Aufbau ihres Selbstwertgefühls gemacht:

Über Entspannungsübungen wie Autogenes Training, Konzentrative Entspannungstherapie, Thai-Chi, Chi Gong oder auch Kampfsport- bzw. Kraftsporttechniken soll ein neues, gutes Verhältnis zum eigenen Körper und zum eigenen Ich aufgebaut werden.

Soziale Erfolge durch neue Freundschaften schaffen Wertschätzung und Ansehenszugewinn.

Ein nachgereichter Schulabschluss, eine abgeschlossene Berufsausbildung und die Vermittlung in einen erfüllenden Job geben dem jungen Menschen das Gefühl zurück, dass er etwas kann, dass er gemocht wird und dass er nützlich zu sein vermag.

Prävention heißt ja Vorbeugung, und insofern ist die Gewaltprävention, damit es nicht zu schlimmen Aggressionen kommt, der Prophylaxe, also den Vorsorgemaßnahmen des Zahnarztes vergleichbar.

Bei beidem gibt es drei Stufen:

- Gibt man dem Trinkwasser Fluoride hinzu und hilft man dem Kind, stets zweimal am Tag gründlich seine Zähne zu putzen, dann ist das nicht schmerzhaft. Das Kind merkt nicht viel von dieser vorsorglichen Zahnpflege, sieht man einmal von dem Zeitaufwand ab und davon, dass das Kind das Zähneputzen nicht vergessen darf. Das ist primäre Prävention.
- Wenn aber bereits ein kleines Loch im Zahn ist – also der Ansatz von Karies –, dann muss der Zahnarzt etwas bohren und eine Plombe einsetzen. Das ist ein wenig schmerzhaft und unangenehm, aber vorausgesetzt, ab jetzt werden die Zähne regelmäßig geputzt, und das Trinkwasser hat einen Zusatz von Fluoriden, dann ist diese sekundäre Prävention erfolgreich.
- Wenn aber nach vielen Jahren fast alle Zähne wegen schlechter Pflege schwer kariesbefallen, die Wurzeln vereitert und viele Zähne abgestorben sind, dann kommt die tertiäre Prävention, also alle Zähne müssen gezogen werden und ein totaler Zahnersatz ist erforderlich. Das ist dann außerordentlich schmerzvoll und übel.

Ähnlich muss man sich Vorsorge und „Reparatur" gegen die Spirale der Gewalt vorstellen:

■ Ein Frühwarnsystem gegen Gewalt ist nicht schmerzhaft: Wenn kleine Kinder Verhaltens-besonderheiten zeigen, kann mit Bordmitteln noch einfach vieles gerichtet werden: Sprachgewalt wird mit einem „Nein" verpönt, und ansonsten wird Gewalt nicht vorgelebt, aber alle angeborenen Grundbedürfnisse des Kindes werden in der Mitte dosiert angesprochen, also die nach Liebe, Zeit, Ansprache, Zuhören, Bewegung, Spiel, Nahrung, Bezugspersonen, Kräfteherausforderung, Weltbildaufbau, besonders aber auch die nach Nähe, Emotionalität und Körperkontakt. Gleichzeitig werden von etwa dem dritten Lebensjahr an Verhaltens-alternativen für kritische Situationen aufgezeigt, vorgelebt, besprochen und eintrainiert. Das ist primäre Gewaltprävention.

■ Wenn das Kind im Schulalter ist und dort zu Aggressionen neigt, kommt die sekundäre Ge-waltprävention, die schon etwas weh tut: Das Kind wird direkt und sofort mit dem konfrontiert, was es gerade selbst getan hat: Wer einem anderen Kind in den Hintern tritt, muss für den gesamten Schultag den Schuh, mit dem er getreten hat, abgeben. Gleichzeitig wird seine Tat von hoch angesehenen Mitschülern verbal auf dem „Heißen Stuhl" verpönt. Das ist beschämend und insofern etwas schmerzvoll.

■ Die tertiäre Gewaltprävention setzt ein, wenn das Kind bereits den Bach hinuntergegangen ist: Es wird aus einem ungünstigen Milieu herausgenommen, kommt auf ein Segelschiff-projekt, in ein geschlossenes Heim oder gar in eine Strafanstalt und wird nun massiv durch andere schlimme junge Menschen so mit den eigenen Handlungen über Monate verpönend konfrontiert, dass das gesamte bisherige Wertbild nebst dem gesamten bisherigen Leben ausgetauscht werden muss, damit ein Rückfall verhindert wird. Dazu gehören dann körper-betonte Übungen, um ein neues Verhältnis zum eigenen Leib zu gewinnen, anstrengende Lernexerzitien, damit der Schulabschluss nachgeholt oder eine Ausbildung bzw. ein Job möglich werden, und Provokationstests härtester Art, um sicherzustellen, dass fortan nicht mehr zugeschlagen oder zerstört wird oder mit deftigster Fäkaliensprache andere Menschen gemobbt, eingeschüchtert oder gequält werden.

Die Skoldhøiskole in Aarhus geht jetzt mit diesen drei Präventionsstufen gegen hefti-ge Sprachgewalt ihrer Schüler vor. Worte wie „Fuck" oder „Nutte" und erst recht sol-che Begriffe wie „Motherfucking" und „Bitch", wie sie aus der Rappersprache Ameri-kas zu uns herübergeschwappt sind, werden ebenso wie ausländerfeindliches, frauen-verachtendes oder behindertenschmähendes Vokabular mit dem Motto „Wehret den Anfängen!" ausgemerzt. Das geschieht am Schulstart deutlich und direkt, bei älteren Schülern im Zuge einer schmerzhaften Konfrontation massiv und insgesamt offen-sichtlich sehr erfolgreich.

Wie war es doch bisher: Wenn Mädchen Laura oder Linda heißen, werden sie von anderen Mädchen Laura oder Linda gerufen. Wenn Jungen aber Markus, Nils oder Tobias heißen, werden sie von anderen Jungen „Specki", „Spasti", „Schwellkopf", „Fischmaul" oder „Penner" genannt, weil die primäre Prävention gegen Sprachgewalt vernachlässigt wurde.

Da gibt es Schulen in Deutschland, die eine wirklich gute Prävention gegen Gewalt betreiben, und dennoch werden ihre Schüler Opfer von Gewalt, weil Gruppen von

Schlägern während der Pausen von außen in die Schule eindringen. So ist es jetzt gehäuft in Hamburg und Berlin und auch bundesweit geschehen.

Im Kern ging es bei diesen Ereignissen im Ansatz um „Ehrverletzungen", wie die Täter, die oft aus Migrantenfamilien stammen, dann formulieren: „Er hat meine Freundin länger als drei Sekunden angeguckt", „Er hat meine Schwester beleidigt" oder „Er hat meinen Bruder gekränkt" oder ähnlich lauten dann die Rechtfertigungen desjenigen, der ein Rollkommando in eine Schule geschickt hat.

Vornehm wird hier auch von Kulturkollisionen gesprochen. Die althergebrachten Normen der eigenen Familie oder Region, aus der man stammt, widersprechen den inzwischen in Deutschland gewachsenen Werten, sie rasseln unverträglich zusammen, wenn zum Beispiel ein deutsches Mädchen seinen türkischen Freund verlässt und sich entscheidet, „mit einem anderen zu gehen". Sehr mühselig haben wir in den vergangenen 50 Jahren die unverletzbare Würde des Einzelnen in den Mittelpunkt unseres Zusammenlebens gestellt; von Ehre sprechen wir eigentlich nur noch bei außergewöhnlichen Leistungen und nicht mehr wie früher als Anlass für den Fehdehandschuh und das Duell, das immerhin mit Regeln und unter der Aufsicht von Adjutanten ausgetragen wurde.

Heute wird einfach willkürlich zugeschlagen, mit der Gaspistole geschossen oder sonst wie gerächt; und sich einmischen wollende Streitschlichter, die die Schule ausgebildet hat, werden völlig regellos selbst zu Opfern. Ihre Würde zählt offenbar weniger als die „Ehre" der Täter.

Das alles ist ein erzieherisches Problem, das nur von klein auf angegangen werden kann. Denn „Cops4You", wie die schulnahen Polizisten in Hamburg heißen, kameraüberwachte Schulgelände und die Verurteilung der Täter zu Knasthospitationen setzen nur nachgereicht an Symptomen an, nicht aber an der erzieherischen Wurzel im frühen Kindesalter und in den Familien, woher sie auch immer kommen mögen; denn sie leben nicht in ihrem Herkunftsland, sondern in unserem Wertesystem.

26. Mädchengewalt

Im Moment steigen die Vorfälle von Mädchen- bzw. Mädchengruppengewalt deutlich an, vor allem in Hamburg und Berlin.

Bislang galt die Theorie, dass besonders frustrierte Jungen zum „Gangbanging", zum Zuschlagen und zum Zerstören neigen, während frustrierte Mädchen die Gewalt eher gegen sich selbst richten, in Form von Esssucht, Bulimie, Selbstverletzungen, Magersucht oder Depressionen. Längst reagieren aber sowohl immer mehr Jungen mit Gewalt gegen den eigenen Körper als auch Mädchen mit Aggressionen. Das lässt sich so erklären: Zunächst sind zuschlagende Mädchen vielfach selbst Opfer von Gewalt; sie werden geprügelt, niedergemacht oder ausgegrenzt. Weil sie keine Strategien zum sinnvollen Sich-Wehren vorgelebt bekommen, sorgen ihre Niederlagen für ein schwaches Selbstwertgefühl. Schließlich wähnen sie sich so weit unten, dass sie glauben, nicht mehr verlieren zu können, zumal wenn sie sich selbst nicht mögen. Dann kopieren sie, was sie in ihrer Familie, in der Nachbarschaft, bei Jungenbanden und über die Medien oft vorgelebt bekamen: Sprachgewalt, Mobbing, Zerstören und Schlagen, also im Wesentlichen männliches Verhalten. Wenn sie dadurch vermeintlich erfolgreich sind, gewöhnen sie sich an Aggressionen – vor allem im Sog einer Gruppe.

Die Therapie ist bei zuschlagenden Mädchen schwieriger als bei Jungen, aber dennoch muss sie so sein: Die Täterinnen sollten mit dem verpönenden Urteil von Gleichaltrigen konfrontiert werden, ihnen müssen sinnvolle Verhaltensalternativen aufgezeigt und vorgelebt werden, und diese müssen dann in Provokationstests eintrainiert werden. Parallel sollten ein gutes Verhältnis zum eigenen Körper (Abmagerungskuren, Entzugstherapien, Entspannungstechniken, Judo, Chi Gong) und Erfolge im Leistungsbereich und in der sozialen Anerkennung organisiert werden.

27. Kinder, Krieg und Tod

Als seinerzeit der Golf-Krieg ausbrach, nahmen kurz danach spürbar die Gewalt unter deutschen Schülern, die Gewalt im Straßenverkehr und auch die Gewalt in Familien zu; als der Bürgerkrieg in Bosnien tobte, war das nicht so; aber mit den schlimmen Ereignissen im Kosovo eskalierten die Aggressionen erneut. Warum?

Der Golf-Krieg wurde für etwas Sinnvolles gegen den Diktator Saddam Hussein gehalten, die Angriffe des für viele junge Menschen großen „Vorbildes" USA erschienen legitim, aber sie veränderten auch die Tabuschwellen für den eigenen Gewalteinsatz im kleinen eigenen Leben. Der Bürgerkrieg in Bosnien war aus der Sicht der Kinder und Jugendlichen nur schmutzig, und er war in Bezug auf ein konkretes Feindbild zu diffus, als dass er als Modell für das eigene Verhalten dienen konnte. Mit Milosevic gab es hingegen wieder das personifizierte Böse, das abwehrende Aggressionen zu rechtfertigen scheint, die dann auch wieder Gewalt im Alltag per Imitationslernen begünstigten.

Die schrecklichen Bilder des Kosovo-Konflikts von Vertreibungen, Bombenwerfen, Zerstörungen, Verletzungen, Verzweiflung und Tod wurden täglich in kürzester Zeit bis in die Wohn- und Kinderzimmer übertragen, aber sie blieben stets steril verpackt hinter dem Bildschirm. Für viele Kinder hatten sie daher den Charakter eines gewaltreichen Videospiels, zumal wenn ihr sonstiger Alltag in den üblichen eingefahrenen Bahnen blieb, wenn sich Betroffenheit bei den vertrauten Bezugspersonen nur sekundenlang breit machte, um dann wieder durch Konsumieren, Völlerei und Lachen in geschäftige Routine überzugehen. Der Krieg war – obwohl in Europa stattfindend – ziemlich weit weg, er gestattete „Business as usual".

Die Kombination von schrecklichen Bildern und vorgelebter Alltagsverdrängung führt bei vielen jungen Menschen zu einer besonders misslichen Kombination, nämlich einerseits zur Abstumpfung und Verdrängung und andererseits zum Herabsetzen der Gewaltbarrieren, so dass sie im Konfliktfall eher bereit sind, zu zerstören, zuzuschlagen oder die Fäkaliensprache einzusetzen, leider aber auch minderheitendiskriminierend und fremdenfeindlich zu sein.

Das alles betrifft unsere Kinder. Aber die mehr als 250 000 Kinder der vertriebenen Kosovo-Albaner haben – wie jetzt viele Kinder in Tschetschenien, in Afghanistan, in Palästina, im Irak und im Sudan – Traumata erlitten, von denen sie ein Leben lang verfolgt werden. Ohne fremde Hilfe vermögen sie das Erlebte nicht zu verarbeiten, und obwohl es absurd erscheint, fragen sie sich sogar, inwieweit sie selbst mitschuldig am Schicksal ihrer Familien und ihres Volkes sind, so wie sich Scheidungskinder auch immer fragen, welchen Anteil sie am Scheitern der Ehe ihrer Eltern haben. Aus dem starken kindlichen Bedürfnis nach einer heilen Welt heraus befassen sie sich mit den Skrupeln, was sie denn hätten selbst bewirken können, damit für ihre Eltern, Großeltern, Geschwister, für ihr Dorf und für sie selbst alles anders gelaufen wäre.

Rein äußerlich scheinen übrigens für Kinder der erlebte Krieg und der erlebte Tod schneller überwunden zu werden als für Erwachsene. Aber der Schein trügt. Auch wenn sie bereits in Flüchtlings- und Auffanglagern nach kurzer Zeit wieder zu lachen und zu spielen vermögen, so sitzen die Spuren des widerfahrenen Leides dennoch tiefer als bei älteren Menschen. Ihr Lachen verbirgt den Wunsch, vergessen zu machen, was sie dennoch nicht vergessen können, und ihr Spielen ist der hilflose Versuch, durch Handeln das Erlebte zu bewältigen. In Bosnien, im Kosovo und in Tschetschenien spielten auffällig viele Kinder während und nach der Katastrophe Krieg, nicht weil sie Krieg für gut und nachahmenswert hielten, sondern weil eigentlich das Durchgemachte ein zum Verstehen führendes Gespräch benötigt, das sie aber nur kaum unter sich führen können und das die Erwachsenen ihnen aus falsch verstandener Fürsorge oder aus eigener Hilflosigkeit und Überforderung heraus vorenthalten, so dass ihnen dann nur noch die Bewältigungsmöglichkeit durch Handeln, also durch Spiel, verbleibt. Wenn aber aus irgendwelchen Gründen ihnen auch das Verarbeiten im Spiel verwehrt ist, dann bleiben ihnen nur noch das Sich-Zurückziehen, das Weglaufen, das Sich-selbst-Verletzen, das Krankwerden, die Flucht in Alkohol, Tabletten und Drogen, das Ausweichen in Depressionen und Todessehnsucht bis hin zur Sehnsucht, „Selbstmordattentäter" zu werden, oder das Ventil des Verkündens von Lebensmüdigkeit in Form von Tagebucheintragungen.

Auf all diese Signale müssen wir Erwachsenen achten. Denn wenn schreckliche Erlebnisse nicht in Gesprächen, über Rollenspiele und durch aktives Handeln gegenüber anderen Opfern verarbeitet werden können, sondern abgespalten, übergangen, eingekapselt oder unterdrückt werden, drängen sie immer wieder aus der Tiefe der

Seele nach oben, so dass selbst ein Feuerwerk aus Anlass des Jahreswechsels oder eines Sommerfestes zum Albtraum werden kann.

Die Holocaust-Forschung hat gezeigt, dass unbewältigte psychische Traumata über Generationengrenzen hinaus wirken. Selbst Kinder und Enkel von verfolgten, misshandelten, internierten und umgebrachten Menschen leiden noch unter scheinbar unerklärlichen Angstattacken, Depressionen und psychosomatischen Beschwerden, die wir auch „posttraumatische Stresssymptome" nennen; nicht nur die Sünde vermag auf diese Weise zur Erbsünde zu werden, auch das Opfersein kann zu einem Erbopfersein geraten.

Ob uns diese Tragweite beim Einschreiten der russischen Soldaten in Tschetschenien und bei den USA- und NATO-Einsätzen in Afghanistan, im Irak, in Somalia, in Bosnien und im Kosovo mit unserer Werteentscheidung für das Zunächst-Wegschauen, dann Eingreifen mit Bomben und dann Wieder-Wegschauen hinlänglich bewusst ist?

28. Narzissmus und Eifersucht

Wenn sich Jugendliche gelegentlich zurückziehen und allein sein wollen, ist das ganz normal. Sie betrachten sich dann selbst von außen, weil sie nicht mehr so undifferenziert eins mit sich sind, wie sie es noch mit zehn Jahren waren.

Jeder Jugendliche will wissen und ausprobieren, wie er auf seine Umgebung wirkt. Dazu gehört, dass er immer wieder im Spiegel überprüft, wie er mit kleinen und großen Veränderungen der Mimik und Gestik, durch Schminke und Klamotten sowie der Frisur jeweils anders aussieht.

Der Begriff Narzissmus, der das Verliebtsein in sich selbst, also überstarke Ichbezogenheit meint, geht auf den schönen jungen Narziss der griechischen Sage zurück, der sich in sein Spiegelbild im Wasser eines Sees verliebte und danach nicht mehr von der Stelle wich, so dass er schließlich vor Schwäche starb und sich in eine Narzisse verwandelte.

Narzissten sind Menschen, die sich überstark mit ihrer Wirkung auf andere befassen und dabei das Wichtigste des Lebens verdrängen. Sie legen viel Wert auf ihr Image, verstecken aber gleichzeitig ihre Gefühle hinter einer Fassade. Sie unterdrücken ihre eigentlichen Bedürfnisse, um „cool" zu erscheinen; sie spielen eine Rolle. Punks stehen für dieses übersteigerte Außenwirkungsbedürfnis; mit ihren grünen Haaren, ihren Ohren- und Nasenringen, ihrer Sicherheitsnadel durch die Lippe und ihrem Bekleidungsverhalten sind sie über den Umweg der Provokation auf der Suche nach Beachtung, Anerkennung und vor allem nach Gegenliebe, die sie oft unter Gleichgesinnten, die ähnlich schwach im Innern sind, finden.

Wenn die erhoffte Bewunderung aber ausbleibt, verfällt der Narzisst leicht in Depression. Um Niederlagen in Sachen Anerkennung entgegenzusteuern, versuchen

Narzissten, die ansonsten sozial, intellektuell oder sportlich nicht viel zu bieten haben, wie sie jedenfalls selbst glauben, sich mit Bodybuilding, Sonnenbänken, Kraft- oder Kampfsport oder durch die Verstärkung der kostenträchtigen oder provozierenden Anteile ihres Outfits herauszuputzen. Dabei wollen sie dann entweder ein „Beau" werden oder als „Siegertyp" wirken. Während sie mit ihrer Eitelkeit zugleich wirklich gute Freunde einbüßen, gewinnen sie falsche, die oft ebensolche „Loser" sind wie sie selbst. Der Narzisst spürt das mit viel Misstrauen und ist deshalb um relativ viel Distanz und wenig Intimität bemüht.

Ein begrenzter Narzissmus im Sinne von Wertlegen auf Akkurates, Schmuck und Geschmackvolles, Hygiene, Kosmetik und Mode ist für jeden Menschen wichtig, und Phasen der Übertreibung während der Pubertät sind durchaus normal, wenn es um das Austesten des Ichs in der Spiegelung der Reaktionen von Gleichaltrigen geht. Deshalb müssen Eltern und Pädagogen sehr vorsichtig mit dieser Experimentierphase umgehen, um Selbstwertkränkungen zu vermeiden. Solche Phasen müssen irgendwie mit zarten Kommentaren durchgestanden werden, wenn es um merkwürdige Haarschnitte, um Make-up-verschleierte Akne, um Tattoos, um Piercing, um schwarz bemalte Lippen, um blau gefärbte Augenhöhlen, um Plateau-Schuhe oder um viel zu weite und viel zu lange Jeans, deren Schritt in der Kniekehle hängt, geht.

Ein gewisses Maß an Eifersucht ist normal, nur krankhaft darf es nicht werden. Natürlich kann es niemandem gleichgültig sein, ob er seinen Freund oder seine Freundin an einen anderen Menschen verliert. Natürlich bedrückt es Einzelkinder, wenn sie plötzlich durch ein ungeborenes Geschwisterkind entthront werden. Aber Eifersucht schafft Leiden auf allen beteiligten Seiten, und sie birgt einen zu hohen Anteil von Egoismus und Besitzanspruch: Menschen gehören uns nicht, wir dürfen sie nur begleiten!

„Man sollte ruhig zugeben, dass man eifersüchtig ist, denn Eifersucht ist gesund", sagt der dänische Psychologe Carsten Staehr Nielsen in seinem Buch „Eifersucht – ein Gefühl, das uns hemmt und weiterbringt". Eifersucht ist eine sehr menschliche Eigenschaft, die in unserem Wertegefüge aber verpönt ist. Und deshalb wollen sie Eltern schon bei ihren Kindern austreiben; sie sagen dann ganz stolz: „Unsere Kinder sind überhaupt nicht eifersüchtig aufeinander." Diese Einstellung ist einerseits total verkehrt, weil Eifersucht etwas mit Verlustängsten zu tun hat, andererseits müssen diese Verlustängste genutzt werden, um an sich so zu arbeiten, dass ein Bindungsneuanfang möglich wird. Eifersucht führt in eine Sackgasse, aber Verlustängste ermöglichen den Start in eine neue Situation, mit der man begreifen kann, dass auch andere Menschen wertvoll sind, dass auch andere Menschen die Chance auf ein anderes Glück bringen. Sich selbst nicht so wichtig zu nehmen, demütig und dankbar zu sein, für das, was einem geblieben ist, das ist die Chance, die Verlustängste beinhalten. Denn nichts ist unersetzlich.

Aber Eifersucht macht auch fürsorglich: Sie lässt uns schützen, was wir bereits hatten. Oft ist es die Verlustangst, mit der wir wieder beginnen, uns um den anderen Menschen zu kümmern. Wir widmen ihm wieder mehr Aufmerksamkeit, wir beschenken ihn, wir werden toleranter gegenüber seinen kleinen Schwächen, und vor allem: Wir werden wieder dankbar, dass wir ihn begleiten dürfen, ohne ihn je besitzen zu können. Nielsen sagt: „Ohne Eifersucht würden wir erst merken, dass unser Partner einen anderen Menschen liebt, wenn er bereits seinen Koffer gepackt hat und geht."

Wenn der andere Mensch aber dennoch geht, hat das nichts mit unserer Würde -- oder, wie türkische Jungen oft sagen, „Ehre" – zu tun, denn eine Freundin ist nicht ein Besitz wie ein Möbelstück, sondern ein ebenfalls freier Mensch, der selbstbestimmt seinen Weg ändern darf, ohne uns dadurch abwerten zu können.

29. Wenn sich der innere Wert nach außen verlagert: Zwischen Piercing, Tattoos, Bodybuilding und Pitbulls

Erkan Özden ist 17 Jahre alt. Er wohnt mit seinen Eltern, den zwei Brüdern und der Schwester im Hamburger Stadtteil Bahrenfeld, besucht die Handelsschule und betreibt wie viele seiner Kumpels ein merkwürdiges Hobby, das zugleich Gewerbe ist: Er kauft Kampfhundwelpen, meist Pitbulls, für 400 Euro, richtet sie in martialischem türkischen Vokabular ab und verkauft sie dann nach etwa einem Dreivierteljahr für 800 Euro an Nachtclub- und Barbesitzer, Zuhälter, Türsteher und andere Türkisch sprechende Interessenten, die meist zwischen 20 und 30 Jahre alt sind. Erkan hat auch einige deutsche Freunde, die es ihm gleichtun; allerdings richten die ihre Stafford-Bullterrier in ihrer Sprache ab.

Während der ehemalige schleswig-holsteinische Innenminister Ekkehard Wienholtz (SPD) 1999 ein Zuchtverbot für Kampfhunde, ein Kastrieren der vorhandenen Rüden und ein Sterilisieren der Hündinnen sowie einen Halteführerschein gefordert hat, während die Stadt Bitterfeld von Kampfhundbesitzern 500 statt 45 Euro jährlich und die Gemeinde Biessenhofen in Bayern gar 1200 Euro verlangt und überhaupt 93 Prozent aller Deutschen nach einer Umfrage des Instituts für Marktforschung für ein totales Kampfhundverbot sind, während die Französische Nationalversammlung die Kampfhunde durch ein Sterilisationsgesetz zum Aussterben verurteilt hat, boomt in manchen deutschen Stadtteilen zur Zeit ihre Nachzucht. Wer durch die Hamburger Stadtteile Wilhelmsburg, St. Pauli, Altona, Ottensen und Bahrenfeld fährt, sieht sie eigentlich überall.

Ein Gericht in Nanterre bei Paris hat unlängst einen Pitbull als Waffe eingestuft, und das soll er wohl auch für viele junge Männer sein. Ein Kampfhund schützt vor Aggressionen anderer, und man kann ihn aktiv statt der eigenen Pistole, des eigenen Messers oder der eigenen Fäuste einsetzen. Deshalb wünscht der Deutsche Kinderschutzbund schon seit mehr als zehn Jahren einen Waffenschein für „scharfe Hunde", denn niemand weiß so recht, welche Rassen und Mischlinge der etwa 4,5 Millionen deutschen Hunde eigentlich dem Begriff „Kampfhund" entsprechen. In der Rotlichtszene sind jedenfalls Pitbulls und in rechtsradikalen Kreisen Rottweiler zu respektverschaffenden und Stärke-repräsentierenden Statussymbolen geworden. Wenn Außenstehende dabei von „gefährlichen Kampfmaschinen" sprechen, die mit einer angeborenen erhöhten „aggressiven Verhaltensbereitschaft" zwar zu Kuscheltieren erzogen werden können, aber oft zu Bestien manipuliert werden, dann ist das ihren Besitzern durchaus recht. In den letzten fünf Jahren sind jedenfalls etwa 22 000 schlimme Zwischenfälle mit Kampfhunden von den Behörden registriert worden.

Wenn Kampfhunde bei Jugendlichen, Heranwachsenden und Jungerwachsenen im Trend liegen, dann hat das viel mit den zurzeit wieder auflebenden Macho-Idealen zu tun. Wer nicht direkt tüchtig oder beliebt zu sein vermag, wer nicht genug inneren Halt hat, will wenigstens äußerlich stark sein, also äußeren Halt dokumentieren. Die Verlagerung von inneren Werten in äußere Werte zeigt sich in vielen Formen, und sie trifft vor allem Jungen und junge Männer: Bodybuilding, Fitness, Bräunungsstudios, das Beherrschen von Kampfsporttechniken, das Tragen von Glatzen; Piercing, Tattoos, Waffentragen, martialische Bekleidung zwischen Springer-Stiefeln, Bomber- und Lederjacken, Ketten, Schlagringe und Fingerringe mit Metalldornen, das Hantieren mit Butterfly-Messern und Ninja-Sternen und selbst der zunehmende Hang zu Kosmetika und das öffentliche Zur-Schau-Stellen, dass man Handy-Besitzer ist, all das steht wie der Pitbull, wie aufgemotzte Autos und wie das Eingebettetsein in eine kraftstrotzende Jugendbande, Jugendkultnische oder zumindest Clique für das Bedürfnis nach mehr brutaler Männlichkeit anstatt liebevoller Väterlichkeit, Mitmenschlichkeit oder Freundschaft.

Ein kleiner Junge, der sanft ist, hat es heutzutage schwer. Er läuft Gefahr, als Memme gehänselt zu werden, er droht Außenseiter zu werden, wenn er nicht mit den neuen Macho-Idealen mithält. Selbst Mütter neigen dazu, ihren Söhnen etwa vom fünften Lebensjahr an Zurückhaltung, Ängste und innere Schwächen abzuerziehen, und das ist nicht leicht, denn kleine Jungen weinen mehr als kleine Mädchen, sie sind krankheitsanfälliger, nähebedürftiger und in ihrer Entwicklung auch noch etwas hinter den gleichaltrigen Mädchen zurück. „Helden weinen nicht" wird ihnen vorgehalten, und die Erziehung zur neuen Männlichkeit, die vor 20 Jahren schon als überwunden galt, verlangt offenbar eine gewisse „Härtedressur", die im Inneren nicht so ohne weiteres gelingt und deshalb nach außen verlagert wird.

Türkische Jungen wie Erkan Özden aus Hamburg-Bahrenfeld sind dabei oft noch viel gravierender betroffen als deutsche Jungen, denn sie werden bis etwa zum zehnten Lebensjahr von ihren Eltern gleichbleibend klein gehalten, dann aber von heute auf morgen zum jungen Mann erklärt. Das überfordert sie ungemein, so dass es nicht verwundern darf, dass sie ihren weichen Kern mit harten Äußerlichkeiten schützen. Der Leiter des Kriminologischen Forschungsinstituts Niedersachsen, Christian Pfeiffer, kann deshalb auch mit seiner Studie zur Jugendgewalt in acht deutschen Städten berichten, dass türkische Eltern ihre Kinder dreimal häufiger schlagen als deutsche und dass jeder dritte Junge aus anderen Kulturen und jeder fünfte deutsche Junge gewalttätig wird. „Jugendgewalt ist vor allem Jungengewalt" und „Wer häufig geschlagen wird, schlägt später selber oft zu" sind seine Resümees.

Wir brauchen also dringend eine eigenständige „Jungenpädagogik", damit nicht immer mehr junge Männer emotional, erzieherisch, schulisch, ausbildungsmäßig und beruflich auf der Strecke bleiben und dann auf innere Stärke ersetzende Statussymbole wie Muskeln, Waffen, Pferdestärken und Kampfhunde ausweichen müssen; denn die Mädchen und Frauen sind dank zweier weitgehend erfolgreicher Emanzipationsbewegungen in den letzten 100 Jahren mittlerweile der anpassungsfähigere, dynamischere und erfolgreichere Teil unserer Gesellschaft geworden; sie finden ihr inneres Gleichgewicht jedenfalls leichter als Jungen oder auch junge Männer, und sie müssen sich nicht mit Pitbulls kleiden, um sich angemessen wehren, behaupten und durchsetzen zu können oder anerkannt zu werden.

Über Umfrageergebnisse und Statistiken muss man sich manchmal wundern: So wie es fraglich ist, ob man nicht Birnen mit Äpfeln vergleicht, wenn man in Sachen Schule ein Land wie Finnland am Rande Europas – mit sehr ähnlichen Familienstrukturen – neben ein multikulturelles Einwanderungsland in Zentraleuropa wie Deutschland stellt. So kann man nur staunen, wenn man liest: 45 von 250 Millionen Bürgern der USA sind tätowiert. Mehr als zwei Drittel dieser Tattoo-bewehrten Menschen halten sich für sexier als zuvor, ein Drittel fügt sich den Hautschmuck aus Gründen der Rebellion zu und fünf Prozent fühlen sich mit Tattoos intelligenter; Letzteres gilt immerhin für zwei Millionen US-Bürger. Sonderbar: Eine schmerzhafte und dann vielleicht irgendwie künstlerisch aussehende blaue, rote oder grüne Hautgravur hat ja nun gar nichts mit Intelligenz oder Begabung zu tun, und wenn schon, dann doch eher umgekehrt: Besonders fähige Menschen müssen nicht auf Außenwirkung setzen, wenn sie viel im Kopf zu bieten haben, oder?

Es mag ja sein, dass sich manch einer besser fühlt, wenn er in Klamotten, Schmuck, Frisur, Piercing oder Tattoos investiert, und ein Schmuckbedürfnis war schon immer in allen Kulturen normal. Es mag auch sein, dass so manch ein Jugendlicher seine Eltern durch Tattoos rebellisch provozieren will, um seine Eigenständigkeit, seine Unabhängigkeit per Protest von den Erwartungen seiner Eltern abzugrenzen, so wie früher die Punks mit ihren bunten Irokesen-Schnitten. Und es kann sogar sein, dass so manch einer einen gepiercten Bauchnabel, einen Ring durch die Vorhaut oder einen mit Farben eingebrannten Schmetterling auf der Brust oder ein Pin-up-Girl auf dem Unterarm für sexy oder machomäßig-männlich hält: Aber intelligenter durch Tattoos kann man sich nur eingebildet fühlen. In der Medizin nennen wir das „Placebo"-Effekt, wenn ein völlig nutzloser Stoff über den Umweg der Seele tatsächlich zu einer Linderung oder Heilung einer Krankheit führt.

30. Konfliktfähigkeit gegen Verhaltensstörungen

Die Bundesjugend- und -familienministerin Renate Schmidt schlägt Alarm: 13 bis 17 Prozent aller Kinder in Deutschland zeigen bereits Verhaltensstörungen: Sie sind übermäßig aggressiv oder ängstlich, hyperaktiv, depressiv, essgestört oder drogenabhängig.

Der Präsident der Hamburger Psychotherapeutenkammer, Rainer Richter, schlägt ebenfalls Alarm: 50 000 Hamburger Kinder und Jugendliche benötigen bereits therapeutische Hilfe; sie seien hyperaktiv, gewalttätig, depressiv, drogenabhängig, essgestört oder verletzten sich selbst.

Das sind erschreckende Zahlen. Renate Schmidt führt die Störungen auf einen Mangel an richtiger Zuwendung zurück, und im Detail nennt sie als Ursachen eine vernachlässigende, übermäßig strenge oder für die Kinder unlogische Erziehung wie Inkonsequenz, permanente Konflikte zwischen den Eltern, ein aggressives Familienklima, Alkoholmissbrauch der Eltern oder Großeltern, ungünstige gewaltreiche Nachbarschaften oder mangelhafte elterliche Aufsicht.

Und Christian Pfeiffer, der Leiter des Kriminologischen Forschungsinstituts Niedersachsen, ergänzt das Dilemma mit einer Studie, die nachweist, dass Scheidungen der Eltern und Familienzerfall von Südbayern bis Flensburg immer mehr zunehmen, wenn man auf der Landkarte von unten nach oben wandert, und dass die Scheidung der Eltern die Gefahren von Schulschwänzen und Jugendgewalt erhöhe.

Aber alles das wissen wir eigentlich schon seit vielen Jahren. Wir reden immer wieder darüber, meist wenn etwas ganz Schlimmes passiert ist. Nur handeln tun wir kaum. Wir beschreiben und diskutieren und warten dann bis zur nächsten grausam brutalen Gewalttat, und dann fangen wir wieder von vorne an. Dabei ist doch seit langem klar, was wir tun müssen:

- Wir müssen dem kleinen Kind schon Liebe geben, wir müssen Zeit mit ihm verbringen, ihm zuhören, es ansprechen, ihm Bewegung, Spiel, Nähe, Emotionalität, Körperkontakt, eine stimmige Ernährung gewähren, ihm helfen, dass es diese komplizierte Welt versteht, seine Kräfte herausfordern, ihm verlässliche Bezugspersonen bieten und ihm gestatten, Erfolge im Sozialen und im Intellektuellen zu haben. Wir müssen dafür sorgen, dass es etwas kann, dass es gemocht wird, dass es gebraucht wird und dass es als „geborener Lerner" seiner unebenen Lernlandschaft entsprechend etwas lernen kann; und dass alles müssen wir in der Mitte dosieren.
- Kinder brauchen Bindungen an Personen (Bezugspersonen), an ein stimmiges Weltbild (Normen, Werte, Regeln, Gesetze, Religion) und an ihre Zukunft (Motivationen, Perspektiven), und das darf nicht zu wenig und nicht zu viel sein: Überforderungen, Unterforderungen, zu viele Niederlagen, Verwöhnung, Enttäuschungen und Inkonsequenz müssen vermieden werden.
- Junge Menschen werden mehr von anderen jungen Menschen beeinflusst als von Erwachsenen, also müssen Erwachsene dafür sorgen, dass Kinder und Jugendliche einen guten Um-

gang haben, denn was wir nicht an ihnen mögen, muss aus dem Mund von Gleichaltrigen in das Ohr von Gleichaltrigen verpönt werden; und was wir an ihnen schätzen, muss aus dem Mund von Gleichaltrigen in das Ohr von Gleichaltrigen aufgewertet werden. Ganztagsschulen helfen dabei, denn sie können Lebensmittelpunkt junger Menschen sein, wenn es die Familie nicht mehr sein kann.

Das alles zusammen ist die Zuwendung, die Renate Schmidt herstellen möchte. Und das muss früh beginnen. Dafür brauchen wir ein Frühwarnsystem schon in der Kinderkrippe und im Kindergarten und sowieso in Vor- und Grundschulen. Das bringt mehr und ist billiger, als wenn man nachgereicht erst dann beginnt, wenn das Kind bereits aus dem Ruder gelaufen ist.

„Aggressive Kinder mit Prügeln zu erziehen hat verheerende Folgen; irgendwann kommt die Rache", sagt Christian Eggers, Kinder- und Jugendpsychiater in Essen. „Erwachsene Gewalttäter haben fast alle in ihrer Kindheit aggressives Verhalten gezeigt", ergänzt Klaus Schmeck, Psychologe aus Frankfurt am Main. Man könnte noch hinzufügen, dass Kinderschänder in der Regel in ihrer eigenen Jugend selbst sexuell missbraucht worden sind.

Wenn etwa die Hälfte des menschlichen Aggressionspotenzials genetisch bedingt ist, die andere Hälfte aber auf erzieherische Einflüsse zurückgeführt werden kann, dann müssen wir diese zweite Hälfte für positive Einwirkungen nutzen. Totalitäre und autoritäre Systeme tun das, indem sie den Menschen keine Chance lassen, gewalttätig zu werden. Zwar mangelt es in ihnen am Bemühen um Zustimmung der jungen Menschen zum Gewaltverzicht, aber mit einer allumfassenden Kontrolle haben sie überhaupt keine Möglichkeit, Aggressionen auszuleben, es sei denn in die vom Staat eröffneten Kanäle im Sport, im Krieg oder im Rahmen von ideologischen Vorgaben hinein, wie wir sie aus dem Dritten Reich mit Pogromen gegen Juden, Ausländer, Homosexuelle und Zigeuner oder aus der DDR mit dem durch die SED aufgebauten „Hass gegen den Klassenfeind" kennen.

Unsere demokratische und werteplurale Gesellschaft heute ist hingegen so liberal und offen, dass die dadurch schwieriger gewordene Erziehung die Zustimmung des jungen Menschen zu angemessenen friedlichen Konfliktstrategien erreichen muss, zumal das gewünschte hohe Maß an individueller Selbstständigkeit ansonsten zu einer Egoismen befördernden Ellenbogengesellschaft missraten würde, in der der Einzelne verführt wird, zur Durchsetzung seiner Ziele „über Leichen zu gehen".

Eltern, Erzieherinnen und Lehrern ist deshalb die schwierige Aufgabe zugewachsen, schon kleinen Kindern beizubringen, was man denn tun kann, wenn man ein Problem hat, wenn man in einer Krise steckt oder in einen Konflikt geraten ist. Beginnt man zu spät mit dem Aufbau dieser Konfliktfähigkeit, ist das Kind geneigt, aus Anlass eines Konflikts das zu tun, was Papa dann immer tut, was die Bildschirmhelden dann immer tun, was sie durch Modell- oder Imitationslernen gedankenlos von

Gleichaltrigen schon in der Kindergarten-, Spiel- oder Schulgruppe und später in der Jugendbande übernehmen, oder sie bleiben derart hilflos, dass sie zur Autodestruktion, also zur Gewalt gegen sich selbst neigen und dann esssüchtig, asthmatisch, hyperaktiv, depressiv, neurodermitisch, stotternd, magersüchtig werden, sich selbst mit Messern, Rasierklingen oder Säure verletzen oder aus Angst vor Ablehnung an ihren Nägeln kauen. Zehn bis 20 Prozent aller Menschen sind Nägelkauer. Mädchen häufiger als Jungen, Kinder mehr als Erwachsene.

Wenn Kinder bereits früh in sich die Weiche in Richtung aggressives Abwehrverhalten oder autodestruktives Vermeidungsverhalten gestellt haben, gewöhnen sie sich recht bald an ihre Ausweichstrategien. Im Fall von Frust reagieren sie dann immer wieder auf die gleiche Weise; ihr Verhalten läuft dann ganz automatisch ab, auch wenn sie damit stets zu ähnlichen Misserfolgen bzw. Niederlagen kommen. Wir nennen das Reiz-Reaktions-Mechanismus.

Wie lässt sich also die durch unsere Gesellschaftsverfassung herausgeforderte, so ungemein wichtige Schlüsselqualifikation Konfliktfähigkeit in jungen Menschen herstellen? Die Antwort bergen folgende mittlerweile vielfach bewährten Strategiemodelle der Pädagogik:

- Wenn Eltern im Fall von Verdruss um sich schlagen, schreien, weinen, „Scheiße" rufen, den anderen mit „Arsch" beschimpfen, Türen knallen, mit Gläsern oder Tellern werfen, maulen oder sich beleidigt zurückziehen, dann übernehmen auch ihre Kinder diese Reaktionsweisen. Wenn sie hingegen in ärgerlichen Situationen ruhig bleiben und kultiviert reagieren, neigen Kinder auch zu diesen Verhaltensweisen. Das Vorbild ist also durchaus in hohem Grade weichenstellend.
- Sobald Kinder vom vierten Lebensjahr an Begründungen zu verstehen vermögen, muss man ihnen Argumente bringen, mit denen bestimmte Verhaltensweisen verpönt und andere begünstigt werden.
- Schon mit Vierjährigen sollte man beginnen, mehrere Verhaltensalternativen für kritische Situationen zu erarbeiten. Das können Eltern im Rahmen von Gesprächen über die Ereignisse des zurückliegenden Tages und über die Planung des nächsten Tages leisten, indem sie Verhaltensmuster dem Kind vorspielen und danach als Rollenspiel gemeinsam mit dem Kind ausprobieren oder indem sie oft die Frage stellen „Was könntest du denn hier überhaupt alles tun?" und jeden einzelnen Vorschlag durch das Kind und gegebenenfalls auch durch die Geschwister oder seine Freunde bewerten lassen.
- Mit einem siebenjährigen Mädchen, das jeden Morgen mit dem Fahrrad durch den Wald zu seiner entfernt liegenden Schule fährt, muss man erörtern und per Rollenspiel eintrainieren, welche Verhaltensweisen in Frage kommen, wenn plötzlich ein Mann vor dem Fahrrad auftaucht: Schnell umkehren, im großen Bogen vorbeifahren, ihm in seine Geschlechtsteile treten, laut schreien oder gerade nicht, zum nächsten Haus fahren und dort klingeln usw. Alles das muss je nach aktueller Situation vorbeugend erprobt, in Frage gestellt, durchdacht, bewertet und eingeübt werden.
- Da Kinder von Gleichaltrigen leichter überzeugt werden als von Erwachsenen, kommt dem Gesprächskreis (dem „Stuhlkreis") im Kindergarten und in der Vor- und Grundschule eine

hohe Bedeutung zu. In ihm können viele sowieso sich ereignende Konflikte ihres Alltags noch einmal vorgespielt, also veranschaulicht werden; dann kann man alle Vorschläge der Kinder für alternative Verhaltensweisen, differenziert nach Täter, Opfer und Zuschauern, sammeln, als Rollenspiel darstellen, bewerten, also für außerordentlich gut, für eventuell geeignet oder für abwegig erklären lassen, und die für besonders gut befundenen durch erneute Rollenspiele einüben. „Werteerziehung über Dilemmata" nennt man diese Vorgehensweise an nordrhein-westfälischen Schulen. Mit einer ähnlichen Methode hat die Lübecker Domschule bei ihren Grundschülern erreicht, dass Gewalt, Sucht (z. B. Zucker- oder Esssucht) und auch Krankheiten deutlich abgenommen haben. „Was hätte der Täter anderes tun können, um seinen Frust abzubauen?" wird dort gefragt, denn er tut das, was er tut, ja auch, weil ihm nichts anderes einfällt. Ein Punching-Ball und Boxhandschuhe oder auch ein Sprung vom Schrank im Klassenraum auf die davor liegenden Turnmatten hätten ihm eventuell schon geholfen. „Was hätte das Opfer tun können?" ist die zweite Frage, denn das Opfer wird Opfer, weil es sich nicht angemessen zu wehren weiß. Wenn 23 Schüler zusammensitzen, fällt ihnen auf solche Fragen immer eine ganze Menge ein, und das wird dann über Rollenspiele und Bewertungen aufgegriffen.

▪ Die größte Gruppe stellen bei Gewalt meist die Zuschauer dar, jedenfalls in der Schule. Sie gaffen bloß, feuern eventuell sogar die Kontrahenten noch an, oder sie schauen einfach weg, wenn ihnen etwas unangenehm oder gleichgültig ist. Sie werden seit einiger Zeit in manchen Bundesländern mit Fragen, Rollenspielen und Bewertungen zu „Konfliktlotsen" oder „Streitschlichtern" fortgebildet, die sich einzumischen vermögen, ohne selbst Opfer zu werden; sie lernen auch, mit Angst besser umgehen zu können..

▪ Wenn man im Kindergarten und in der Vor- und Grundschule Gruppenregeln von den Kindern selbst erarbeiten lässt, sie aushängt (eventuell auch in Bilderform, weil die Kinder noch nicht lesen können) und sie immer dann ändert, wenn sie sich nicht bewährt haben, funktionieren sie meist außerordentlich gut, vorausgesetzt der Pädagoge hat sie ihnen nicht übergestülpt.

▪ Mit einzelnen besonders schwierigen Kindern oder Jugendlichen Verträge abzuschließen hat sich ebenfalls bewährt. Der junge Mensch weiß nämlich zu schätzen, dass man ihm die Einhaltung des Vertrags zutraut. Verträge mit ganz vielen Kindern und Jugendlichen gleichzeitig abzuschließen, gibt jedoch keinen Sinn, weil der Einzelne es nicht so toll findet, dass er nur einer von ganz vielen ist.

▪ Nur wenn Kinder und Jugendliche auch bereit sind, ihren Eltern, Erzieherinnen und Lehrern von ihren Alltagskonflikten zu erzählen, können sie Konfliktfähigkeit richtig aufbauen. Es muss also Vertrauen zu den Bezugspersonen da sein. Angst vor misslichen Reaktionen der Erwachsenen führt jedenfalls keineswegs zu dieser erforderlichen Öffnung, zumal dann nicht, wenn der junge Mensch zuvor von seinen Peinigern im Zuge von „Abziehen" oder „Abpressen" mit Drohungen eingeschüchtert wurde. Ein solches Schweigen lässt sich übrigens nur verhindern, indem Kinder vorbeugend auf erpresserische Situationen eingestellt werden und wenn man ihnen klarmachen kann, dass sie sich dann erst recht einem Erwachsenen anvertrauen müssen.

▪ Erwachsene können Konfliktfähigkeit bei Kindern nur dann aufbauen, wenn sie sie auch mögen. Aber leider hat gerade eine Umfrage des Gynäkologen Stefan Flachowski in Sachsen ergeben, dass nur 47 Prozent der Mütter von Neugeborenen diese als Wunschkinder bezeichnen. Hoffentlich steigt dieser Prozentsatz mit dem Älterwerden der Kinder noch gewaltig an!

Im Moment zeigt jedes dritte deutsche Schulkind Verhaltensstörungen, sagt das saarländische Bildungsministerium. Psychische Unruhe, Konzentrationsmängel, Montags-Syndrom, Hyperaktivität, Mobbing, Suchtverhalten, Depressionen und Gesundheitsprobleme sind die häufigsten Symptome neben „aggressiven Umweltbeziehungen", die beispielsweise bei 15 Prozent der Mannheimer Kinder beschrieben werden. Sie werden uns auf unserem schweren Weg von einer Konsens- zu einer Konfliktgesellschaft noch viel zu schaffen machen, weil wir bislang immer noch nicht so richtig mit dem Aufbau der Schlüsselqualifikation Konfliktfähigkeit angefangen haben.

31. Schlüsselqualifikationen für die Zukunft: Zwischen Selbstständigkeit, Teamfähigkeit und vernetzendem Denken

Junge Menschen zu Untertanen, zu Duckmäusern, zu angepassten „funktionierenden Rädchen im Getriebe" zu erziehen, tat zwar noch dem preußischen Beamten- und Soldatenstaat irgendwie gut, weil es sich in sein System einer autoritären Obrigkeitsgesellschaft fügte. Dieses Menschenbild mag auch noch zu den Erwartungen von Handwerksmeistern passen, denen es im Rahmen eines regionalen Wettbewerbs vorrangig um Ordnung, Pünktlichkeit, Zuverlässigkeit und Kuschen geht; aber unserer heutigen Gesellschaft und den im internationalen Wettbewerb um ihr Überleben kämpfenden Großbetrieben entspricht so etwas keineswegs. Die Globalisierung zwingt uns zu anderen Schlüsselqualifikationen bzw. Kernkompetenzen, die jedoch in der häuslichen und schulischen Erziehung viel zu wenig beachtet und schon gar nicht in Abschlusszeugnissen erwähnt, geschweige denn benotet werden.

Zwar ist nichts gegen Pünktlichkeit, Ordnungsliebe und Fleiß einzuwenden, wenn sich Menschen für ihre Tagesdisziplin selbst dazu entscheiden, weil sie gemerkt haben, dass sie und andere mit diesen Tugenden besser zurechtkommen, aber ganz andere Fähigkeiten müssen diese „Sekundärtugenden" dringend ergänzen.

Walter Simon, der Leiter des Innovationsteams für Politik und Wirtschaft in Bad Nauheim, stellt fest, dass „unsere hierarchiegeprägten Vorstellungen von Menschenführung noch aus der Zeit des Pyramidenbaus stammen". Und er fügt hinzu: „Autokratisch-zentralistische Strukturen mögen in einem statischen Umfeld effizient gewesen sein, aber sie versagen in einem dynamischen und komplexen System", wie es heute in unserer europäischen Gesellschaft vorherrscht.

Überall, wo wir heute Chaos haben – das wir so oft beklagen –, sollten wir es, statt es bändigen zu wollen, produktiv nutzen. Chaosmanagement ist der bessere Weg zur

Ordnung als die Vermeidung, die Verpönung und die Bestrafung von Unordnung, sagen uns heute Innovationsmanager. Namentlich chaotische Situationen, wie wir sie mit Börsenturbulenzen, mit Flüchtlingsströmen, mit dem Wetter, mit Vulkanausbrüchen und Erdbeben, mit Revolutionen, aber auch in den Kinderzimmern erleben, bergen immer zugleich Ansätze von subtilen Ordnungsregularien, so indem eine Überflutung für die Erhöhung der Deiche sorgt, ein Vulkanausbruch für fruchtbaren Boden und ein Erdbeben für danach stabiler gebaute Häuser. Störungen in Unternehmen führen meist zu ihrer Verbesserung, und je früher sie sich ereignen, umso mehr Wettbewerbsvorteile erwachsen eventuell aus dieser Störung.

Nach dem großen Chemieunglück in Basel 1986 wurde bei Ciba-Geigy die Betriebshierarchie verringert, jeder noch so kleine Angestellte bekam die Unterschriftenvollmacht, und in den Basler Schulen wurde eine neue Fehlerkultur eingeführt. Sogleich stiegen die Motivation und die Leistungsfähigkeit der Mitarbeiter des Chemie-Konzerns, und die Basler Grundschüler konnten ein Jahr früher lesen, schreiben und rechnen als zuvor.

Das Chaos bringt die besten Ideen hervor, es befördert Kreativität und damit Effizienz. Erfolgsstrategien haben in erstarrten Strukturen keine Chance; Stillstand ist die Form des Todes, und wer alles ordentlich, fertig und perfekt hat, wer alles besitzt und alles geregelt hat, hat überhaupt keine Motivation mehr, sich irgendwie anzustrengen. „Jedes zentralistische Management", sei es nun in der Familie durch eine überfordernde Mutter, sei es wie immer noch in fast allen Schulen, sei es im Betrieb, im Staat oder in der Wissenschaft, „ist Unsinn", schreibt der deutsche Nobelpreisträger Gerd Binnig, der die Segnungen eines extrem innovationsfördernden und hierarchiearmen Umfeldes im IBM-Forschungslabor im schweizerischen Rüschlikon genoss.

Kreativität wächst aus der Unordnung der Gedanken und Empfindungen, sie wächst intuitiv aus zufällig anregenden Impulsen, und sie braucht reiche Assoziationsverknüpfungen zur Beförderung der Phantasie eines ungesteuerten Menschen. Kreativität sorgt für weiterführende Erfindungen und Entwicklungen, sie ereignet sich in der rechten Hirnhälfte des Menschen, in der ganz nah dabei auch das Musische, das Emotionale, das Kommunikative und das Soziale liegen. Aber die rechte Hirnhälfte wird in unserer Erziehung und insbesondere in den Schulen sträflich vernachlässigt. Schule ist immer noch bemüht, ein Fach wie Musik über die linke Hirnhälfte zu unterrichten, so dass der merkwürdige Effekt entsteht, dass Musik bei der Rangordnung der Beliebtheit der Schulfächer nur auf dem vorletzten Platz erscheint, während sie im außerschulischen Leben von Jugendlichen ganz oben rangiert, wenn man an deren gewaltigen Musikanlagen und Boxen, an ihre CD-Players, Walkmen, Discmen, Jams, Feten, Diskos und Konzerte denkt und an ihre Lust, zu rappen und Drums zu spielen.

Im Hamburger Schulgesetz werden daher Schlüsselqualifikationen wie Kreativität, Selbstständigkeit, Teamfähigkeit, Erkundungs-, Handlungs- und Konfliktfähigkeit sowie die Fähigkeit zum vernetzenden Denken, die sehr stark mit dem Gedanken, dass sich Ordnung besser aus Chaos als aus Disziplin entwickelt, korreliert. Sie werden dabei über die bisherigen Fachlernziele gestellt, denn die schulische Aufteilung der Lebenswirklichkeit in einzelne Fächer ist mittlerweile höchst kontraproduktiv: Weil das Wissen, das der Menschheit zur Verfügung steht, unglaublich gewachsen und vielfältig geworden ist, macht es keinen Sinn mehr, dasjenige, was ohnehin in unserer komplexen Welt kaum noch jemand zu überblicken vermag, nun noch zusätzlich auf viele kleine Fächer und Unterrichtseinheiten aufzudröseln. Das Gegenteil, nämlich die Zusammenschau, muss heute geleistet werden. Deshalb werden Schüler, die offenen, projektbezogenen, fächerübergreifenden und überfachlichen Unterricht mitmachen durften – also einen um den Aufbau der Fähigkeit zum vernetzenden Denken bemühten Gesamtunterricht nach den Ideen Berthold Ottos –, viel früher mündig und im Sinne von Überblickskompetenzen lebenstüchtig als andere, die von klassisch wissenschaftsorientiert vorgehenden „Fachidioten" zu bloßen Fachlernzielen gedrillt werden.

Indem junge Menschen selbstständig gemacht werden, können sie sich später zur Not auch eine eigene berufliche Nische bauen und müssen nicht zu Hause warten, wie immer noch mehr als vier Millionen deutsche Arbeitslose, dass das Arbeitsamt sie irgendwohin vermittelt.

Wenn Schüler durch eine früh einsetzende Partner- und Gruppenarbeit in der zur Lernwerkstatt gewandelten bisherigen Belehrungsschule teamfähig werden, dann erfüllen sie damit den sehnlichen Wunsch der deutschen Großbetriebe, die wie BMW, VW, Siemens und DaimlerChrysler genau diese Schlüsselqualifikation bei Schulabsolventen am dringlichsten anmahnen.

Wenn wir es in diesem neuen Jahrhundert schaffen, junge Menschen konfliktfähig zu machen, dann werden Gewalt, Sucht und Krankheit eine wesentlich geringere Rolle in unserer Gesellschaft spielen als heute noch, und dann entsprechen unsere Erziehungsweisen endlich den hohen Ansprüchen unseres Grundgesetzes an Mündigkeit, Vielfältigkeit, Flexibilität, Mobilität und Zustimmung des Einzelnen zu dem, was man von ihm fordert und was man ihm untersagt. Nur wer konfliktfähig ist, kommt mit Rechten und Pflichten sowie mit anderen Menschen, mit der Gesellschaft und mit seiner und unserer Zukunft störungsarm klar.

Wenn junge Menschen erkundungskompetent sind, muss man ihnen nicht mehr so viel Wissen einzubimsen, einzutrichtern oder einzupauken versuchen, weil sie dann in der Lage sind, sich die für sie wichtigen Informationen in kurzer Zeit auch selbst zu beschaffen. Zwar brauchen wir ein Fundamentum schulischer Wissensvermittlung im Sinne einer Allgemeinbildung für alle jungen Menschen, das muss aber kleiner werden als es bislang noch ist, damit wir Zeit und Platz schaffen für den Aufbau von Erkundungskompetenz, aber auch, weil der Versuch, jungen Menschen in einer Wissensgesellschaft, deren Wissen ausufert, möglichst viel Wissen zu vermitteln mittlerweile ziemlich sinnlos geworden ist. Dies meint nichts anderes als die Forderung nach dem Wandel von der Wissens- zur Informationsgesellschaft.

Und wenn schließlich Elternhaus und Schule künftig mehr als bisher darum bemüht sind, junge Menschen handlungsfähig zu machen, dann geht es dabei um das immer bedeutsamer werdende Gegengewicht zu einer bloß konsumierenden Trägheit, die schon bei denjenigen kleinen Kindern geprägt wird, die stundenlang „vor der Glotze geparkt" werden, statt dass sie sich den Bedürfnissen ihrer Entwicklungsstufe entsprechend viel draußen im dreidimensionalen Raum mit Laufen, Springen, Klettern, Kneten, Matschen, Rollen, Hüpfen, Balancieren und Rückwärtsgehen sowie mit anderen Kindern bewegen. Wer die Welt mehr per Bildschirm passiv konsumiert, als dass er sie selbst aktiv erobert, bleibt weitgehend handlungsunfähig, wenn es später einmal darauf ankommt. Wer aber Kompetenzen über das Erfahrungen vermittelnde Handeln aufgebaut hat, verunglückt nicht mehr ganz so leicht, weil er auch in höchst kritischen Situationen noch das Richtige zu tun vermag.

32. Wie viel Medien braucht ein Kind?

Kinder, die in einem fernsehlosen Haushalt aufwachsen, wie ihn gelegentlich noch die Waldorfpädagogen empfehlen, werden leicht Außenseiter; sie haben Informationsdefizite, können auf dem Schulhof nicht mitreden und werden auf Dauer schwierige Menschen über ihre vielen kleinen kommunikativen Niederlagen im Alltag. Außerdem sind sie gefährdet, wenn sie mal bei anderen Familien übernachten, sich intensiv oder auch exzessiv das Allerschlimmste an Gewalt und Sex zeitlich überdosiert nachzureichen oder mit 18 Jahren, wenn sie einer Videothek beitreten können, sich täglich sechs Filme reinzuziehen, um ihren Nachholbedarf zu befriedigen.

Junge Menschen, die heute ganz ohne Computer aufwachsen, werden demnächst, wenn 80 Prozent aller Arbeitsplätze irgendwie mit dem Computer zu tun haben, auch berufliche Nachteile haben, wie sie auch Studenten schon auf dem Weg zum Examen haben, die über so ein Gerät nicht verfügen und es innerhalb der Hochschule nicht bedienen können.

Die Medienlandschaft an sich ist nicht schädlich; auf den Umgang mit ihr kommt es an. Handys, Fernsehgeräte, Videorekorder, Gameboys, Spielkonsolen, Computer und Internetanschlüsse vermögen unser aller Leben zu bereichern und auch zu vereinfachen, sie können aber auch schädlich sein, wenn schon kleine Kinder zu früh, zu oft und ohne Gesprächsbegleitung das Falsche sehen, ganz zu schweigen von der möglichen Schädigung der Augen, der Brüste (durch die Strahlenbelastung) sowie der Organe und Funktionen, die auf viel Bewegung angewiesen sind.

Fernsehen ist die Freizeitbeschäftigung Nr. 1 bei Kindern. Deutsche Kinder sehen heute täglich im Schnitt 101 Minuten fern, und schon bei den Drei- bis Fünfjährigen sind es 81 Minuten. 83 Prozent der Sechs- bis 13-Jährigen sitzen täglich vor dem Bildschirm, und im Hamburger Stadtteil Horn, so haben die dortigen Vor- und Grundschulpädagogen ausgezählt, kommen schon Fünf- und Sechsjährige auf bis zu neun Stunden täglichen Bildschirmkonsums, und von Freitagmittag bis Sonntagabend auf bis zu 30 Stunden, häufig noch ergänzt durch vier Stunden Sitzens auf der Rückbank eines Autos, weil Mama am Sonntag auf die Idee kommt, von Hamburg nach Cloppenburg zu Oma zum Kaffeetrinken zu fahren.

Während Vorschulprogramme von Vorschülern immer seltener gesehen werden, neigen sie gleichzeitig dazu, immer häufiger Programme für Erwachsene sehen zu wollen: Sie empfinden Kindsein oft als Kindischsein und wollen daher die so wichtigen Entwicklungsstufen nicht altersentsprechend ausleben, sondern einfach überspringen, was ihnen nicht gut tut, so dass sie in der Schule dann mit psychomotorischem Extraturnen versorgt werden müssen, das gegen ihre Bewegungs-, Muskelkoordinations-, Gleichgewichtssinn-, Hautsinn-, Rückwärtsgehenkönnen- und Rechendefizite kompensatorisch zu wirken bemüht ist.

Für 94 Prozent der deutschen Kinder ist das Fernsehen mittlerweile ebenso wichtig wie die Freunde, hat die „Kids-Verbraucher-Analyse" der Verlage Bastei, Bauer und Axel Springer ergeben. Es folgen Musikhören (90 Prozent), Radfahren (84 Prozent), Videogucken (77 Prozent), Radiohören (76 Prozent) und Fußballspielen (70 Prozent).

80 Prozent der deutschen Kinder sitzen täglich durchschnittlich 45 Minuten vor ihrem PC, aber nur sieben Prozent gehen ins Internet. 48 Prozent der Sechs- bis 17-Jährigen besitzen inzwischen schon einen eigenen Fernseher auf ihrem Zimmer und 72 Prozent einen eigenen Radiorekorder. Während jeder vierte Junge in Deutschland täglich mindestens ein Computerspiel spielt, macht das aber nur jedes achte Mädchen. Umgekehrt arbeiten Mädchen im Jugendalter wesentlich mehr am Computer als Jungen, die daran lieber spielen, so dass die Mädchen die Jungen mittlerweile in Bezug auf Informatikkompetenzen im Unterricht der Schule eingeholt oder sogar überholt haben. Während nur jedes zwanzigste Mädchen computersüchtig ist, ist es jeder achte Junge, stellt eine Berliner Studie fest.

Nicht unbedingt im eigenen Zimmer, aber zumindest im Haushalt verfügen heute 42 Prozent aller Sechs- bis 17-Jährigen über den Zugang zu einem Computer, andererseits haben auch schon zwei Prozent aller Grundschüler einen eigenen Internetanschluss in ihrem Kinderzimmer.

Die Medienlandschaft hat sich derart rasch verändert, dass wir heute schon von dem „multimedial vernetzten Kinderzimmer" sprechen, das dazu geführt hat, dass junge Menschen mit ganz anderen Hirnvernetzungen aufwachsen, als es die Erwachsenen früher taten. Junge Menschen sind den Erwachsenen dadurch irgendwie fremd geworden; sie assoziieren anders, haben andere Wahrnehmungseigenschaften, zeigen andere Reaktionsmuster, empfinden vieles anders, und manche Reize, wie der eines zarten, frisch angepflanzten Rasens, überwinden nicht mehr ohne weiteres ihre Wahrnehmungsschwelle, während sie zugleich Augen und Fingerspitzen so extrem schnell aufeinander abstimmen können, dass fast jeder Vater, der Physik studiert hat und Manager in einem Großbetrieb ist, gegen seinen elfjährigen Sohn bei einem Computerspiel verliert.

Computerkids haben eine andere Fehlerkultur drauf als die meisten Erwachsenen: Sie sehen Fehler als Umwege zu einem Ziel, als Chance zum Rückwärtsgehen und zum Noch-einmal-von-vorn-Anfangen, als sinnvolles Element von Fortschrittsstrategien über Versuch und Irrtum (also über „Trial and Error", wie die Amerikaner sagen), während Erwachsene viel zu viel Angst vor Fehlern haben und immer noch geneigt sind, Fehlermachen zu bestrafen, obwohl doch der Fehler an sich schon Strafe genug sein könnte, weil er immerhin Zeit auf dem Weg zum Ziel kostet.

Viele fernsehende Kinder haben oft Probleme mit stehenden Schwarzweiß-Bildern, die sie nicht mehr so ohne weiteres wahrnehmen und erfassen, weil sie im Vergleich zum farbigen actionreichen Bild aus Kalifornien zu reizschwach sind. Andererseits nehmen sie viel leichter als Erwachsene komplexe Reize wahr. Wenn in einem Film des Regisseurs Oliver Stone neben der Haupthandlung noch drei Nebenhandlungen in den Bildecken spielen, bekommen Erwachsene Erfassungs- und Verständigungsprobleme, Fernsehkids aber nicht. Wenn Erwachsene einen Spielfilm auf Portugiesisch sehen, weil sie gerade in einem Hotel in der Algarve weilen, haben sie Mühe, dem Inhalt des Films zu folgen, Kinder aber eventuell nicht, weil sie schon früh gelernt haben, einen Film ausschließlich vom Bild her zu verstehen, wenn sie schon als Dreijährige stundenlang vor dem Fernseher zugebracht haben und die den Filmen zugrunde liegende Sprache ohnehin noch nicht verstehen konnten.

Auf den Umgang mit den Medien kommt es in der Erziehung mehr an als auf die Medien und ihre Inhalte selbst. Das gilt auch für Print-Medien, also für Zeitungen, Zeitschriften (allein für Mädchen in der Pubertät gibt es an den Kiosken sieben verschiedene Reiterzeitschriften und für Jungen etwa 20 Motorradzeitschriften) und Bücher, für Musik und Musiktexte sowie für das Internet, den Teletext und Werbespots. So wie Eltern früher in Bezug auf ihre Kinder Angst vor „Schundliteratur" hatten, haben sie heute Angst vor *Crime and Sex* auf dem Bildschirm. Und so wie sie heute dankbar wären, wenn ihre Kinder mehr Bücher lesen würden, werden sie in Zukunft vielleicht dankbar sein, wenn ihre Kinder mehr Fernsehprogramme verfolgen würden, statt im Internet zu surfen.

Um eine kritische Distanz zu den Medien aufzubauen, hat man deshalb in einigen Bundesstaaten der USA das Fach „Media Literacy" geschaffen, das mehr bringt als Kontrollgeräte, die den Eltern gestatten, das Sehen bestimmter Fernsehsender zu verhindern, wenn sie ihre Kinder einmal allein zu Hause lassen müssen. Als erstes deutsches Bundesland hat Sachsen ein Fach Medienerziehung in seinen Schulen eingeführt, aber viel zu spät einsetzend, nämlich erst in der Klassenstufe neun.

Zusammenfassend seien noch folgende Empfehlungen gegeben:

- Kinder bis zum Ende des dritten Lebensjahres sollten nie vor dem Bildschirm sitzen, weil er ihren Augen nicht gut tut.
- Kinder von vier bis fünf Jahren sollten im Schnitt nur 20 Minuten täglich vor den Bildschirm hocken.
- Kinder von sechs bis neun Jahren ertragen täglich eine halbe Stunde Bildschirmkonsums zu Hause und eine weitere vor dem Lerncomputer in der Schule.
- Kinder von zehn bis 13 Jahren sollten nicht länger als durchschnittlich eine Stunde zu Hause plus eine Stunde in der Schule vor dem Fernseh- bzw. Computerbildschirm sitzen. Selbstverständlich kann man bei Fußballweltmeisterschaften und Olympischen Spielen eine Ausnahme machen.
- Vom 14. Lebensjahr an können es täglich zwei Stunden zu Hause und zwei Stunden in der Schule sein, vorausgesetzt es finden auch täglich mindestens zwei Stunden Bewegungsherausforderungen durch Sport, Inline-Skaten oder Wandern statt.
- Ab Klasse 12 sollte der häusliche und schulische Gesamtumfang des Sitzens und Spielens vor dem Bildschirm fünf Stunden im Schnitt nicht überschreiten.
- Bis zum zehnten Lebensjahr sollten Kinder keinen Fernseher und keinen Computer auf ihrem Zimmer, aber schon im Haushalt zu Verfügung haben.
- Es gibt gut begabte Kinder, die so etwas wie eine Computer-Legasthenie zeigen. Sie können alles recht gut, nur am Computer versagen sie. Das ist aber genauso wenig schlimm, wie es Kinder gibt, die überall gute Leistungen erbringen, nur nicht im Fach Musik oder im Sport oder beim Basteln mit technischen Gegenständen. Die Computer-Legasthenie, die offiziell „Computerasthenie" heißt, kann eine Teilleistungsstörung sein, die in einigen Jahren auch von Nachhilfeinstituten und von schulischem Förderunterricht angegangen werden wird. Bei jedem Fortschritt gibt es eben auch immer Nachteile und einige Menschen, die von ihm mehr profitieren als andere.

33. Lachen und paradoxe Intervention

Kinder lachen eher, häufiger, länger und lauter als Erwachsene, sie benutzen Humor als Motor ihrer Kommunikation, und sie lachen auch über scheinbar nicht Lachenswertes, jedenfalls aus der Sicht von griesgrämigen Erwachsenen. Mit Heiterkeit steigern sie nicht nur ihr Lebensgefühl, sondern oft auch ihre Anerkennung in der Gruppe; deshalb werden manche Kinder auch Klassenclowns. Was für Erwachsene albern klingen mag, kann für Kids durchaus witzig sein, zumindest fördert es jedoch den Ausstoß von Endorphinen in ihrem Gehirn, mit denen Glücksgefühle wachsen, Optimismus gefördert und Gesundheit gesteigert werden. Lachen ist gesund, und deshalb sollten wir uns freuen, wenn Kinder lachen, wenn sie heiter und ausgelassen sind, solange ihr Humor nicht in Form von Auslachen auf Kosten anderer geht.

Frohsinn ist ein Stressregulator, er sorgt für eine stimmige Bilanz, die nicht nur Ausgelassensein, sondern auch Ausgeglichenheit bedeutet. Eine Umfrage hat ergeben, dass aus der Sicht von Erwachsenen 60 Prozent der Humorszenen von Kindern und Jugendlichen bedenklich oder negativ sind, aus der Sicht der jungen Menschen selbst sind es aber nur 30 Prozent. Beispiel: Wenn ein 14-Jähriger zu einem anderen 14-Jährigen, von dem er gerade scherzhaft gelinkt wurde, „Du Schweinearsch" oder „Karpfenfresse" sagt, rümpfen erwachsene Zeugen die Nase; der so titulierte 14-Jährige freut sich aber diebisch über seinen eigenen gelungenen Coup plus die Reaktion des Freundes.

Sigmund Freud, der Erfinder der Psychoanalyse, hat Humor als ein Prinzip der Leidersparnis bezeichnet, und dabei kommt es nicht so sehr darauf an, ob etwas objektiv Humor ist, sondern darauf, wie es bei den Menschen gegenüber ankommt. Schlimme Wörter unter Jugendlichen sollte man daher nicht nur aus Sicht der Erwachsenen bewerten, sondern auch aus der Sicht der jungen Menschen untereinander, für die Spiel durchaus Ernst sein kann und die ein deftiges Wort mit Vergnügen betrachten. Kinder und Jugendliche wollen eben etwas Eigenes haben, mit dem sie sich von der oft spießigen Erwachsenenwelt über den Reiz zum ungewöhnlich Kreativen und zum prickelnden Grenzübertritt abzugrenzen vermögen, und das kann dann durchaus etwas Provozierendes sein, das eine alte Dame schockt, aber einen 13-Jährigen zum Kichern, zum Lachkrampf und zu Tränen in den Augen verleitet. Humor ist ein Abenteuer, zu dem kein einziges Tier, sondern nur der Mensch fähig ist. Mit Humor zeigen sich also Kinder und Jugendliche als Menschen. Gönnen wir ihnen das, lachen wir mit! Denn Erwachsene, die noch viel lachen können, haben sich ein gutes Stück ihrer Kindheit bewahrt.

Humor wird übrigens nicht vererbt, sondern erlernt, hat gerade eine britische Studie ergeben. Das erklärt, warum der Sinn für Humor zwischen den einzelnen Völkern der Erde so unterschiedlich ist.

Für alle Menschen ist Lachen wichtig und ganz besonders für Kinder. Es hat viel mit Intelligenz, mit Kreativität, mit Virtuellem und mit verbalem Ausprobieren von Grenzüberschreitungen zu tun. Das Unwirkliche, das Absurde, das Paradoxe, das etwas abseits des Normalen Stehende, die Phantasie, aber auch das realistische Pech sind die Anlässe zum Lachen. Am Humor wächst der Intellekt des Kindes; Lachen erweitert den Lebenshorizont und stärkt die Randzonen des Weltbildes; Lachen begünstigt aber auch menschliche Beziehungen und eine gute Atmosphäre, wenn es kein Auslachen ist.

Mindestens 20 Minuten täglich sollten Lehrer mit ihren Schülern lachen, sagen Psychologen; für Eltern und ihre Kinder müsste zumindest ein ähnlicher Umfang empfohlen werden, denn im Lachen werden Probleme, Spannungen und Krisen leichter überwunden. Lachen bringt vorwärts und ummantelt Ernstes mit einem Hauch von Leichtigkeit.

Präventionslehrer arbeiten gern und durchweg erfolgreich mit dem, was man „paradoxe Intervention" nennt; sie ist ein wunderbares Element, um mit einem schwierigen Kind weiter zu kommen. Die paradoxe Intervention verbindet über das Absurde, das die Beteiligten an der Paradoxie zu Eingeweihten macht, die über ein gemeinsames Geheimnis verfügen. Aber was ist paradoxe Intervention?

Der Hamburger Präventionslehrer Ingo Würtl setzt sie folgendermaßen um:

- Drei Mädchen stehen in der Pause auf dem Schulhof, er schießt auf sie zu und streckt seinen Finger gegen eines mit der Bemerkung aus: „Du warst das!", „Was war ich?", ist die Reaktion der zunächst überraschten Schülerin. „Das weiß ich nicht mehr, aber ich weiß, dass du es warst", entgegnet Ingo Würtl. Darauf löst sich sogleich die Situation bei sämtlichen vier Beteiligten in ein gemeinsames Lachen auf, und alle sind ein wenig beglückter als zuvor.
- Vier Mädchen und drei Jungen im Alter von zehn Jahren warten vor der Tür der beiden Präventionsräume. Ingo Würtl erscheint und ruft den Jungen zu: „Heute lassen wir mal die Mädchen draußen, denn die sind blöd." Zustimmender Jubel bei den Jungen und Empörung bei den Mädchen ist die Folge, bis dann alle acht beteiligten Personen gemeinsam lachend die Präventionsräume betreten. Die Grundstimmung ist nun gut, und sie ist eine optimale Voraussetzung für ein ergiebiges Zusammensein in den folgenden 45 Minuten.
- Ein sechsjähriger Junge sitzt unwillig vor dem Computer. Er hat keine Lust, die Rechenaufgaben zu lösen, die der Lehrer für ihn ausgewählt hat, obwohl sie für ihn leicht zu lösen wären. Ingo Würtl sagt deshalb zu dem Knaben: „Du bist noch viel zu klein, um solche Aufgaben rechnen zu können." Das lässt der Junge nicht auf sich sitzen: „Ich bin nicht zu klein, ich kann solche Aufgaben schon lösen." Der Lehrer setzt noch eine Provokation oben drauf, indem er ergänzt: „Das glaube ich nicht." Und um den Sechsjährigen noch weiter anzustacheln, fügt er hinzu: „Du bist wirklich noch zu klein." Etwas Entwürdigenderes kann man zu einem Sechsjährigen kaum sagen, und deshalb beginnt er mit einem unvorstellbaren Eifer, die zuvor ungeliebten Aufgaben rasch zu lösen. Die paradoxe Intervention hat den kleinen Schüler an seiner Ehre gepackt; funktioniert hat sie aber nur, weil der Lehrer sie mit einem verschmitzten Lächeln vorgetragen hat, das von dem von seiner Klassenlehrerin als schwierig deklarierten Jungen mit einem ebenso verschmitzten Lächeln erwidert wurde. Das gemeinsame Lächeln von Lehrer und Schüler wurde somit zum gemeinsamen Nenner für beide, es verband im gemeinsamen Wissen um das Falsche in der Aussage des Lehrers, und deshalb vermochte die Falschaussage auch den Jungen nicht zu verletzen, sondern anzuspornen.

Wenn alle deutschen Lehrer und Eltern diesbezüglich einfallsreicher wären, würde es mit der Erziehung der jungen Menschen viel besser stehen. Übrigens sind es vor allem die Großväter, die rein statistisch gesehen am häufigsten zum entspannenden, verbindenden und weiter bringenden Mittel der paradoxen Intervention greifen. Ohne diesen Fachausdruck überhaupt zu kennen, nutzen sie mit ihrer Abgeklärtheit, ihrer Lebenserfahrung, ihrer Gelassenheit, ihrer Muße, ihrer Weisheit oder ihrer an vielen Klippen in ihrer langen Vergangenheit gewachsenen taktischen Kompetenz dieses erfolgreiche Mittel, um ein gutes Verhältnis zu ihren Enkeln aufzubauen oder zu bewahren.

Kinderhumor ist übrigens etwas ganz anderes als der Humor von Erwachsenen, stellt die Berliner Soziologin Marion Bönsch-Kauke fest. Mit ihrer Art des „Quatschmachens" förderten sie nicht nur soziale Kontakte und Kreativität, sondern auch ihr Lebensgefühl in Richtung Optimismus und Motivation. Wenn ein Kind „Pups" ruft und die 20 anderen Mitschüler in schallendes Gelächter ausbrechen, dann sind beobachtende Erwachsene meist „not amused", aber die Laune und das Wir-Bewusstsein der Kids erreichen in dem Moment einen solchen Höhepunkt, dass ihnen anschließendes gemeinsames Lernen leichter fällt.

Wenn ein Zwölfjähriger zu seinem Freund „Gorilla-Scheißer" sagt, empfinden wir das als zu grob, aber Kinder lernen dabei, wann die Grenze zur Kränkung überschritten wird und wie man humorvoll wieder einzulenken vermag; sie benutzen also Humor als Grenzenaustester, als Stressregulator und als taktisch geschicktes soziales Bindemittel. „Der Mensch ist nur da Mensch, wo er zugleich auch spielt", hat Sigmund Freud einmal gesagt. Für Kinder ist Humor also durchaus auch ein Spielzeug.

34. Zwischen Liebe und Verwöhnung: Kinderzimmerausstattung, Taschengeld, Schenken und Kaufsucht

Kinder, die in sozial schwachen Familien aufwachsen, haben oft besonders reichhaltig ausgestattete Zimmer; ihnen wird eher auch jeder teure Wunsch erfüllt, während Kinder „besserer Kreise" oft karg mit Spielzeug versorgt werden. Ärmere Eltern versuchen offenbar, aus schlechtem Gewissen heraus ihrer eigentlichen materiellen Lage entgegenzusteuern.

Das Nörgeln der Kinder führt in der Tendenz leider vielfach zu ihrer Verwöhnung, zumindest ist es ein bedeutsamer Wirtschaftsfaktor. So hat eine Studie gerade ergeben, dass jeder dritte Besuch in einem Fastfood-Restaurant nur zustande kommt, weil das Kind bei seinen Eltern darauf gedrängt hat, 31 Prozent der Kleidungskäufe sind ebenfalls darauf zurückzuführen, wie auch jeder fünfte Besuch in einem Freizeitpark. Nur 32 Prozent der Eltern erweisen sich als immun gegenüber den Quengeleien ihrer Kinder, und sie verfügen gleichzeitig durchweg über die höchsten Einkommen. Alleinerziehende, Berufstätige und Menschen mit wenig Zeit geben dem Druck ihres Nachwuchses eher nach als andere Eltern. Ein Drittel aller Eltern geben fast jedem Wunsch nach, sie verwöhnen ihre Mädchen und Jungen, sind also geneigt, ansonsten unterversorgte Grundbedürfnisse ihrer Kinder materiell auszugleichen.

Die Kinder selbst geben in Deutschland im Monat durchschnittlich 24 Euro aus, wenn sie zwischen sechs und 17 Jahren alt sind. Indem sie jobben oder indem sie ihr Taschengeld oder von anderen geschenktes Geld anlegen, haben sie überdies pro Kopf mehr als 800 Euro auf ihrem Konto, was sich bei 10 Millionen Kindern zu einer potenziellen Kaufkraft von 10 Milliarden Euro summiert. Kinder zwischen sechs und neun Jahren geben ihr Geld am liebsten für Süßigkeiten und für Spielzeug aus, bei

den Zehn- bis 13-Jährigen sind es Fastfood, Zeitschriften wie „Micky Maus" und Ki-
nobesuche, und bei den 14- bis 17-Jährigen Handy-Kosten, Klamotten, Eis, Getränke
und Computerzubehör. 83 Prozent der Jungen dieser Altersgruppe und 69 Prozent
der Mädchen wünschen sich ein eigenes Handy, 52 Prozent aller Jugendlichen einen
Internet-Anschluss. Wenn es um Klamotten geht, ist die Marke viel wichtiger als die
Qualität der Ware; für sie wird gern sehr viel Geld ausgegeben, weil junge Menschen
offenbar glauben, dass ihr eigener Wert etwas mit dem Wert ihrer Schuhe, Hosen,
Jacken oder Sweat-Shirts zu tun hat, wie überhaupt erkennbar ist, dass für sie die
Außenwirkung einen höheren Stellenwert besitzt als irgendwelche inneren Werte.
Kosmetika, Sneakers, Klamotten, Frisuren, Piercing, Tattoos, Bodybuilding, Kampf-
sporttechniken und Statussymbole wie Waffen, Handys, Rollerblades, Skateboards,
Schmuck und Mountainbikes veranschaulichen dieses nach außen gekehrte Vorgaukeln von Wert; der Schein ist wichtiger als das Sein, und der Sog der Jugendkultszenerie ist für viele der jungen Menschen ein entscheidenderer Maßstab als ihre bisherige
häusliche Erziehung, die die hohe Bedeutung von Äußerlichkeiten verhindern wollte.
Die Freunde werden vom 13. Lebensjahr an zum Tribunal, so dass junge Menschen
bei Kaufentscheidungen nicht mehr wirklich frei sind. Die Firmen haben das erkannt
und nutzen diese Abhängigkeit gnadenlos für ihre Werbestrategien, aber auch für die
Preisgestaltung aus. Viele Erwachsene beschwören ja so etwas wie Werteerziehung,
und sie hoffen auf ein höheres Maß an Wertekonsens in unserer ansonsten komplexen und komplizierten Gesellschaft; was sie jedoch vor allem feststellen, ist ein
hoher Konsens bei jungen Menschen in Bezug auf bevorzugte Marken.

Mit den Heiligen Drei Königen aus dem Morgenland, die das Christkind mit Weihrauch und Myrrhen beschenkten, begann der Brauch, der im Mittelalter damit fortgesetzt wurde, dass Stadtverwaltungen und Herrschaften zu Weihnachten an Klöster,
Spitäler und gewisse Bedienstete Semmeln, Weihnachtswecken sowie Honig- oder
Lebkuchen verteilten, zu dem sich bald auch das „Heischen" nach Weihnachts- oder
Neujahrsgaben durch Kinder und Jugendliche, durch Arme und durch Angehörige
von im Winter brachliegenden Erwerbszweigen gesellte, das in den Brauch des Stern-
singens oder Rummelpottlaufens einmündete. Die jetzt übliche Bescherung aller Kinder und auch der Erwachsenen unter dem Weihnachtsbaum setzte sich erst mit Beginn des 19. Jahrhunderts durch und galt zunächst nur für wohlhabende Familien.

Wenn wir heute fassungslos vor endlosen Wunschzetteln von Kindern für die Bescherung stehen, dann sollten wir uns immer auch an die Geschichte der Weih-
nachtsgaben erinnern, die mit der Gestaltung des kindlichen Umfeldes durch gute
Düfte begann, sich dann über die Zuwendung von Essbarem wie Äpfeln, Nüssen und
Gebäck fortsetzte und nun in eine gewaltige Kommerzialisierung des Christfestes eingemündet ist, die politisch durch 13. und 14. Monatsgehälter oder Weihnachtsgeld-
zuwendungen flankiert wird, die mit Werbeetats von Firmen beeinflusst wird und
deren Konsumanreize das Überleben so manchen Betriebs sichert.

Die weihnachtliche Bescherung hat aber auch ganz andere Aspekte: Papa bekommt von fünf engen Verwandten fünf lieblos ausgesuchte Krawatten und sonst nichts; sein Sohn ist enttäuscht, dass von 16 Wünschen auf seinem fordernd formulierten Wunschzettel nur elf erfüllt wurden; und ein englischer Psychologe hat gerade kundgetan, dass fast alle Väter mit den weihnachtlichen Shopping-Expeditionen überfordert sind und dazu neigen, möglichst spät und zum Ausgleich eines permanent schlechten Gewissens möglichst teuer einzukaufen, während nur jede vierte Mutter Stress bei den weihnachtlichen Besorgungen empfindet, die anderen 75 Prozent jedoch freudig und langfristig liebevoll die Bescherung planen und dabei auch um sparsames Haushalten bemüht sind. Die immer zahlreicher in unser Leben eingeblendeten Werbespots wirken mittlerweile so, dass einerseits die Konsumwünsche der Kids ausufern, während die Erwachsenen zunehmend die Botschaft speichern: „Du kannst und du musst weniger Geld ausgeben!"

Wie macht man es denn nun aber richtig mit dem Einkaufen und dem Beschenken der „lieben Kleinen"?

Rezepte, die für jede familiäre Situation gelten könnten, gibt es nicht, aber einige gute pädagogische Hinweise sollten Eltern und andere Bescherer schon beachten, denn der Umgang mit dem Ritual der Weihnachtsgeschenke kann Nutzen und Schaden zugleich bewirken:

- Grundsätzlich ist die mittlere Dosierung des materiellen Aufwands besser als die über- und unterdosierte. Dem Kind zu viel zu schenken verwöhnt es, macht es zu anspruchsvoll und reduziert seine Vorfreude auf das nächste Weihnachtsfest sowie seine Freude über die nächsten dann als selbstverständlich empfundenen vielen und kostbaren Gaben. Dem Kind gar nichts oder zu wenig zu schenken, kränkt es hingegen, und zwar auch im direkten Vergleich mit anderen Kindern.

- Weihnachtsgeschenke müssen in das gesamte Weihnachtsfest und die Gestaltung seiner Atmosphäre eingebettet sein; die Bescherung ist nur ein Aspekt zwischen Kirchgang, Weihnachtsbaum, Backen, Festessen, Musikmachen, Gedichtaufsagen, Zusammenführen der Familien und Gestaltung von Vorfreude. Das liebevolle Besorgen, das Einpacken, Beschriften und Auspacken sind mindestens genauso wichtig wie der materielle Wert des Geschenkes selbst. Viele kleine und schön eingepackte Geschenke ergeben in der Summe meist mehr Freude als ein einziges besonders teures Geschenk. Und ganz trostlos ist, das Weihnachtsfest mit der Bescherung zu beginnen. Die Bescherung sollte also erst nach den anderen Festritualen als kleiner Höhepunkt eines gestalteten Tages stattfinden.

- Geschenke sollten immer persönlich gemeint sein, denn sie werden vom Beschenkten als sehr privates Signal empfunden. Anders als der Geber oft vermutet, wird das Geschenk als individuelle Bewertung eingeordnet, und zwar entweder als üblich, lieblos, belanglos oder geringwertig, manchmal auch als erzieherisch überdeutlich (man denke nur an das strafende Symbol der Rute oder an Mama, die grundsätzlich aus pädagogischen Gründen nur Holzspielzeug verschenkt) oder als exquisit, als sensibles Erfassen eines ungeäußerten Wunsches, als Dank, als Lob oder als übertrieben reichlich oder gar als Liebeserklärung.

▣ Nichtmaterielle Geschenke können eine große Freude bereiten: Papa verspricht, fortan jeden Tag eine Stunde mit der Tochter zu sprechen oder zu spielen, Mama verspricht dem Sohn eine andere als die bisherige Besuchsregelung mit dem woanders lebenden Papa, der Filius darf in den Fußballverein, und die Filia darf fortan ihren Freund mit nach Hause bringen.

▣ Eltern müssen schon vor dem Weihnachtsfest oder Geburtstag mit ihren Kindern vereinbaren, dass Wunschzettel stets unverbindlich sind und dass – wenn überhaupt – nur ein Teil der Wünsche erfüllt wird oder werden kann.

▣ Jugendliche können zur Erfüllung eines Wunsches auch selbst beitragen; sie jobben für den Führerschein oder den PC, und die Eltern schenken die fehlende Differenz.

▣ Mama, Papa, Oma, Opa und Tante können sich zusammentun, um gemeinsam einen großen Wunsch des Kindes (elektrische Eisenbahn, Rollerblades, Computer, Handy, Stereoanlage) zu erfüllen.

▣ Als ziemlich lieblos wird oft das Schenken von Geld und Gutscheinen empfunden.

▣ Schlafanzüge, Socken und Schulhefte haben einen hohen Nutzen, werden aber durchweg von Jugendlichen genauso gering geschätzt wie heutzutage Äpfel oder Nüsse, während sie in Bezug auf teure Markenklamotten oder -schuhe durchaus dankbare Glücksgefühle entwickeln. Aber dabei ist Vorsicht geboten: Die Trends wandeln sich so rasch, dass Oma mit einer im Kniekehlenbereich hängenden weiten Tommy-Hilfiger-Hose oder mit Plateau-Schuhen für ihre Enkelin bereits voll danebenliegen kann. Vorher mit dem Kind gemeinsam besorgte Weihnachtsgeschenke sind dann zwar treffender, sie reduzieren aber zugleich die Vorfreude; der Reiz der unerwarteten Gabe hat nämlich einen großen Anteil an der Bescherungsfreude.

Zum Glück gibt es viele Zeitgenossen, denen Schenken eine größere Freude bereitet als das Beschenktwerden. Von ihnen können wir lernen: Wenn unsere Gaben mehr aus dem Herzen als aus dem Geldbeutel kommen, liegen wir gewiss richtiger mit der Wahl unserer Geschenke.

Immer mehr junge Menschen leben mittlerweile über ihre Verhältnisse; sie haben zwar nicht viel Geld, aber sie geben es meist sofort aus, wenn sie es erhalten. Viele leihen sich etwas bei ihren Eltern, Großeltern oder Freunden und geraten damit oft in Schulden-Teufelskreise, über die sie ein Loch mit dem nächsten flicken; und je mehr Schulden sie haben, desto mehr geben sie aus, vor allem, wenn sie gelernt haben, dass Mama, Papa oder Oma irgendwann das Elend nicht mehr länger mit ansehen können und dann stets für einen Ausgleich im Sinne eines Ablasses oder einer Tilgung bei anderen Gläubigern sorgen. Wenn ein derartiger nachgereichter Ausgleich, der alles auf Null bringt, immer wieder funktioniert, besteht die Gefahr, dass sich Schritt für Schritt Kaufsucht entwickelt, die dann irgendwann in einem Kaufzwang, zumindest aber in einem Konsumwahn endet. Viele junge Menschen wachsen nämlich heute mit dem Trugschluss auf, dass Konsum und Besitz innerlich zu bereichern und zu erfüllen vermögen, so dass das Kauferlebnis zu einem Kaufrausch missraten kann; die junge Erlebnisgeneration will nämlich nicht nur den Kick beim Mountainbiking, beim Snowboarding, beim Wasserrafting und beim Cruising, sie will ihn auch beim

„Shopping", bei dem ebenfalls der Grenzübertritt als prickelnd empfunden wird: „Ich kaufe mir etwas, was ich mir eigentlich gar nicht leisten kann." Zu diesem Unheil tragen übrigens auch Banken bei, die ihren jugendlichen Kunden eine Kontoüberziehung gewähren oder sogar eine Kreditkarte aufschwatzen.

Der Ursprung von Kaufsucht liegt wie der von Spiel-, Sammel- und Esssucht meist in der frühen Kindheit, in der es einen Mangel an Geborgenheit, an Sinnerfüllung in Form von direkter Befriedigung der Grundbedürfnisse und an Selbstwertgefühl sowie ein Zuviel an Alleinsein und Ängsten gab. Die Entwicklung kann dann über die anfängliche Trostsuche bei einer Puppe, einem Kuscheltier oder einem wirklichen Tier über das Liebe ersetzende übermäßige Essen und Fluchtversuche in Traum- und Phantasiewelten reichen, bis sie irgendwann in dem eingefahrenen, aber nicht bewussten Gleis landet, das zur Kaufsucht führt: „Wenn ich nicht bekommen kann, was ich eigentlich an Zuwendung brauche, dann füge ich mir wenigstens materiell etwas Gutes zu."

Aber wie sollen Eltern es denn nun richtig machen? Zunächst einmal müssen sie eine pädagogische Gratwanderung zwischen drei Abgründen hinbekommen: Sie dürfen den Wert des Geldes und Materielles an sich nie über nichtmaterielle Werte stellen; sie müssen also Zuwendung immer als bedeutsamer vorleben als Geld und Konsum. Sodann sollten sie bei grundsätzlicher oder vorübergehender Armut die Notwendigkeit von Verzicht vorleben, erklären und begründen, sie sollten aber auch auf Askese, auf behutsamen Umgang mit Geld und auf Verzicht wert legen, wenn sie reich sind; denn Verwöhnung ist auch eine Form von Kindesmisshandlung, die sich allerdings im Unterschied zum Prügeln erst mit großem Zeitverzug auswirkt. Letzten Endes darf man ein Kind jedoch auch nicht so kurz halten, dass es Außenseiter wird oder sich gezwungen fühlt, sich auf kriminelle Weise „Flüssiges" zu beschaffen. Eltern sollten also nicht sämtlichen Markenklamottenwünschen ihres Kindes nachgeben, aber schon einigen und ansonsten auch den Aspekt der Funktionsfähigkeit der Bekleidung als Kaufmaßstab durchsetzen. Auch hier gilt wie überall in der Erziehung: Auf die Mitte der kindlichen Bedürfnisse kommt es an; ein Zuwenig schadet, ein Zuviel aber auch.

35. Wie dosiert man die Zuwendung zum Kind richtig?

Kinder sind früher mit Menschen aufgewachsen, heute leben sie nicht selten überwiegend mit Sachen und Bildschirmen, so dass dann ihre Bilanz der angeborenen Grundbedürfnisse nicht stimmt.

Verhaltensauffälligkeiten wie Hyperaktivität, Nervosität oder Konzentrations- und Lernschwächen nehmen zu, auch Aggressionen, Depressionen, Rauschbedürfnisse und Süchte. Kinder haben zunehmend Probleme mit Körperkontakt und Nähe, weil sie nicht oft genug Gelegenheit hatten, damit umzugehen zu lernen. Viele von ihnen sind in die „innere Emigration" gegangen, privatisieren stundenlang hinter einer verschlossenen Tür allein mit dem Bildschirm oder laufen tagelang weg. Sie essen pausenlos, ohne Hunger zu haben, trösten sich mit zuckerreichen Nahrungsmitteln oder versuchen, mit Schnüffeln, Nikotin, Koffein, Alkohol, Tabletten und stimulierenden oder dämpfenden Drogen, ergänzt durch ständige und laut hämmernde Musik aus Kopfhörern oder Boxen, ihren Tag irgendwie über die Runden zu bringen. Und wenn am Wochenende schlechtes Wetter war, wenn sie bis zu 30 Stunden von Freitagmittag bis Sonntagabend vor dem Bildschirm gesessen haben oder einen ganzen Tag im Auto ihrer Eltern hockend durch die Gegend chauffiert wurden, dann sind sie montags aggressiv, hyperaktiv und nicht mehr beschulbar („Montags-Syndrom"); dann nutzen sie in der Vorschule die Bauklötze nicht, um damit etwas aufzubauen, sondern um sie einzureißen. Alle diese Auffälligkeiten, Defizite und Störungen sowie die gesamte Erziehungskunst lassen sich auf einen Nenner bringen: Die Reizbilanz des jungen Menschen muss stimmig sein. Was heißt das?

Die Bilanz der Reize, die ein Kind empfängt, steht immer in einem direkten Verhältnis zu dem, was es wieder von sich gibt, was es also an seine Umgebung zurücksendet; das betrifft Ernährung genauso wie Körperkontakt, Emotionalität, Gewalt, Sprachverhalten, die Art des Spielens, Fernseheinflüsse oder den Zustand der Haut; bei einer unstimmigen Bilanz von Außenreizen versucht das Kind, mit Innenreizen gegenzuhalten, beispielsweise mit Asthma, nervösen Tics, Bettnässen, Essstörungen, Süchten, Hyperaktivität oder Nägelkauen.

- Kinder, die zu selten angefasst und gestreichelt werden, die mit einem Mangel an emotionaler Nähe aufwachsen, können selbst nicht zu anderen zärtlich sein, und sie können plötzliche Nähe, die sie nicht gewohnt sind, nicht ertragen. Und weil sie eine gesamtkörperliche Zuwendung in ihrer Biografie kaum erfahren haben, halten sie diese für verdächtig, wenn sie ihnen eines Tages unerwartet widerfährt.
- Menschen, die zu wenig positive Emotionalität erhalten, wollen sich oft selbst etwas Gutes zufügen, indem sie stofflich ausweichen; sie belohnen sich mit Süßem, sie essen viel oder flüchten in den Kaufrausch, sie wollen sich als Spielsüchtige mit Punkten oder Geldgewinnen belohnen oder als Sammelwütige mit materiellem Besitz.
- Kinder, die zu wenig Bewegung über Spiel und Sport haben, stauen zunächst ihre Aktivitätsbedürfnisse auf, lassen sie ungerichtet in ihrem Körper toben, so dass sie auf die Umgebung hyperaktiv oder hypermotorisch gestört wirken, und lassen sie dann plötzlich wie aus einem Überdruckventil als zuschlagende oder zerstörende Gewalt heraus; danach stimmt ihre Bilanz eventuell wieder, und sie wirken eine Zeit lang ruhig oder gar ausgeglichen. Andere kanalisieren ihre Aggressionen gesellschaftlich akzeptiert, indem sie mit Boxhandschuhen auf Punching-Bälle schlagen oder indem sie Kampfsportarten in Vereinen pflegen.
- Jugendliche, die in ihrer Familie und in der Schule zu wenig Anerkennung bekommen, zu wenige Erfolge haben, die sich in Bezug auf die Erwartungen ihrer Eltern und Lehrer selbst als Versager fühlen, versuchen die Bilanz ihrer Geborgenheits-, Solidaritäts- und Selbstwert-

bedürfnisse vielfach dadurch stimmig zu machen, dass sie einen Rangordnungsaufstieg in einer der vielen subkulturellen Nischen erzielen wollen. Die Anerkennung in der Gruppe (als Familienersatz bzw. Quelle eines Wir-Bewusstseins) ist ihnen wichtiger als der eigene Wertekanon, wonach sie die in der Gruppe gepflegte Gewalt oder Fremdenfeindlichkeit eigentlich ablehnen würden.

- Für kleine Kinder, die ein starkes Mitteilungs- und Fragebedürfnis haben, die aber kaum Antworten bekommen, stimmt der kommunikative Haushalt nicht; sie versuchen ihn daher mit Schreien, mit Bettnässen, mit Nägelkauen, mit nervösen Tics, mit Stottern, mit Poltern, mit Mimik, mit Gestik, mit Distanzlosigkeit oder mit sprachlicher Gewalt irgendwie auszugleichen.

Zu viel Fernsehen ist genauso schädlich wie zu wenig. Wenn das Kind mit zu dürftigen Anregungen aufwächst, dann sucht es ausgleichend die massiven Reize der Bildschirmwelt oder der Playstation. Wenn es zu Hause und in der Nachbarschaft fast nichts tun darf, dann konsumiert es im Übermaß Gewalt im Fernsehen, dann will es wenigstens das viele Verbotene in seiner Traumwelt miterleben, das seine Filmhelden tun dürfen.

Wir alle steuern in unserem Alltag immer irgendwie unbewusst oder auch bewusst entgegen, damit die Bilanzen wieder stimmen; wenn wir zu hart waren, gleichen wir mit einer Umarmung oder einen Blumenstrauß aus, wenn wir unter dem Großstadtbeton leiden, fahren wir an die See oder in die Berge, und wenn wir uns einsam fühlen, rufen wir irgendjemanden an oder schreiben ihm einen Brief. Kinder tun das auch, aber sie machen es auf ihre Weise und aus ihrer Hilflosigkeit heraus ganz anders als wir; ihre Reaktionen gefallen den Erwachsenen oft nicht; aber Eltern, Erzieher und Lehrer sollten dahinter zunächst immer die Hilferufe, die Ohnmacht auf der Suche nach stimmigen Bilanzen sehen.

Kinder und Jugendliche, die sich von ihren Eltern geliebt fühlen, sind auch im Alter gesünder. Dies ist das Ergebnis einer langjährigen Studie. Über 35 Jahre hinweg verfolgten amerikanische Wissenschaftler 87 Harvard-Studenten. Im Alter von 55 Jahren erfreuten sich diejenigen Testpersonen bester Gesundheit, die sich als junge Männer positiv über ihre liebevollen Eltern geäußert hatten. Collegestudenten, die damals geschrieben hatten, ihre Eltern würden sich ihnen gegenüber gleichgültig oder gar ungerecht verhalten, litten häufiger an Herzkrankheiten und hohem Blutdruck. „Wenn ein Kind sich geliebt fühlt, reduziert dies den täglichen Stress in seinem Leben", erklärt der Psychologe Gary Schwarz von der Universität Arizona. Das Gefühl, geliebt und umsorgt zu werden, verringere die Stresshormone und stärke das Immunsystem. Das seien wichtige Voraussetzungen für ein gesundes Leben, so Schwarz.

Er erstellte die Studie mit der Harvard-Psychologin Linda Russek. Sie rät Eltern, mit ihren Kindern zu sprechen und herauszufinden, ob sie sich wirklich geliebt fühlen. Mütter und Väter sollten versuchen, den Kindern dieses Gefühl zu vermitteln.

Eltern, die im Umgang mit ihren Kindern aggressiv, beleidigend oder feindselig sind, viel schimpfen und sich inkonsequent verhalten, übertragen dieses Verhaltensmuster ganz oft auf ihre Kinder, nach dem Motto: schlechte Eltern, böse Kinder. Sie sollten sich daher nicht wundern, wenn ihr Nachwuchs später Mühe hat, dauerhafte Freundschaften zu schließen, wie eine Studie aus den USA resümiert. Erwartungen, die man an andere stellt, sollte man zunächst selbst verinnerlichen und mit gutem Beispiel vorleben. Dafür gibt es in den USA bereits Eltern-Selbsthilfekurse, so genannte *Parenting Skills Programs*.

Und in Australien ist ein Elterntrainingsprogramm entwickelt worden, das unter dem Namen „Triple P" (*Positive Parenting Program*) nun auch in Deutschland von der Technischen Universität Braunschweig in Zusammenarbeit mit der Christian-Dornier-Stiftung angeboten wird. Eltern lernen dabei, wie sie angemessen auf alltägliche Situationen wie nächtliches Schreien, Wut- und Trotzanfälle, Ängste, Aggressionen, Einschlafprobleme, Bettnässen, unaufgeräumtes Zimmer und Schulschwierigkeiten ihres Kindes reagieren können. Sie lernen auch, wie sie Konsequenz zeigen und untereinander einig werden können, wenn der Vater etwas anderes für richtig hält als die Mutter. Eigentlich erfahren Eltern in diesen Triple-P-Kursen, wie man den ständigen Seiltanz, zwischen irgendetwas zu viel oder zu wenig zu tun, so hinbekommt, das keines der kindlichen Grundbedürfnisse zu kurz kommt oder überdosiert versorgt wird. Denn Kinder, deren Zuwendungsbilanz nicht stimmt, neigen später zu allen möglichen Verhaltensschwierigkeiten bis hin zur „Idolsucht", weil ihre Eltern beispielsweise stets zu kalt, zu streng und zu überfordernd waren.

Die Idolsucht befällt übrigens vor allem Mädchen, die mit einem Defizit an Nähe, Emotionalität und Körperkontakt aufgewachsen sind, während Jungen mit einer ähnlichen Vergangenheit eher zum Zuschlagen, zur martialischen Aufmachung oder auch – mit einer ganz anderen sich unbewusst ereignenden Weichenstellung – dazu neigen, Workaholics, spielsüchtige, sammelwütige oder sexsüchtige Menschen zu werden.

In manchen Familien werden Hunde mehr gestreichelt als Kinder. Die Haut ist ein sehr wichtiges Sinnes- und Kommunikationsorgan, das sich auch durch Berührungen entwickelt. Wer sie anfasst, fasst den ganzen Menschen an. Über die Haut lässt sich rascher und eindeutiger sprechen als über Stimme und Ohr. Etwa zwei Drittel aller kleinen Kinder schmiegen sich nach der Rückkehr ihrer Mutter sofort eng an ihren Körper, jedenfalls ist das weltweit so.

In Norddeutschland ist das aber etwas anders: Norddeutsche gehen sehr zurückhaltend mit Nähe um, das gilt besonders für Väter und besonders gegenüber Jungen. Der kühle norddeutsche Mensch neigt dazu, in verkrampfter Weise seine Liebe zum Kind verbal auszudrücken, mit der Teufelskreisfolge, dass es nicht richtig lernt, auf die Nuancen von Nähe, Emotionalität und Körperkontakt angemessen zu reagieren, so dass es später seinen eigenen Kindern erneut die notwendige Portion an Schmusen vorenthält.

Zu autoritären Erziehungsweisen neigende Eltern glauben fälschlicherweise, Intellektualität, Logik und Selbstständigkeit ließen sich besser mit Distanz, Sachlichkeit und Gefühlsarmut erreichen, dabei liegt die Wahrheit in der Mitte und im Wechsel von Wärme und Sachlichkeit, von Nähe und Distanz.

Jugendliche brauchen die emotionale Geborgenheit zwischen ihren Bezugspersonen, aber auch viel Zeit für sich allein. Sie brauchen mal die kuschelige Zuwendung, dann aber wollen sie wieder stundenlang in ihrem eigenen Zimmer mit verschlossener Tür sein.

In solchen Phasen dürfen Eltern sich nicht aufdrängen; sie müssen warten, bis der junge Mensch von sich aus wieder kommt. Denn wenn ein Jugendlicher sich zurückzieht, will er niemanden strafen, er ist sich in solchen Momenten selbst genug, er hat mit sich allein genug zu schaffen, jedenfalls vorübergehend.

Ganz normal ist, dass einige Kinder mehr Körperkontakt brauchen als andere. Das gilt vor allem für kleine Jungen bis zum Alter von etwa zehn Jahren. Normal ist auch, dass die Nähe zu bestimmten Menschen gesucht, zu anderen aber vehement abgelehnt wird. Wer zu Hause genügend Emotionalität und Körperkontakt hat, will nicht unbedingt auch noch in der Schule angefasst werden, und umgekehrt. Und wer genügend Körperkontakt mit seiner ersten oder zweiten Liebe hat, braucht den dann nicht auch noch von seinen Eltern, die dann dennoch andere wichtige Funktionen haben, zum Beispiel die des Aufarbeitens von Liebeskummer im Gespräch.

36. Wenn Kinder ausreißen

In Lateinamerika gibt es etwa 40 Millionen Straßenkinder; meist sind sie von zu Hause weggelaufen oder fortgetrieben worden. 76 Prozent der kolumbianischen Straßenkinder verlassen bereits ihre Eltern, bevor sie zwölf Jahre alt sind. 90 Prozent der Ausreißer in den USA beginnen spätestens nach vier bis fünf Wochen damit, ihren Körper an Freier zu verkaufen, um überleben zu können.

In Deutschland werden täglich etwa 100 Menschen als vermisst gemeldet, und jährlich laufen bundesweit etwa 80 000 Kinder und Jugendliche von zu Hause oder aus einem Heim weg. 18 000 Menschen gelten als langfristig oder dauerhaft vermisst, darunter sind 6000 Kinder bis zu 13 Jahren und 12 000 Jugendliche von 14 bis 18 Jahren. Allein 50 000 junge Menschen bis zu 18 Jahren entfliehen ihren Familien alljährlich wegen deren Armut.

Die Ursachen für dieses Ausreißen oder die Absicht, für immer aus der Familie auszusteigen, sind aber sehr vielfältig: Grundsätzliche Ablehnung durch die Eltern, einen Stiefvater oder eine Stiefmutter, ständige Kritik oder Übererwartungen seitens der Eltern, Streit in der Familie, Schulversagen, Angst vor dem Ausbildungsplatz oder der Arbeitswelt, körperliche Misshandlungen oder sexueller Missbrauch in der Fami-

lie, Abenteuerlust in Bezug auf die „große weite Welt", der mitreißende Sog einer
weglaufen wollenden Freundesgruppe, Liebeskummer oder Sehnsucht nach anderen,
erfüllenderen menschlichen Bindungen, ein Abdriften in die Drogenszene oder das
Eingefangenwerden durch eine Jugendsekte können neben der materiellen Unterver-
sorgung auslösend sein.

Manchmal steht am Beginn eines solchen „Trebeganges" auch nur der Wunsch, die
Eltern mögen aus Sorge um ihr abhanden gekommenes Kind ihren Führungsstil in
Richtung mehr Verständnis, Emotionalität, Geborgenheit oder Zugestehen von Frei-
räumen verändern, weil sie sich durch die Flucht des jungen Menschen plötzlich ihrer
Liebe zu ihm bewusst werden.

Kinder und Jugendliche sind schon immer von ihrem Zuhause weggelaufen; aber
allein in den letzten 20 Jahren hat sich ihre Zahl in Anbetracht immer mehr zerfallen-
der Familienverhältnisse verdoppelt. Was sie sich von ihrem Ausreißen erhoffen, tritt
allerdings meist nie ein, es sei denn eine vorübergehende Verbesserung des Familien-
klimas. In der „großen weiten Welt" werden sie fast immer enttäuscht. Meist zieht es
sie zunächst in das Milieu der Bahnhöfe von großen Städten, und dort werden sie
dann leicht Opfer von kaputten Menschen wie Freiern, Drogenabhängigen, kriminellen Cliquen oder religiös verirrten Gruppen; sie unterschätzen ihre finanzielle Not
und sind dann gefährdet, ihren Körper oder ihre Seele mitsamt ihren Illusionen zu
verkaufen.

Kinder und Jugendliche, die ausreichend dosiert zwischen Liebe, Ansprache, Verständnis, Forderungen und Grenzerfahrungen und mit Bezugspersonen, die es auch
über Krisen hinweg mit ihnen aushalten, aufwachsen, kommen eigentlich nie auf die
Idee, wegzulaufen.

Junge Ausreißer kündigen ihre Absicht meistens mehrmals an, bevor sie sie in die
Tat umsetzen, weil sie sich bereits schon von der bloßen Ankündigung eine Verbesserung ihrer Situation erhoffen. Eltern, die sich dann nicht selbst zu helfen wissen, sollten sich an einen vertrauensvollen Lehrer oder Schulleiter, an eine Erziehungsbera-
tungsstelle oder an die Sozialen Dienste wenden.

In früheren Zeiten kam es nicht selten vor, dass sich ein Junge auf ein Frachtschiff
schlich und sich dort bis zum Auslaufen versteckte, weil er fremde Häfen kennen lernen wollte. Nur selten haben Ausreißer ihren Entschluss zuvor in allen Konsequenzen
überlegt. Meist ereignet sich so ein Schritt aus einer spontanen Laune oder einem
konkreten Ärgernis heraus, und fast immer kommen solche Kinder über kurz oder
lang zurück, weil sie aus der Distanz zu ihren Eltern dann doch wieder die Vorzüge
der häuslichen Geborgenheit zu schätzen wissen.

Im Allgemeinen will ein weglaufendes Kind seine Eltern nur schocken, sie auf seine
innere Not aufmerksam machen und erreichen, dass sie sich über seine sehnsüchtig
von ihnen erwartete Rückkehr dankbar freuen und danach liebevoller als zuvor sind.
Mit seiner „Explosionsmethode" will es seine Eltern zu einer Einstellungs- und Ver-

haltensänderung zwingen, sie also letztendlich umerziehen. Wenn das der Fall ist, ist Weglaufen ein „gewerkschaftliches Kampfmittel", das aus Hilflosigkeit, aus Ohnmacht heraus eingesetzt wird. Der Erfolg gibt den meisten Ausreißern Recht, denn nur selten erwartet sie Strafe, stattdessen aber zumindest eine Zeit lang größeres Verständnis, größere Schonung und ein Mehr an Wunscherfüllung.

Nach dem Ausreißen und Zurückkehren muss die vorausgehende innere Not des jungen Menschen genau erkundet werden, damit sie überwunden werden kann, denn das Weglaufen ist ja nur ein Symptom für Unwohlsein bzw. Unbehagen.

Viele Kinder, die ausreißen, tun das nur, weil sie nicht in der Lage sind, ihre Überforderungskrise in der Schule, im Freundeskreis oder die durch den ständigen Streit ihrer Eltern bedingte Not zu artikulieren, sich mit Sprache zu wehren, zu behaupten oder durchzusetzen, oder weil sie überhaupt nicht wissen, wie man auf ein Problem zugeht und einen Konflikt löst, so dass sie kompensatorisch mit der Flucht ausweichen. Vielen Eltern hingegen wird mit dem Weglaufen ihres Kindes schlagartig bewusst, worunter es leidet, anderen bleibt das eigentliche Motiv aber noch sehr lange verborgen; glücklicherweise hilft die spektakuläre Aktion des Kindes zumeist in beiden Fällen, seine Lebenssituation ein wenig zu verbessern. Allerdings nutzt sich dieses Mittel der Einflussnahme auf die Eltern mit seiner permanenten Wiederholung durchweg sehr rasch ab, so dass es dann nicht nur vollständig ineffizient wird, sondern auch noch die Sanktionsbereitschaft der Eltern erhöht.

Eine Vorstufe des Ausreißens ist oft das lange nächtliche Wegbleiben von zu Hause. Jüngst hat der CSU-Generalsekretär Markus Söder ein deutschlandweites Ausgehverbot für alle Kinder unter 14 Jahren nach 20 Uhr gefordert, jedenfalls wenn sie ohne Begleitung verantwortungsvoller Erwachsener sind. Was ist davon zu halten? Einerseits leben wir – sagen viele – in einem freien Land und nicht in einem Obrigkeitsstaat, andererseits brauchen Kinder aber auch Schutz und Halt. In New York dürfen schon seit vielen Jahren junge Menschen unter 18 Jahren nach 22 Uhr nicht mehr allein auf der Straße sein, und angeblich habe sich das bewährt.

In einer Demokratie mit dem Erziehungsziel des mündigen Bürgers brauchen Forderungen und Verbote auch die Zustimmung des jungen Menschen; er muss überzeugt werden, wenn er sich an Regeln halten soll, auch wenn es länger dauert, bis das gelingt. Ohne Begründung kann ein solches Ausgehverbot nicht funktionieren, und diese Begründung liefert Markus Söder: Schutz vor Kriminalität, Drogenmissbrauch und Verwahrlosung, Schutz vor misslichen Einflüssen schlimmer Gleichaltriger in Diskos und Problemgebieten, weil Kinder verführbar sind, also dem Sog ihnen nicht gut tuender Trends leicht erliegen.

Mit äußeren Maßnahmen ist aber noch nicht viel gewonnen. Missliche Einflüsse gibt es auch vor 20 Uhr, auch nach 20 Uhr über die Medien im Kinderzimmer und sowieso innerhalb der Familie. Gerade diejenigen Kinder, die einen Schutz per Ausgehverbot nötig hätten, haben oft Eltern, denen ein solches Verbot egal ist, während umgekehrt Eltern, die ein derartiges Verbot umsetzen, meist Kinder haben, die eine derartige Regelung gar nicht brauchen.

Und überhaupt: Wenn der Staat ein solches Ausgehverbot regelt, entmündigt er ein Stück weit die Eltern, die nämlich schon jetzt in einer gut funktionierenden Familie selbst verantwortlich entscheiden können, dass ihr 13-Jähriger nach 20 Uhr nicht mehr auf der Straße herumlaufen sollte, außer vielleicht im Hochsommer. Ob Herr Söder mit seinem bürokratisch starren und schon deshalb absurden Vorschlag wohl den Sommer-Winter-Rhythmus und die Umstellung der Uhren um eine Stunde bedacht hat? Einen Vorteil hätte ein Ausgehverbot vielleicht aber doch, wenn es denn ein Vorteil ist: Die Polizei gewönne wie in New York die Handhabe, Kinder unter 14 Jahren jederzeit nach 20 Uhr ohne einen besonderen Grund anzusprechen, zu filzen, abzuführen und ihren Eltern zuzuführen, die gar nicht wussten, dass ihr Filius oder ihre Filia unterwegs waren.

37. Kinder haben auch Sexualität

Es gibt nur zwei Länder, die die Kinderrechtskonvention der UNO nicht unterzeichnet haben, nämlich Somalia und die USA. Fassungslos stehen wir in Europa davor, was die Justiz mit dem zehnjährigen schweizerisch-amerikanischen Jungen Raoul Wüthrich im Bundesstaat Colorado gemacht hat, nachdem ihn eine Nachbarin wegen „Inzests" angezeigt hatte und nachdem die Staatsanwaltschaft die Klage um den Tatbestand der sexuellen Nötigung erweitert hatte: Raoul wurde in Handschellen abgeführt, in ein Jugendgefängnis gebracht und mehrfach verhört, während seine Eltern mit den drei Geschwistern in die Schweiz geflüchtet waren, weil sie befürchten mussten, dass man ihnen ihre drei anderen Kinder auch noch wegnimmt. Was hatte Raoul getan?

Er hatte seiner fünfjährigen Schwester auf dem Rasen des Gartens beim Pipimachen geholfen und sie mit den Fingern an den Schamlippen berührt; eventuell hat er sie dort auch noch geküsst. Als die Fünfjährige danach gefragt wurde, ob ihr Bruder sie „lieb gehabt" habe, antwortete sie: „Ja, Raoul hat mich lieb gehabt." Aber welche Art von Liebe hatte sie wohl gemeint?

Die primären Geschlechtsorgane sind Tabuzonen, sie werden verdeckt; nichts am menschlichen Körper bekommen Kinder so selten zu Gesicht wie den Penis und die Vagina. Sie sind deshalb neugierig; und da sie spüren, dass die Geschlechtsorgane in unserer Kultur den Ruch des Verbotenen haben, wird ihre Abenteuerlust diesbezüglich noch angestachelt. „Doktorspiele" sind für Fünf- bis Elfjährige schon immer ziemlich normal gewesen, so wie sie heimlich ein kleines Feuer anzünden, heimlich am Bierglas nippen und heimlich mit Freunden an einer Zigarette ziehen. Das ist entwicklungspsychologisch normal und muss nur dann Bedenken auslösen, wenn es gänzlich unterbleibt, was auch für die vorübergehende Phase der gleichgeschlechtlichen Freundschaften unter Jungen von neun bis 14 Jahren und unter Mädchen, bei denen sie noch stärker ausgeprägt ist, zwischen acht und 13 Jahren gilt. Erwachsene neigen offenbar dazu, zu verdrängen, was sie selbst als Kinder gemacht, ausprobiert und mit dem Reiz des Prickelnden an kleinen Grenzübertritten gewagt haben, um die Welt kennen zu lernen und zu verstehen, um sich an die Spielregeln des Zusammenlebens von der erlaubten und von der unerlaubten Seite her zugleich heranzutasten.

Raoul hat in der Tat schweren Schaden genommen, aber nicht durch ein kleines Stück gelebter und ganz normaler Sexualitätsentwicklung, sondern durch eine ungemein überreagierende Deutlichkeit der US-Gesellschaft, die auch schon Mütter deshalb bestraft, weil sie ihre dreijährige Tochter ohne Bikinioberteil am Strand spielen lassen oder weil sie, wie Raouls Mutter, ihre Kinder eine Stunde lang ohne Aufsicht draußen umhertollen lassen, ganz zu schweigen von dem 16-jährigen Indianerjungen, der bereits ein Jahr lang im Knast saß, weil er zwei Dosen Bier aus einem Supermarkt mitgehen ließ, oder von dem 17-jährigen Pärchen, das bestraft wurde, weil es sich in der Öffentlichkeit geküsst hatte. Raoul wird nach diesem überdimensionierten Schock wahrscheinlich ein schweres Leben vor sich haben, und er benötigt gewiss eine Therapie wegen der gesellschaftlichen Gewalt gegen ihn, nicht aber wegen seiner gesunden sexuellen Neugier. Die Bewertung von Sexualität wandelt sich über verschiedene Zeitepochen hinweg immer wieder, und sie ist regional sehr unterschiedlich. Entscheidend sind dabei offenbar religiöse Hintergründe und gesellschaftliche bzw. ideologische Weltbildvarianten.

Nach 1968 wurden deutsche Kinder von Sexualwissenschaftlern geradezu aufgefordert, frühzeitig mit sexuellen Spielen und „Erkundungsreisen" zu beginnen, und ihre Eltern wurden ermuntert, so etwas nicht nur zuzulassen, sondern auch zu begünstigen oder sogar direkt vorzuleben.

Heute ist das Pendel in die andere Richtung zurückgeschlagen: Eltern zwingen aus Angst vor Pädophilen sogar Fünfjährige, mit einer Badehose in die Sauna zu gehen, und im Falle von sexuellem Missbrauch durch Freunde oder auch in der Familie schreien sie in einer Weise auf, dass das Trauma des Kindes noch deutlich verschlimmert wird. Denn die Reaktion der Eltern, insbesondere die der Mutter, ist für Kinder der entscheidende Maßstab für ihre eigene Einordnung eines Deliktes ihnen gegenüber: Je entsetzter die Eltern sind, desto schlimmer sind die Folgen einer Tat für das Kind, so dass man Eltern, wenn man ihnen einen sexuellen Missbrauch ihres Kindes mitteilt, zunächst ermahnen muss, dem Kind gegenüber ganz ruhig zu bleiben und nicht hysterisch zusammenzubrechen. Wohlgemerkt: Sexueller Missbrauch ist schlimm, er hat hohe Dunkelziffern, und er hinterlässt schwere seelische Verletzungen, aber Kinder brauchen andererseits auch Liebe, Nähe und Körperkontakt; sie vertragen sexuellen Missbrauch nicht, aber sie profitieren von einem entspannten

Verhältnis zum Lebensaspekt Sexualität und von einem unaufgeregten Umgang ihrer Eltern damit.

In den USA nennt man übrigens einen Grund für die heftige Reaktion der Gesellschaft gegenüber öffentlich werdenden sexuellen Besonderheiten von Kindern: Je früher und je heftiger die Gesellschaft in Bezug auf sexuelle Verhaltensweisen reagiert, desto leichter erreicht man das erwünschte Erziehungsziel, und dieses Motto gilt dann auch für kleine Diebstähle bei kleinen Kindern. Es ist aber grundfalsch, weil es ignoriert, dass gerade Kinder über Umwege, Irrwege und Fehler lernen, dass sie zwar Grenzen brauchen, die sie auch durch Übertretungen kennen lernen, dass die Reaktion von Eltern, Gesellschaft, Kindergarten, Schule und Justiz aber altersangemessen sein sollte. In jeder Entwicklungsstufe muss die Grenzerfahrung eine ganz andere sein, sie darf nie zu heftig, aber auch nie zu lasch sein, und sie muss das entwicklungspsychologisch Normale mit einbeziehen, wenn es um Schuld oder Strafe geht.

Sexuelle Neugier bei einem Zehnjährigen hat jedenfalls nichts mit Schuld zu tun; eine Strafe ist dabei kontraproduktiv, aber eine Grenze sollte schon gesetzt werden, zum Beispiel mit dem Satz „So etwas tut man nicht, mach das bitte nicht wieder!" oder mit dem: „Ich verstehe ja, dass du neugierig bist, dass du auch einmal deine Schwester da unten kennen lernen möchtest, aber nun hast du es erlebt, und deshalb machst du es nicht wieder. Versprochen?"

Jedenfalls sollte man in Colorado so reagieren. Bei uns müsste die Reaktionsdosis der Eltern wohl noch geringer sein, denn wir alle wissen, dass beim gemeinsamen Baden eines vierjährigen Jungen mit seiner dreijährigen Schwester schon immer die Fragen der beiden Kinder normal waren: „Wieso sieht Martin da unten ganz anders aus als ich?" „Und wieso fehlt Lisa-Marie da etwas?" „Und darf ich das mal anfassen?"

Schon kleinste Jungen beobachten an sich, wie ihr Glied steif wird, schon kleinste Mädchen stecken ihren Finger oder einen Bleistift in ihre Vagina. Schlimm ist, wenn die Eltern dann entsetzt „pfui" sagen oder „Das ist schmutzig; tu das nie wieder!", denn dann werden ganz normale Entwicklungsphasen blockiert und übersprungen, so dass andere Störungen, die oft erst sehr viel später bemerkt werden, begünstigt werden.

Wer Kinder nicht umfassend liebt und nicht alle Teile ihrer Persönlichkeit meint, wer sie nur auf ihren Kopf oder ihre Sexualität reduziert liebt, zwingt sie zur ausgleichenden Betonung des Vernachlässigten in ihrem Wesen. Wenn Kinder – wie nicht selten in Königshäusern – zu wenig angefasst werden, wenn mit ihnen zu wenig geschmust und gebalgt wird, wenn sie nur aus großer Distanz überkalt geführt werden, wenn sie also mit einem Mangel an Hautkontakten und Gedrücktwerden aufwachsen, bemühen sie sich, ihnen unbewusst, um ein Stimmigmachen ihrer unausgewogenen Körperkontaktbilanz. Sie duschen dann häufiger und länger, onanieren mehr, suchen frühe Sexualkontakte in der Gleichaltrigkeit und driften leicht in pornografischen Bedürfnisse, in Sexsucht und in Perversionen ab, um sich selbst das nachzureichen, was ihnen immer fehlte.

Umgekehrt entwickelt sich bei jungen Menschen ein gestörtes Verhältnis zur Sexualität, wenn sie sexuell missbraucht werden; sie lehnen sie dann kaum noch reparabel ab, halten sie für etwas sehr Missliches und werden beispielsweise als Mädchen magersüchtig, um die Pubertät hinauszuzögern, um nicht geschlechtsreif und begehrenswert zu werden.

Sexualität ist ein ganz natürliches Bedürfnis wie Essen und Trinken, und mit ihr muss daher genauso selbstverständlich und den jeweiligen körperlichen Bedürfnissen entsprechend umgegangen werden wie mit der Nahrungszufuhr. Sie hat von Anbeginn an nichts mit Schuld zu tun, ist also nichts Böses, wie die Katholische Kirche oder auch der Islam jahrhundertelang vorzutäuschen suchten.

Mit 17 Jahren haben heute schon zwei Drittel der Mädchen und 59 Prozent der Jungen Beischlaf erlebt. Dies ergab eine Emnid-Studie im Auftrag der Bundeszentrale für Gesundheitliche Aufklärung. Danach haben bereits 25 Prozent der 14-Jährigen Geschlechtsverkehr gehabt. Insgesamt sind die westdeutschen Teenager den ostdeutschen zeitlich etwas voraus. Das mit Abstand am meisten verwendete Verhütungsmittel beim „ersten Mal" ist das Kondom. Bei der Verhütung verhalten sich nicht nur Mädchen, sondern auch Jungen zunehmend verantwortungsbewusster.

Welche merkwürdigen normativen Vorstellungen mit Sexualität in der Historie immer wieder verbunden wurden, wird am Beispiel des Iran deutlich, in dem heute noch zum Tode verurteilte Jungfrauen vor ihrer Hinrichtung vergewaltigt werden, damit sie nicht in den Himmel kommen.

Wenn es Jungen an normal dosiertem Körperkontakt, der ihren gesamten Leib umfassend meint, mangelt, zwingt man sie zu Arten von Kompensation in den beiden Zonen ihres Leibes, die in misslichen Männerbünden, also beispielsweise bei Soldaten, auf dem Bau oder in der Seefahrt allein akzeptiert sind, nämlich zu übertriebenem bizeps- und peniszentrierten Körperkontakt. Alles andere könnte nach ihrer Auffassung als zu weich oder schwul interpretiert werden, auch weil sie nicht gelernt haben, mit anderen Formen von Nähe, Emotionalität und Zärtlichkeit richtig umzugehen.

Schon kleinste Kinder haben Sexualität mit sich allein, untereinander und auch von Erwachsenen begehrt. Sexualität geht weit über die Genitalien hinaus, sie ereignet sich auch über allgemeinen Körperkontakt, über Blicke und über Sprache.

Unterdrückte und nicht sinnvoll ausgelebte leibliche Triebe, eine körperfeindliche Askese, die historisch oder religiös bedingt sein kann, ein Mangel an Bewegungs-, Spiel- und Rangelkontakten, sexuelle Verführungen und Defizite an Fürsorge beeinflussen die Ausprägung der sexuellen Motivationen im Kind bis hin zum Triebtäter, Sodomisten, Voyeur, Exhibitionisten, Pädophilen, Homosexuellen, Fetischisten, Nekrophilen oder Gerontophilen.

Sexuelle Fehlentwicklungen haben viel mit enttäuschten Erfahrungen, mit Ignorieren, Verboten und Strafen zu tun und münden oft in schwere Neurosen, Psychosen oder Zwänge ein. Wer das Thema Sexualität ganz aus seinem Zusammenleben und aus Gesprächen mit Kindern verbannt, wer das aktive Auseinandersetzen von Jungen und Mädchen mit ihrer Sexualität in der Badewanne, auf dem Spielplatz oder im Kinderzimmer stets negativ kommentiert oder gar sanktioniert und wer seine eigene Sexualität tabuisiert, verhält sich völlig falsch. Denn Sexualerziehung ist eine Gratwanderung zwischen der Akzeptanz der unvoreingenommenen kindlichen Neugier und dem Ausprobieren seiner Organe und seiner sexuellen Reize auf andere einerseits und einer vorsichtigen Werteerziehung andererseits.

Jugendliche probieren ihre Sexualität im freundschaftlichen Umgang sowie bei kurzen Begegnungen auf Partys, in Diskos, auf Szene-Treffs und auf Reisen, aber auch durch Masturbation allein, zu zweit und in der Gruppe aus. Sie müssen das tun, um mehr über sich und ihre Wirkung auf andere zu erfahren, um Maßstäbe bzw. Kriterien für spätere feste und lang anhaltende Bindungen aufbauen zu können. Sexualität muss dabei nicht immer in Freundschaft oder Liebe eingebettet sein, sie entwickelt sich aber positiver in der Freundschaft und im Rahmen einer den ganzen Menschen umfassenden Liebe.

Unvermittelt angesetzte Aufklärungsgespräche im Rahmen einer bewussten Sexualerziehung misslingen oft als verkrampfte, weltfremde und bloß aufgesetzte Ereignisse; das gilt besonders für den schulischen Sexualkundeunterricht. Sexualerziehung sollte daher immer in ein umfassendes Zusammenleben eingebettet sein. Ein nicht moralisierender, sondern freundschaftlicher Umgang der Eltern, Erzieher und Lehrer mit ihren Kindern ist der beste Weg, eine gesunde sexuelle Entwicklung zu fördern. Gespräche aus konkreten Anlässen heraus bewirken jedenfalls mehr als der geplante Vorsatz, in einem vielleicht unpassenden Augenblick aufzuklären.

Schon die meisten 14-Jährigen wissen über Empfängnisverhütung gut Bescheid, obwohl sie noch etwa eineinhalb Jahre vom ersten Koitus entfernt sind. Die 14- bis 17-Jährigen sind mittlerweile besser als frühere Generationen imstande, mit ihrer Sexualität umzugehen. Partnerschaft steht bei ihnen hoch im Kurs, aber nicht um jeden Preis. Die meisten Mädchen mit Koituserfahrungen haben sich vom ersten Partner über kurz oder lang wieder getrennt, mit dem zweiten oder dritten bleiben sie dann durchweg sehr lange zusammen: 66 Prozent hielten ihm „in den letzten zwölf Monaten" die Treue. Die Mädchen sind selbstbewusster als einst ihre Mütter oder Großmütter; die Initiative beim Sex überlassen nur noch wenige den Jungen, weitaus die meisten sind in gleicher Weise oder sogar mehr aktiv. Von einem Trend zur „Keuschheit bis zum Traualtar" findet sich heutzutage keine Spur mehr. Lediglich jeder hundertste Jugendliche lehnt noch vorehelichen Geschlechtsverkehr ab, stellten die Emnid-Institute fest.

Was in der Sexualität unüblich ist, muss übrigens nicht immer falsch sein, und was man richtig zu tun glaubt, kann völlig daneben geraten. Insofern sind Handlungsweisen für Sexualerziehung nicht unbedingt sinnvoll, abgesehen von denen, die besagen, dass man sehr behutsam in das Kind hineinhorchen muss, dass man sich nicht mit Verfrühungen aufdrängen darf und dass es keinen Zweck hat, erst dann mit Aufklärung beginnen zu wollen, wenn der junge Mensch sowieso schon alles weiß.

Gespräche über Sexualität müssen letztlich immer in eine erhöhte Liebesfähigkeit des jungen Menschen einmünden, und sie dürfen nie der Selbstbefriedigung von Erwachsenen dienen. Und dem Kind bloß übergestülpte Sexualnormen – beispielsweise gegen Homosexualität oder gegen voreheliche Geschlechtsverkehr – richten mehr Schaden in ihm an, als dass sie ihm auf Dauer nützen.

38. Außenseiterschicksale

Außenseiter wollen selbst meist keine Außenseiter sein. Sie haben Probleme mit sozialen Gruppen, und ihre Integration ist auch für ihre Helfer, also ihre Eltern, Erzieher und Lehrer, ein schwieriges Stück Arbeit, denn ihr Aussehen, ihre nationale oder religiöse Zugehörigkeit, ihre Kontakt- und Kommunikationsschwierigkeiten, ihre Ausfälle und Behinderungen, aber auch ihre sexuellen Vorlieben lassen viele Erwachsene nicht so ohne weiteres zu. Schuld können auch die unüblichen Normen und Führungsstile ihres Elternhauses, merkwürdige Angewohnheiten ihres Vaters oder ihrer Mutter oder Verbote haben, die dazu führen, dass das übliche Freizeit- und Gruppenverhalten der Gleichaltrigen derart ungewohnt ist, dass damit Orientierung und Verhaltenssicherheit für Außenseiter doppelt schwierig werden.

Wenn Lehrer völlig andere Normen repräsentieren als die Eltern, kommt es im Kind zwangsläufig zur Unverträglichkeit verschiedener Führungsstile und Weltbilder, die es dann schwierig werden lässt und die Gefahr des Ausgestoßenwerdens erhöht. Das trifft beispielsweise die türkischen Mädchen mit ihren Kopftüchern und den Verboten ihrer Eltern, am Schwimmunterricht, an Schulfesten oder an Klassenfahrten teilzunehmen. Lehrer sehen sich dann gelegentlich gezwungen, nachdem vermittelnde Gespräche mit den Eltern nicht weitergeführt haben, das Kind gegen die Eltern zu stärken und gleichzeitig um Toleranz und Mithilfe bei den Mitschülern zu werben.

Die Integration muss immer von beiden Seiten her erfolgen; der Außenseiter sollte in die Gruppe hineingeführt werden, die Gruppe muss sich aber zugleich für ihn öffnen.

Erziehung zur Toleranz als Voraussetzung für Integration ist ein schwieriges Unterfangen, weil Minderheiten und das von der Norm Abweichende ein Stück weit zur Regelhaftigkeit des Üblichen hingeführt werden müssen, andererseits aber bei der Mehrheit die Toleranzbandbreite in der Weise erweitert werden muss, dass das Andere, das Fremde, das Neue, das Ungewöhnliche schließlich als lebensbereichernd empfunden wird. Eine werteplurale Gesellschaft braucht ganz besonders die erzieherische Arbeit gegen Vorurteile, Intoleranz, Diskriminierung und Hass, und ihre Außenseiter helfen dabei, indem sie Lernanlässe für die Ausdehnung von Akzeptanzgrenzen und für die Wertschätzung der Vielfalt bieten; das wissen wir aus den guten Erfahrungen mit Integrationsklassen, mit multikulturellen Spiel- und Lerngruppen sowie mit übernationalen Wohnprojekten und internationalen Kinderdörfern. Gerade Kinder müssen lernen, dass es nie genügt, sich selbst wohl zu fühlen, wenn damit gleichzeitig die Gefühle anderer verletzt werden; bei Kindern sind solche Integrationsprozesse, die ja auch gegen missliche Rangordnungsbildungen wirken, jedenfalls schneller von Erfolg gekrönt als bei Jugendlichen und Erwachsenen.

Soziometrische Tests zur Ermittlung von Außenseitern und Untenstehenden müssen als Ausgangspunkt für integrative Bemühungen jedoch abgelehnt werden, weil sie Stigmatisierungs- und Ausgrenzungsprozesse zunächst völlig unnötig fördern, wenn man beispielsweise fragt: „Neben wem möchtest du am liebsten sitzen und neben wem überhaupt nicht?" Man sollte sich da eher auf seine direkte Wahrnehmung von Sympathiegefällen verlassen.

Außenseiter haben oft schon viele Niederlagen in den Rangordnungen von Beliebtheit, Tüchtigkeit und Stärke erlebt und haben im Kampf um die Anerkennung in den Hierarchien ihren Gruppen bereits resigniert, so dass sie sich gar nicht mehr um einen Zugewinn an Ansehen bemühen. Sie haben sich aber dann nicht nur aufgegeben, sie halten auch von sich selbst nicht mehr viel. Häufig haben sie sich längst mit ihrem misslichen Schicksal abgefunden und die Flucht in außersoziale Bewährungsfelder angetreten, wie etwa den Umgang mit Computern, mit Technik, mit chemischen Experimenten, mit Kochen, mit Schachspielen, mit Botanisieren oder mit Tieren.

Gegenüber Außenseitern müssen Eltern und Pädagogen Bewährungsfelder eröffnen, über die diese auch von anderen anerkannt werden. So fallen Mädchen, die von Jungen anfangs wegen ihres Körperbaus nicht akzeptiert wurden, später oft durch ein hohes Maß an Sozialkompetenz, an Schauspielkunst oder an Humor auf, mit dem sie ihre Außenseiterrolle zu überwinden vermögen und mit dem sie schließlich von Allen geschätzt oder sogar geliebt werden.

Außenseiter versuchen übrigens gern, Pluspunkte gegenüber anderen Außenseitern zu gewinnen; sie rivalisieren mit ihnen, indem sie die gleichen fiesen Mittel aktiv einsetzen, unter denen sie als Opfer selbst sehr leiden. Jeder noch so gering anerkannte Mensch braucht offenbar immer noch jemanden, der noch tiefer steht, so dass er wenigstens auf seine Schultern steigen kann.

39. Die Familienkonferenz

In Obrigkeitsstaaten, wie wir sie fast immer auf deutschem Boden hatten, ist das Erziehungsziel der Untertan. So war es in den mittelalterlichen Kirchenstaaten, im Kaiserreich, im preußischen Beamten- und Soldatenstaat, im Dritten Reich und bis vor kurzem in der DDR. Obwohl alle diese Systeme sehr unterschiedlich waren, waren sie dennoch hochautoritär oder gar totalitär. Erziehung ist in solchen Gesellschaften ziemlich leicht: Eine Clique von Machthabern einigt sich auf Werte, und dann werden diese von oben herab in den Kopf und in das Herz des Bürgers und damit auch des Kindes verordnet. Und dann muss man sein Kind nur so erziehen, wie alle anderen Menschen das auch tun.

Seit mehr als 50 Jahren haben wir in Deutschland aber nun eine Demokratie mit dem Erziehungsziel des mündigen Bürgers. Und damit ist Erziehung plötzlich ganz schwierig: Unser Grundgesetz birgt ein Vielfältigkeitsgebot, das heißt, Kinder dürfen voneinander verschieden sein, und das heißt, jeder junge Mensch braucht eine andere Erziehung. Alles, was Erwachsene von Kindern und Jugendlichen fordern und ihnen verbieten, muss begründet werden. Heute müssen junge Menschen überzeugt werden, wenn sie uns folgen sollen, und dabei müssen wir ihnen auch noch helfen, sich entscheiden, wehren, behaupten und durchsetzen sowie Nein sagen zu können. Wir müssen ihnen also Verhaltensalternativen für kritische Situationen aufzeigen, vorleben und per Training an die Hand geben. Vor allem müssen wir uns aber ernsthaft ihren Nachfragen und Widerworten stellen, zuhörend, gelassen und deutlich.

Am besten haben sich dafür Familienkonferenzen bewährt, und wenn die schwierig werden, weil Emotionen in eingefahrenen Gleisen überschwappen, weil Schreien und Ausrasten ein Zuhören und ein Sachlichbleiben unmöglich machen, dann braucht man einen Moderator, einen Gesprächsleiter von außen. Und siehe da: Vor dem mag sich niemand blamieren, er bleibt neutral und sachlich, und schon lässt sich vieles regeln, was zuvor verfahren schien.

III. Schule und Lernen

1. Erzieht die Familie und bildet die Schule?

Die bundesweite KESS-Studie (Kompetenzen und Einstellungen von Schülerinnen und Schülern der 4. Grundschulklassen) bekundet wieder einmal wie schon zuvor die TIMS-, PISA- und IGLU-Studien Schreckliches: Die Leistungsfähigkeit von etwa zehnjährigen Jungen und Mädchen differiert um vier Altersstufen. Einige Zehnjährige sind erst so weit wie Achtjährige, andere sind schon so weit wie Zwölfjährige, und bei den Jungen sind die Leistungsunterschiede dramatischer als bei den Mädchen.

Die Hamburger Grund- und Hauptschullehrerin Karin Brose unterrichtet seit 30 Jahren in Hamburger Problemgebieten; sie beklagt nun in einem Buch, wie stark sich die Schülerschaft verändert hat, was die von zu Hause in die Schule mitgebrachten erzieherischen Voraussetzungen anbelangt. Viele Schüler kommen zu spät oder gar nicht, ohne gefrühstückt zu haben, ungewaschen und wochenlang dieselben Klamotten tragend, ihre Eltern meiden den Kontakt zur Schule, verweigern aber die Teilnahme ihrer Tochter an Klassenfahrten oder am Schwimmunterricht, und viele Jungen sind schon im Grundschulalter infolge ständigen häuslichen Gewaltmissbrauchs völlig schmerzunempfindlich, ihre Sprache ist zugleich armselig und aggressiv, und Bücher, Hefte, Papier und Stifte bringen viele von ihnen überhaupt nicht mit.

Von Suchtforschern wird überdies beschrieben, dass heute im Durchschnitt mit Rauchen und illegalen Drogen, aber auch mit Koma-Saufen im Alter von 13 Jahren begonnen wird, in einigen Fällen schon mit zehn Jahren, dass 50 Prozent der kettenrauchenden Schüler zugleich haschen oder koksen – und dass sogar während der Schulzeit – und dass die Angst vor Ausgrenzung durch Gleichaltrige außerordentlich verführbar macht, was missliche Jugendkulttrends anbelangt.

Schon vor Jahren hat die Kanzlergattin Doris Schröder-Köpf an die Eltern appelliert, die ihnen mit dem Artikel 6 des Grundgesetzes zugewiesene Erziehungspflicht wieder wahrzunehmen, während gleichzeitig die amerikanische Sozialpsychologin Judith R. Harris in einem Bestseller behauptet, Erziehung sei sowieso sinnlos. Jedenfalls fordert die Hamburger Lehrerin Karin Brose, solchen Eltern, die ihrer Erziehungspflicht nicht nachkommen, das Kindergeld zu kürzen oder gar zu streichen. Das allerdings nützt den Kindern gar nichts, denn schon Nordrhein-Westfalen hat mit der Verdoppelung der Bußgelder für Eltern von Schulschwänzern die Erfahrung gemacht, dass das Schulvermeiden, wie die Bremer das Phänomen nennen, trotzdem zunimmt und dass gerade die Eltern von Schulschwänzern mehrheitlich gar nicht in der Lage sind, dieses Strafgeld zu bezahlen.

Fast 200 Jahre funktionierte in Deutschland die Arbeitsteilung zwischen der Familie, die erzieht, und der Schule, die bildet, zugegeben mit einem Überschneidungsbereich, denn das Bildungsbürgertum bildet auch zu Hause, und die Schule hat auch einen erziehenden Unterricht. Aber diese irgendwie funktionierende Arbeitsteilung ging einher mit einem Obrigkeitsstaat, der den Untertanen erzogen wissen wollte. Seit 55 Jahren sieht jedoch unser Grundgesetz etwas ganz anderes vor: Junge Menschen dürfen voneinander verschieden sein, wir müssen um ihre Zustimmung bemüht sein, wenn wir von ihnen etwas fordern, und wir müssen ihnen auf dem Weg zum mündigen Bürger in einer werte- und meinungspluralen sowie globalisierten informativen und virtuellen Medienwelt helfen, sich angemessen entscheiden, wehren, behaupten, durchsetzen und Nein sagen zu können. Und das ist ungleich schwieriger als die Erziehung zu einem Untertanen. Gleichzeitig beschreiben wir den Wandel der Familie mit dem bösen Wort Auslaufmodell und beklagen die Zunahme von großelternlos, vaterlos und geschwisterlos aufwachsenden Einzel-, Schlüssel-, Scheidungs- und Straßenkindern und die Abnahme der moralischen Klammer der beiden großen Volkskirchen.

So wird der Schule immer vehementer zugemutet, klassische familiäre Erziehungsaufgaben mit zu übernehmen. Gleichzeitig verweist die Schule immer noch auf ihren ihr per Definition zugeteilten Bildungsauftrag mit dem Satz, sie könne nun mal nicht Reparaturbetrieb der Gesellschaft in Sachen Erziehung sein, und weist den Erziehungsauftrag zumal an diejenigen Eltern zurück, die sich längst als erzieherisch hilflos oder gar unwillig erwiesen haben.

Und dennoch: Deutschsprachige Nachentwicklung, Psychomotorik, Schulfrühstück, Pädagogischer Mittagstisch, Hausaufgabenhilfe, Verlässliche oder Volle Halbtagschule, Ganztagsschule und Außerunterrichtliche Neigungskurse stehen ebenso für die Erweiterung ihrer klassischen Bildungsfunktion in Richtung herkömmliche familiäre Erziehung wie die Zunahme der Forderung nach einer anderen Lehrerbildung mit mehr diagnostischen und therapeutischen Kompetenzen in Hinblick auf Hochbegabte, Hyperaktive, Legastheniker, Dyskalkuliker, Linkshänder, Hörcortexprobleme, Jungenpädagogik, Gewalt- und Suchtprävention, Medienerziehung, Bewahren der Kindheit vor ihrem Verschwinden und der Jugend vor misslichen Trends bis hin zur Verkehrserziehung, Konsumerziehung und Sexualpädagogik, ganz zu schweigen von mittlerweile selbstverständlichen Aspekten wie soziales Lernen, politische Bildung und Rechtskunde.

Nach TIMSS, PISA, IGLU und KESS soll die deutsche Schule nun die Basis für die Zukunft unserer Gesellschaft verbessern. Sie soll mit neuen Lernweisen Innovationen anlegen, sie soll Selbstständigkeit, Kreativität, Teamfähigkeit, Erkundungs- und Handlungsfähigkeit und zugleich Integration, Toleranz und Flexibilität stärken, und das mit einer ihr gleichzeitig verordneten Sparfunktion. Die international besetzte

OECD-Kommission unter Leitung des Schweden Mats Ekholm hat gerade festgestellt, dass die meisten der bei PISA schlecht weggekommenen Länder sich mittlerweile auf den Weg Richtung finnische, schwedische, kanadische und niederländische Schulverhältnisse aufgemacht haben, nur Deutschland nicht.

Es sucht sein Heil eher in seiner glorreichen Schulvergangenheit. Während Politiker in Sonntagsreden auf den einzigen deutschen Bodenschatz, nämlich die Bildung der Kinder verweisen, stornieren sie Renovierungsgelder für marode und architektonisch meist ohnehin kindungeeignete Gebäude, erhöhen sie Klassenfrequenzen, streichen sie Lehrerstunden und -stellen und sorgen – wie Hamburg – mit neuen Lehrerarbeitsmodellen für eine Aufwertung des ohnehin ziemlich ineffizienten Belehrungsanteils von Schule und eine Abwertung des erzieherischen Lehrerengagements. Während unsere Kinder explodieren, indem sie immer häufiger aus dem Ruder laufen, implodiert der Versuch unserer Kultusminister, die Quadratur des Kreises hinzubekommen, Schulen einerseits leistungsfähiger und andererseits kostengünstiger gestalten zu wollen, weil sie Bildung für eine hochwertige und Erziehung für eine geringwertige Leistung halten.

Aber nur mit einer früheren Einschulung mit fünf oder gar vier Jahren, die gegenüber früh geförderten und vernachlässigten Kindern in gleicher Weise wichtig ist, mit einem Frühwarnsystem gegenüber Verhaltensauffälligkeiten (wie in den finnischen Startergruppen), mit flächendeckenden Ganztagsschulen, mit einer neun- oder zehnjährigen Grundschule, mit zwei Klassenlehrern für jeden Schüler (am besten eine Frau und ein Mann), mit einem grundständigen Klassenlehrerstudium für etwa die Hälfte der Lehrerstudenten und mit einer zugehenden bzw. aufsuchenden Pädagogik gegenüber Elternhäusern sowie im Team arbeitenden Lehrern, die 35 Zeitstunden á 60 Minuten in der Schule verbringen, von denen nur ein Teil Unterricht ist, mit Klassenfrequenzen von etwa 18 Schülern und mit neugebauten Schulen, die kindgemäß und eher Lernwerkstätten als Belehrungsanstalten sind, und mit einem Lernbereich Erziehungskunde in sämtlichen 9. Klassen Deutschlands ließen sich unsere Unterrichtsvollzugsbeamten zu modernen Erziehungs- und Lerncoaches wandeln, wie wir sie aus Skandinavien und Kanada kennen, vorausgesetzt wir würden auch in ein höheres Ansehen unserer Lehrerschaft investieren. Denn Lehrer können nur gut sein, wenn man auch gut mit ihnen umgeht.

2. Zwischen Über- und Unterforderung: Die Entwicklung der Kräfte des Kindes

Eltern sind oft außerordentlich ehrgeizig, sie wollen „das Beste" für ihr Kind, wie sie formulieren, denn „es soll es einmal besser haben" als sie. Das Beste aus der Sicht der Eltern ist aber noch keineswegs das Beste für das Kind.

Wir leben in Deutschland im Moment mit der Schwierigkeit, dass einerseits immer mehr Kinder vernachlässigt werden und dass andererseits immer mehr Kinder schon von klein auf in ihre Zukunft hinein verplant werden, zumal nach den wachrüttelnden Ergebnissen von PISA und IGLU.

Immer mehr Sechsjährige sind erst so weit wie sonst Vierjährige, und zugleich sind immer mehr Sechsjährige schon so weit wie sonst Achtjährige. Für Grundschullehrerinnen, die eine 1. Klasse übernehmen, ist diese immer größer werdende Leistungsbandbreite der Schulanfänger kaum noch zu überbrücken, es sei denn, sie verstehen ihre Klassen als „jahrgangsübergreifende Klassen", wie sie zur Zeit in Nordrhein-Westfalen begünstigt werden, nur dass das Jahrgangsübergreifende sich nicht auf das biologische Alter bezieht, sondern auf den intellektuellen Entwicklungsstand. In jahrgangsübergreifenden Klassen kann man nicht mehr lehrerzentriert, frontal und belehrend vorgehen, man muss die Belehrungsanstalt dort zu einer Lernwerkstatt (die in Nordrhein-Westfalen „Haus des Lernens" heißt) wandeln, in der die Kinder im Rahmen von Partner- und Kleingruppenarbeit nach dem Konzept des offenen Unterrichts und mit Hilfe des Computers selbst lernen und im Wesentlichen voneinander lernen, was ohnehin eigentlich besser funktioniert. Lehrerinnen, die heute eine 1. Klasse übernehmen, sind also indirekt zu Reformen gezwungen, die modernen Einsichten in effizienteres Lernen entsprechen, ob sie es wollen oder nicht.

Schleswig-Holstein hat aus diesem Dilemma die Konsequenzen gezogen und die Flucht nach vorn ergriffen. Vor dem Hintergrund der teuren, bundesweit höchsten Zurückstellungsquote von Sechsjährigen bei der Einschulung überlegen die Verantwortlichen in Kiel, den Schulreifetest abzuschaffen und das Prinzip „Einschulung ohne Auslese" über eine „flexible Eingangsphase" statt der Klassen 1 und 2 einzuführen, was viele Kindergartenplätze für die bislang zurückgestellten Jungen und Mädchen (zur Hälfte durch die Eltern, die ihrem Kind, auch wenn es schon schulreif ist, ein Jahr mehr Kindheit gönnen wollen, bevor der Wettlauf Richtung Abitur beginnt, zur Hälfte durch den Schularzt, der das Kind noch nicht für schulreif hält) einzusparen hilft. Brandenburg, Sachsen-Anhalt und Nordrhein-Westfalen haben diesen Gedanken mittlerweile mit ihren „Flex-Klassen" umgesetzt, Schleswig-Holstein aber noch nicht.

Wenn Eltern es zu gut meinen und schon früh an der Karriere ihres Kindes basteln, überversorgen sie ihr Kind oft schon vor der Einschulung mit Terminen, deren Kalender Mama führt. Neuerdings hat sich bei solchen Eltern herumgesprochen, dass Kinder umso besser Sprachen lernen, je jünger sie sind. Und so gründen immer mehr Eltern Gruppen mit einer englischsprachigen Frühförderung für Drei- bis Sechsjährige, weil ihnen der frühere Beginn der Ersten Fremdsprache in Klasse 3 und die geplante europaweite Vereinheitlichung mit Beginn der Ersten Fremdsprache in Klasse 1 noch nicht reichen. Die Kinder von solchen Eltern können meist schon Lesen, Schreiben und Rechnen, wenn sie in die Schule kommen. Anfangs zu stark herausge-

forderte und von ihren Eltern überforderte Kinder neigen wie auch hochbegabte Kinder zum gedanklichen Abschweifen in Träume und Phantasien. Zu Beginn geschieht
dies durchweg aus Langeweile heraus; und wenn sie sich erst einmal lange Zeit an
dieses Ausweichen gewöhnt haben, sind sie umso schwerer wieder „einzufangen" und
zu Konzentration und Durchhaltevermögen zu resozialisieren. Frühbegabte Kinder,
die von ihren Eltern zu früh zu weit herausgefordert wurden, zahlen meist später
einen hohen Preis für ihre Überversorgung, die am Anfang zu gut gemeint war, und
diesen Preis präsentieren sie dann ihren Eltern mit Verhaltensstörungen und mit
einem Scheitern in den Klassen 9, 10 oder 12. Überdies sind das genau diejenigen
jungen Menschen, die von der Pubertät an mit einem hohen Risiko leben, besonders
leicht den Einstieg in den Ausstieg mit Drogen zu finden.

Frühbegabte Kinder sind solche, die in den ersten Lebensjahren wie hochbegabte
wirken, deren Entwicklung sich aber später (meist ab Klasse 3) normalisiert, während
hochbegabte Kinder ein Leben lang hochbegabt bleiben. Aber gerade die Frühbegabten muss man am Anfang eher bremsen und zurücknehmen, damit sie ihren Altersgenossen nicht zu weit voraus sind, wenn sie eingeschult werden. Sonst lernen sie zu
früh, zu wenig zu tun, und wenn sie dann in die Normalität einmünden, werden sie
von den anderen Schülern rasch überholt und schließlich so weit abgehängt, dass sie
sitzen bleiben.

In England hat man das Dilemma von zu früh geförderten Wunschkindern, die
später Sorgen- und dann Problemkinder werden, längst erkannt. Dort gibt es immer
mehr Zweijährige, die von ihren Eltern in private Ganztagsvorschulen geschickt werden. Die Eltern erhoffen sich damit neben der Einsparung eines Kindermädchens ein
optimales Fundament für Lernprozesse und die Garantie für einen Weg in die Universität hinein; aber sie unterschätzen das Überspringen der so wichtigen Entwicklungsstufen der Bewegung, des Spiels und der Muße und außerdem die schlimmen
Folgen einer zu frühen zeitlich langen Trennung von den Eltern. Im Moment gibt es
an englischen Privatschulen etwa 6000 Zweijährige und etwa 14 000 Dreijährige.
Paddy Holmes, die Vorsitzende des Verbandes der englischen Privatschulen, fasst ihre
Kritik an zu ehrgeizigen Eltern wie folgt zusammen: „Kleinkinder brauchen die Bindung an eine Bezugsperson und nicht an acht Personen. Wäre es für Menschen natürlich, ihre Kinder auf diese Weise großzuziehen, dann würden sie als Wurf von Welpen geboren werden und nicht einzeln." Es verwundert daher nicht, dass der britische Psychologe John Bowlby mit einer Langzeitstudie nachweisen konnte, dass
Kinder, die in den ersten vier Lebensjahren zu selten mit ihrer Mutter und ihrem
Vater zusammen waren, später eine besonders schwach ausgeprägte Selbstachtung
haben.

Permanente Unterforderung tut Kindern aber auch nicht gut. Das wissen wir von
den schon erwähnten Hochbegabten, das wissen wir von Kindern, mit denen von Anfang an zu wenig gesprochen und denen dann zu selten zugehört wird. Bei ihnen ver

kümmert die ursprünglich vorhandene Möglichkeit, Großes zu leisten. Wir verschwenden mit dem vielen Leerlauf in unseren Schulen enorm viel Begabungspotenzial unserer Bevölkerung, und besonders gilt das für das mittlerweile verflixte 13. Schuljahr an den Gymnasien. Es ist ohnehin schon ein Jahr zu viel, weil heute 18-Jährige längst so weit sind wie früher 19-Jährige. Aber mit der merkwürdigen Organisation, im Januar die Klausuren schreiben zu lassen und im Mai die mündlichen Prüfungen durchzuführen, während sich von Januar bis Mai kaum noch etwas in den Oberprimen ereignet, außer dass die Studienräte über ihre Korrekturbelastungen jammern, und ab Mai bis zum Studienbeginn im Oktober oder dem Start des Zivildienstes im September wieder nichts, erzieht die Schule ihre volljährigen Schüler per Unterforderung indirekt zu Kneipenhockern, Partylöwen und Diskofreaks. Sie sind oft schon ein- oder gar zweimal sitzen geblieben, sie haben den Führerschein gemacht, sie können ausgehen, wohin sie wollen, und sind ihren Eltern keine Rechenschaft mehr schuldig. Sie können schwänzen und sich später selbst eine Entschuldigung schreiben, und vor allem können sie sich wunderbar an ein unbeschwertes Herumgammeln gewöhnen. „Phase der Erziehung zum Alkoholiker bzw. Kampftrinker" hat jemand einmal diese Zeit der langwierigen Unterforderung genannt, die bei denjenigen, die ihren Wehrdienst ausüben, meist noch länger dauert als bei denjenigen, die sich für den Zivildienst entscheiden. Frust und Demotivation stellen sich bei immer mehr deutschen Abiturienten ein, ein Luxus den sich unsere Gesellschaft trotz des Geredes von der Notwendigkeit neuer Elitebildungsgänge immer noch leistet. Ganz besonders gesteigert ist die Lustlosigkeit übrigens bei den jungen Menschen, die ein Jahr im Rahmen eines Schüleraustausches in den USA oder in England verbracht haben, und die dann live erleben müssen, wie ihre gleichaltrigen Freunde dort an eine Universität wechseln, während sie selbst noch ein Jahr mit ihren alten Paukern an ihrer endlos waltenden Penne mit Stoffen, die sie kaum interessieren, vor sich haben.

Kein Wunder ist also, dass immer mehr deutsche Oberstufenschüler das Gefühl haben, ihre Lebenszeit werde sinnlos verplempert. Während sie Anfang der 12. Klasse noch einigermaßen motiviert sind, empfinden sie es Mitte der 13. Klasse zunehmend als absurd, dass sie nicht schon längst fertig sind. Den Qualitätsverfall, den Lehrerverbandsfunktionäre für die mittlerweile weitgehend abgeschaffte 13. Klasse herbeischreien, erleben die deutschen Oberprimaner längst. Und deshalb wollen sie auf diesen Qualitätsverfall und zugleich auf die 13. Klasse verzichten, indem sie für die Zeit zuvor ein Mehr an sinnvollem Lernen fordern.

3. Wenn Mama schon von der ersten Klasse an
die Karriere ihres Kindes verplant

Vernachlässigte Kinder sind bezogen auf ihre Reiz- und Herausforderungsbilanz genauso arm dran wie übermütterte und restlos verplante Kinder.

Mütter, die viel Zeit haben, die allzu lange auf ein Wunschkind warten mussten oder die sich mit „Affenliebe" an ihr Einzelkind, das oft auch noch Partnerersatz sein muss, klammern, machen vieles falsch, vor allem, wenn sie mit einem hohen Erziehungsziel ihr Kind schon früh in Richtung auf Abitur, Sozialprestige, Karriere, Lebensstandard, kultivierte Umgangsformen, Leistungssport oder Musikinstrumentenbeherrschung trimmen wollen. Nur die mittlere Dosierung in allen Ansprüchen und Zuwendungsformen kann eine ausgeglichene Persönlichkeitsentwicklung ohne Ausfälle, Defizite und Störungen bringen.

Kinder brauchen auch Ruhe, Muße, Entlastung und viel freie Zeit für sich selbst, für zweckfreies Spiel, Sich-Bewegen, Musikhören, Lesen, Fernsehen, Herumgammeln und ungesteuertes Ausprobieren von Welt, aber auch für Kommunikation und Interaktion mit Gleichaltrigen.

Eltern richten mit einer totalen Bildungs- und Freizeitverplanung mehr Schaden als Nutzen an, denn das verplante Kind ist ständig auf der Suche nach Fluchtwegen, nach exzessivem Nachholen des Versäumten.

Verplante Kinder, deren Eltern aus schicht- und milieubedingten Konkurrenzgefühlen und aus solchen eines überhöhten Sozialprestiges – auch gegenüber Verwandten, Nachbarn und Freunden – heraus bereits von Geburt ihres Kindes an einen „höherwertigen" Weg über Gymnasium, Studium, Musikunterricht und Spitzensport bis hin zum allseits gebildeten und gut verdienenden Manager planen, sorgen oft schon beim Kleinkind dafür, dass es bereits einen Schwimmkurs absolviert hat, bevor es laufen kann, und dass es schon vor der Einschulung lesen, schreiben und rechnen kann. Sie zwingen ihren Sohn oder ihre Tochter schon früh zum Geigen- oder Klavierunterricht, zum Ballett-, Hockey-, Tennis- oder Reittraining, sie schicken sie, wenn sie 15 Jahre alt sind, in den Sommerferien zum Sprachenaufenthalt nach England und, wenn sie 17 sind, für ein Jahr als Gastschüler in die USA sowie in den Frühjahrsferien in ein Ski-Camp in die Alpen und in den Herbstferien auf einen Reiterhof; sie chauffieren schon Grundschüler täglich quer durch die Region zum Kindergeburtstag, zum Training und zur Jugendmusikschule, sie melden ihr Kind auch gegen die Empfehlung der Grundschule an einem Gymnasium, in einer Privatschule oder an einem Internat mit Altgriechisch und Latein an; und wenn es dann nicht wie erhofft klappt, kommt noch dreimal in der Woche Nachhilfeunterricht hinzu. Die Mutter verwaltet den Terminkalender und sorgt schon früh für die Anschaffung eines Computers mit lernfördernder Software und Eingreifprogrammen zur Entwicklung von fremdsprachlichen Fähigkeiten.

Die Folgen sind für Eltern, aber nicht für Fachleute, vielfach unerwartet. Weil sich so ein junger Mensch, der täglich wegen seiner permanenten Überforderung kleine Versagens- oder Verliererlebnisse hat und immer wieder auf die enttäuschten Gesichter seiner Eltern trifft, meist jahrelang an die elterlichen Erwartungen anzupassen sucht, stauen sich in ihm über Jahre hinweg Frustrationen und auch psychosomatisches Unwohlsein auf. Wenn er dann 14 oder 15 Jahre alt ist, bricht es eines Tages alles auf einmal aus ihm heraus; er rastet aus, lässt sich volllaufen, betreibt Kampfrauchen und flüchtet mit Hasch, Kokain, Heroin, Ecstasy, Crack oder Tabletten in Rauschzustände, um den ständigen Überforderungen und Niederlagen wenigstens phasenweise mit Vergessen und Verdrängen begegnen zu können. Die Eltern wollten „immer nur das Beste" und dass es ihr Kind „einmal besser hat" als sie; sie haben es jedoch mit ihrer gut gemeinten, aber schlecht durchgeführten Überfürsorge letztlich vor allem kaputtgemacht, zu ihrer eigenen Überraschung, wie man dann in Erziehungsgesprächen mit ihnen feststellen kann.

Fehlende Rücksicht der Eltern auf die lebensstufentypischen Sprach-, Bewegungs-, Spiel-, Muße-, Ruhe- und Kontaktbedürfnisse des Kindes führt zu Spannungen in ihm, zu Schulversagen, Ausweichen, Lügen, Verdrängen, Ersatzbefriedigungen, zur frühen partiellen oder totalen Flucht aus dem Elternhaus, zu Autodestruktionen bis hin zur Todessehnsucht, aber auch zu einem erhöhten Aggressionspotenzial. Elterliche Erwartungen sind nur dann angemessen, wenn sie begründet und vom Kind mit Einsicht akzeptiert werden oder wenn sie nur etwas über dem liegen, was das Kind sich zutraut, denn ein wenig muss das Kind stets herausgefordert werden.

Kinder leiden übrigens auch dann, wenn sie es schaffen, ihren Bedürfnissen entsprechend zu leben, gleichzeitig aber die Eltern damit teilweise oder gänzlich enttäuschen. Wenn ihr Bewegungs- und Spielbedürfnis dem Lernen geopfert wird, wenn sie artiger, sauberer und disziplinierter sein sollen, als ihren Kräften entspricht, reagieren sie mit Störungen. Kinder dürfen nicht dressiert werden, ihre Gegenwart darf nicht für eine ungewisse Zukunft aufgeopfert werden; ihre Bedürfnisse nach Führen und Wachsenlassen, nach Ordnung und Grenzen überschreitendem Ausprobieren und die nach Austesten der Wirkungen von Chaos, von Faulheit und Muße müssen durch das Zugestehen von Freiräumen respektiert werden, wenn man in ihnen nicht harte, ausweichende, bloß taktisch-geschickte und verdrängende bzw. stets fluchtbereite Verhaltensweisen fördern will.

Wenn junge Menschen den Erwartungen ihrer Eltern und Lehrer nicht entsprechen können, ist es das Verkehrteste, ihnen das auch noch vorzuwerfen. Die Strafe ist dann nämlich eine dreifache, denn erstens leiden sie ohnehin unter ihrem Versagen, zweitens auch noch unter der Enttäuschung ihrer Bezugspersonen und drittens unter dem oft darauf folgenden Liebesentzug.

Sollten die Eltern in solchen Fällen auf ihren Erziehungsmaximen bestehen, was gelegentlich wie beim Thema Kriegsspielzeug sinnvoll ist, aber beim Thema unerwünschte Freunde unklug sein kann, dann müssen sie wenigstens versuchen, ihre Erwartungen und die momentanen kindlichen Bedürfnisse irgendwie geschickt in Einklang zu bringen. Dazu gehört, allen Kindern ausführlich zu erklären, warum sie von ihrem jeweiligen Bedürfnis ablassen sollten. Ohne wiederholte lange Gespräche, in denen die Eltern es schaffen sollten, auch geduldig den Argumenten des jungen Menschen zuzuhören, und ohne Kompromissbereitschaft auf beiden Seiten gehen solche Konflikte allerdings nur selten gut aus, also mit einem Zugewinn für *beide* Seiten. Das in diesem Fall weiterschwelende ungelöste Problem kann dann verschlimmernd noch weitere Konflikte entstehen lassen.

Meist wird das Leben des Kindes mit seiner Einschulung ziemlich ernst, nicht in den ersten Tagen, aber dann. Eltern können diesen Übergang jedoch so abfedern, dass ihre Kinder an ihm keinen Schaden nehmen.

Die Einschulung ist für alle Kinder ein großer Lebenseinschnitt, aber auch Lebensschritt. Sie stellt viele Weichen, und Eltern müssen gerade im Verlauf der 1. Klasse sehr genau hingucken, damit die Freude auf die Schule, die fast alle Kinder am Anfang zeigen, möglichst lange erhalten bleibt.

- Meist beginnt die Schulzeit mit der Schultüte, und da muss man heutzutage hoffen, dass sie nicht zum Symbol einer ausufernden Konsumgesellschaft missrät, an dessen Ausstattung die Kinder ihren eigenen Wert – auch im Vergleich zu anderen Kindern – abzulesen geneigt sind.

- Leider geht das, was die Kinder an Fähigkeiten schon mit in die 1. Klasse bringen, immer mehr wie die Klingen einer Schere auseinander: Immer mehr Sechsjährige können schon gut lesen, schreiben und rechnen, bevor sie in die Schule kommen, während andere Sechsjährige in Bezug auf Sprachentwicklung, Bewegungskompetenz, Raumvorstellungsvermögen, zeichnerischen Fähigkeiten und Sozialkompetenz erst so weit wie Vierjährige sind. Überfordern Sie also nicht die Lehrerin, wenn sie anfangs um einen Ausgleich dieser Unterschiede bemüht ist, es Ihnen aber nicht schnell genug vorangeht!

- Und überhaupt: Schielen Sie nicht schon in der 1. Klasse auf das Abitur! Sie überfordern Ihr Kind, wenn Sie seine Karriere zu früh verplanen wollen, in einer Weise, dass Lernblockaden und Verhaltensstörungen bereits in einer Entwicklungsphase auftreten können, in der sich Ihr Kind erst einmal an schulische Lernweisen und an das Lernen in einer größeren Gruppe gewöhnen soll. Das ist auch der Grund dafür, dass es in der 1. Klasse noch keine Halbjahreszeugnisse gibt.

- In den ersten beiden Klassenstufen gibt es deshalb noch keine Noten, sondern nur Berichtszeugnisse, die offiziell Lernentwicklungsberichte heißen, mit denen Ihrem Kind und Ihnen gesagt werden soll, wie sich die Leistungsfortschritte entwickeln und wo Sie unterstützend tätig werden können. Um Rangordnungen zwischen den Schülern soll es nämlich am Beginn weniger gehen als um die Integration höchst unterschiedlich veranlagter und geförderter Kinder aus den verschiedensten familiären und nachbarschaftlichen Milieus.

- Gut begabte Schüler setzen sich auf Dauer sowieso immer durch; also setzen sie Ihr Kind und seine Lehrerin nicht unter Druck! Wenn das Kind Ihren hohen Erwartungen nicht entsprechen kann, spürt es täglich kleine Niederlagen, die sein Lernen eher mit Angst als mit

Motivation, also mit Lernfreude verknüpfen. Und wenn die Lehrerin Ihren Erwartungen nicht entspricht und Sie fast täglich bei ihr vorstellig werden, dann muss das irgendwann auch Ihr Kind ausbaden, weil die Lehrerin ja nur mit Sympathie zu Ihnen und Ihrem Kind Fortschritte erzielen kann.

- Suchen Sie von Anfang an das häufige Gespräch mit der Klassenlehrerin Ihres Kindes, aber nicht so oft, dass es sie nervt! Auf die Dosierung kommt es an und auf die Uhrzeit, zu der man anruft und in die Schule kommt. Die meisten Lehrer sind heutzutage zu Gesprächen mit Eltern bereit, die meisten teilen den Eltern auf dem ersten Elternabend auch ihre Telefonnummer mit.

- Weisen Sie von Anfang an die Klassenlehrerin auf Besonderheiten Ihres Kindes hin, damit sie sich rechtzeitig darauf einstellen kann! Später kommt die Lehrerin ohnehin dahinter, aber dann sind die Weichen oft schon ganz falsch gestellt. Das gilt für Stottern, Linkshändigkeit, Überaktivität, Hochbegabung, Aufwachsen mit zwei Muttersprachen, neurologische Störungen wie Asthma, Neurodermitis, Bettnässen, Epilepsie, Schwerhörigkeit, Farbenblindheit, Migräne, nervöse Tics und Allergien, aber auch für Einzelkinder, Kinder mit vielen Geschwistern, vater- oder mutterlos aufgewachsene Kinder und Kinder aus Kriegsgebieten oder der ehemaligen Sowjetunion.

- Gehen Sie unbedingt zu jedem Elternabend, und schlagen Sie dort auch vor, dass gelegentlich über Erziehungsprobleme gesprochen wird! Gehen Sie aber auch zu allen Veranstaltungen des Schullebens an sich: Tage der offenen Tür, Schulfeste, Basare etc., denn Ihr Kind braucht eine gute Partnerschaft zwischen Familie und Schule!

- Achten Sie von Anfang an darauf, ob Ihr Kind in der Klasse richtig sitzt! So muss es vorn sitzen, wenn es schlechter als andere hört oder sieht; und sprechen Sie mit der Lehrerin, wenn Sie das Gefühl haben, dass der Tischnachbar Ihr Kind beeinträchtigt!

- Nutzen Sie für die Schulbegleitung Ihres Kindes weniger die Zeit zwischen Aufstehen, Frühstück und Verlassen des Hauses, die Zeit zwischen Nachhausekommen und Mittagessen und die des Abendessens, sondern vielmehr die Stunden, in denen Sie und Ihr Kind Muße haben, also die „prime times"! Bei Spaziergängen und abends beim Sitzen auf der Bettkante vor dem Einschlafen können Sie am effizientesten mit Ihrem Kind über die Schule, seine Vorsätze, Ihre Wünsche und sein Verhalten gegenüber der Lehrerin und den Mitschülern sprechen, aber auch über seine Lern- oder Gewaltprobleme.

- Vereinbaren Sie mit der Lehrerin, dass sie Sie anruft, wenn es mit Ihrem Kind in der Schule Schwierigkeiten gibt, und dass eventuell die Hausaufgaben von Ihnen und ihr wechselseitig in einem Hausaufgabenheft gegengezeichnet werden, wenn es zu Problemen kommt!

- Machen Sie anfangs gemeinsam mit Ihrem Kind die Hausaufgaben, und nehmen Sie sich dann im Laufe der Zeit immer mehr zurück, damit Ihr Kind auch selbstständig wird!

- Sprechen Sie, so oft es geht, mit den Eltern von Mitschülern und organisieren Sie, dass Ihr Kind später im Wechsel bei einem Mitschüler in dessen Zuhause Schulaufgaben macht und dann wieder der Mitschüler bei Ihnen! Ist Ihr Kind aber nachmittags immer allein, weil sie berufstätig sind, sollten Sie dafür Sorge tragen, dass es stets in der Familie eines Mitschülers seine Hausaufgaben macht.

- Wenn Sie in einer verkehrsreichen Gegend wohnen, müssen Sie Ihr Kind in den ersten Tagen zur Schule bringen und es dort wieder abholen, so lange bis Sie mit ihm den Schulweg eintrainiert haben und es die Gefahren verstanden hat. Später ist es hilfreich, wenn sich mehrere Familien zusammentun und ein Erwachsener immer mehrere Kinder aus der Nachbarschaft zur Schule bringt.

■ Beherzigen Sie den Grundsatz, sich für die schulischen Belange Ihres Kindes einerseits zu interessieren und am Schulleben aktiv teilzunehmen, wozu auch die Partizipation in den schulischen Gremien (Elternrat oder -beirat, Schulpflegschaft, Schulkonferenz) gehört, geben Sie aber zugleich dem pädagogischen Bezug zwischen Lehrer und Schüler die Chance, ohne Ihre Einmischung gedeihen zu können!

4. Aufbau von „gut" und „böse", Normen und Werten, Weltbild und Religion

Die moralische Klammer der beiden großen Volkskirchen in Deutschland hat an Bedeutung abgenommen. Immer mehr Menschen treten aus der Kirche aus oder bezeichnen sich als Atheisten, und die allwöchentlichen Gottesdienste sind oft dürftig besucht. Vielen Eltern und damit auch Kindern fehlt diese Stütze, zumal auch in einigen Bundesländern wie in Hamburg der schulische Religionsunterricht nicht mehr eine so große Rolle spielt bzw. – wie in Brandenburg – mehr oder weniger in ein Fach „Lebensgestaltung, Ethik, Religion" (LER genannt) eingemündet ist.

Der abnehmende Einfluss der Kirchen, der allgemeine Familienzerfall, der auch die Werteerziehung beeinträchtigt, das Unterbrechen von Traditionen, Sitten und Bräuchen dadurch, dass die Großmütter oft nicht mehr in der Nähe ihrer Enkel leben und die werteplurale Konstruktion unserer offenen Gesellschaft, die Verbänden und Parteien mit ganz gegensätzlichen Positionen medienwirksame Einflüsse zugesteht, sowie die Einflüsse der Jugendkultszenerie haben eine Fülle von Erschwernissen für den Aufbau eines Orientierung erleichternden Weltbildes geschaffen.

In jedweder totalitären Gesellschaft fallen die Werte „vom Himmel herunter", sie werden allumfassend verordnet und greifen darum auch in fast jedem Menschen, selbst wenn sie schrecklich sind. Immerhin erleichtern sie dann die Erziehung und dem Kind das Einhalten von Regeln und Normen.

In unserer komplexen und komplizierten Gesellschaft muss hingegen ein wesentlich größerer erzieherischer Aufwand betrieben werden, um junge Menschen mit ihrer Zustimmung an das zu binden, was wir Wertekonsens nennen.

Kinder wollen schon ganz früh am Gesicht und an der Gestik ihrer Mutter ablesen, was gut, unbedeutend und böse ist, um Orientierung in ihrem Umfeld zu gewinnen. Aber dann leben sie ja noch in der autoritären Erziehungsphase, in der sie mehr nachmachen als zustimmen wollen. Aber mit dem vierten Lebensjahr beginnt die autoritative Phase, in der die Erwachsenen um die Zustimmung des Kindes zu Forderungen und Verboten kämpfen müssen; denn nur wenn die erreicht ist, wenn das Kind von der Notwendigkeit einer Regel oder einer Grenze überzeugt ist, wird es sich auch daran halten, falls seine Bezugspersonen nicht zugegen sind.

Mit dem 13. Lebensjahr muss dieser Weltbildaufbau passend zu unserer Gesellschaft im Groben abgeschlossen sein, dann sollte das Kind verstanden haben, dass man niemanden töten, berauben, schlagen oder belügen darf, dass man den Sitz im Bus für eine gebrechliche alte Dame frei macht, dass man „bitte" und „danke" sagt, pünktlich sein sollte, um andere nicht warten zu lassen, und nicht gedankenlos Blätter von Bäumen abreißt, weil sie auch Lebewesen sind.

Junge Menschen benötigen immer drei Arten von Bindungen; sie brauchen die Bindung an zumindest eine Bezugsperson (mehr sind besser), die Bindung an ein Orientierung erleichterndes Weltbild, also an Normen und Werte im Sinne eines Grundkonsenses der Gesellschaft, und die Bindung an ihre Zukunft, die ihnen Motivationen für das Handeln im Heute gibt.

Das soziale Lernen der Schule und die politische Bildung sollen den jungen Menschen sozial kompetent und politisch mündig machen, und das reicht dann von den Schlüsselqualifikationen Hilfsbereitschaft und Kommunikationsfähigkeit über Toleranz und Konfliktfähigkeit bis hin zu Teamfähigkeit, Selbstständigkeit und Solidarität, hat aber auch etwas mit Takt, mit Höflichkeit, mit Disziplin und Selbstdisziplin sowie mit Einsatzbereitschaft, mit Zuhörenkönnen und sogar mit ästhetischem Empfinden, also mit Geschmack, zu tun.

Das vorbildliche Vorleben der Erwachsenen, die Verstärkung durch Erfolge und die Niederlagen bei Misserfolgen, die vom Verbrennen am heißen Herd bis zu Beschimpfungen bei Rücksichtslosigkeiten und Strafe bei Vergehen reichen, tragen als viele kleine Bausteine des Alltags im Laufe der kindlichen Entwicklung das Mosaik eines dann hoffentlich stimmigen Weltbildes zusammen. Wenn das nicht auf direktem und erwünschtem Weg gelingt, weil die Eltern miserable Vorbilder sind, weil die Erwachsenen selbst kein angemessenes, also zu unserer Gesellschaft passendes Weltbild haben, weil Kinder ideologisch verführt werden (okkultistische oder Satanskultgruppen, schwarze Messen, Exorzisten, Wehrsportgruppen, Jugendsekten) oder weil sie schlechte Lehrer haben, dann kann dabei herauskommen, dass ihr angeborenes Bedürfnis nach einem stimmigen, ihnen Orientierung gestattenden Weltbild so weit wirr oder unbefriedigt bleibt, dass sie mit der ihnen vom Gesetzgeber vom 14. Lebensjahr an zugestandenen Religionsmündigkeit ihre Konfession wechseln oder gar in eine weltbildersetzende Nische flüchten. Meistens gelangen sie durch zufällige Freunde oder durch regionale Nähe in eine solche Nische hinein; aber dann kann es sein, dass sie ganz dankbar dafür sind, dass die Gruppe ihnen die Entscheidungen abnimmt, wie sie sich zu frisieren und zu kleiden haben, welche Musikrichtung sie zu bevorzugen haben, welche Insider-Sprachcodes angesagt sind, um Gleichgesinnte zu identifizieren, welches Feindbild das Wir-Bewusstsein der eigenen Gruppe, die ja auch Geborgenheit gibt, erhöht und wie man seine Freizeit zu verbringen hat.

Ein Weltbild ist nun damit da, aber es ist nicht das, was die Mehrheit unserer Gesellschaft akzeptieren könnte, und es ist gefunden worden, weil die vormaligen Bezugspersonen beim Aufbau von Gut und Böse, von Normen und Werten und von Bindung an den in unserer Gesellschaft vorherrschenden Weltbildkonsens versagt haben. Das familienersetzende Wir-Bewusstsein einer Jugendbande oder einer Skinhead-Gruppe kann in einer Weise Halt, Geborgenheit, Möglichkeiten zum Rangordnungsaufstieg und Sinn geben, dass das Weltbild per Gewöhnung selbst dann übernommen wird, wenn der einzelne Neuaufgenommene es am Anfang in vielen Details noch ablehnte, weil er es beispielsweise nicht gut fand, dass es die Gruppe zur sinngebenden Freizeitbeschäftigung erkoren hat, „Menschen zu verhauen", „Asys zu klatschen" oder „Nigger zu jagen".

Mit der Zunahme von Pluralismus und dem Schwinden kirchlichen Einflusses sind Sekten und okkulte Praktiken, aber auch Esoterisches unter Jugendlichen zunehmend populärer geworden. Das Bedürfnis nach Überhöhung der Alltagswelt, nach übersinnlicher Weltdeutung, wie sie Horoskope scheinbar gewähren, nach Gottesfurcht und nach Zuschreibung des trotz des Fortschritts der Naturwissenschaften immer noch Unerklärbaren an eine überirdische Kraft bzw. Energie wohnt in jedem Menschen. Etwa zwei Drittel aller Schüler experimentieren irgendwann einmal mit okkulten Praktiken, also mit Gläser-Rücken, Pendeln oder mit Deutungen über das Legen von Tarot-Karten bis hin zu Fantasy-Spielen. Fast jeder hat gelegentlich Angst vor einer alles sehenden und bewertenden göttlichen Instanz und versucht dann, Anhaltspunkte für ihre Existenz zu finden, und eigentlich alle jungen Menschen erhoffen sich Auskünfte von einer überirdischen Macht über ihren Lebenssinn und ihre Zukunft. Angst vor Sanktionen durch das Schicksal und vor dem Tod, aber auch die Sorge, den eigentlichen Sinn des Daseins nicht zu erkennen und deshalb das Gute zu versäumen, wecken die Sehnsucht nach einem religiösen Überbau oder nach einem tröstenden Ersatz dafür. Sie machen verführbar, sich dort mit einem Gott, dem Guten und Bösen, der Zukunft, dem Schicksal oder dem Tod auseinander zu setzen, wo es sich gerade anbietet, also beispielsweise bei den Scientologen, der Mun-Sekte, bei den Zeugen Jehovas, bei den Exorzisten, bei den Bhagwan-Jüngern, den Zen-Buddhisten oder in der New-Age-Szenerie.

Dass Gott für das Gute, für die Stimmigkeit und die Berechenbarkeit der Naturgesetze, für die Werte des menschlichen Zusammenlebens sowie für einen guten Umgang mit sich selbst steht, ist so abstrakt, dass es den vielen Analphabeten früher nicht ohne die biblischen Gleichnisse, die Predigten in der Kirche und flankierende Rituale, die alle Sinne des Menschen anzusprechen bemüht waren (Weihrauch, Pomp), zu vermitteln war.

Das Bedürfnis nach Gott entspricht dem Bedürfnis nach Schicksalsdeutung, nach Weltverständnis und Sinnerklärung. Wenn das Weltbild Lücken hat, vermag die Religion in die Bresche zu springen, auch mit Trost. Ideologische Indoktrination ist hingegen der Versuch, die Weltbilder verschiedener Individuen zu einer Stoßrichtung zusammenzuschließen und „auf Vordermann zu bringen". Ideologien sind immer die

Wirklichkeit ein wenig oder stark verzerrende Weltbildvarianten, die nicht nur deuten wollen, sondern auch den Zweck verfolgen, einigen Menschen Macht über andere zu geben. Die Subkultur einer Jugendsekte oder einer okkultistischen Gruppe schließlich bietet Weltbildersatz; sie vertraut auf die verzaubernde Kraft ihrer Antworten auf vermeintlich Unerklärbares, sie fasziniert mit einem Gemisch aus dem Reiz, das Verbotene zu tun, und der Abgabe der Verantwortung an eine übernatürliche Macht. Nur sehr aufwändige Decodierungsprogramme vermögen mit der Überdeutlichkeit einer rationalen Entzauberung junge Menschen wieder aus dem Bann solcher Zirkel herauszuholen, wie wir von ehemaligen Mitgliedern der Colonia Dignidad in Chile oder ehemaligen Anhängern der Mun-Sekte wissen.

Man muss also erzieherisch vorbeugen, damit es gar nicht erst so weit kommt. Wenn die Familien, die Kindergärten, die Schulen und die großen Volkskirchen es nicht mehr schaffen, ein stimmiges Weltbild mit zeitgemäßen Normen und Werten im jungen Menschen so aufzubauen, dass er zuzustimmen vermag, und wenn die Erziehung es nicht erreicht, dass er mit Konfliktfähigkeit in eine stimmige Reizbilanz kommt, mit der er ein Gleichgewicht zwischen sich und den an ihm ziehenden Kräften gewinnen kann, dann fühlt er sich so unwohl, dass er verführbar wird. Überzeugende welterklärende Informationen und ein in allen Lebenslagen funktionierendes Weltbild sind jedenfalls der beste Schutz gegen ein Abdriften in missliche subkulturelle Nischen, gegen ein Einfangen durch Sekten, gegen das Zerren von Ideologen und gegen die Lockrufe des Satans.

Ob der Staat hier mit „Benimm-Bausteinen" im Rahmen des Schulunterrichts eingreifen kann und sollte, wie es die Schulminister der Bundesländer Bremen und Saarland vorgeschlagen haben, sei einmal dahingestellt.

5. Ist mein Kind früh-, hoch- oder minderbegabt?

Ob ein Kind wirklich hochbegabt ist, kann eigentlich nur ein Intelligenztest klären. Immerhin kann man schon Verdacht schöpfen, wenn ein Kind früh intellektuell sehr weit entwickelt ist, wenn es seinen Eltern vom dritten Lebensjahr an „Löcher in den Bauch fragt" und diese Fragen außerordentlich aufwändige Antworten erfordern, wenn es ein großes Detailwissen in einzelnen Bereichen hat, wenn es außerordentlich neugierig ist, wenn es sich eigentlich nur für Erwachsenenthemen interessiert, wenn es einen riesigen Wortschatz hat und eine exzellente Beobachtungsgabe sowie ein hervorragendes Gedächtnis, wenn es ein auffallend geringes Schlafbedürfnis zeigt und wenn es mobiler als andere Gleichaltrige ist. Hochbegabte Mädchen neigen dazu, ihre besonderen Fähigkeiten zu verbergen, oder sie reagieren mit psychosomatischen Beschwerden, während hochbegabte Jungen, wenn sie sich langweilen oder auf Unverständnis stoßen, in Phantasien und Träume fliehen oder aktiv stören. Alle hochbegabten Kinder leben mit einem hohen Risiko (etwa 30 Prozent), auf Dauer schlechte Noten zu bekommen und sitzen zu bleiben. Im Übrigen kompensieren sie ihren intellektuellen Überdruck gern mit der Pflege von selten vorkommenden Hobbys.

In der Bundesrepublik diskutieren Pädagogen und Politiker seit Jahren über das Pro und Contra der besonderen Förderung überdurchschnittlich begabter Kinder. In Japan aber sind Hochbegabtenschulen längst etabliert.

Die Zahl der hochbegabten Kinder und Jugendlichen in Deutschland wird auf 350 000 geschätzt; sie haben einen Intelligenzquotienten von 130 an aufwärts („Genieschwelle"), gelegentlich bis zu 200, während der IQ des Bevölkerungsdurchschnitts ja mit 100 definiert ist; und um ihn herum befindet sich die Masse der Menschen. Etwa zwei Prozent aller Kinder sind hochbegabt.

Entgegen landläufiger Annahme haben es hochbegabte Kinder sehr schwer. Sie sind anders und vielfach schon im Grundschulalter unterfordert. Sie können bereits vor ihrer Einschulung lesen, schreiben und rechnen (was übrigens jedes sechste Kind kann), sie langweilen sich recht bald im Unterricht der Regelschule, so dass sie mit Verhaltensauffälligkeiten ausweichen. Hochbegabte werden daher mittlerweile als Behinderte eingestuft, und zwar nicht weil sie behindert sind, sondern weil sie ständig behindert werden, denn für sie ist es ziemlich unerträglich, ständig mit „dummen" Menschen zusammen sein zu müssen. Eltern von Hochbegabten müssen übrigens einen recht hohen Leidensdruck aushalten, weil die meisten Lehrer nicht angemessen mit solchen Kindern umzugehen vermögen; aber auch die Eltern müssen das sehr mühselig lernen, so wie die Eltern von Stotterern. Zum Glück gibt es inzwischen überall Selbsthilfegruppen für Eltern von Hochbegabten.

Allgemein rät man Eltern von Hochbegabten zu einer zusätzlichen „Fütterung" ihrer Kinder mit Mathematik, Informatik, Fremdsprachen oder Musikunterricht. In Braunschweig gibt es eigens ein privates zur Hochschulreife führendes Internat für hochbegabte oder, wie es selbst sagt, „spitzenbegabte Kinder", die Jugenddorf-Christophorusschule, die als Schule in freier Trägerschaft zum Christlichen Jugenddorfwerk gehört, das ansonsten nur Einrichtungen für Behinderte betreibt; betreibt seit der Wende auch eine Schwesterschule in Rostock. Darüber hinaus gibt es noch eine Jugenddorf-Christophorusschule in Königswinter bei Bonn, die Talenta in Geseke in Ostwestfalen und als erste staatliche Hochbegabtenschule das St. Afra-Gymnasium im sächsischen Meißen.

Zum Ganztagsprogramm der Hochbegabtenschule in Braunschweig gehören 53 Arbeitsgemeinschaften (z. B. Japanisch, Arabisch, Volkswirtschaftslehre, Medizin oder Gebärdensprache), die die „Gedankenvernetzung" fördern und ausnutzen sollen, sowie ein „außerunterrichtlicher Bildungsbereich". Leider müssen die Eltern aber bis zu 1500 Euro pro Monat für einen derartigen Internatsplatz zahlen.

Hochbegabte wurden früher als „Wunderkinder" bezeichnet, und man denkt dabei an Mozart oder den Schachspieler Kasparow. Allerdings gibt es unter ihnen Kinder, die in nur einem Leistungsbereich wie dem der Musik herausragende Leistungen zeigen, während andere in fast allen Fächern außergewöhnlich gut sind.

Es wird immer wieder von Kindern berichtet, die bereits mit dreieinhalb Monaten zu sprechen beginnen, mit drei Jahren schon schwierige mathematische Aufgaben lösen, mit fünf Jahren Klaviervirtuosen sind, mit zwölf die Hochschulreife erwerben und mit 17 ihren Doktor machen. Aber man muss Früh- von Hochbegabungen unterscheiden, denn nur einige frühbegabte Kinder sind auch noch im späteren Leben hochbegabt.

Für die Höhe der menschlichen Intelligenz sind mindestens 20, wahrscheinlich jedoch über 100 Gene verantwortlich. Ihre günstige Kombination sorgt für eine besonders große Zahl an Hirnvernetzungen. Tragisch ist, wenn eine Hochbegabung mit Teilleistungsschwächen (wie im Film „Rain Man" dargestellt) einhergeht, so dass es zu dem Phänomen des „genialen Idioten" kommt, der beispielsweise weder lesen noch schreiben kann, aber spielend mit Zahlen oder mit weit zurückliegenden Kalenderdaten zu operieren vermag oder der über ein „Tonbandgedächtnis" verfügt, mit dem er in relativ beliebiger Länge einen vorher noch nie gehörten Text nach einmaligem Vortragen vollständig wiedergeben kann, eventuell sogar rückwärts. Bei autistischen Kindern kommen solche Phänomene gelegentlich vor; man spricht dann von „Inselbegabten". Offenbar kompensieren sie ihre Ausfallerscheinungen mit außergewöhnlichen Stärken in anderen Hirnbereichen, also beispielsweise mit einem eidetischen Talent.

Die Nichtentdeckung und Nichtförderung einer Hochbegabung birgt Gefahren einer Persönlichkeitsentwicklung in Richtung Neurosen, Psychosen, Depressionen, anderen Autoaggressionen oder gar Kriminalität. Es stimmt nämlich die Aussage nicht, dass jedes hochbegabte Kind schon irgendwie seinen Weg machen werde, wenn es in der Regelschule stets in einer Außenseiterrolle bleibt. Es muss stärker gefordert und gefördert werden, damit seine Reizbilanz stimmt, und daher kann es an der Jugenddorf-Christophorusschule in der gymnasialen Oberstufe bis zu sieben Leistungskurse anwählen und sich einen Stundenplan bauen, der 48 Wochenstunden Unterricht in fächerübergreifenden Lernbereichen umfasst.

Hochbegabte Kinder sind oft besonders sensibel gegenüber eigenen und von außen kommenden Störungen. Auch sie müssen intellektuelle und soziale Grenzerfahrungen machen, auch sie müssen erleben, wo ihre Möglichkeiten ein Ende haben, weil sie sonst kein realistisches Weltbild und keine Anstrengungskultur gewinnen. Sie brauchen daher in besonderer Weise eine individualisierende Pädagogik in kleinen Lerngruppen, die sie nicht nur intellektuell, sondern auch emotional, sozial und kreativ anspricht, und man muss dafür sorgen, dass sie nicht mit einem Defizit an Gleichaltrigkeit aufwachsen, weil Gleichaltrige ihnen zu weit zurück sind und das spielen wollen, was sie schon längst hinter sich haben. Am besten ist also, mehrere Hochbegabte zusammen aufwachsen zu lassen, wie das in Internaten möglich ist oder wie es die Selbsthilfeorganisation von Eltern in der Deutschen Gesellschaft für das hochbegabte Kind oder diejenige der Hochbegabtenförderung e.V. zu organisieren vermögen.

Die öffentliche Regelschule kann solchen Schülern eigentlich nur mit den Arbeitsweisen des offenen Unterrichts, der jahrgangsübergreifenden Klassen und der Projektmethode (Stuhlkreis, Freie Arbeit, Wochenplan, Partner- und Gruppenarbeit, Praktisches Lernen) sowie mit dem Einsatz Neuer Medien (CD-ROM- und Online-Lernen) entsprechen. Sie muss für sie Klassen anbieten, die ein Jahr früher zum Abitur führen, oder sie muss das Überspringen von Klassen vorsehen.

Als der frühere FDP-Vorsitzende Hans-Dietrich Genscher zu Beginn der 80er-Jahre die Schaffung von privaten „Eliteschulen und -universitäten" im Zuge einer allgemeinen Bildungsoffensive forderte, damit Deutschland mit einer besseren Ausschöpfung von Begabungspotenzialen wieder Anschluss an die USA und Japan finden könne, warf ihm die SPD vor, sein Vorschlag sei eine „Kampfansage an die demokratische Kultur der Bundesrepublik". Heute sehen die Sozialdemokraten das sehr viel differenzierter und richten, wenn sie an der Regierung sind, wie in Hamburg Beratungsstellen für besondere Begabungen ein.

Kinder mit einem Intelligenzquotienten unter 65 bis 70 gelten als geistig behindert und solche mit einem Intelligenzquotienten zwischen 65 und 85 als lernbehindert. Für sie gibt es eigene Sonderschulen, auf die man erst dann kommen kann, wenn ein Schulpsychologe auf Antrag des Schularztes oder der Lehrer das Kind getestet und für besonders förderungswürdig erklärt hat. Die Schulen für Geistigbehinderte, zu denen beispielsweise die Down-Syndrom-Kinder, die auch „Mongoloide" oder „Sonnenschein-Kinder" genannt werden, gehören, nennt man auch Heilpädagogische Tagesstätten, die Schulen für Lernbehinderte heißen auch Förderschulen.

Viele minderbegabte Kinder lassen sich gut in die Regelschule integrieren; sie besuchen, wenn die Eltern das so wollen und wenn ein derartiges Modell in der Region angeboten wird, oft mit großem Erfolg für sich und für die Nichtbehinderten Integrationsklassen. Ihre Anwesenheit in solchen Klassen entwickelt immer dort, wo Lehrer das Konzept engagiert und gut umsetzen, spürbar das „soziale Lernen" in Richtung Sozialkompetenz, Konfliktfähigkeit, Teamfähigkeit und Toleranz bei den Nichtbehinderten, die am Ende ihrer Schulzeit meist mündiger, reifer wirken als ihre Altersgenossen, die nicht mit Behinderten zusammen gelernt haben. Die Behinderten werden aber ebenfalls mitgerissen; sie machen oft größere sprachliche und soziale Fortschritte in Integrationsklassen als in separaten Sonderschulen. Aber nicht jeder Behinderte erträgt gut eine Integrationsklasse, so manch einer kann weitaus besser in einer Sonderschule entlastet und gefördert werden, die speziell auf seine Behinderung hin ausgestattet ist. Die Frage, ob wir alle Behinderten in Sonderschulen geben sollten oder alle Behinderten integrieren sollten, ist daher eine ziemlich sinnlose, denn wie bei fast allen pädagogischen Fragen liegt die Wahrheit in der Mitte: Für einige Behinderte brauchen wir Sonderschulen und für andere Integrationsklassen. Man sollte also sehr genau hinsehen und von Fall zu Fall entscheiden; Eltern können das meist nicht so gut wie Außenstehende, also wie Schulpsychologen, Schulärzte und Lehrer; sie sind zu dicht an ihrem Kind dran und daher allzu befangen.

Schlimm ist, dass es immer noch Eltern gibt, die den Übergang ihres minderbegabten Kindes auf eine Sonderschule als diskriminierende Strafversetzung und als beschämenden sozialen Abstieg empfinden, nicht aber als gute Chance auf eine individualisierende, entlastende, kompensierende und fördernde Nachreife, denn schließlich sind Sonderschulen teurer als Regelschulen und haben speziell für die jeweilige Behinderung des Kindes ausgebildete Lehrer und eingerichtete Räume sowie kleinere Klassen. Außerdem wissen solche Eltern häufig nicht, dass das Ziel der Sonderschullehrer ist, ihr Kind so bald wie möglich so zurechtzurüsten, dass es wieder in eine Regelschule zurückkehren kann oder dass es auf der Sonderschule den Haupt- oder gar den Realschulabschluss zu erreichen vermag.

Geistig- und Lernbehinderte erkennt man übrigens an ihrer verzögerten Sprachentwicklung, an ihrem geringen Wortschatz, an grammatischen Schwächen, an Schwierigkeiten beim Konzentrieren und Assoziieren, am sehr geringen Raumvorstellungsvermögen, an Gedächtnisproblemen, an gravierenden Teilleistungsstörungen, an ihrem hohen Schlafbedürfnis, das durch ein bei ihnen als übermäßig ankommendes Maß an Reizen bedingt wird, aber auch vielfach daran, dass sie distanzlos gegenüber Fremden sind oder im Gegenteil vollständig zurückhaltend selbst einigermaßen Vertrauten gegenüber, dass sie nicht gut beobachten oder wahrnehmen können, an kaum etwas außergewöhnlich stark interessiert sind, außer in einem übergroßen Maß Banalitäten (wir nennen das auch „unangemessenes Reaktionsverhalten"), dass sie sich oft maßlos überschätzen und im Grundzug jahrelang optimistisch und im Hinblick auf ihre eigene Zukunft völlig utopisch sind, bevor sie nach allzu vielen kleinen und großen Niederlagen (beispielsweise durch das Hänseln von Gleichaltrigen) zunächst misstrauisch, dann zurückhaltend und schließlich aufbrausend aggressiv werden.

6. Montags-Syndrom und Neun-Uhr-fünf-Effekt: Mein Kind kann sich weder konzentrieren noch durchhalten

Kinder können sich an Konzentrationsschwäche und an ein geringes Durchhaltevermögen gewöhnen, wenn man ihnen bei der kleinsten Schwierigkeit immer alles abnimmt, wenn man ihnen nie längere Konzentrationsphasen zumutet und wenn sie zu selten Anlässe haben, länger etwas durchzuhalten. Zum Spielen haben Kinder oft so viel Lust, dass sie gerade dabei Konzentration und Ausdauer üben, auch an ihrer Playstation. Maria Montessori, die italienische Kinderärztin, hat ja die hohe Bedeutung des kindlichen Spiels für das scheinbar uferlose Vertiefen in eine Sache hinein als erste erkannt. Ihr zu Ehren bezeichnet man heute noch als „Montessori-Effekt", wenn Kinder unablenkbar ganz und gar in ihr Spiel versunken sind, so dass sie nicht einmal bemerken, dass ihre Mutter sie zum Essen ruft. Sie sind so sehr auf ihr Spiel konzentriert, dass sie keine Geräusche um sich herum mehr wahrnehmen und dass sie ihr Zeitgefühl verlieren.

Alles, was Kinder gern tun, tun sie mit großer Konzentration und Ausdauer, und hier sollte Erziehung ansetzen und ausbauen, wenn sie Arbeitstugenden entwickeln will. Wer das Organisieren von Lernen mit Lust und Motivation statt mit Angst und Langeweile zu verknüpfen versteht, fördert zugleich auch immer Konzentration und Ausdauer im Kind, und über Gewöhnen daran vermag das Kind schließlich auch nicht so Interessantes besser durchzustehen.

Freilich gibt es Kinder, denen Aufmerksamkeit schwerer fällt als anderen, weil sie infolge einer auf die Welt mitgebrachten neurologischen Störung (die wir ADS nennen) wesentlich leichter ablenkbar sind als andere: Sie haben übersensible Hörnerven, die permanent auch entfernte und leise Geräusche wahrnehmen. Solche Kinder nehmen jedes Stühlerücken im Klassenraum, jedes Zuschlagen eines Buches, jedes Räuspern und jedes Hinunterfallen eines Zettels bewusst wahr, und während sie in der großen Gruppe vor lauter Ablenkungen kaum dem Unterricht folgen können, weil sie ständig den Kopf dorthin wenden müssen, wo gerade ein Geräusch war, sind sie im Einzelunterricht oft ganz pflegeleicht. Mit Schuld hat eine solche Dysfunktion gar nichts zu tun, und die Aufforderung „Nun reiß dich mal endlich zusammen!" ist ihnen gegenüber nicht sonderlich hilfreich.

Es gibt aber auch Kinder, deren Konzentrationsfähigkeit und deren Durchhaltevermögen erst nach der Geburt erzieherisch beeinträchtigt wird, zum Beispiel durch eine falsche Ernährung, durch Bewegungsmangel, durch Reizüberflutung per Bildschirm oder durch ständige dramatische Familienereignisse. Wenn das Kind nicht ausgeglichen ist, wenn es seine Balance nicht herstellen konnte, weil seine Reizbilanz in Bezug auf die richtig dosierte Zuwendung zu seinen Grundbedürfnissen Liebe, Zeit, Zuhören, Ansprache, Spiel, Bewegung, Körperkontakt, Ernährung, Muße, Schlaf, Weltbildaufbau und Herausforderung seiner Sinne und Kräfte nicht stimmt, dann kann es sich nur schlecht konzentrieren und nur schlecht durchhalten, insbesondere wenn es sich an bittere, an asketische Phasen noch nicht gewöhnen durfte.

Wir beschreiben für die deutschen Schulen mittlerweile das Montags-Syndrom und den Neun-Uhr-fünf-Effekt; beide haben mit Konzentration und Fähigkeit zur Ausdauer zu tun:

▪ Als viele deutsche Schulen vor gut dreißig Jahren begannen, den Sonnabend als Unterrichtstag abzuschaffen, war die Schule keine sechstägige Einrichtung mehr, sondern nur noch eine fünftägige. Heute beklagen viele Lehrer, dass ihre Schule nur noch vier Tage pro Woche normalen Unterricht machen könne, weil am Montag, nach dreißig Stunden Bildschirmkonsum am Wochenende, nach viel zu viel Zucker, Salz, Cola, Ketchup, Pommes

frites, Schokoriegeln, Hamburgern, Pizzas, Salzstangen, Keksen, Mayonnaise und Kartoffelchips und viel zu wenigen Vitaminen, Spurenelementen und gesunden Ballaststoffen, nach
stundenlangem Liegen und Sitzen, auch auf den Rückbänken von Autos, bei gleichzeitigem
Mangel an Bewegung draußen immer mehr Kinder nicht mehr in der Lage sind, dem Unterricht zu folgen. Gegen dieses „Montags-Syndrom" müssen die Lehrer dann erst einmal kompensatorisch tätig werden mit einem Schulfrühstück, das das enthält, was der Körper gegenläufig zur Wochenendernährung dringend braucht, mit einem Gesprächskreis, in dem die
unverarbeiteten Bildschirmerlebnisse über Sprechen und Rollenspiel aktiv verarbeitet werden können, mit psychomotorischem Extraturnen, das künstlich in der Turnhalle die Bewegungserfahrungen nachreicht, die Kinder früher beim Spielen draußen hatten, und mit
Zeichnen, Musikmachen, Kuscheln und Balgen zur Entlastung und zum Stimmigmachen
von Reizbilanzen. Erst danach sind die Kinder wieder in der Lage, am Dienstag einem normalen Unterricht zu folgen, sich zu konzentrieren und ausdauernd etwas zu bewältigen, vorausgesetzt es kommen auch am Dienstag entlastende und ausgleichende Elemente der Bewegten Schule mit Aktiver Pause und Kuschelecken sowie Rollenspiel und „Stuhlkreis" vor.

▪ Kinder, die vor der Schule nicht frühstücken oder die süß frühstücken (Marmelade, Scho-
koladenmus, Kakao, Weißbrot, …), können im Grundschulalter oft nur bis zur Mitte der
zweiten Stunde, also etwa bis 9.05 Uhr durchhalten; dann werden sie zappelig und müde,
ruckeln oder rutschen auf ihrem Stuhl herum, sie gähnen und legen ihren Kopf auf die
Arme; werden schließlich derart schlaff, dass sie bis zur Pause um 9.35 Uhr kaum noch
etwas mitbekommen von dem, was der Lehrer wünscht oder bietet. Wir nennen das den
„Neun-Uhr-fünf-Effekt". Kinder hingegen, die gefrühstückt haben und dabei wenig Zucker
aufnehmen, weil ihr Mahl aus Tee, Schwarzbrot, Quark, Eiern, Schinken oder Käse bestand,
können sich meist mühelos bis 9.35 Uhr konzentrieren, wenn die Pause beginnt.

▪ In besonders schweren Fällen von unkonzentrierten Kindern hat das Hamburger Kinder-
ernährungswerk recht gute Erfolge mit der verstärkten morgendlichen Zuwendung von
Linsen, roter Paprika und Haferflocken erzielt. Linsen enthalten das seltene Vitamin Niacin,
Paprika die Vitamine A und C, die für den Einbau des Niacins in den Körper sorgen (was
nur morgens geschieht), und in Haferflocken schließlich findet sich das seltene Vitamin
Pantothensäure, das am besten in Gegenwart von Mangan in den Körper eingebaut wird.
Dies geschieht am günstigsten nachmittags mittels Mangan-reicher Nahrung wie Sauerkir-
schen oder Blaubeeren.

Rund fünf Prozent aller Kinder leiden unter einer krankhaften Konzentrationsschwäche, die man in den USA Attention Deficit Disorder (ADD) und bei uns Aufmerk-
samkeits-Defizit-Syndrom (ADS), Aufmerksamkeits-Defizit-Hyperaktivitäts-Syn-
drom (ADHS) oder auch Hyperkinetisches Syndrom (HKS) nennt. Konzentrationsschwäche geht oft mit motorischer Unruhe (das Kind kann nicht „stillsitzen"), mit
Vergesslichkeit, mit fehlender Ausdauer sowie mit impulsiven Reaktionen wie Wut-
ausbrüchen einher. Viele Fachleute gehen davon aus, dass die krankhafte Konzentrationsschwäche durch das Zusammenkommen einer ungünstigen genetischen Anlage
und ungünstigen Erziehungsweisen bedingt wird, dass es aber Möglichkeiten gibt, sie
so zu kanalisieren, dass sie kaum noch jemandem auffällt. Es gibt sogar einen Beruf,

der auf hyperkinetisch gestörte Menschen außerordentlich therapeutisch wirkt, und das ist der des Fahrradkuriers.

Viele Eltern, die erheblich unter ihren hyperaktiven und unkonzentrierten Kindern leiden, empfinden eine enorme Erleichterung, wenn sie von Ärzten, Psychologen oder Pädagogen endlich die Diagnose AD(H)S erhalten; sie wandeln ihre Einschätzung des Kindes von schuldig in Richtung krank, nehmen dem Kind nicht mehr so viel übel, reagieren gelassener und ermöglichen damit sich und dem Kind ein weitaus besseres Verhältnis, mit dem es nicht mehr ganz so schwierig ist wie zuvor. Der Teufelskreis ist durchbrochen, und der neue Zustand wird vielleicht noch durch den Kinderarzt mit der Verordnung der Medikamente Ritalin oder Medikinet so weit verbessert, dass das Kind auch in der Schule wieder erträglicher wird, Leistungsfortschritte macht und sogar Freunde gewinnt.

Denn am schlimmsten ist für hyperaktive Kinder das Defizit an Gleichaltrigkeit; Freunde halten es eben nicht so lange mit ihnen aus. So gut wie Ritalin oft auch wirkt, einen Nachteil hat es für Eltern und Kind dennoch: Beide Seiten setzen sich zu wenig mit den Wurzeln der Störung auseinander und trainieren zu wenig Konfliktfähigkeit für eine spätere ritalinfreie Lebenszeit, die ja irgendwann kommen muss; denn ein Leben lang sollte kein Mensch Ritalin nehmen, weil er dann nie zu einem eigenen wirklichen Leben findet, sondern allenfalls zu einem Ersatz-Leben, das nicht seines ist. Bis zur Erschöpfung Fahrradfahren bringt jedenfalls ähnliche Effekte wie die, die man mit Ritalin herstellen will, und genau an dieser Einsicht muss die pädagogische Therapie beginnen. Hyperaktive Schüler fühlen sich nämlich einigermaßen wohl und sind für andere erträglich, wenn sie im Rahmen einer Lernwerkstatt gelegentlich umherlaufen können, wenn sie von der Lehrerin gebeten werden, etwas auszuteilen oder vom Hausmeister zu holen, wenn sie sich in jeder Pause austoben können, wenn sie also nicht mit sechs Jahren beginnend zu einer fast ausschließlich sitzenden Lebensweise erzogen werden.

Wenn Eltern und Lehrer es schaffen, überaktive Kinder mehr zu motivieren, wenn sie mehr auf deren Interessen eingehen, wenn sie sie so lange einen für sie spannenden Fernsehfilm sehen lassen, wie sie es wollen, weil das ihre Ausdauer trainiert, wenn sie sie so lange Rollerblades laufen lassen, wie sie es wollen, wenn sie mit ihnen ausgedehnte Mountainbike- oder Fahrradtouren machen, sie bis zur Erschöpfung Eislaufen oder Snowboard fahren lassen oder wenn sie ihnen „endloses" vertieftes Spielen und das Vergessen der Zeit gestatten, dann wird auch die hyperkinetische Störung, die im Kern eine Stoffwechselbesonderheit ist, bei der es an Neurotransmittern in Hirn mangelt, so beherrschbar, dass diese Kinder wieder in die akzeptierte Bandbreite von Verhaltensweisen in unserer Gesellschaft einmünden können. Denn vor 100 000 Jahren waren sie wohl eher normal aktiv, sie passen nur nicht gut zu unserer heutigen vor allem sitzenden und überwiegend konsumierenden Gesellschaft, die Kinder zu sich anpassenden Untertanen zu erziehen trachtet.

Statt über die fehlende Konzentration von Kindern und über ihr mangelndes Durchhaltevermögen zu klagen, sollten wir es lieber so einrichten, dass wir die Aufmerksamkeit des Kindes binden; und wenn wir etwas fordern oder verbieten müssen, dann sollten wir unsere Anweisungen in einer Art und Weise geben, dass das Kind nicht an uns vorbeikommt. Das ist zwar leichter gesagt als getan, aber es funktioniert bei starken Eltern und Pädagogen immer wieder.

7. Das Schwinden der Sprache in Kindheit und Jugend

Deutsche Kinderärzte, Psychologen und Pädagogen beklagen mittlerweile immer häufiger die dramatische Zunahme von sinnesgeschwächten, fehlernährten, hyperaktiven, kranken und aggressiven jungen Menschen, die nicht mehr gut rückwärts gehen und rechnen können, die Kräfte, Geschwindigkeiten und Entfernungen nicht mehr richtig einzuschätzen vermögen und deshalb unfallgefährdeter sind, die nicht mehr links und rechts unterscheiden können und nicht mehr so leicht wie früher Fahrradfahren lernen, weil sie Gleichgewichtsprobleme haben. Parallel dazu wird neuerdings eine deutliche Abnahme der Sprachkompetenz bei Kindern und Jugendlichen diagnostiziert. Nach Auskunft der Mainzer Klinik für Kommunikationsstörungen ist heute bereits jedes vierte Vorschulkind in seiner Sprachentwicklung beeinträchtigt. Angeblich hat sich die Quote in den vergangenen Jahren versechsfacht. Als eine Ursache wird das Phänomen der immer häufiger vorkommenden „schweigenden" bzw. „sprachlosen Familien" benannt. Mit immer mehr kleinen Kindern wird zu wenig gesprochen, obwohl zugleich im Erwachsenenalter immer mehr Kommunikationsfähigkeit verlangt wird. Als Symptome einer verzögerten Sprachentwicklung durch Ansprache- und Zuhörmangel werden genannt: Verspäteter Sprechbeginn, eingeschränktes Sprachverständnis, zu geringer Wortschatz, falsche Grammatik, undeutliche Aussprache und Unfähigkeit, seine Wünsche irgendwie zum Ausdruck zu bringen. Eine verzögerte Sprachentwicklung kann übrigens auch darauf zurückzuführen sein, dass zu spät entdeckt wurde, dass das Kind nicht richtig hören kann. Normal ist jedenfalls, wenn Dreijährige einen Drei-Wörter-Satz sprechen können, Mädchen etwas früher, Jungen etwas später. Normal ist auch, wie das Londoner psychiatrische Institut ermittelt hat, dass zweijährige Mädchen im Schnitt einen 52 Wörter umfassenden Wortschatz haben, gleichaltrige Jungen aber nur einen von 44 Wörtern.

Indianerkinder sprechen übrigens anders als weiße Kinder in den USA, auch wenn beide Englisch sprechen. Das ist das Ergebnis der Forschungen von Edgarita Long von der Universität von Arkansas, die mehr als 400 weiße und Cherokee-Kinder im Alter von drei bis fünf Jahren beobachtet hat. „Im Vergleich zu den weißen Kindern verwenden die Cherokees kürzere Äußerungen, und sie benutzen stattdessen mehr Körpersprache", stellt sie fest. In manchen Bereichen brechen kulturelle Unterschiede sogar so stark durch, dass der Eindruck entstehen kann, hier habe ein Kind eine Kommunikationstechnik noch nicht entwickelt, etwa beim Telefonieren. Das liegt wohl daran, dass in indianischen Kulturen die Eigenschaft des Zuhörenkönnens höher geschätzt und mehr geübt wird als die des Redenkönnens. Die von der weißen Norm abweichenden Kommunikationsweisen der Indianerkinder führen jedenfalls oft dazu, dass ihnen beim Schulreifetest eine „Störung" attestiert wird.

Zwar wandelt sich Sprache immer, und je schnelllebiger die Zeiten werden, je mehr Reize an nur einem einzigen Tag an uns zerren, desto einfacher wird Sprache auch, so dass das Amerikanische inzwischen simpler als das Englische ist. Lebendiger Wandel von Sprache und Verlust von Kommunikationsfähigkeit sind aber zweierlei. Man kann ja durchaus darüber streiten, ob der Übergang von „Er buk das Brot" zu „Er backte das Brot", von „Gib mir das Buch!" zu „Gebe mir das Buch!", von „Du brauchst nicht zu kommen" zu „Du brauchst nicht kommen" und das Ersetzen des norddeutschen Wortes „Sonnabend" durch das süddeutsche „Samstag" nur ein Wandel oder bereits ein Verlust ist, obwohl der Duden uns das Brauchen ohne „zu" längst erlaubt; aber es gibt immer noch viele sprachsensible Menschen, denen sich „die Rückenhaare sträuben", wenn sie so etwas hören, und zwar nicht nur in „Schmuddel-Talk-Shows", sondern auch in großen Tageszeitungen oder gar in der „Tagesschau" wahrnehmen: „trotz Schnee", „wegen Umbau", „infolge Fußball". Die starke Beugung von Verben und der Genetiv sterben zurzeit rasch und ganz besonders bei Kindern. „Wegen dem" oder „wegen ihm" hat sich in der Kinder- und Jugendsprache so weit durchgesetzt, dass viele Lehrer resigniert haben und nicht mehr korrigierend eingreifen. Das gilt auch für den Unterschied von „dasselbe" und „das gleiche", von „mir" und „mich", von „umsonst" und „vergeblich" und von „zu" und „nach". „Ich geh jetzt nach Herr Meyer" ist kein sonderlich schwieriger Satz, er birgt aber immerhin drei Fehler, die sich schon im Kindergarten und in der Grundschule massenhaft multiplizieren.

In einer 5. Klasse einer Hamburger Schule musste ein Lehrer neulich folgende Episode aushalten: „Herr Becker, darf ich mal eben nach Herr Krause?" „Das heißt ‚zu Herrn Krause'." „Ach bitte, Herrn Becker, lass mich doch eben zu Herrn Krause!"… Und die oft sehr gute pädagogische Integrationsarbeit in Grundschulklassen mit einem hohen Ausländeranteil bringt selten auch ungewollte Nebenwirkungen folgender Art mit sich: Ein zehnjähriger deutscher Junge sagt zu seinem Nachbarn: „Du mir mal geben Buch" oder „Du gibs sofort mir jetz Buch!" Offenbar stirbt nicht nur der Genetiv, es stirbt auch das „t" am Wortende, das „zu" wird durch „nach" ersetzt, aber „geschlossen" wiederum durch „zu". Das Wort „vergeblich" scheint mittlerweile ganz durch das Wort „umsonst" verdrängt worden zu sein, obwohl „Ich bin vergeblich zu ihm gefahren" etwas völlig anderes meint als „Ich bin umsonst dahin gefahren".

Schon immer haben wir darüber geschmunzelt, dass die Ostpreußen und die Schwaben dazu neigen, ganz viele Nebensätze mit „wo" zu beginnen, und Harald Schmidt macht sich gern lustig über Jürgen Klinsmanns schwäbische Neigung, ebenso zu verfahren. Aber bei Kindern haben wir dennoch Bedenken, wenn sie uns sagen: „Der Mann, wo da hinten geht, war das." Einfach ist es allerdings, wenn wir in 50 Jahren grundsätzlich jeden Nebensatz mit „wo" starten; und „Checkst du das nicht?" ist ja auch internationaler als „Begreifst du das nicht?". Schließlich lesen und hören wir auf jedem Flughafen der Welt „zigmal" „Check-in", nachdem wir „abgecheckt" haben, ob wir auch ausreichend „Glimmstängel" „duty free" mit unserer letzten „Kohle" für unseren „Trip" „cash" „gelöhnt" haben. Viele Amerikanismen haben viele deutsche Wörter ersetzt. Globalisierung gibt es auch in der Sprache, zumal in Bezug auf Weltumspannendes wie Ökonomie, Sport, Musik, Informatik und Bekleidungstrends. Aber der aktive Wortschatz unserer „Kids" ist doch zugleich erschreckend geschrumpft. Sie versuchen, sich mit „Ding", „machen" und „tun" über die kommunikativen Hürden zu retten, bestätigen mit „okay" statt „ja", bevorzugen „roger" statt „in Ordnung", sind aber auch kreativ, witzig und „trendy", wenn sie „oberaffengeil" als „out" bewerten und „grottenschlecht" für „in" erklären.

Sprache trägt erheblich dazu bei, die Welt im Kopf und im Herzen des Kindes zu ordnen; sie transportiert Werte, erleichtert Orientierung und sorgt für Verstehen und Verständnis. Sprache ist das Medium, das Anbindung an Kultur und Tradition schafft, Sprache ist aber auch verräterisch. Sie entlarvt den Lehrer, der sich Beliebtheit durch Anbiederung in Form von Jugendsprache erkaufen will, obwohl er doch auch die Verantwortung dafür trägt, junge Menschen lebenstüchtig zu machen, indem er sie für ihre Zukunft mit einem reichen Wortschatz, mit einer stimmigen Grammatik und mit kommunikativem Geschick ausstattet. Am besten kann er das (außer mit einer sprachlich perfekten Computersoftware und mit guten Büchern) mit seinem Vorbild schaffen, das über Modell- bzw. Imitationslernen wirkt. Schüler, die jahrelang viel Unterricht bei ihrem Klassenlehrer hatten, sprechen am Ende auch so ähnlich wie er; das gilt sowohl positiv als auch negativ. Wenn ein Lehrer mit den ihm anvertrauten Schülern kultiviert spricht, fühlen sie sich von ihm mehr respektiert, und sie werden dann auch sprachlich von ihm herausgefordert und gefördert. Das gilt übrigens auch für die Wörter „bitte" und „danke", die ebenfalls vom Aussterben bedroht sind.

Seitdem die norwegischen Schulen vor einigen Jahren das Prinzip Höflichkeitserziehung eingeführt haben, mit dem die Lehrer jeden Schüler am Beginn des Unterrichtstages mit Handschlag begrüßen und am Ende mit Handschlag verabschieden, ist der Umgang der Schüler untereinander deutlich besser geworden. Vielleicht ist das ja auch der Grund dafür, dass die norwegische Fußballnationalmannschaft bei der Weltmeisterschaft in Frankreich dadurch auffiel, dass ihre Spieler sich nach jedem Foul bei ihrem Opfer entschuldigten und ihm wieder durch Handausstrecken auf die Beine halfen.

Aber wie wollen wir es in Deutschland bewerkstelligen, dass unsere Lehrer wieder mitreißende sprachliche Vorbilder von der Art Marcel Reich-Ranickis werden? In

einem dreistündigen Seminar mit fast 80 Lehramtsstudenten konnte ich jedenfalls
jüngst folgende Schrecklichkeiten auszählen: 53-mal wurden die Floskeln „ich denke",
„denke ich", „ich denk mal", „sag ich mal" und Uwe Seelers Lieblingsformulierung
„ich sag einfach mal so" benutzt, 48-mal wurde das Wörtchen „halt" in einen Satz
eingebaut, 37-mal kam „äh" vor, und 13-mal wurde eine Äußerung mit dem unter
Berliner Mädchen so verbreiteten „und so" abgeschlossen. „Gell" statt „gelt" und
„nech" statt „nicht" habe ich nicht ausgezählt.

Umgekehrt wissen wir aber: Wer viel redet, lernt nicht nur mehr, er entwickelt
auch seine Sprache besser und ist später beruflich erfolgreicher. Der 14-jährige Valen-
tin Jeutner ist jedenfalls 2004 Deutschland-Sieger im Bundeswettbewerb „Jugend de-
battiert" geworden. Er sagt selbst, wie man erfolgreich wird: Ein guter Redner lässt
andere ausreden, kann gut zuhören, ist nie verletzend, hat eine offene Körpersprache,
zeigt Mut zur eigenen Meinung, formuliert kurze Sätze und macht eine Pause nach
einem wichtigen Gedanken. Schlechte Redner hingegen sprechen zu laut oder zu
leise, variieren nicht den Ton, benutzen Worthülsen, verwenden übertriebene Gesten
(„reden mit den Händen"), kommen nicht auf den entscheidenden Punkt; vor allem
aber erkennt man sie am „Scheuklappenblick", indem sie nur geradeaus auf einen abstrakten Punkt starren.

8. Ist mein Kind lese-rechtschreib-schwach?

„Biologisch gesehen ist das Hirn überhaupt nicht darauf vorbereitet, Lesen und
Schreiben zu lernen", sagt Burkhart Fischer, Professor für Neurobiophysik an der
Universität Freiburg. „Lesen und Schreiben sind so komplizierte Prozesse, dass man
sich als Biologe wundern muss, wie so viele Menschen beides überhaupt lernen können." Das zum verständigen Lesen notwendige Zusammenspiel zwischen Augen und
Hirn erfordere eine „Wahnsinns-Logistik". Hingegen sei es für die Schaltzentrale im
Kopf wesentlich einfacher, Sprechen zu lernen oder Bilder zu erfassen. Das erkläre
auch das globale Verstehen der „Sprache" von Piktogrammen, die Fluchtwege oder
die Gepäckausgabe auf Flughäfen anzeigen.

Wenn ein Schüler als lese-rechtschreib-schwach diagnostiziert wird, wird ihm zunächst entweder geraten, mehr zu üben oder lieber nicht so viel zu üben. Eine Empfehlung, wie er erfolgreicher zu lernen vermag, erhält er aber nur selten, auch weil die
meisten Lehrer immer noch nicht wissen, wie überhaupt ein Kind lernt und was
dabei in ihm abläuft.

So wird in der Regel, wenn ein Kind schlecht liest und schreibt, gar nicht festgestellt, dass Lernhemmungen über viele Versagens- und Unlusterlebnisse über Monate
oder Jahre hinweg geradezu konditioniert und immer mehr ausgebaut wurden, weil
das Kind Aversionen oder Ängste gegenüber seiner Lehrerin hatte, weil die gewählte

Methode des Anfangsunterrichts nicht besonders gut gerade zu seiner Eigentümlichkeit passte, weil es Dialektunverträglichkeiten zwischen Elternhaus und Schule gab oder weil die Ohren des Kindes nicht so gut funktionieren wie bei anderen Kindern, vielleicht aber auch, weil das Kind den falschen Platz in der Klasse hatte, als Linkshänder das gerade mit Füller Geschriebene zu häufig mit dem Handballen wieder hässlich verwischt hatte oder weil es im ständigen Hin und Her zwischen Rechtschreibreformen und Geschriebenem in Büchern einerseits und im Leben draußen andererseits vollends seine Orientierung und damit Schreibsicherheit eingebüßt hat.

Kinder lernen das richtige Schreiben in vier Stufen; und die müssen sie durchlaufen, damit die Lehrerin zufrieden ist:

- Zunächst ist für sie der Haupteingangskanal das Hören; Schreiben wird anfangs auditiv gefördert. Da 90 Prozent der LRS-Kinder wahrnehmungsgestört sind und daher nicht gut zuhören können oder ständig durch Reize in der Umgebung abgelenkt sind, geraten sie schon am Anfang ins Hintertreffen. Ein normales Kind behält etwa 20 Prozent des einmal Gehörten; durch häufiges Wiederholen kann der Lernerfolg auf 100 Prozent erweitert werden.
- In der zweiten Stufe überwiegt die Wortbilderfassung, die wahrnehmungsgestörten Kindern nur schwer gelingt, vor allem wenn mit der Ganzwort- oder Ganzsatzmethode vorgegangen wird. Für Wahrnehmungsgestörte ist jedenfalls die Buchstabiermethode, die mit dem einzelnen Buchstaben beginnt und ihn dann neben andere einzelne Buchstaben stellt, ergiebiger. Ein normales Kind behält etwa 30 Prozent von dem einmal Gesehenen.
- In der dritten Stufe werden Hören und Sehen miteinander verknüpft; da die LRS-Kinder aber noch nicht einmal die Stufen 1 und 2 hinbekommen haben, versagen sie bei deren Verknüpfung total. Durch die Verknüpfung von Hören und Sehen behält ein normales Kind etwa 50 Prozent des einmal Wahrgenommenen.
- Die Kombination von Hören, Sehen und Tun, die dann zum richtigen Schreiben des Wortes in das Heft führt, ist beim Schreibenlernen die vierte Stufe; mit der Verknüpfung dieser drei Reize behält das Kind zugleich gehörte, gesehene und selbstgeschriebene Wörter in 90 Prozent der Fälle.

Wahrnehmungsgestörte Schüler erfassen die Hörstufe so schlecht, dass sie auch mit der Sehstufe große Probleme haben; die Stufe 4 erreichen sie kaum, so dass sie dann als Legastheniker auffallen. Bei einer steigenden Zahl von alltäglichen Misserfolgen in den Stufen 1 und 2 wagen sie sich schließlich gar nicht mehr an das Lesen und Schreiben heran, sie versuchen es sogar zu vermeiden, wenn es irgend geht, so dass sie recht bald auch keine Hausaufgaben mehr machen wollen. Schnell sind sie in einem Teufelskreis drin, mit dem sie sich einreden, sie würden nie Lesen und Schreiben lernen und sie seien überhaupt dumm. Und dann geben sie sich rasch in der Lebenswelt Schule auf, obwohl vielleicht nur noch keiner erkannt hat, dass ihre Hörgänge verwachsen sind und dass sie nach einer Operation die Lernstufe 1 wieder hervorragend hinbekommen würden.

Wenn das Zusammenspiel von Hören, Sehen und richtigem schreibenden Tun in der Stufe 4 nicht so ohne weiteres gelingt, dann verhält sich das Kind wie ein Autofahrer im Stau, es sucht nach Umgehungsstraßen; es blendet zum Beispiel unbewusst das Hören aus oder das Sehen, um es vermeintlich einfacher zu haben; aber auf diese Weise sacken seine Schreibleistungen noch weiter ab.

Jede Therapie von Legasthenie sollte daher mit Stufe 1 beginnen: Das Hören muss zunächst gepflegt werden, und zwar ohne jeden Zeitdruck, weil manche Legastheniker bei einem an sich funktionierenden Ohr merkwürdig lange Transportzeiten für den Hörreiz in die entsprechende Hirnpartie, in der dieser Reiz dann verarbeitet wird, benötigen. Mit sehr langsam per Tonband vorgespielten Wörtern oder Textpassagen haben Schriftsprachberater daher die allerbesten Erfolge.

Bei rund sieben Prozent aller Kinder wird im Alter zwischen sieben und neun Jahren die Legasthenie-Diagnose gestellt; aber die Zahl wächst an, weil nicht nur genetische und organische Probleme sowie personale oder methodische Unverträglichkeiten ursächlich sind, sondern auch ein Mangel an Ansprache und Zuhören, also ein Mangel an Sprachentwicklung durch zu seltene Sprechanlässe (die Eltern haben keine Zeit, ein Vater und Geschwister fehlen, Spielkameraden wohnen weit und breit nicht). So wie die etwa 40 000 autistischen Kinder in Deutschland, die sich von Anfang an zunächst von allen Außenreizen abschirmen und die deshalb gewaltige Sprachdefizite haben, haben auch LRS-Kinder die für sie so wichtigen Sprachentwicklungsstufen der ersten Lebensjahre nicht richtig ausleben können, und diese Defizite bleiben ein Leben lang spürbar, auch wenn mit einem Vielfachen des am Anfang erforderlichen Aufwandes noch bis zu vier Fünfteln des eigentlich Normalen kompensiert werden können.

Die meiste Kraft muss bei Legasthenikern wie auch bei den fast vier Millionen Analphabeten in Deutschland dafür aufgewendet werden, dass sie überhaupt beginnen wollen, Lesen und Schreiben zu lernen, und dass ihre bereits konditionierte Lernhemmung wieder rückgängig gemacht wird; und das gelingt nur in dem Maße, wie sich Erfolgserlebnisse einstellen.

Hirnforscher aus Boston haben einen Beleg dafür gefunden, dass Legastheniker falsch schreiben, weil sie schlecht hören: Paula Tallal von der Rutgers Universität in Newark im US-Bundesstaat New Jersey hat festgestellt, dass solche Kinder, die kurze Stakkato-Laute schlecht wahrnehmen, im linken Kniekörper ihres Hirns deutlich weniger und kleinere Nervenzellen haben als Nicht-Legastheniker; diese Hirnpartie ist die Relaisstation des Thalamus, in dem visuelle und akustische Reize verknüpft werden, ehe sie in die Großhirnrinde weitergeleitet werden. Gerade die großen, bei Legasthenikern kaum vorhandenen Zellen verarbeiten die schnellen Stakkato-Laute, wie sie mit den Stoppkonsonanten „b", „d", „k" oder „t" vorkommen. Bewährt hat sich bei Legasthenikern deshalb ein Computerprogramm, das diese Konsonanten betont langsam wiedergibt.

Auf der Suche nach den Ursachen der Legasthenie haben Wissenschaftler bislang über 60 verschiedene neurogene Störungsfaktoren beschrieben; sie reichen von der

„Raumlagelabilität" und der „Photophobie" (Wahrnehmungsstörungen bei fluoreszierendem Licht durch Neonröhren) über das „Skoptische Sensitivitäts-Syndrom" (SSS), das eine Störung beim Hell-dunkel-Sehen beschreibt (Kinder lesen die weiße Kreide auf der schwarzen Tafel und sollen dann mit dunkler Tinte auf weißes Papier schreiben; diese Umsetzung fällt ihnen schwer), bis zu Schärfeproblemen mit Hintergrundverzerrungen beim Sehen und zur „Kortikalen Reifungsverzögerung" der Großhirnrinde im Kinderkopf.

Mädchen sind übrigens von Legasthenie nur halb so häufig betroffen wie Jungen, was außer an ihrer anderen Hirnstruktur mit einer starken Brücke zwischen linker und rechter Hirnhälfte gewiss auch daran liegt, dass Mütter mit ihren Töchtern unbewusst mehr sprechen als mit ihren Söhnen und dass die Sprachentwicklung bei Mädchen etwas früher und viel intensiver einsetzt als bei Jungen. Mädchen schaffen sich über das Spielen mit Puppen auch mehr Sprechanlässe als die Jungen mit ihren unkommunikativen Spielzeugen, so dass sie später als Frauen im Schnitt täglich 11 000 Wörter mehr sprechen als Männer.

Je früher Legasthenie erkannt wird, umso leichter ist die Therapie. Völlig kontraproduktiv sind gegenüber lese-rechtschreibschwachen Kindern Aufforderungen wie „Nun strenge dich doch mal an!" oder „Nun reiß dich doch mal zusammen!". Sie verschlimmern ihre Lage durchweg ebenso wie Hänseln oder Auslachen.

9. Ist mein Kind rechenschwach?

Im Moment nimmt die Rechenschwäche, auch Dyskalkulie oder Arithmasthenie genannt, unter Schülern stärker zu als die Lese-Rechtschreib-Schwäche. Zwischen fünf und 15 Prozent aller Grundschüler erweisen sich als rechenschwach, aber nur 7,5 Prozent haben gleichzeitig einen Intelligenzquotienten unter 90. Die Dyskalkulie ist also eine Teilleistungsschwäche, die stark mit zu dürftigen Bewegungserfahrungen in den ersten Lebensjahren korreliert. Besonders prädestiniert für Rechenschwäche, aber auch für ein erhöhtes Risiko zu verunfallen, weil Bewegungen im dreidimensionalen Raum, Entfernungen, Geschwindigkeiten und die Stärke von Kräften nicht richtig eingeschätzt werden können, sind Kinder, die die Schwangerschaft überwiegend liegend erlebt haben, die die Krabbelphase nicht richtig ausleben konnten, die zu wenige Greifanlässe hatten und die sich zu selten mit Laufen, Springen, Hüpfen, Rückwärtsgehen, Klettern, Rutschen, Rollen, Balancieren, Schaukeln, Kneten und Matschen draußen bewegt haben, sowie solche, die zu früh, zu oft und zu lange vor dem Bildschirm die bloß zweidimensionale Filmwelt konsumiert haben. Kinder, die rechenschwach sind, können meist auch nicht gut Fahrrad fahren, weil sie Schwierigkeiten haben, mit ihrem unterentwickelten, zu selten herausgeforderten Gleichgewichtssinn die Balance zu halten. Außerdem spielen sie ungern Memory, meiden

Puzzles und konstruieren nicht freiwillig mit Bausteinen. Erkennen kann man ihre Schwäche an ihrer Unfähigkeit, die Körpermittellinie zu überkreuzen. Wissenschaftler aus Magdeburg haben übrigens eine Hirnregion entdeckt, die für räumliches Hören verantwortlich ist. Es ist der Hörcortex in der Großhirnrinde, mit dem Geräuschquellen im Raum ausgemacht werden können. Ist er in seiner Funktion beeinträchtigt, haben solche Menschen die Schwierigkeit, ihre Aufmerksamkeit auf nur eine Stimme in einem Klassenraum auszurichten, so dass sie orientierungsgestört und unkonzentriert wirken und am Ende auch rechenschwach werden.

Kinder mit Dyskalkulie bleiben ohne Therapie „zählende Rechner"; sie addieren nicht Mengen, sondern erreichen das Ergebnis durch Weiterzählen, in der Regel mit Hilfe der Finger, oder wenn ihnen das verboten wird, indem sie auf ihre Buntstifte in der Federtasche gucken und an ihnen weiterzählen oder indem sie auf ihre Zehen sehen und mit ihnen rechnen. Beim Subtrahieren und Dividieren haben sie weitaus größere Probleme als beim Addieren und Multiplizieren. Typisch ist für sie auch eine Links-rechts-Schwäche, das heißt, sie wissen nicht so ohne weiteres, wo sie hingehen sollen, wenn man ihnen sagt: „Und nun geh links weiter!" Darüber hinaus fallen Dyskalkuliker oft dadurch auf, dass sie die 3 seitenverkehrt schreiben, dass sie 34 notieren, wenn sie 43 meinen, dass sie Stellenwert-Fehler machen (sie schreiben 4,38 statt 43,8), und dass sie Zahlen vom Display eines Taschenrechners völlig falsch ablesen, so dass er ihnen letztlich bei ihren Rechenproblemen auch nicht hilft. Der Unterschied zwischen großen Mengen ist ihnen nicht unmittelbar deutlich, 1000 und 10000 sind für sie zunächst einfach nur viel. Sie haben aber auch Probleme mit ihrem Raumvorstellungsvermögen (sie können einen auf dem zweidimensionalen Papier abgebildeten Quader nicht in eine dreidimensionale Vorstellung umsetzen) und mit ihrem Zeitgefühl.

Am besten lassen sich rechenschwache Kinder mit psychomotorischen Übungen kompensatorisch beeinflussen. Indem man in der Turnhalle die zuvor zu selten gehabten Bewegungs-, Druck-, Körperkontakt-, Haut- und Gleichgewichtssinn-Erfahrungen nachreicht, wird es mit der Rechenschwäche weniger. Kanufahren, das zu Bewegungsabläufen mit Überkreuzen der Körpermittellinie führt, Reiten und auch das Rechnen am Computer bringen ebenfalls gute ausgleichende Erfolge, die immer dann umso leichter zu erzielen sind, je jünger das Kind ist; denn was Hänschen nicht gelernt hat, lernt Hans dann kaum noch.

Während bei der Legasthenie im Wesentlichen auditive Störungen zugrunde liegen, sind es bei der Dyskalkulie in 80 Prozent der Fälle visuelle Schwächen. Erst wenn über nachgereichte sehr deutliche Bewegungserfahrungen im dreidimensionalen Raum die Orientierungssicherheit wächst, wächst auch ein Gefühl für Zahlen und für Mengen. Wer gut rechnen kann, vermag Zahlen nämlich auch stets sinnlich zu erfassen.

Eine erfolgreiche Therapie, wie sie vielerorts Institute für mathematisches Lernen anbieten, dauert übrigens mindestens zwei Jahre.

Obwohl die Rechenschwäche der Lese-Rechtschreib-Schwäche vergleichbar ist, wird sie bei Krankenkassen und Schulämtern nicht so ernst genommen. LRS-Kurse werden von einigen Krankenkassen bezahlt, Dyskalkulie-Kurse aber durchweg immer noch nicht; und die Schulen bieten zwar Legastheniker-Kurse an, eigentlich aber nie Kurse für Dyskalkuliker.

Wenn Eltern einer späteren Rechenschwäche ihrer Kinder vorbeugen wollen, dürfen sie aber nicht nur den Aspekt der reichlichen Bewegungserfahrungen beachten. Ganz wichtig ist auch, dass schon das kleine Kind mit ganz unterschiedlichen Materialien (Holz, Stein, Wasser, Ton, Matsch, Metall, Glas, Papier, Sand, Plastik, Pappe, Holzspäne, Gras, Heu, Laub …), also nicht nur mit Lego-Steinen oder nur mit Holzbauklötzen, mit unterschiedlichen Farben, also nicht nur mit Braun, und mit unterschiedlichen Zahligkeiten (mal ist es ein Stock, dann sind es drei Stöcke, dann sind es zwei, dann sind es acht, …) sowie mit unterschiedlichen Gerüchen (Heu riecht anders als Holz, Metall anders als Pappe, …) umgeht und dass es auch ganz unterschiedliche Druckerfahrungen macht (Streicheln, Klopfen, Massieren, Umarmen …).

Etwa vom 15. Lebensjahr an erweisen sich erst dann beginnende Therapieversuche gegenüber der Dyskalkulie meist als ziemlich erfolglos; allerdings werden die jungen Menschen dann immer geschickter, sich im Alltag alle erdenkbaren Brücken zu bauen. Sie können zwar immer noch nicht gut rechnen, sie merken aber stets, wenn das Wechselgeld, das sie zurückbekommen, nicht stimmt; sie haben zwar keine Zahlenvorstellung, aber schon eine, wenn es um Geldscheine geht, sie verrechnen sich zwar immer im Kopf, aber sie haben schließlich doch gelernt, welche Tasten auf dem Taschenrechner gedrückt werden müssen, damit das richtige Ergebnis herauskommt.

10. Wie lernt eigentlich ein Kind?

Lernen ist wichtiger als Unterrichten. Unterricht ist kein Selbstzweck, er ist nur als Anlass zum Lernen zu rechtfertigen. Aber leider stimmt wohl der englische Satz: „Schools change slower than churches."

Menschen sind höchst unterschiedlich veranlagt und durch ihr Leben geprägt. Jeder hat irgendwelche Leistungsschwächen, und sein eigentümliches Leistungsprofil lässt sich eher mit einer Linie beschreiben, die wie die einer Gipfellinie einer entfernt liegenden Gebirgskette aussieht, aber es gibt niemanden, der in allen Fächern der Schule gleich gut ist oder auch nur genauso gut wie ein anderer.

Die Lese-Rechtschreib-Schwäche und die Rechenschwäche werden als Teilleistungsstörungen immer besonders herausgehoben, nicht aber indem es in diesen beiden Feldern besonders viele Störungen gibt, sondern weil diese Leistungsbereiche für besonders wichtig gehalten werden. In Wirklichkeit hat jeder Mensch irgendwo zumindest einen Ausfall: der eine ist unmusikalisch, der andere unsportlich, der dritte ist eine Null in Chemie, der vierte hat überhaupt keinen Bock auf Geschichte, und der fünfte kann eigentlich alles, aber nicht gut zeichnen; aber das regt kaum jemanden auf; und für eine Chemie-, Zeichnen- oder Geschichtsschwäche gibt es nicht einmal einen Fachausdruck.

Leistung ist ein in unserer Zeit wiederentdeckter hoher Wert. Mit dem Zusammenwachsen Europas und mit dem Stichwort „Globalisierung" wächst sowohl der internationale Wettbewerb als auch die Bedeutung von Schulvergleichsstudien und dem „Ranking" von Bildungseinrichtungen.

Man sucht inzwischen immer mehr nach der Formel: „Wie lernt ein Kind in kürzerer Zeit erheblich mehr und das auch noch so, dass es länger im Kopf haften bleibt?"

Antworten aus der Hirnforschung, aus der Lernpsychologie und von ganz konkreten Modellschulen liegen mittlerweile vor:

■ Schon vor der Geburt lauschen Babys der Stimme ihrer Eltern und ahmen sie später nach. Mit einem Jahr haben Kinder weitgehend die Fähigkeit verloren, Laute zu unterscheiden, die in ihrer Muttersprache keine Rolle spielen. Bei zweisprachig aufgewachsenen Kindern unterbleibt die Festlegung auf ein einziges Sprachmuster. Bis zum vierten Lebensjahr werden die Satzbaustrukturen festgelegt, und ab dem zehnten Lebensjahr nimmt die Fähigkeit, eine zweite Sprache so gut wie die Muttersprache zu lernen, rapide ab. Von da an muss im Gehirn für jede weitere Sprache eine neue Zone im Sprachzentrum erst mühsam aktiviert werden.

■ Menschen, die wesentlich häufiger als andere Pech haben, können nicht gut Konsequenzen aus misslichen Erfahrungen ziehen. Sie machen immer wieder die gleichen Fehler, weil sie infolge eines genetischen Defekts in der vorderen Hirnrinde gleich hinter der Nasenwurzel mangelhafte Nervenverbindungen besitzen. Sie werden aus Schaden nicht klug, das liegt aber nicht in ihrer Schuld. Ansonsten können sie sehr intelligent sein, wie Antonio Damasio von der Iowa State University festgestellt hat.

■ Ein Schnuller verschließt das Baby so stark gegenüber herausfordernden Außenreizen, dass es weniger aufnahmefähig ist und sich deshalb später als etwas weniger intelligent erweist, als wäre es ohne Schnuller aufgewachsen.

■ Kinder lernen leichter und mehr, je früher sie mit dem Lernen beginnen; das nutzt man europaweit vor allem im Fremdsprachenunterricht, dessen Beginn in Deutschland von der 5. auf die 3. Klasse vorverlagert wurde, der demnächst in der gesamten Europäischen Union mit der 1. Klasse beginnen soll und der in Luxemburg bereits – wenn auch unschriftlich – in der zweijährigen obligatorischen Vorschule bei Vierjährigen einsetzt.

■ Durch Geburtskomplikationen entstandene geistige Behinderungen lassen sich besonders gut vor Ende des ersten Lebensjahres ausgleichen, wenn das Gehirn noch von großer Plastizität ist.

■ Schwächere Schüler profitieren vom Lernen am Computer mehr als gute, für die er jedoch auch einen Zugewinn ergibt; besonders segensreich für das Lernen sind Computer bei Lernbehinderten, bei Jungen, bei Linkshändern, bei Hauptschülern, bei Legasthenikern und Dyskalkulikern, bei Verhaltensgestörten und bei Vor- und Grundschülern.

■ In Schulen, in denen der Umgang mit vielen Materialien im Vordergrund steht (Montessori-Schulen, Freie Schulen, Schülerschulen, Produktionsschulen und Schulen mit offenem

Unterricht bzw. mit dem Charakter einer Lernwerkstatt statt einer Belehrungsanstalt), sind Schüler am Ende der 3. Klasse etwa so weit wie Schüler in herkömmlichen Schulen am Ende der 4. Klasse.

▦ Im niederländischen Tilburg bleiben jeden Donnerstag etwa 1000 Schüler zu Hause, sind aber mit dem Lehrer in der Schule vernetzt, wenn sie am Computer lernen. Sie können Tempo, Pausen, Vertiefungsgrad und Antworten bzw. Transfers selbst bestimmen, sie lernen anschaulicher und motivierter, und sie sind aktiver dabei als im herkömmlichen frontal vorgehenden lehrerzentrierten Unterricht der Wort-, Buch- und Zettelschule. Sie lernen in zwei Fünfteln der bisherigen Zeit etwa dreimal so viel, und das Gelernte bleibt etwa dreimal so lange im Gedächtnis parat.

Eltern, Erzieher und Lehrer müssen heutzutage umlernen, wenn sie Lernen ergiebiger gestalten wollen; sie sollten Abstand nehmen von Moralpredigten und Einpauk-weisen nach dem Bild des „Nürnberger Trichters", wenn sie wollen, dass Kinder effizienter lernen und dass sie in die Lage versetzt werden, „ein Leben lang zu lernen". Die bisherigen Erziehungs- und Beschulungsweisen passten noch ganz gut zu obrigkeitsstaatlichen Industrie- und Militärgesellschaften, sie taugen aber nicht mehr für die mobile und global vernetzte Kommunikations-, Informations-, Dienstleistungs-, Freizeit und Produktionsgesellschaft im neuen Jahrhundert; sie entsprechen aber auch nicht mehr unserem um Vielfalt bemühten demokratischen Grundgesetz, das immerhin schon seinen 55. Geburtstag hinter sich hat. Wenn man will, dass junge Menschen unserer Zeit entsprechend sinnvoller lernen, muss man Folgendes beherzigen, und das geht über den Allgemeinplatz „Das Wichtigste ist, dass Kinder lernen, wie man lernt" deutlich hinaus:

▦ Kinder und Jugendliche lernen besser, wenn sie selbst lernen, als wenn man sie belehrt. Deshalb profitieren im Sinne von Lernen Nachhilfelehrer meist mehr vom zu Lernenden als ihre Nachhilfeschüler.

▦ Junge Menschen lernen besser, wenn man sie beim Lernen zugleich auch handeln lässt („learning by doing"). Deshalb will die Hamburger Schulbehörde ihre Schulen zu „Zukunftswerkstätten" und die Klassenverbände zu „Lernfamilien" umbauen.

▦ Schüler lernen besser, wenn sie beim Lernen auch unbestraft Um- und Irrwege beschreiten und Fehler machen dürfen (Lernen über „trial and error"). Wenn wir ihre Fehler mit roter Tinte, schlechten Noten, erhobenen Zeigefingern und bösen oder enttäuschten Gesichtern verfolgen, wird ihre angeborene Lernmotivation durch Lernen aus Angst ersetzt. Angst ist aber ein schlechterer Motor als die Freude, ein Ziel zu erreichen. Wenn die Schule von einer Belehrungsanstalt zu einem „Haus des Lernens" gewandelt wird, dringt jedenfalls sehr viel mehr Sonne durch die Fenster und in die Seele des Schülers.

▦ Kinder lernen besser von Gleichaltrigen als von noch so guten Erwachsenen. Wenn Eltern und Lehrer sich durch diese Einsicht nicht gekränkt fühlen, müssen sie das Lernen der Kinder voneinander begünstigen, z.B. beim Spielen, beim Hausaufgabenmachen sowie über Partner- und Kleingruppenarbeit in der Schule.

▦ Am besten lernen Kinder, wenn sie das, was sie lernen sollen, anderen zu erklären haben. Gutes Lernen geht mit dem Sprechen über das zu Lernende einher. Dazu dient das Gespräch mit Mama oder Papa abends auf der Bettkante, wenn Kinder den zurückliegenden Tag, einen Fernsehfilm oder die Aufgaben des kommenden Tages bzw. ihr zukünftiges angemessenes Verhalten verstehen sollen; dazu dient, zu Lernendes im Chor zu sprechen, Regeln laut auszusprechen und Gedichte aufzusagen; dazu dienen aber auch die schulischen Morgen- oder Gesprächskreise. In der bisherigen Schule dürfen Kinder aber nur wenige Sekunden pro Stunde sprechen, in einer Lernwerkstatt hingegen können sie nahezu pausenlos sprechen. Übrigens gilt das auch für Eltern und Lehrer: Sie verstehen ihre Erziehungsprobleme im Allgemeinen erst dann richtig, wenn sie im Rahmen von regelmäßig stattfindenden Elternstammtischen darüber reden oder wenn sie zu zweit zwei Klassen führen, für die sie gemeinsam verantwortlich sind (kostenneutrale Supervision und Lehrerfortbildung durch den ständigen Zwang zum Erfahrungsaustausch per Reden).

- Lernen braucht positive, also hilfreich weiterführende Resonanz, und die ist als lieblos auf eine Note reduzierte Ziffer oder als Moralpredigt in Form einer Schimpfkanonade bzw. als Ohrfeige in der Regel zu dürftig. Gute Noten tun Schülern gut, schlechte Noten verbergen jedoch Aussagen über das, was schon gelungen ist, und über das, was wie ausbaubar ist.

- Kinder lernen am besten, wenn sie zu zweit ein Problem zu lösen haben. Die bisherige Schule setzt aber junge Menschen entweder allein vor ein Problem (bei Hausaufgaben und Klassenarbeiten) oder im großen Klassenverband. Partnerarbeit ist der Kleingruppenarbeit überlegen, letztere jedoch in der Regel der Einzelarbeit, und diese wiederum durchweg dem Lernen in großen Gruppen.

- Wahrscheinlich lernen Kinder in altersgleichen Gruppen nicht ganz so gut wie in jahrgangsübergreifenden Klassen.

- Wenn Lehrer nicht Belehrer oder Beschuler sind, sondern Lernberater oder „Coaches" ihrer selbstlernenden Schüler („teachers as learners" sagt man in Amerika), dann lernen junge Menschen in kürzerer Zeit mehr. Denn das alte marokkanische Sprichwort „Wenn du weißt, wie man etwas beibringt, dann weißt du, wie man etwas lernt" hat sich mit der Einsicht von heutigen Lernpsychologen als falsch erwiesen. Umgekehrt ist es richtig: „Wenn du weißt, wie man etwas lernt, dann weißt du, wie man etwas beibringt."

Wie Kinder besonders gut lernen, kann man am besten außerhalb der Schule sehen: Wenn sie bei einem Computerspiel nicht in die fünfte Ebene kommen, geben sie so lange nicht auf, bis sie es endlich geschafft haben, oder sie fragen ihren Freund, wie er das hinbekommen hat; und je länger die Suche nach der richtigen Lösung dauert, je motivierter werden sie. Das Wichtigste, was Kinder lernen, nämlich das Laufen und das Sprechen, lernen sie zum Glück schon, bevor sie in die Schule kommen: Wenn sie sich zum ersten Mal vom Krabbeln aufrichten, um ein paar Schritte zu wagen, fallen sie bald wieder hin; würde Mama sie dann strafend schlagen, würden sie bald ihre Gehversuche aufgeben, zumindest wenn Mama dabei ist. Da Mama dieses Fehlermachen jedoch nicht bestraft, lernen die Kleinen durchaus das Laufen. Und die ersten Wörter, die Kinder sprechen, sind meist fehlerhaft; Buchstaben werden vertauscht, Silben verändert, und zur Katze wird „Hund" gesagt. Zum Glück finden Erwachsene das niedlich und lachen; sie verzichten bei den ersten Sprechfehlern auf Schimpfen und Strafen, allenfalls sprechen sie das Richtige deutlich und wiederholend vor, weisen auf die Fehler hin, so dass die Kinder rasch das Sprechen zu lernen vermögen.

Würde man hingegen die Schule damit beauftragen, den Kindern das Laufen und das Sprechen beizubringen, müsste man sich auf sehr schlechte Resultate gefasst machen, und zwar nicht nur, weil sie bemüht sein würde, die Entwicklung dieser Fähigkeiten mit roter Tinte und Noten zu korrigieren, sondern auch, weil sie versuchen würde, den Kindern das Laufen im Sitzen beizubringen. Sie würde damit allerdings durchaus ihrer herkömmlichen Selektionsfunktion, die Helmut Fend „Rüttelsiebfunktion" nennt, nachkommen, weil es – wie lernpsychologische Versuche erwiesen haben – immer auch einige Menschen gibt, die in der Lage sind, Skilaufen zu lernen, indem man ihnen lediglich mit Wandtafel, Kreide und erläuternden Worten und mit Hilfe eines Lehrfilms erklärt, wie so etwas funktioniert …

Der Computer arbeitet völlig anders als das menschliche Hirn. Aber in dem Maße, in dem Kinder schon früh, lange und oft fernsehen, am Computer spielen, an der Spielkonsole, die sie „Playstation" nennen, sitzen und mit dem Gameboy umgehen, entwickeln sich ihre Hirnvernetzungen in Richtung auf computerähnliche Assoziationsweisen, wie Hirnforscher im Forschungszentrum Jülich erkannt haben. Die Hirnvernetzungen des Menschen ereignen sich erst nach seiner Geburt, werden also erst durch seine Erfahrungen hergestellt.

Computer-Kids sind für uns Erwachsene, die wir ganz anders aufgewachsen sind, schon ziemlich fremde Wesen geworden: Was wir für richtig halten, halten sie für nicht ganz so bedeutsam; was sie für wichtig halten, bedeutet uns oft nicht ganz so viel. Der Computer prägt ihr Denken, und sie lernen damit ganz anders als wir. Wenn aus Anlass einer pädagogischen Fortbildungsveranstaltung niemand im Lehrerkollegium in der Lage ist, ein bestimmtes Videogerät in Gang zu setzen, selbst wenn mehrere Physik- und Techniklehrer zugegen sind, schafft das ein Förder- oder Hauptschüler gelegentlich recht schnell, auch wenn er das Gerät noch nie zuvor gesehen hat. Und wenn Mama sich ein neues elektronisches Küchengerät gekauft hat und hilflos mit der Bedienungsanleitung an ihm herumhantiert, dann setzt ihr zwölfjähriger Sohn es eventuell ganz einfach in Gang, ohne die schriftlichen Anweisungen zu studieren. Ähnliches erleben Väter mit Abitur, die sich einen leistungsfähigen DVD-Player erstanden haben und nun versuchen, damit einen Fernsehfilm aufzunehmen.

Erwachsene stehen oft fasziniert neben Kindern, die ganz locker und reaktionsschnell mit dem Computer oder mit einer Spielkonsole umgehen, und sie fragen sich dann mit vielen Selbstzweifeln, warum sie trotz ihres hohen Intelligenzquotienten, ihres Abiturs und ihres Studiums diese Leichtigkeit nicht zustande bringen.

Ihr häufiger Umgang mit Computern und die massenhaft auf sie einwirkenden multimedialen Reize fördern durchaus bestimmte Hirnzonen und damit die intellektuelle Kapazität junger Menschen, selbst wenn sie sich dabei gleichzeitig viel weniger bewegen als frühere Jugendgenerationen und selbst wenn andere Sinne wie der Hörsinn, die Hautsinne, der Gleichgewichtssinn und die Muskelkoordinationssinne auf diese Weise unterfordert und damit geschwächt werden.

Mit der aktuellen These vom „Ende der Spielzeit" der modernen Kinder beklagen viele Zeitgenossen wie Christiane Grefe so etwas wie den Verlust an Spielen und an Spielfähigkeit. Sie rechnet vor, dass deutsche Kinder um die vorletzte Jahrhundertwende draußen noch etwa 100 verschiedene Spiele zu spielen wussten, während es heutzutage gerade noch vier seien, die überdies viel seltener gespielt würden.

Vielleicht hat die Spielfähigkeit aber gar nicht abgenommen, sondern sich lediglich gewandelt. Vielleicht wollen wir bloß Inlineskaten und Computerspiele nicht als Spielen verstehen. Für Kinder ist hingegen die Bewegung mit Rollerblades und das stundenlange Ausharren an Spielkonsolen durchaus Spielen; sie können sich ganz und gar und scheinbar endlos in diese Aktivitäten vertiefen, und zwar mit dem „Montessori-Effekt", den man früher für ihre Unansprechbarkeit, ihre Unablenkbarkeit beim Umgang mit Bauklötzen, mit Stabilbaukästen, mit Modelleisenbahnen, mit Wiking-Autos oder beim Marmeln, beim Kippel-Kappel und beim Versteckspielen beschrieb.

Das sitzende Spielen in der virtuellen Computerwelt mag zwar in Ermangelung von ausgleichenden Bewegungserfahrungen für den Leib ungünstig sein, für die Hirnentwicklung kann es jedoch durchaus förderlich sein.

Die auf Arbeitsteilung und Unterforderung vertrauende hierarchische Industriegesellschaft war mit Hinblick auf die Masse der Arbeitskräfte nicht unbedingt an deren optimaler Hirnentwicklung interessiert, denn dabei hätte zu viel an Selbstständigkeit, Kreativität und Kritikfähigkeit herauskommen können. Jede Gesellschaft baut sich daher ein systemstabilisierendes Schulwesen. Mittel- und südamerikanische Diktaturen waren darum stets nur an einer kurzen Schulpflichtdauer interessiert, mit der allenfalls Kulturtechniken wie Lesen, Schreiben und Rechnen sowie Bibeltreue aufgebaut werden sollten, nicht aber an mehr, weil dieses Mehr an Mündigkeit das jeweils vorhandene Regime gefährdet hätte. In solchen „Bananenrepubliken" durften deshalb auf keinen Fall mehr als drei bis vier Prozent der Schüler eines Jahrgangs zur Hochschulreife gelangen, denn mehr intellektuelle Menschen hielt man zur Besetzung der Führungspositionen für nicht erforderlich.

Unser Grundgesetz ist jedoch so angelegt, dass wir eine Höchstzahl an kritischen, mündigen, wissenschaftlich und technologisch kompetenten Menschen begünstigen müssen; die Schulen sollten also bemüht sein, die Hirnentwicklung sämtlicher Schüler zu einem Optimum zu führen.

Alle beim Menschen lebenden Haustiere haben im Vergleich zu ihren wildlebenden Artgenossen ein um bis zu 35 Gewichtsprozente geschrumpftes Hirn; das Hausschwein hat ein kleineres als das Wildschwein, das Hauskaninchen ein kleineres als das Wildkaninchen usw. Ist es bei den bei Menschen lebenden Kindern ähnlich? Sind sie bezogen auf ihre Hirnentwicklung ebenfalls domestiziert bzw. „verhaustiert"?

Können wir mit dem Computerlernen stattdessen die Hirnentwicklung wieder begünstigen? Für Tiere gilt jedenfalls Folgendes: Schwarzkopf-Chikadee-Meisen, die sich für ihre Wintervorräte besonders viele Futterplätze merken müssen, entwickeln zusätzliche Nervenzellen im Gehirn; sie haben ein größeres Gehirn als ihre im Zoo lebenden Artgenossen. Größe und Leistungsfähigkeit des Hirns wachsen also offenbar mit dem herausfordernden Bedarf.

Tatsache ist, dass viele Kinder in ihrem häuslichen Milieu anregungsarm aufwachsen, dass mit ihnen zu wenig gesprochen wird, dass sie zu wenig gefördert werden, dass ihre Eltern einen nur dürftigen Wortschatz, eine miserable grammatische und fremdsprachliche Kompetenz haben und eine unzureichende Allgemeinbildung, dass sich aber gleichzeitig das Wissen, das unserer Gesellschaft insgesamt zur Verfügung steht, etwa alle sieben bis zehn Jahre verdoppelt. Tatsache ist aber auch, dass es im Unterricht der Schulen allzu viel Leerlauf und Reibungsverlust gibt, dass sich viel zu viele Schüler zu oft langweilen, dass Bücher und Lehrererwartungen bei weitem nicht so viele Anregungen, Herausforderungen, Wissenselemente und Vernetzungen zu bieten vermögen wie die Fernseh-, Computer- und Internetwelt, wie insbesondere an erfolgreichen Therapiekonzeptionen gegenüber Dyskalkulie und Legasthenie zu erkennen ist. Mit speziell entworfenen Computerspielen haben US-Forscher wie Paula Tallal bei Kindern Sprachprobleme in nur vier Wochen erfolgreich behandelt. Ihre Therapie hilft sprachgestörten Kindern mit normaler Intelligenz, die Schwierigkeiten beim Unterscheiden schnell gesprochener Laute wie „ba" und „da" sowie Buchstaben wie „b" und „d" haben. Die Laute sind nur wenige Zehntel von Millisekunden zu hören. Ihre These ist daher, dass die Informationen im Hirn der sprachschwachen Kinder nicht schnell genug verarbeitet werden können. Aus dem gestörten Verständnis der Laute entwickeln sich dann die Schwächen. Das Verständnis speziell dieser schnellen Sprachelemente wird in den Computerspielen geübt.

Etwa 60 Prozent von dem, was Schule im Unterricht macht, ist bloße Zeitverschwendung bezogen auf die von ihr eigentlich angestrebten Ziele. Entweder weiß der Schüler ohnehin schon, was der Lehrer ihm beibringen will, oder er versteht es sowieso überhaupt nicht; oder Stundenausfälle, Unterrichtsstörungen durch einzelne Schüler, Vertretungssituationen und Wellenlängenunverträglichkeiten zwischen Schüler und Lehrer, Reibungsverluste durch ein übertriebenes Fachlehrer- und Kurssystem, durch Wander-, Spagat- und Rotationslehrer sowie Lehrerfeuerwehren, durch Koordinationsprobleme in Großsystemen und durch Wanderschülerschicksale (Oberstufenschüler in Schulverbundsystemen holen sich ihren Unterricht in drei verschiedenen Schulen ab) bewirken zu hohe Grade an Ineffizienz des Lernens.

Mit dem Lernen am Computer in der Form des „Homelearnings" (der Schüler sitzt zu Hause am Computer, ist aber mit dem Lehrer in der Schule verkabelt) lässt sich Lernzeit optimaler nutzen, weil der Schüler individuell verschieden sein Lerntempo und auch die Pausen bestimmen kann, weil er autonom wiederholen, vertiefen, transferieren und einüben kann und weil der Lehrer mit einer guten Lernsoftware zugleich von frontalen Verpflichtungen entbunden und freigesetzt wird, so dass er sich als kompensatorischer oder fördernder Lernberater einzelnen Schülern und ihren jeweiligen Problemen oder ihren Vertiefungs- bzw. Förder- und Vernetzungsansprüchen zuwenden kann.

Zu Hause und in der Schule, wo Kinder zur sitzenden Lebensweise erzogen werden, verkümmern viele ihrer Sinne; vor allem gilt das für die Sprach- und Bewegungssinne, aber auch für so etwas wie motivationale bzw. Antriebskräfte, so dass es einer Menge von Kindern schwer fällt, Reize wahrzunehmen (Wahrnehmungsstörungen), sich zu konzentrieren (Konzentrationsschwächen), durchzuhalten (Ausdauerstörungen), auf Probleme zuzugehen oder auch ihnen zu entfliehen (Konfliktunfähigkeit, Schwierigkeiten mit dem Sich-Wehren, Sich-Behaupten und Sich-Durchsetzen, Vermeidungsverhalten). Sie neigen dann zum Rückzug in Singularisierung (Vereinzelung, „Cocooning"), zu Aggressionen, zu Hyperaktivität, zu psychosomatischen Störungen oder zum Ausstieg in Rauschbedürfnisse bzw. Sucht. Ihre Armut an Strategiealternativen in Bezug auf angemessenes Verhalten korreliert mit ihrer unzureichenden Hirnentwicklung.

Der Computer und das Tele-Lernen vermögen zwar für eine Optimierung der Hirnvernetzungen, für eine bessere Nutzung von intellektuellen Kapazitäten und ihren Ausbau zu sorgen, sie erhöhen aber keineswegs das Potenzial an sozialen, politischen und Konfliktbewältigungsfähigkeiten, und schon gar nicht fördern sie die Entwicklung sämtlicher Sinne des jungen Menschen.

Die große Chance des Computerlernens ergibt sich aus einem anderen Zusammenhang: Viele Erfahrungen mit dem Tele-Lernen haben ergeben, dass mit Hilfe des Computers all das, was Schule bislang an fünf Wochentagen geschafft hat, auf den Umfang von zwei Wochentagen reduziert werden kann, dass es dann auch noch dreimal so lange im Kopf haften bleibt und dass sich wesentlich effizientere Hirnvernetzungen dabei einstellen, die den jungen Menschen intellektuell gesehen und bezogen auf den künftigen Multimedia-durchsetzten Wissenschafts-, Kultur- und Wirtschaftsstandort Deutschland studien- und arbeitsweltgerechter geraten lassen.

Mit der Reduktion des bisherigen schulischen Programms auf den Umfang von zwei Wochentagen, der ja auf fünf Tage verteilt werden kann, wird zugleich im Umfang von drei Wochentagen Zeit gewonnen, um Kinder und Jugendliche spielen und sich bewegen zu lassen, ihnen Körperkontakte und emotionale Befriedigungen durch Bezugspersonen zuteil werden zu lassen, sie richtig zu ernähren, zu entlasten, erkundungs-, handlungs- und konfliktkompetent zu machen, über Partner- und Gruppenarbeit teamfähig werden zu lassen, ihre Kreativität zu entfalten und an Musisches heranzuführen, kurzum, um ihre Sinnesentwicklung, ihre Sozialkompetenz und ihre Kernkompetenzen bzw. Schlüsselqualifikationen zu entwickeln. Gleichzeitig wird dadurch Zeit gewonnen, mit der Klassenlehrer den Eltern ihrer Schüler bei der Erziehung helfen können.

11. Der Lehrer als Schicksal für die Schullaufbahn

William Arthur Ward hat einmal formuliert: „Der mittelmäßige Lehrer erzählt, der gute Lehrer erklärt, der bessere Lehrer beweist, und der große Lehrer begeistert." Für viele Lehrer sollte jedenfalls auch gelten, was Friedrich Nietzsche für Theologen angemahnt hat: „Ein bißchen erlöster könnten sie schon daherkommen!"

Lehrer geben Noten, Lehrer entscheiden über Versetzungen, Lehrer empfehlen Schullaufbahnen oder schreiben sie vor, Lehrer erteilen Abschlüsse oder verweigern sie, Lehrer wenden sich Schülern intensiv zu oder nicht, Lehrer lassen sich von Eltern anrufen oder verbitten sich das, Lehrer wählen Unterrichtsformen, die die Kinder stärken oder schwächen, Lehrer haben Lieblinge oder finden einzelne oder alle Schüler unsympathisch; Lehrer sind eben auch Menschen mit Fehlern.

Ein Drittel aller deutschen Schullaufbahnprognosen, die Lehrer in 4. Klassen geben, stellen sich im Nachhinein als falsch heraus, auch weil die Empfehlung der Grundschule in der Regel von nur einem Pädagogen gegeben wird. Prognosen bei Sechstklässlern sind nur noch zu einem Sechstel nicht stimmig, weil dann mehrere Lehrer darüber befinden und weil mit Beginn der Vorpubertät und nach längeren Erfahrungen im Umgang mit einer Fremdsprache eine etwas größere Treffsicherheit möglich ist.

Lehrer sind höchst bedeutsame Schullaufbahnschicksale, Elternhäuser aber auch. Insofern ist unser Schulsystem an vielen Ecken und Enden ungerecht bzw. sehr zufällig, was Effekte auf der Schülerseite anbelangt. Jedenfalls können Lehrer durchaus Schüler über sämtliche Hürden tragen, wenn sie Hausbesuche machen, wenn sie nie krank werden, wenn sie sich stets optimal und lernmaterialaufwändig vorbereiten, wenn sie zu zweit eine Klasse führen und mit ihren Schülern auch gelegentlich wochenends und in den Ferien etwas unternehmen und wenn sie in ihrem Unterricht das Fehlermachen eher als Chance zum Bessermachen denn als Sündenfall verstehen. Es gibt gelegentlich den Fall, dass ein Lehrer einen bestimmten Schüler unbedingt in seiner Klasse halten möchte und ihm gezielt zur Versetzung hilft, auch indem er Fachlehrer, mit denen er befreundet ist, bewegt, ein Auge zuzudrücken; und es gibt das Gegenteil, dass ein an sich guter Schüler, den der Lehrer nicht mag oder den er den Mitschülern nicht länger zumuten möchte, mit allen Tricks „wegselektioniert", also „abgesägt" wird. Die immer noch übermäßig waltende Selektionsfunktion der deutschen Schule, die weltweit so unüblich ist, und die Schulspaltung in Förderschule, Hauptschule, Realschule und Gymnasium anstelle einer neunjährigen Grundschule oder „Secondary School" bzw. Sekundarschule produzieren jedenfalls nicht nur eine Übermenge an Verliererschicksalen, die lehrerpersönlichkeitsbedingt sind, sondern auch eine unselige „gesellschaftliche Spaltung", wie Otto Herz meint.

Manche Lehrer machen Schülern Mut, indem sie bloße Lernfortschritte anstelle des objektiven Leistungsstands benoten, andere tun das jedoch genau nicht. Wenn ein Schüler, der bislang im Diktat immer 40 Fehler hatte, unglaublich viel für das nächste Diktat geübt hat und dadurch die Fehlerzahl halbiert, bekommt er vom mutmachenden Lehrer X eine „3", während ein anderer Lehrer Y für 20 Fehler immer noch eine „6" geben würde. Besonders oft kommen solche Fortschrittsnoten übrigens im Sport-, Musik-, Zeichen- und Werkunterricht vor, auch bei der Benotung von Aufsätzen, bei denen Lehrer einen großen Einschätzungsspielraum haben, während Noten für Mathematikarbeiten den höchsten objektiven, aber dennoch einen keineswegs individualitätsbezogenen Gerechtigkeitsstandard erreichen.

Wenn Noten für Fächer mit vier Wochenstunden mit solchen für Fächer mit zwei Wochenstunden verrechenbar sind, wenn man mit einer „2" in Biologie eine „5" in Mathematik ausgleichen kann, wenn eine „3" in Deutsch nicht zu erkennen gibt, ob keine einzige Deutschstunde im Halbjahr ausgefallen war oder ob etwa 40 Prozent des Deutschunterrichts der Krankheit eines Lehrers zum Opfer gefallen waren, wenn Lehrer auch am Ende des Schuljahres noch nicht die Namen aller Schüler eines Kurses kennen und Karl-Heinz dann die Sportnote bekommt, die für Hans-Joachim gedacht war, dann geraten Noten zu Lotterielosen, dann sind sie ungerecht und dann entsteht bei den Schülern der Eindruck, sie und die Versetzungsvermerke seien irgendwie „ausgewürfelt" worden, zumal die Schule einige Leistungsbereiche der Schülerpersönlichkeiten gar nicht erfasst (z. B. Medienkompetenz), andere weniger wichtige aber durchaus (z. B. Chemie).

75 Prozent aller Schüler sind vor der Zeugnisausgabe nervös, jeder siebte reagiert sogar mit psychosomatischen Störungen wie Kopfschmerzen, Schlafstörungen, Allergien, Übelkeit oder Durchfall, und 65 Prozent aller Schüler halten Noten für ungerecht. Sie nennen Zeugnisse „Giftblätter", und sie wollen damit ausdrücken, dass sie ihnen nicht gut tun, dass durch sie mit ihnen etwas geschieht, dass sie nicht nachvollziehen und nicht mehr kontrollieren können, dass ihnen ein Stück willkürliche Gewalt angetan wird. Ganz schrecklich ist es, Sportnoten zu geben; da mittlerweile jeder zweite Schüler in Deutschland übergewichtig ist und deshalb keine guten Sportnoten erhält, lassen sich immer mehr junge Menschen vom Arzt ein Attest zur Befreiung vom Sportunterricht geben; zusätzlicher Bewegungsmangel und ergänzende Erkrankungen sind die Folge. An einer unbenoteten Bewegungserziehung nehmen hingegen fast alle Schüler mit positiven Auswirkungen für ihre Gesundheit und damit auch für ihr Lernen teil, wie Versuche mit notenfreiem Inlineskaten in Schulen ergeben haben.

Lehrer tun gut daran, die Bedeutung von Noten und Zeugnissen herunterzuspielen und die Fragwürdigkeit und Schicksalsträchtigkeit von Zensuren, Versetzungsvermerken und Prognosen in ihre Entscheidungen miteinzubeziehen. Eine Note kann Ungerechtigkeit auf den Punkt bringen, ein Berichtszeugnis kann engagiert oder schlampig, ausführlich oder mager, treffend oder unangemessen erstellt sein, aber es relativiert zugleich etwas mehr, als eine auf den Punkt gebrachte Note das vermag. Berichtszeugnisse bzw. Lernentwicklungsberichte können daher dem Schüler etwas gerechter werden als Zeugnisse mit schlechten Noten, die wie Stenografiekürzel erscheinen.

In Mecklenburg-Vorpommern gibt es nur in der 1. Klasse Berichtszeugnisse, aber in Finnland bis zur 4. Klasse, in Dänemark bis zur 7. Klasse, in Norwegen und Schweden gar bis zur 8. Klasse; in Hamburg und Niedersachsen gibt es in den ersten beiden Schuljahren Lernentwicklungsberichte, in Schleswig-Holstein gibt es in den Klassen 1 bis 3 Berichtszeugnisse und in der 4. Klasse Noten, in Bremen haben die ersten beiden Klassen Lernentwicklungsberichte, und in den Klassen 3 und 4 gibt es auf Wunsch der Eltern Noten- oder Berichtszeugnisse, aber nicht gegen den Willen des Klassenlehrers. In den Hamburger Gesamtschulen können Berichtszeugnisse bis zur 8. Klasse gegeben werden, wenn es die Schulkonferenz so will, ansonsten werden dort die Noten mit Texten erläutert.

Zur Belehrungsschule passen Noten, zur Lernwerkstatt weniger, weil in ihr das Geschäft des Lernens Sache der Kinder selbst ist. Wenn sie noch klein sind, wollen sie ja lernen und gut sein, und außerhalb der Schule lernen sie auch sehr viel ohne Noten. Waldorfschulen geben seit 80 Jahren keine Noten bis zur Klasse 11 oder 12, und die Kinder lernen dort ebenfalls viel.

Wenn dennoch Noten gegeben werden, können sie nur einigermaßen gerecht sein, indem sie sich auf das Konkrete beziehen, das die Klasse stofflich bewältigt hat, und dann muss die Note Rücksicht auf die vom Lehrer gewählte Methode nehmen. Ein Zentralabitur, wie wir es aus Bayern, Baden-Württemberg, Sachsen und Mecklenburg-Vorpommern oder aus Frankreich kennen, passt jedenfalls überhaupt nicht zu Noten, weil diese nicht die Zufälligkeiten von Lehrerpersönlichkeiten, von Methodik, von Aktualität, von Leistungsbandbreite der Lerngruppe, von Unterrichtsausfällen und von den Besonderheiten der Wohnnachbarschaft des Stadtteils bzw. der Region der Schule einzufangen und widerzuspiegeln vermögen.

▪ In Hamburg hat es einen Fall gegeben, in dem eine Fachlehrerin für Mathematik einen Schüler der 1. Klasse über ein Jahr hinweg mit dem falschen Vornamen angeredet hat. Anfangs hat der Junge sich dagegen mit Korrekturen gewehrt, schließlich sind seine Eltern brieflich und über die Schulleitung vorstellig geworden, ohne dass sich etwas änderte. Die Lehrerin hat als Grund für die permanente Namensverwechselung angeben: „Ich kenne einen Jungen, der sieht genauso aus wie du, und der heißt nun mal Johannes." Jedes Mal, wenn die Lehrerin statt Joachim Johannes sagte, lachten die Mitschüler; am Ende konnte Joachim sich gar nicht mehr auf den Unterricht konzentrieren, weil er die ganze Stunde über immer nur Angst davor hatte, dass er wieder mit Johannes angeredet wird und dass die

Mitschüler dann lachen. Nach Ablauf eines Schuljahres wurde bei Joachim eine Rechen-schwäche diagnostiziert, die er in den ersten Schulwochen noch keineswegs hatte. So geriet ein ganz kleiner Aspekt von Lehrerverhalten schließlich zu einem schullaufbahnentschei-denden.

- In einem anderen Fall wuchs ein Junge namens Claus in den ländlichen Vierlanden Ham-burgs in einem ausschließlich Plattdeutsch sprechenden Haushalt auf, bekam aber mit der Einschulung eine Klassenlehrerin, die kein einziges plattdeutsches Wort konnte. Diese Un-verträglichkeit im Kommunikativen hat nach Jahren dazu geführt, dass der an sich gut be-gabte Junge in der Schule das Sprechen, Lesen und Schreiben mied, seine Leistungsfähigkeit auf Mathematik, Sachkunde sowie späterhin Physik und Technik kompensatorisch verlager-te und als Legastheniker eingestuft wurde. Er kam dennoch zum Hauptschulabschluss, be-gann eine Ausbildung zum Landmaschinenmechaniker, und dann erst hat er so richtig Sprechen, Lesen und Schreiben gelernt, und zwar hervorragend. Hätte er nicht diese Grundschullehrerin gehabt, wäre er gewiss zum Realschulabschluss gekommen.
- In einem weiteren Fall sackte ein Schüler mit Beginn der 7. Klasse nur deshalb schlagartig in sämtlichen Fächern ab, weil seine neuen Lehrer ihm im Unterschied zu den vorherigen nicht mehr die Zeit gewährten, am Ende der Stunde die Hausaufgaben in einem Heft zu vermerken. Er musste mit dem Klingelzeichen sofort auf den Schulhof gehen und wusste dann am Nachmittag zu Hause nicht mehr, was er aufbekommen hatte.

12. Hausaufgaben und Nachhilfe

Drei Prozent der deutschen Schüler bleiben alljährlich sitzen, etwa 60 Prozent davon sind Jungen. Die höchsten Sitzenbleiberquoten gibt es in den Klassen 7 bis 9, also in den Altersstufen, die auch beim Nachhilfeunterricht herausragen.

An sich können Hausaufgaben als eine Form von „Homelearning" sehr sinnvoll sein, weil der Schüler mit ihnen selbst sein Lerntempo bestimmen kann, weil er über sie lernt, sich selbst Informationen zu besorgen, weil sie zuvor Verstandenes vertiefen und einüben, weil mit ihnen Transferleistungen gegenüber verwandten Aspekten und damit Vernetzungen begünstigt werden und weil sie dafür sorgen, dass noch nicht ganz Durchschautes in einem zweiten Durchgang klar wird. Hausaufgaben erweitern also das schulische Lernen, und besonders sinnvoll sind sie beim Vokabellernen.

Wenn kein geeigneter Arbeitsplatz in der Wohnung zur Verfügung steht, wenn der Schüler zwischen Kindergeschrei, Butterbrotpapier auf dem Küchentisch, laufendem Fernseher oder streitenden Eltern Schulaufgaben erledigen muss, wenn die Eltern ihm überhaupt nicht helfen können und ein mußevolles Lernen nicht zu animieren bzw. sinnvoll zu begleiten vermögen, wenn sie ihn gar mit Arbeitseinsätzen im eige-nen Betrieb davon abhalten, dann hat er schlechtere Karten als ein Freund, der von seinen Eltern gezielt bei den Hausaufgaben unterstützt, gefördert und notfalls auch mit Nachhilfeunterricht versorgt wird.

Um dem Anteil von Hausaufgaben am Schulabschlusserfolg Rechnung zu tragen, bieten Schulen immer häufiger eine nachmittägliche Hausaufgabenhilfe an, oder sie integrieren sogar die Hausaufgaben in die Wochenplanarbeit des offenen Unterrichts, in die Freie Gestaltung der Betreuten Schule bzw. Vollen Halbtagsgrundschule oder in die Ganztagsschule. Denn wenn Hausaufgaben den Schüler überfordern, weil Schulbücher schlecht sind und Arbeitszettel einen zu geringen Bezug zur im Unterricht durchgenommenen Thematik haben und damit zur Belastung des Familienlebens werden, wenn sie als Strafe oder als Ausgleich für dasjenige empfunden werden, was Lehrer am Vormittag eigentlich hätte leisten müssen, aber wegen vieler schwieriger Schüler, wegen kranker Kollegen, wegen Stundenausfalls oder wegen der Störanfälligkeit übergroßer Systeme mit einem übertriebenen Fachlehrer- und Kursprinzip nicht zustande gebracht haben, dann sind sie Indiz für eine nicht zeitgemäße Schule. Dazu gehört auch, dass Lehrer sich zu selten abstimmen, wenn sie alle gleichzeitig Hausaufgaben stellen, und dass sie dazu neigen, direkt vor den beiden Zeugnisterminen des Schuljahres massenhaft Klausuren schreiben zu lassen, denn das Lernen für Klassenarbeiten gehört ja ebenfalls zu den Hausaufgaben.

Solange wir im Wesentlichen eine Halbtagsschule in Deutschland haben, sind Hausaufgaben unverzichtbar, um in etwa auf Lernzeiten zu kommen, die für Ganztagsschulen wie in Frankreich, in Großbritannien, in den USA oder in Skandinavien oder Portugal üblich sind. Die Abschaffung der „Schulis", wie die Kids liebevoll die Hausaufgaben nennen, würde zu einer erheblichen Reduktion der Gesamtlernzeit von Schülern führen; dieses verringerte Lernzeitvolumen müsste dann kostenträchtig für den Staat durch ein erweitertes Angebot an Vollen Halbtagsschulen und Ganztagsschulen aufgefangen werden. Schüler, die zu Hause keine Hilfe bekommen und dort keinen richtigen Arbeitsplatz haben, würden davon profitieren, diejenigen jedoch, die nachmittags optimal von Eltern und Nachhilfelehrern unterstützt werden, würden sich wohl ohne Hausaufgaben eher verschlechtern, wenn sie auf diese Weise nicht sogar statt einer Doppelbelastung eine Dreifachbelastung erhalten: Unterricht am Vormittag, Hausaufgaben am Nachmittag in der Schule, Nachhilfe am Abend und Wochenende zu Hause. Denn schon jetzt kommen viele Zehn- bis 14-Jährige auf eine wöchentliche Arbeitszeit von 50 Stunden, also auf mehr als Erwachsene.

Einen bilanzierenden Satz zum Pro und Contra der Diskussion um den Sinn von Hausaufgaben hat das Dortmunder Institut für Schulentwicklungsforschung formuliert: „In der stillen Arbeit zu Hause, im Wechsel von Aufundabgehen, Nachdenken und Wiederhinsetzen können Kinder ihren eigenen Arbeitsrhythmus am besten finden und so Erlerntes verfestigen und sich neues Wissen aneignen." Und eine besonders gute Prognose haben sie dabei, wenn sie auch noch einen Lehramtsstudenten finden, der nicht nur Hausaufgaben mit ihnen macht, sondern auch noch mit ihnen spielt, rangelt, Sport treibt, isst, ins Kino geht und am Computer sitzt, wenn also die „Schulis" eingebettet sind in ein lustbetontes und ein Stück weit entspezialisiertes Zusammenleben mit einem Freund, zu dem man aufblicken kann.

Da Kinder von Gleichaltrigen sehr viel besser lernen als von Erwachsenen, haben sich auch nachmittägliche Hausaufgabengemeinschaften bewährt: Das Kind macht bei seinem Freund unter der Obhut von dessen Mama oder bei seiner Freundin Hausaufgaben, entweder immer, weil die eigene Mama nachmittags berufstätig ist, oder man macht zu zweit und im Wechsel mal in der einen und dann wieder in der anderen Familie seine „Schulis".

Dort, wo Schule versagt, boomt der Nachhilfeunterricht; er steht im Grunde mit seinen Leistungen direkt für den Leistungsmangel einer unzeitgemäßen Schule, aber auch für unangemessene elterliche Erwartungen, die allzu oft und allzu früh auf das Abitur für ihr Kind schielen, um ihm die günstigste Startposition Richtung Studium und Berufslaufbahn zu gewähren. Von Nachhilfeunterricht profitieren die Nachhilfelehrer meist mehr als die Nachhilfeschüler, und zwar nicht nur finanziell, sondern auch in Bezug auf das Lernen an sich: Nachhilfelehrer lernen während der Nachhilfe mehr als die Nachhilfeschüler, weil jeder Mensch vor allem dadurch lernt, dass er das zu Lernende anderen erklärt. In den alten Bundesländern bekommt mittlerweile schon jeder fünfte Schüler zwischen elf und 17 Jahren Nachhilfeunterricht durch andere Schüler, durch Studenten, durch Lehrer oder durch kommerzielle Nachhilfeinstitute, die auch als „private Schattenschulen" bezeichnet werden; dies entspricht 750 000 der in Frage kommenden 3,7 Millionen Schüler dieser Altersstufen. Bereits in den vierten Klassen der Grundschule bekommen 14 Prozent der Schüler Nachhilfe. Je besser die Familie gestellt ist, desto mehr investiert sie für Nachhilfe, im Schnitt 75 bis 100 Euro im Monat bei einem durchschnittlichen Stundenpreis von 10 Euro. Das macht allein in Westdeutschland 15 Millionen Euro wöchentlich (in den neuen Bundesländern sind es nur 400 000 Euro), und was die Eltern selbst an Nachhilfe leisten, ist dabei natürlich nicht eingerechnet. „Heimliches Schulgeld" nennen Kritiker das Nachhilfewesen, das durchaus für ein Stück Privatisierung des Bildungssystems steht. Wenn Nachhilfelehrer so etwas Ähnliches wie Repetitoren im Jura-Studium werden, dann sind sie die Antwort auf Schwachstellen der Schulgestaltung, denn trotz der teuren Schulen und des gewaltigen Nachhilfe(un)wesens verlassen pro Jahr mehr als 30 000 junge Menschen die Schulen nach mindestens neun Jahren, ohne ausreichende Grundkenntnisse in den Kulturtechniken Reden, Lesen, Schreiben und Rechnen, und fast zwei Millionen Menschen „verlernen" im Laufen ihres Lebens wieder ihre Lese- und Rechtschreibkenntnisse; man nennt sie „sekundäre Analphabeten". Die Bundesagentur für Arbeit muss jedenfalls pro Jahr etwa 400 Millionen Euro aufwänden, um Schulabgänger überhaupt ausbildungsreif zu machen. Und dennoch bleiben alljährlich etwa 100 000 Schulabgänger ganz ohne einen Bildungsabschluss.

Der Nachhilfeboom wird aber auch von einem Bewusstseinswandel begleitet. Während es in den 50er-Jahren des vergangenen Jahrhunderts noch als Stigma und als peinlich galt, Nachhilfe nötig zu haben, wird sie heute von vielen Eltern als eine

„Extra-Ration" Bildung verstanden, die sich nur privilegierte Familien leisten können. Wenn der Sohn oder die Tochter Nachhilfe bekommen, beweist man sein hohes Bildungsinteresse, denn nur zwölf Prozent der Nachhilfeschüler kommen aus unteren sozialen Schichten. Manche Eltern sind eben stolz darauf, dass sie ihrem Kind einen Cocktail aus fremdsprachlicher Frühförderung, Klavierunterricht, Ballettstunden, Hockey- und Tennistraining, Reitunterricht, altsprachlichem Gymnasium, einjährigem Gastschülerdasein in den USA, PC- und Nachhilfeunterricht zu bieten vermögen. Kein Wunder ist also, dass der Anteil der Studenten aus sozial schwachen Familien von 23 Prozent im Jahre 1982 auf heute elf Prozent gesunken ist.

Viele beklagen, dass durch die vermehrte Nachhilfe eine Verzerrung der Chancengleichheit entstünde. Zwar hat es schon immer Nachhilfeunterricht gegeben, doch heute ist er zunehmend eine Domäne der gehobenen Schichten geworden. So unterstützen in den oberen sozialen Schichten etwa 24 Prozent der Eltern ihre Kinder mit bezahlter Nachhilfe, in den unteren Schichten sind es dagegen lediglich zwölf Prozent.

Mit der Nachhilfe finanzieren die Eltern etwas, was eigentlich die Schule leisten müsste. Elterliche Übererwartungen und erzieherische Defizite der Schule ergänzen sich zu einem erheblichen Leidensfaktor für Schüler. Wenn 55,6 Prozent aller Klassenwiederholer an Gymnasien Nachhilfeunterricht bekommen, lässt sich die Schuld nicht nur ehrgeizigen Eltern zuschieben, zumal es auch Gymnasien gibt, an denen so gut wie kein Schüler sitzen bleibt und an denen unter dem Motto „Bei uns kann man auch den Realschulabschluss machen" gearbeitet wird, während es andere in Bezug auf ihren elitären Ruf für förderlich halten, möglichst viele benachteiligte Schüler „abzusägen".

Mädchen benötigen übrigens um die Hälfte seltener Nachhilfeunterricht als Jungen; das ist ein Hinweis darauf, dass Jungen vor allem an ihrem Lernverhalten, also an einem erzieherischen Mangel, und weniger an Intelligenzdefiziten scheitern. Gerade das Lernverhalten, das damit beginnt, dass man seine Hausaufgaben macht, für Klausuren lernt und seine Hefte und Bücher im Unterricht zur Verfügung hat, lässt sich aber mit pädagogischem Geschick und Aufwand relativ leicht verbessern; dafür sind aber Gymnasiallehrer zu schlecht ausgebildet und zu selten bereit; homogene Lernverbände mit geringer Leistungsbandbreite sind ihnen meist lieber als erzieherisches Engagement gegenüber Schülern, die das besonders nötig haben.

Fachleute sagen, dass Nachhilfeunterricht nicht länger als neun Monate dauern sollte; der Schüler müsste dann auf eigenen Beinen stehen können, also gelernt haben, wie er künftig allein besser zurechtkommt. Dauert der Nachhilfeunterricht hingegen mehr als neun Monate, gewöhnt sich der junge Mensch an dessen „Krücken"-Funktion in einer Weise, dass Unselbstständigkeit wächst, und zwar auf der Grundlage des Gefühls, dass da ja einer im Hintergrund für jeden Notfall zur Verfügung steht.

Nachhilfebemühungen sind immer dann erfolgreich, wenn man vor allem die Schüler zu motivieren vermag, ohne die Lehrer und das Schulsystem verändern zu wollen, wenn man die Schüler in die Lage versetzt, mit sich selbst im Rahmen der vorhandenen Lehrer besser klarzukommen. Eltern sind übrigens durchweg schlechte Nachhilfelehrer; sie sind zu dicht an ihrem Kind dran und zu ungeduldig; das Kind spielt beim Nachhilfeunterricht durch Mutter oder Vater nicht selten deren Schwächen aus, um sich gegen die aus seiner Sicht misslichen Anforderungen zu wehren.

Nachhilfe sollte den Schüler in Distanz zu den Lehrern bringen, unter denen er leidet. Danach muss die Freude am Lernen organisiert werden. Das gelingt über sauber geführte Mappen und Hefte mit schöner Schrift und Datumsangabe, über das Notieren der zu erledigenden Hausaufgaben, über optimal vorbereitete Klausuren und Tests, die dann gute Noten und somit Erfolgserlebnisse bringen, über das wohlige Gefühl, alle Hausaufgaben gemacht zu haben, so dass man den Lehrern in der Stunde ruhig in die Augen gucken kann, und über den schon am Abend zuvor fertig gepackten Schulrucksack. Ein guter Tipp für nachhelfende Eltern, Lehrer, Studenten und Schüler ist, immer schon etwas weiter zu arbeiten, als der Unterrichtsstand der Klasse ist, weil der Nachhilfeschüler dann bereits etwas mehr weiß als die sonst guten Mitschüler; das vermittelt Erfolgserlebnisse und Pluspunkte beim Lehrer.

Überhaupt sollte man Nachhilfeschülern nicht nur beibringen, wie sie sich in Sachen Unterricht und Hausaufgaben besser organisieren können, wie sie am besten lernen und Vokabeln memorieren, sondern auch wie sie ein Mindestmaß an taktischen Kompetenzen im Umgang mit Lehrern walten lassen können. Man muss ihnen vormachen, wie man nachfragt, wenn man etwas noch nicht verstanden hat, wie man den Lehrern gefallen kann, wie man mit einer vermeintlich ungerechten Note auf den Lehrer und das Problem zugeht, was man tut, wenn der Lehrer in der Mathearbeit zwei richtig gerechnete Aufgaben übersehen hat, wie man sich für ein Fehlverhalten entschuldigt, also wie man Konflikte bewältigt und nicht, wie man ihnen ausweicht oder an ihnen aus Trotz scheitert.

Wohl meinende Lehrer haben übrigens in den letzten 35 Jahren den Anteil der Hausaufgaben bundesweit auf heute nur noch ein Drittel reduziert; und in Bayern und Baden-Württemberg gibt es heute noch etwa doppelt so viel Hausaufgaben wie in Hamburg, Bremen und Schleswig-Holstein. Hausaufgaben dienen aber dem Üben, Anwenden und Vertiefen als nachmittägliche Ergänzung der Halbtagsschule. Wenn aber diese Lernzeiten gestutzt werden, ist es kein Wunder, dass Deutschland bei PISA schlechter abgeschnitten hat als all diejenigen Länder mit Ganztagsschulen, die Üben, Anwenden und Vertiefen in die Schule integrieren, und dass norddeutsche Schulen schlechter weggekommen sind als süddeutsche.

Wenn Deutschland künftig bei PISA wieder besser aussehen will, muss es entweder den Anteil der Hausaufgaben sofort verdoppeln oder diese in den Unterricht integrieren, was dann Ganztagsschule heißt.

13. Noten, Zeugnisse und Lernentwicklungsberichte

Die heutigen Zeugnisse gehen auf das 16. Jahrhundert zurück. Über Zeugnisnoten wird die auslesende, also die junge Menschen sortierende Funktion von Schule deutlich; sie werfen Schüler in Rangordnungen und weisen ihnen Berechtigungen zu. Mit ihnen ereignet sich die Schulspaltung in Förderschule, Hauptschule, Realschule und Gymnasium und damit auch die gesellschaftliche Spaltung. Allen Zeugnissen gemeinsam waren von Anfang an drei Aufgaben:

▓ Erstens liefern sie dem Lehrer einen Maßstab für das in Lernprozessen Erreichte; der „Klassendurchschnitt" ist dabei so etwas wie eine Orientierungsmarge, so dass gelegentlich auch festgelegt ist, dass eine Klassenarbeit wiederholt werden muss, wenn mehr als die Hälfte der Schüler mangelhafte oder ungenügende Leistungen zeigt.

▓ Zweitens soll der Schüler mit Noten, mit Versetzungsverwarnungen oder mit Versetzungs- und Abschlussvermerken bestraft, ermuntert oder gelobt werden, sich aber auch in der Leistungsrangordnung seiner Klasse selbst einstufen können.

▓ Drittens sind Zeugnisse auch für „Dritte" bestimmt, also für Eltern, für kontrollierende Schulleiter und Schulräte und für die Abnehmer von Schule, nämlich für Ausbildungsbetriebe, Personalchefs, berufliche Schulen und Hochschulen.

Entwickelt haben sich die Ziffernzeugnisse wahrscheinlich aus dem auch „Lokation" genannten „Rangieren" heraus, das heißt, dass Schüler früher ihre Sitzplätze in der Klasse nicht nur nach Alter, sondern auch nach der jeweils aktuellen Leistungsfähigkeit erhielten. Wenn sie gut waren, durften sie „aufrücken", wenn sie einen Leistungsabfall zeigten, wurden sie „zurückversetzt". Aus dieser Wurzel stammt dann auch unser heutiges Wort „Versetzung". Erst 1927 wurde an deutschen Schulen das Rangieren untersagt.

Die Stufung der Noten entspricht mehr oder weniger zufälligen Vereinbarungen:

▓ Neben den Fächern wurde schon vor 100 Jahren so etwas wie „Fleiß", „Ordnungsliebe", „Aufmerksamkeit" und „Betragen" benotet, später hieß das alles zusammen gelegentlich „Allgemeines Verhalten".

▓ Im „Dritten Reich" gab es Noten für „Geistiges Streben", „Charakterliches Streben" und „Körperliches Streben".

▓ Noch in den 50er-Jahren des letzten Jahrhunderts hatten einige Bundesländer nur die Noten 1 bis 5, in der DDR war das bis zur Wende 1990 so; heute gibt es in allen 16 Ländern die Noten 1 bis 6.

▓ Die 6 ist in der Schweiz die beste und die 1 die schlechteste Note; so war es auch lange in Bayern.

▓ Die Gesamtschulen – und somit auch in den Klassen 12 und 13 die Waldorfschulen einiger Bundesländer – haben ein neunstufiges Notensystem von der B1 als bester Note bis zur A6 als schlechtester, wobei eine B4 gleich einer A1 ist.

▓ Die letzten vier Semester der gymnasialen Oberstufe haben ein sechzehnstufiges Notenmodell mit Punkten von 0 bis 15.

- In manchen Bundesländern gibt es im Fach Religion nur die Vermerke „teilgenommen" und „nicht teilgenommen" und in anderen Kursen Abstufungen wie „mit großem Erfolg teilgenommen", „mit Erfolg teilgenommen" und „teilgenommen".
- Manche Lehrer erweitern die Notenstufendifferenzierungen mit Nuancen wie 2–, 3+ oder 2–3.
- In Sachsen werden seit 1999 wieder „Kopfnoten" für Fleiß, Ordnung, Mitarbeit und Betragen in die Zeugnisse eingefügt; in Brandenburg fügt die SPD dem Zeugnis einen Anhang hinzu, in dem Schlüsselqualifikationen wie Kooperationsfähigkeit, Kreativität, Konfliktfähigkeit, Leistungsbereitschaft, Zuverlässigkeit, Selbstständigkeit sowie „Verstehen und Anwenden" mit dem vierstufigen Notensystem „stark", „deutlich", „ansatzweise" und „kaum" erfasst werden.
- Die Waldorfschulen geben schon immer Berichtszeugnisse bis zur Klasse 10 oder 11, aber in der 11. und 12. Klasse (je nach Bundesland) müssen sie aus Gründen der staatlichen Anerkennung ihrer Abschlüsse mit Noten bzw. Punkten arbeiten.
- In den meisten Bundesländern sind mittlerweile in den Klassen 1 und 2 die Notenzeugnisse durch Berichtszeugnisse abgelöst worden. In den 1. Klassen gibt es keine Halbjahreszeugnisse.

Die dänischen Schulen kennen seit 1976 bis zur Klasse 7 nur noch Berichtszeugnisse, und ab Klasse 8 gibt es Noten von 0 bis 13 (die Noten 1, 2 und 12 gibt es jedoch nicht), die in drei Zonen untergliedert ist, wobei 0 bis 6 „unsicher", 7 bis 9 „mittel" und 10 bis 13 „ausgezeichnet" bedeutet. Die mehr als 20-jährigen Erfahrungen damit zeigen dort eigentlich nur positive Effekte:

- Das Arbeitsklima ist ruhiger und optimistischer als bei uns.
- Die Lernarbeit hat in größerem Maße Lernwerkstattcharakter. Der Aspekt der längerfristigen Fähigkeitsentwicklung dominiert vor dem Wissenserwerb.
- Die Schule hat Zeit, offener und experimentierfreudiger auf Neuerungen in der Umwelt zu reagieren.
- Die Schulzeit ist für die Schüler vom unmittelbaren Leistungsdruck der Zensur entlastet: Es gibt kein Sitzenbleiberproblem. Besonders schwächere Schüler arbeiten mit einem deutlicheren Lernzuwachs.
- Die Schüler erleben sich untereinander nicht in einer leistungsmäßigen Rangordnung; Mitschüler werden nicht als Versager stigmatisiert.
- Das Verhältnis zwischen Lehrer und Schüler, zwischen Schüler und Eltern, zwischen Eltern und Lehrer wird nicht durch das Phänomen Zensur belastet.

Kinder lernen besser, wenn sie beim Lernen Fehler machen dürfen. Lernentwicklungsberichte können Mut machen; Noten führen aber oft dazu, dass man sich aufgibt und dass man noch schlechter wird. Die einzige Note, die den Schülern gut tut, ist die 1. Die notenfreie Schule funktioniert optimal, wenn von Anfang an keine Noten gegeben werden; beginnt man aber erst später mit der Notenfreiheit, dann bringt sie kaum noch gute Resultate, weil so mancher Schüler längst gelernt hat, nur noch der Noten wegen zu arbeiten.

Schwierig ist es, Eltern und Ausbildungsleitern den Vorteil von Lernentwicklungs-
berichten einsichtig zu machen, weil sie sich Schulen ohne Noten überhaupt nicht
vorstellen können. Unsinnig war es deshalb, die Viertklässler in Schleswig-Holstein
zu befragen, ob sie lieber Noten- oder lieber Berichtszeugnisse haben wollten; selbstverständlich haben sie sich überwiegend für Noten entschieden, denn man kann sich
nur schwerlich zu einer Alternative bekennen, unter der man sich gar nichts vorzu-
stellen vermag.

Noten geben vor, objektiver als Texte zu sein. Man traut ihnen wie einem Fußball-
ergebnis, dabei sind sie höchst ungerecht; sie sagen allenfalls etwas über den Bezugs-
rahmen eines Lernverbandes aus, aber keineswegs darüber, ob der Lehrer der Paral-
lelklasse mit gleichem Maßstab vorgeht, geschweige denn die Nachbarschule oder die
Schule eines anderen Bundeslandes.

Wenn es um die Kontroverse Noten- oder Berichtszeugnisse geht, muss Folgendes
festgestellt werden:

- Lieblos mit Floskeln zusammengeschusterte Berichtszeugnisse sind herkömmlichen Notenzeugnissen unterlegen.
- Wenn sich der Lehrer für jeden einzelnen Lernentwicklungsbericht genügend Zeit nimmt
  und bemüht ist, wie ein Schriftsteller den jeweiligen Schüler in seinen Verhaltens- und
  Lernentwicklungstendenzen stimmig und fördernd zu erfassen, dann ist er einem Noten-
  zeugnis überlegen.
- Eltern sollten auf Elternabenden auf die Vorteile von Berichtszeugnissen vorbereitet wer-
  den; sie müssen lernen, Abschied von der Vorstellung zu nehmen, dass Schule und Noten
  unzertrennlich zusammengehören.
- Nur Berichtszeugnisse können den immer wichtiger werdenden Aufbau von Schlüsselquali-
  fikationen gleichwertig zu Fachleistungen widerspiegeln. Schulnoten für so etwas wie
  „Teamfähigkeit", „Kreativität" oder „Konfliktfähigkeit" zu geben ist genauso unsinnig, wie
  Ehepartnern zu raten, sich gegenseitig Zensuren für Bekleidung, Kochen, Abwaschen oder
  Kindererziehung zu geben.

Da mit der vom Grundgesetz garantierten „Kulturhoheit" Schulpolitik allein Länder-
sache ist, kann sich jedes Bundesland wie auf einer Spielwiese völlig unabhängig vom
Bund und von Europa in Sachen Schulgestaltung tummeln, wie es will; es kann sich
vorwärts oder zurückentwickeln, profilieren, konkurrieren oder regionalisieren. Und
so ist der ehemalige sächsische Kultusminister Matthias Rößler auf die Idee gekommen, wieder Noten für Ordnung, Fleiß, Mitarbeit und Betragen einzuführen. So
etwas oder Ähnliches gab es schon mal jahrhundertelang, in den alten Bundesländern
bis in die 50er-Jahre hinein und in der DDR bis zu ihrem Ende.

An vielen Stammtischen hört man Zustimmung zur Wiedereinführung von „Kopfnoten" in Sachsen. Aber was sagen Schüler dazu, was Menschen in Köln, Bremen und
Flensburg, was Ausbildungsleiter in Großbetrieben sowie Schulexperten an Univer-
sitäten und was Lehrer im europäischen Ausland?

■ Die Bedeutung der Noten hat europaweit in den letzten Jahren abgenommen. In den Klassen 1 und 2 sind sie weitgehend durch Lernentwicklungsberichte ersetzt, gelegentlich auch schon in den Klassen 3 und 4 wie beim PISA-Weltmeister Finnland.

■ Die Großbetriebe in Deutschland, die in einem internationalen Wettbewerb bestehen müssen, beklagen mit dem ehemaligen Ausbildungsleiter von VW, Peter Meyer-Dohm, das desjenige, was Schulen benoten, ihnen zu wenig Aufschluss gibt, dass sie über eigene Aufnahmetests bei ihren Bewerbern selbst feststellen müssen, was diese an Kernkompetenzen bzw. Schlüsselqualifikationen wie Selbstständigkeit, Teamfähigkeit, Kreativität, Konfliktfähigkeit, Erkundungskompetenz und Fähigkeit zum vernetzenden Denken mitbringen; Ordnung, Fleiß, Mitarbeit und Betragen kommt in ihrem Erwartungskatalog aber kaum vor.

■ „Betragen" ist ein ausgesprochen unzeitgemäßer Begriff; „Verhalten" wäre moderner. Es lässt sich sogar mit Worten beschreiben und mit Präventionsmaßnahmen hilfreich beeinflussen, aber benotbar ist es wohl nicht; denn wer kann es in einer werteplural en Gesellschaft wagen, ohne zu scheitern, Maßstäbe für die Bewertung eines konsensfähigen wünschenswerten Verhaltenskodexes aufzustellen? Allenfalls könnte jeder Lehrer für sich allein seine Verhaltensnormen formulieren, und die wären nur „richtig", wenn er so etwas wie ein Gott wäre.

■ Immerhin gilt: Wenn Lehrer das Betragen ihrer Schüler benoten – was nur subjektiv sein kann –, dann sind sie geneigt, ihre eigenen pädagogischen und methodischen Fehler zu übersehen und dem Schüler und seinen Eltern ein hohes Maß an Schuld zuzuweisen, wenn sie sich durch sein Verhalten gestört fühlen, ein anderer Lehrer das gleiche Verhalten aber für seinen Unterricht für bereichernd hält. Albert Einstein jedenfalls hatte als Schüler schlechte Noten in Ordnung, Fleiß und Betragen.

■ Wie hält man es bei Kopfnoten eigentlich mit besonders begabten Schülern, denen alles zufällt, die alles können und die in allen Fächern auf 1 oder 2 stehen? Gibt man ihnen dann – wie seinerzeit in der DDR üblich – nur die Fleißnote 3?

■ Kann man mit einer 2 in Betragen eine 5 in Chemie ausgleichen und mit einer 1 in Ordnung eine 5 in Mathe?

■ Im Fach Mathematik mögen Noten ja noch irgendwie aussagekräftig sein, im Aufsatzunterricht sind sie schon höchst problematisch und oft ungerecht; aber so etwas wie Motivation, Zuverlässigkeit und Verhalten lässt sich wesentlich treffender und für Schüler und Eltern aussagekräftiger mit Worten als mit Noten erfassen; das gilt auch für Leistungen im Fach Sport.

■ In den Schulen Südkoreas, Japans und Singapurs werden nicht nur die Fächer, sondern auch die Verhaltensweisen der Schüler benotet; allerdings wird in keinem Zeugnis so etwas wie Kreativität, Konfliktfähigkeit oder die Fähigkeit, sich selbst Informationen zu beschaffen, ausgeworfen, denn die Schulen pflegen diese Kernkompetenzen gar nicht. Genau diese Länder sind es aber, die die weltweit höchsten Schülersuizidraten hervorbringen.

Wer Persönlichkeitsanteile wie Ordnung, Fleiß, Mitarbeit und Betragen benoten will, bedient sich wieder eines Elementes autoritärer Erziehungssysteme, die Untertanen zu produzieren trachten. Er beachtet das Äußere des Schülers mehr als das Innere, er wird eher geneigt sein, die innere Not eines Schülers, die unabhängig von seinen Talenten und Teilleistungsschwächen bestehen kann, zu vernachlässigen; er erzieht den

jungen Menschen weniger, als dass er ihn dressiert, er bewertet die Hülle seines Wohl-
verhaltens mehr als seine Bemühungen um Ich-Findung, um Lebenstüchtigkeit und
um soziale sowie politische Mündigkeit. Für unser kompliziertes Gemeinwesen und
für die Zukunft unseres Wissenschafts- und Wirtschaftsstandortes ist so etwas ungemein kontraproduktiv. Wird in Sachsen die artige Buchhaltermentalität eines autoaggressiv gestörten, neurotischen Duckmäusers besser bewertet als die kreative Autonomie eines erfolgreichen Jungunternehmers, der sich selbst zu helfen weiß, der sich
angemessen wehren, behaupten und durchsetzen kann?

Schülerpersönlichkeiten sind zum Glück höchst unterschiedlich, und Elternerwar-
tungen sind es auch. Beides verträgt nicht mehr das Ideal eines homogenen Lernverbandes, beides verträgt nicht mehr die immer noch vorherrschende Belehrungsschule
und frontal vorgehende Stundengeber, aber auch nicht eine in Fächer zerhackte Lebenswirklichkeit und schon gar nicht den in einzelne Verhaltensaspekte atomisierten
jungen Menschen, der für Ordnung, Fleiß, Mitarbeit und Betragen, nicht aber für
Hoffnung, Willensstärke, Widerspruchsfähigkeit und Fähigkeit zur Entspannung benotet wird. Lernen und Persönlichkeitsbildung funktionieren ganz anders, nämlich
über Umweggehen- und Fehlermachendürfen, über motivierendes Mitreißen, über
Partnerarbeit, über Handeln und über das Eintrainieren von Verhaltensalternativen
für problematische Lebens- und Lernsituationen.

Dazu müssen die Schule von einer Belehrungsanstalt zu einer notenfreien Lernwerkstatt, der Klassenverband zu einer „Lernfamilie", der Lehrer vom Beschuler zum
Lernberater und der Schüler vom Belehrten zum Selbstlerner gewandelt werden.

Wohlgemerkt: Nichts ist gegen fleißige, ordentliche und sich gut betragende Schüler einzuwenden und nichts gegen Lehrer, die solche Schüler erfolgreich erziehen;
aber die Benotung von Verhaltensweisen bringt uns diesem Ziel ebenso wenig näher
wie der Einsatz des Rohrstocks oder wie der Versuch, die Schüler zu ermuntern, die
Pünktlichkeit und die methodische Vielfalt ihrer Lehrer zu benoten.

14. Wenn der Zeugnistag naht

Zeugnisse kommen nicht überraschend, sie werden vor den Weihnachtsferien oder
Ende Januar und als Versetzungszeugnisse am letzten Schultag vor den Sommerferien an die Schüler ausgeteilt oder ein, zwei Tage zuvor. Eltern sollten mit ihrem
Kind auf diesen Termin hinleben, indem sie öfter einmal über die zu erwartenden
Noten sprechen, die nicht nur von den schriftlichen Arbeiten abhängen, sondern
auch von der mündlichen Beteiligung im Unterricht. Was müssen Eltern über Zeugnisse wissen?

■ Die Texte der Berichtszeugnisse sollen die Lern- und Leistungsentwicklung des Schülers beschreiben, sie sollen für Schüler und Eltern hilfreich sein, dürfen also nicht das Kind nieder-

machen oder entmutigen; das gilt auch für die „Bemerkungen zum Arbeits- und Sozialverhalten" in den Notenzeugnissen.

▪ Zeugnisse kommen dann nicht überraschend mit unerwartet schlechten Noten, wenn die Eltern Kontakt mit den Klassenlehrern halten, von sich aus gelegentlich telefonisch nach dem Leistungsstand fragen oder ihn auf Elternabenden, an Elternsprechtagen oder Tagen der offenen Tür erkunden. Vor allem sollten Eltern ein so gutes Vertrauen zu ihren Kindern haben, dass diese die benoteten Klassenarbeiten stets von selbst vorlegen. Wenn berechtigter Grund zum Misstrauen besteht, können die Eltern auch mit dem Klassenlehrer vereinbaren, dass die Noten von ihnen gegengezeichnet werden.

▪ Wenn die Versetzung gefährdet ist, *muss* die Schule im vorherigen Halbjahreszeugnis das Kind und die Eltern verwarnen; sollte der Leistungsabfall dramatisch sein, müssen die Eltern spätestens drei Monate vor dem Zeugnistag vorgewarnt werden.

▪ Wenn der Schüler oder seine Eltern einzelne Noten als ungerecht empfinden, können sie Widerspruch einlegen bzw. auch ablehnen, das Zeugnis zu unterschreiben. Zunächst sollte man sich in einem solchen Fall an den Klassenlehrer wenden, dann an den Schulleiter, dann an den Schulrat und erst – wenn alles dieses nichts nützt – kann der Verwaltungsgerichtsweg beschritten werden.

▪ Erst wenige Tage oder Wochen vor dem Zeugnistermin mit dem Arbeiten zu beginnen, ist meist zwecklos, weil die Zeugnis- bzw. Klassenkonferenzen durchweg schon drei bis vier Wochen vor der Ausgabe der Zeugnisse zu Entscheidungen führen.

▪ Das Zeugnis vor den Sommerferien ist eines für das *gesamte* zurückliegende Schuljahr, also nicht nur etwa für das letzte Halbjahr! Die Noten des ersten Halbjahres stecken in dem Versetzungszeugnis mit drin.

▪ Der Zeugnistag ist für Kinder mindestens so bedeutsam wie der Geburts- oder Namenstag, er spiegelt die schulischen Leistungen eines ganzen Jahres wider. Er sollte daher mit einem gemeinsamen Frühstück von Eltern und Kind begangen werden, wobei dem Kind die Angst vor den Folgen einer schlechten Note oder gar der Nichtversetzung unbedingt genommen werden muss, damit es sich trotz schlechter Noten nach Hause wagt. Die Angst vor Strafen oder vor Liebesentzug oder vor Schimpfen sollte dem Kind schon weit vor dem Zeugnistag genommen werden. Wenn alle Stricke dennoch reißen, so gibt es in jedem Bundesland und in jeder Stadt mittlerweile „Zeugnissorgentelefone" bei den Schulämtern, bei Schulpsychologischen Diensten, beim Kinderschutzbund oder gar bei der Presse, in der die Rufnummern meist schon mehrere Tage zuvor vermerkt werden. In vielen Familien hat sich überdies ein guter Brauch durchgesetzt: Abends gibt es ein gemeinsames „Zeugnisessen" zu Hause oder in einem Restaurant, um dem Schüler zum Ausdruck zu bringen, dass man seine schulischen Bemühungen für wichtig hält und dass man trotz schlechter Noten unbedingt ganz zu ihm steht.

▪ Schüler arbeiten in der Schule vor allem für sich selbst, für ihre Noten und für ihr späteres Leben. Noten mit Geldbeträgen zu belohnen, lenkt davon nur ab; Eltern sollten sich daher dieser Unsitte nicht anschließen.

15. Hass und Gewalt von Schülern gegen Lehrer und Mitschüler

Fassungslos stehen wir immer wieder davor: Erst waren es die Schulmassaker in den USA, mit denen unter anderem die Kleinstadt Littleton traurige Berühmtheit erlangte. Dann war es in Bad Reichenhall der 16-Jährige, der – offenbar im Affekt – mit einer Waffe seines Vaters vier Menschen erschoss, dann in Meißen der 15-jährige Gymnasiast, der geplant und seinen Mitschülern angekündigt seine Geschichtslehrerin „aus Hass" mit einem Messer im Unterricht tötete, dann konnte so etwas im sächsischen Kamenz gerade noch verhindert werden, und dann wurden im niederbayerischen Metten drei 14-Jährige verhaftet, die sich Waffen besorgt hatten und erst einen Banküberfall begehen und danach ein Blutbad in ihrer Schule anrichten wollten. Schließlich gab es den schlimmen Amok-Lauf Robert Steinhäusers an seinem Erfurter Gymnasium. Mit dem Ausstrahlungseffekt, den solche spektakulären Ereignisse leider haben, müssen wir im Sinne von Imitations- bzw. Modelllernen immer wieder mit weiteren „Trittbrettfahrern" rechnen.

„Bekommen wir bald ‚amerikanische Verhältnisse' in den deutschen Schulen?", fragen sich mittlerweile viele, und sie denken dabei an das Horrorszenario so mancher großen Lehranstalt in Los Angeles, Chicago, New York, Boston, Detroit oder Washington D.C., in der es kameraüberwachte Klassenräume, Waffendetektoren an den Eingangstüren, Alarmknöpfe auf den Lehrerpulten sowie schuleigene Polizisten gibt und in denen angeblich Erstklässler sitzen, die von ihren Eltern mit kugelsicheren Westen ausgestattet sind.

In Nordrhein-Westfalen, Niedersachsen, Hamburg oder Schleswig-Holstein sind solche Extremfälle wohl eher unwahrscheinlich. Es fällt nämlich auf, dass gerade Sachsen, Thüringen und Bayern häufiger betroffen sind, also drei Bundesländer mit einer rigide herrschenden Belehrungs- und Selektionsschule, die Noten überbewertet und die die heute so wichtig gewordenen emotionalen, sozialen, kommunikativen, musischen und kreativen Dimensionen vernachlässigt, die die familienergänzende Erziehungsfunktion noch nicht hinreichend angenommen hat und die noch nicht verstanden hat, dass unser Grundgesetz und unsere komplexe und komplizierte Gesellschaft es erfordern, dass junge Menschen schon früh zur Konfliktfähigkeit erzogen werden. Wenn man Selektion für wichtiger als Integration hält, dann begünstigt man eine gesellschaftliche Spaltung in Gewinner und Verlierer, dann setzt man Schul- und Lehrergewalt so ein, dass Schülergewalt begünstigt wird. Wenn man Schüler wie Untertanen behandelt, dann lässt man sie unmündig, dann können sie nicht angemessen auf Probleme zugehen, dann weichen sie auf Gewalt, Sucht oder Krankheit aus, weil es ihnen an Verhaltensalternativen für kritische Situationen fehlt. Und das ist dann das, was der ehemalige Bundespräsident Johannes Rau „Demokratiedefizite" nennt, die er für die Zunahme an Rechtsextremismus und die Neigung zu Hass und

Gewalt verantwortlich macht. Es geht aber zugleich um Weltbild- bzw. Orientierungsdefizite, wenn wir die große Naivität bzw. auch Dummheit zur Kenntnis nehmen, mit der „Todeslisten", wie in Radeberg bei Dresden, von fünf 13- bis 15-Jährigen erstellt oder das Blutbad in Metten geplant werden.

Es ist nie nur *eine* Ursache, mit der wir spektakuläre Gewalttaten erklären können. Insofern sind Fernseh- und Videogewalt oder gewaltreiche Computerspiele oder der Familienzerfall oder das Wohnen in einem Problemgebiet allein nie schuld, ebenso wenig wie es unzureichend ausgebildete Lehrer oder unzeitgemäße Schulen allein sind. Es muss schon eine ganze Menge an Faktoren zusammenkommen, damit junge Menschen so wie diejenigen werden, die in Bad Reichenhall, Meißen, Metten oder Erfurt zu einer hohen Medienaufmerksamkeit gelangt sind, damit sie sich für das denkbar Absurdeste entscheiden, um endlich einmal beachtet zu werden. Außerdem sind es Einzelfälle, die nie und nimmer zu dem allgemeinen „Zustand der deutschen Jugend" hochgerechnet werden dürfen. Allerdings sind es dennoch „Eisbergspitzen", die auf eine Reihe von Unzulänglichkeiten in der Erziehungs- und Bildungssituation unserer Gesellschaft hindeuten:

▪ Wenn die ehemalige bayerische Schulministerin meint, man müsse mit dem Einsatz von Schulpsychologen in Problemschulen und mit deutlicheren Sanktionen auf Ereignisse wie in Metten reagieren, dann liegt sie falsch. Sie will reparieren, wenn es zu spät ist. Stattdessen sollte mit einem „Frühwarnsystem" in Kindergärten und Grundschulen rechtzeitig sich dann schon andeutenden Verhaltensschwierigkeiten vorgebeugt werden, unter anderem mit „Spielregeln des Zusammenlebens", die von den Kindern selbst erarbeitet und immer dann von ihnen reformiert werden, wenn sie sich nicht oder nicht mehr bewähren.

▪ Wir brauchen eine „aufsuchende" bzw. „zugehende" Pädagogik, mit der die Erziehungskompetenz der Eltern gestärkt wird. „Elternschaft lernen" nennt man das in Schleswig-Holstein. Erzieherinnen, Lehrer, Kinderärzte, Sozialarbeiter und Polizisten bilden dabei ein Netzwerk vor Ort, mit dem Eltern die Gelegenheit gegeben wird, Erziehung durch das Reden über Erziehung besser zu verstehen.

▪ Wir brauchen eine andere Lehrerbildung, mit der Lehrer auch für die neuen Funktionen von Schule gestärkt werden, also für Ernährung, Bewegung, Spiel, Muße, Prävention, Elternarbeit, Gewalt- und Suchtprävention sowie für den Aufbau von Schlüsselqualifikationen wie Selbstständigkeit, Erkundungs- und Handlungskompetenz, Konfliktfähigkeit und Teamfähigkeit.

▪ Wir brauchen eine andere Arbeitsplatzbeschreibung für Lehrer, mit der Erziehungsaufgaben gleichwertig neben Bildungsaufgaben gestellt werden, weil die herkömmlich bewährte Arbeitsteilung, mit der die Familie erzieht und die Schule bildet, bei immer mehr Kindern nicht mehr funktioniert.

▪ Von der Lübecker Domschule können wir lernen, dass Gewalt deutlich abnimmt, wenn Mobbing und Schülerkonflikte aus gegebenen Anlässen heraus als Rollenspiele noch einmal veranschaulicht werden. Wenn man so etwas täglich schon ab Klasse 1 tut, lernen die Täter, ihre Aggressionen anders zu kanalisieren, die Opfer, sich zu wehren, und aus den Zuschauern werden „Konfliktlotsen" bzw. „Streitschlichter". Mit einzelnen besonders schwierigen Jugendlichen Verträge abzuschließen wirkt ebenfalls über den Trick, dass junge Menschen sich akzeptiert fühlen, wenn man ihnen zutraut, die Verträge auch einzuhalten.

■ Von der Eylardus-Schule für Erziehungsschwierige im niedersächsischen Bad Bentheim können wir lernen, dass die bisherige Verständnispädagogik um eine Konfrontationspädagogik ergänzt werden muss: Die Täter werden von Gleichaltrigen und Lehrern mit ihrer Tat deutlich konfrontiert, und zwar sofort. Wer einen anderen tritt, muss den Schuh, mit dem er getreten hat, für den gesamten Schulvormittag abgeben; Täter und Opfer werden angehört, ernst genommen, und der Konflikt wird noch am selben Tag restlos geklärt, mit Entschuldigung, mit Vereinbarung und mit dem Versprechen des Täters sich selbst gegenüber. Funktionieren kann das aber nur mit einem Konsens im Lehrerkollegium und indem die Täter mehr von Gleichaltrigen als von Erwachsenen mit ihrer Tat auf dem „Heißen Stuhl" konfrontiert werden und wenn die Täter direkt die Folgen ihrer Tat miterleben, also zu dem gebracht werden, was wir „Täter-Opfer-Ausgleich" nennen.

■ Gewalt ist vor allem ein Jungen- und ein Versagerproblem. 90 Prozent der schlimmen Delikte werden von männlichen Jugendlichen begangen, die genau wissen, wie sie sich zu inszenieren und an welcher Stelle sie Tabubrüche zu begehen haben, um in die Medien zu kommen, um endlich einmal Aufmerksamkeit zu erhalten und um in ihrer Peergroup zum Rangordnungsaufstieg zu gelangen. Wenn sie Gewalt gegen Lehrer oder Mitschüler planen, bereiten sie Vorführungen vor, mit denen sie in die Mitte der Gesellschaft schreiten wollen, denn dort stehen die Medien, die es geschafft haben, dass Verbrechen nicht mehr bloß ein Randgruppen- oder Armutsphänomen ist, sondern auch eine Möglichkeit, im Zentrum des Lebens mitzumischen, bevor man endgültig ins Abseits gerät; aber dieses Abseits liegt erst im Morgen, noch nicht im Heute. Um so weit zu denken, müssten die jugendlichen Täter aber klüger und weltbildstimmiger sein, als sie es durchweg sind. Wenn Erwachsene mit ihrem Jugendwahn so leben und aussehen wollen wie Jugendliche, rauben sie der Jugend ein Stück des spezifisch Jugendlichen; die Jugend ist damit gezwungen, auszuweichen, um neues jugendspezifisches Terrain zu gewinnen, und das kann sie entweder mit Frisuren, Klamotten, Musikgeschmack, Sprachcodes, Alcopops und freizeitkulturellen Trends oder mit Sprachgewalt, Mobbing, Zerstören, Zuschlagen und Selbstzerstören. Wir brauchen gegenläufig zu erstarkenden alten Männlichkeitsidealen (Macho sein müssen, cool sein müssen, sich martialisch aufmachen) eine Jungenpädagogik, mit der liebevolle Väterlichkeit gegen brutale Männlichkeit gesetzt wird, damit Jungen nicht länger innere Schwäche mit äußerer Stärke kompensieren müssen, zu der Muskelstrotzendes, Waffentragendes, PS-starkes und Pitbullbesitzendes gehören. Die Rechnung geht aber nur dann auf, wenn wir es schaffen, die Männer in der Erziehung – also Väter, Erzieher und Lehrer – zu mehr Nähe, Emotionalität und Körperkontakt gegen ihre eigene Angst, das könne falsch verstanden werden, zu animieren, und wenn wir die innen schwachen und außen starken Jungen zu gesellschaftlich anerkannten Leistungen, also zu Selbstwert fördernden Erfolgserlebnissen führen. Dafür wäre eine Quotenregelung für das Personal zumindest in den Grundschulen, wenn nicht auch für die Kindergärten, außerordentlich hilfreich. Denn immer mehr Jungen wachsen ohne Väter und ohne Männer auf, und immer mehr Jungen versagen in der direkten Lernkonkurrenz mit den Mädchen: Nur noch 46 Prozent der deutschen Abiturienten sind Jungen, aber sie machen zugleich fast zwei Drittel der Sitzenbleiber und Rückläufer aus und etwa 70 Prozent der Schüler, die nicht einmal bis zum Hauptschulabschluss kommen.

16. Schule und Ferien

Jeder Mensch braucht zu seiner Leistungsfähigkeit auch Unterbrechungen, in denen er auftanken kann. Anspannung bedarf entspannender Pausen. Aber manchmal kann es auch anders sein: Wenn man lange krank war und viel versäumt hat, ist es sinnvoll, die Lücken in den Ferien aufzufüllen. Oder man hat in Mathe etwas nicht begriffen, oder man ist lese-rechtschreib-schwach und möchte unbedingt besser werden, dann ist Nachhilfe und Übung in den Ferien durchaus richtig, so wie ein Aufenthalt in den Sommerferien in einer englischen Familie die Englischnote zu verbessern vermag.

Irgendwo schwach zu sein und selbst besser werden zu wollen oder lustig mit Lernsoftware am Computer zu üben, das ist sinnvoll. Nicht sinnvoll ist es, gute Schüler mit guten Noten in den Ferien zu noch Besserem zu drangsalieren, um den elterlichen Ehrgeiz zu befriedigen, denn das rächt sich oft später in der Schulzeit, weil die Spannkraft aus Mangel an Entspannung nicht mehr für die Anspannung reicht. Lern- oder Schulmüdigkeit ist eben keine gute Voraussetzung für gute Noten.

Ferien dienen der Erholung, aber auch der Stimulation. Erholen kann man sich nicht nur durch Gammeln oder Spielen, sondern auch durch ganz andersartige Beschäftigungen. Wer mit elf Jahren die Hecke des Nachbarn schneidet oder dessen Hund täglich eine Stunde für ein paar Euro ausführt, wer mit 13 Jahren Blumen oder für eine Apotheke austrägt oder in einer befreundeten Familie Babysitting macht, wer mit 16 Regale im Supermarkt auffüllt oder mit 17 in der Bäckerei Brötchen verkauft, lernt den Zusammenhang zwischen eigener Arbeit und dem Wert des Geldes zu verstehen, nimmt Einblick in ein paar Strukturen der Arbeitswelt, was oft motivierende Rückwirkungen für das schulische Lernen zeitigt, und erfährt zumindest auch oft im Ansatz, was Dienstleistungsgesellschaft, Teamarbeit, Höflichkeit, Pünktlichkeit und Pflichtbewusstsein bedeuten. Manch ein Schüler gewinnt auf diese Weise sogar ein stärkeres Selbstbewusstsein über den Umweg der Erfahrung, gebraucht zu werden und etwas Sinnvolles zu können. Eigentlich bringen Ferienjobs also nur Gutes mit sich, vorausgesetzt der junge Mensch wird weder ausgebeutet noch gefährdet. Im Rahmen von Nachbarschaftshilfe ist übrigens fast alles an kleinen Jobs erlaubt; in Betrieben muss man je nach Art der Beschäftigung entweder 16 oder 18 Jahre alt sein, Nachtarbeit ist verboten, Pausen müssen eingehalten werden, und Gesundheitsgefahren sind auszuschließen. Deshalb sollten sich Eltern unbedingt vor Beginn des Jobs einen persönlichen Eindruck vor Ort beschaffen, und zwar sowohl von der Familie oder dem Betrieb, bei der bzw. dem gejobbt wird, als auch von den Bezugspersonen, die für den Job verantwortlich sind.

IV. Fast erwachsen

1. Wenn das Zuhause zum Boxenstopp gerät

Im Jugendalter müssen die Grundzüge der erzieherischen Persönlichkeitsbildung weitgehend abgeschlossen sein. Angesagt ist nun Bildung als Feinarbeit, so wie bei einem Spalierobst, dessen Grundstruktur der Ästebildung ziemlich fertig ist, so dass sie nur noch geringe Korrekturen von Richtungsvariationen und Beschneidungen gestattet.

Erziehung ist charakteristisch für die Phasen der Kindheit; in der Jugend geht es vor allem um Lernen, und das gelingt umso besser, je erzogener der junge Mensch bereits ist. Bildung setzt also Erziehung voraus, und was erzieherisch nicht geschafft wurde, beispielsweise in Bezug auf Selbstorganisationsfähigkeit, Ordnung, systematische Kompetenzen, Zeiteinteilung, Pünktlichkeit, Zuverlässigkeit, Erkundungs-, Handlungs- und Konfliktfähigkeit, erfordert im Jugendalter, wenn es dann nachgeholt werden soll, etwa den zehnfachen Aufwand. Die fruchtbare Zeit für Erziehung ist also mit Beginn der Pubertät so ziemlich vorbei, während Lernen fast ein ganzes Leben lang möglich ist. Aber dennoch kann mit enormer Deutlichkeit, mit der „Explosionsmethode" auf dem „Heißen Stuhl" des Anti-Aggressivitäts-Trainings Entscheidendes korrigiert werden.

Im Jugendalter spielen die Einflüsse der Gleichaltrigkeit, die Trends des Subkulturellen und der Medien sowie der Sog von Verführung, Anpassung und Rangordnungskämpfen die größte Rolle, mehr als in Kindheit und Erwachsenendasein. Je weniger geborgen sich der junge Mensch in seiner Familie fühlt, je mehr sucht er Familienersatz in den Jugendkultnischen, denn Jugendliche sind stets bemüht, sich ihre Bilanzen selbst irgendwie stimmig zu machen:

- Wenn es ihnen bei ihren Eltern an Anerkennung, an Orientierung, an Identität, an Selbstwertgefühl mangelt, wenn sie bei diesen zu wenig Emotionalität finden, wenn sie von ihnen über- oder unterfordert werden, suchen sie Geborgenheit und Erfüllung in einer Jugendbande oder Stadtteilgruppe, bei Hooligans, Skinheads, S-Bahn-Surfern, Graffiti-Sprühern, Crash-Kids, Drogenfreaks, Breakdancern, Grufties, Jugendsekten, Satanskult- oder okkultistischen Gruppen oder – wesentlich günstiger – in Sportvereinen, in der Musikszene, in Computerclubs, bei Pfadfindern, in der kirchlichen Jugendarbeit, in Jugendfeuerwehren, in Schützenvereinen, beim Skaten oder beim Moto-Crossen.
- Wenn sie sich aus sich allein heraus nicht gut orientieren können, lassen sie sich durch ihre Jugendkultnische abnehmen, wie sie sich zu kleiden und welche Insider-Sprachcodes sie zu pflegen haben, welche Musikrichtungen (Rap, Techno, House, …) zu bevorzugen sind, wel-

che Vorurteile und Feindbilder (Ausländer, Bereitschaftspolizei, Fans des gegnerischen Vereins, …) das Wir-Bewusstsein bestimmen, einen Lebenszweck stiften und damit zur Freizeitbeschäftigung werden und mit welchen Mutproben, Gewalttaten und sonstigen Aktionen sie in der Rangordnung der Gruppe nach oben kommen.

▪ Wenn sie sich in der Schule, bei der Suche nach einem Ausbildungsplatz oder beim Buhlen um Freundinnen und Freunde als Verlierer oder Versager zu fühlen gelernt haben, bietet ihnen ihre Jugendkultnische alternative Bewährungs- und damit Anerkennungsfelder, in denen sie Erfolge haben können, und sei es durch besonders Verbotenes oder besonders Abartiges. So hat eine Studie der Universität Potsdam ergeben, dass die meisten rechtsextremen und fremdenfeindlichen jugendlichen Gewalttäter, die im Land Brandenburg polizeibekannt wurden, in ihrem eigenen Weltbild sowohl Gewalt als auch Ausländerhass strikt ablehnen, dass es aber für sie noch einen Wert darüber gibt, nämlich zu einer zufällig in ihrer Nähe vorhandenen familienersetzenden, anerkennungs- und Geborgenheit gebenden sowie freizeitausfüllenden Gruppe gehören zu dürfen; und dafür nehmen sie selbst die in ihr vorhandenen gewaltreichen und hasserfüllten Ideale in Kauf.

Die Jugendkulttrends werden vor allem von jungen Menschen kreiert, die eher aus kaputten Familienverhältnissen stammen, unterstützt durch eine sie ausrüstende Industrie, durch Medien und durch Werbung. Da die Mehrheit der Jugendlichen keine optimalen Elternhäuser mehr hat, wird der mitreißende Sog auf die wenigen jungen Menschen, die noch in „heilen" Familien aufwachsen, immer größer. Zwischen den Lebenswelten Schule, Bildschirm und Gleichaltrigkeitsszenerie haben es daher die noch erziehungsstarken und wertebewussten Eltern immer schwerer, gegenzuhalten, wenn sie dabei nicht von der Lebenswelt der Schule, also von den Lehrern unterstützt werden. Die Schule muss nämlich ihren Erziehungsauftrag nicht nur gegenüber den verhaltensauffälligen und -gestörten Schülern ausbauen, sondern auch in Hinblick auf die noch gut sozialisierten Kinder aus intakten Familien, damit die Dämme nicht vollends brechen. Schließlich werden die letztgenannten Kinder immer häufiger zu Privatschulen gemeldet und kommen entsprechend seltener in den staatlichen Schulen vor.

Wenn Kinder mit bildschirmbedingten Reizüberflutungen aufgewachsen sind, wenn sie gleichzeitig mit Sinnesschwächen durch einen Mangel an Bewegungs-, Spiel- und Körperkontakterfahrungen sowie an liebevoller Väterlichkeit beeinträchtigt sind, dann sind – bis hin zu einer falschen Ernährung – ihre Reizschwellen so „versaut", dass das jugendspezifische Ausprobieren von Abenteuerlust, vom Reiz des Prickelnden, von Grenzüberschreitungen in Richtung Verbotenem sie stark gefährdet. Die Dosis muss dann immer höher werden, so dass nicht nur die extremen Reize von Extremsportarten wie Freeclimbing, Wasserrafting, Gleitschirmfliegen sowie Drachen- und Bungeespringen gesucht werden, um die eigenen Möglichkeiten und Grenzen bis hin zur Todesgefahr auszutesten, sondern dass auch anderes ausprobiert wird: S-Bahn-, Fahrstuhl- und Bussurfen, illegale Drogen, Tranceerfahrungen durch extreme Techno-Musik, mutige Warenhausdiebstähle, unglaubliche Lügengeschichten, Kampfrauchen, exzessive Saufgelage, Schnüffelorgien und tagelanges Ausreißen von zu Hause mit dem von den Eltern geklauten Auto.

Im Bildschirmerleben müssen es dann extreme Horror-, Zombie-, Action- und Pornofilme sein, um auf die erwünschte Reizdosis zu kommen, im Partnerschafts-bereich ein permanenter Freundeswechsel bis hin zur Promiskuität und im Ernäh-rungsbereich ganz viel an Zucker, Alcopops, Koffein, Pommes, Ketchup, Hambur-gern, Kartoffelchips und Schokoriegeln bis hin zur Esssucht und Bulimie (Ess-Brech-Attacken), im Konsumbereich Sammelwut und Kaufrausch und im Spielbereich Spielsucht.

Ess- und Zuckersucht sowie Magersucht, Nikotin-, Alkohol-, Tabletten- und Dro-genmissbrauch, Kaufrausch, Sammelleidenschaft, Arbeitswut und Spielsucht, also alle abnormal übersteigerten und deshalb krankhaften Phänomene überdosierter Reiz-zuwendungen zu sich selbst, sind Folgen tragischer Versuche, sich über die Zufügung von Innenreizen die unstimmige Außenreizbilanz stimmig zu machen. Der ständige Wechsel von Stimulieren und Dämpfen hat den Zweck, den Tag und damit auch die Seele irgendwie erfolgreich über die Runden zu bringen. Es gibt daher immer mehr junge Menschen – oft sind es Gymnasiasten der Oberstufe – und auch Erwachsene, die morgens mit Koffein und Nikotin beginnen, in den Hof- und Arbeitspausen Zu-cker und Nikotin in sich hineinführen, nachmittags „Power-Drinks" konsumieren und sich abends mit Alkohol, Hasch, Ecstasy oder Kokain berauschen; dazu kommen aufpeitschende Musik, übermäßiges Essen, Kaufzwang, Fahrrausch, pornografische Bedürfnisse und dazwischen und danach auch noch Kopfschmerz-, Beruhigungs- und Schlaftabletten sowie grausame Filme.

Viele Jugendliche merken zum Glück irgendwann, dass solche Tagesabläufe nicht sehr weit tragen, nicht erfüllen und schon gar nicht glücklich machen. Sie suchen dann nach einem Überbau, nach Übersinnlichem, nach Religiösem oder nach esote-rischem oder ideologischem Religionsersatz; damit geraten sie aber oft wieder in eine gesellschaftliche Randlage, in andere subkulturelle Nischen bis hin zu Jugendsekten, Scientologen, Exorzisten oder radikalen politischen Gruppierungen.

Je unausgefüllter, je sinnentleerter, je überbauloser sie sind, desto verführbarer sind sie durch ersatzreligiöse Sinndeutungsangebote und vermeintliche Selbstverwirk-lichungsperspektiven, denn jeder will so gern etwas wert sein, jeder will so gern gut sein, und jeder möchte irgendetwas in seinem Leben zustande bringen. Mit dem Rückgang der sinnerfüllenden und weltbildgebenden Umfassung der großen Volks-kirchen ist jedenfalls viel Platz für abartige, aber überschaubare und Aktivitäten bin-dende Nischen in unserer Gesellschaft entstanden.

Erziehung und Bildung sollten daher jungen Menschen drei Arten von Bindungen geben:

- Bindung an Menschen (Bezugspersonen),
- Bindung an Normen und Werte (Weltbild)
- und Bindung an die eigene Zukunft (Perspektiven, Motivationen).

Jugendliche brauchen Bezugspersonen, die sie da abholen, wo sie sind, die sie am Beginn so nehmen, wie sie sind, von denen sie gemocht werden und die sie ihrerseits mögen und die es auch in schwierigen Phasen mit ihnen aushalten. Ein bildender Einfluss ist nach dem elften Lebensjahr nur möglich in einer geschickten Kombination von Liebe, viel Zeit zum Sprechen, Zuhören, Spielen, Körperkontakt und Nähe und mit gegenseitiger Akzeptanz, mit hohen Anforderungen, die aber nicht überfordernd sein dürfen, sondern den Kräften entsprechend herausfordernd sein müssen, wozu auch der Aufbau sichtbarer und nachvollziehbarer Grenzen gehört, also auch Konfrontation und Strafe.

Jugendliche möchten gern etwas können, sie möchten tüchtig sein, und sie möchten beliebt sein. Sie können das aber nur hinkriegen, wenn man ihnen diese Tüchtigkeit auch zutraut und wenn sie mit ihr Erfolge haben. Kritik sollte daher im Jugendalter immer zugleich mit Wertschätzung verbunden sein, denn Jugendliche wollen vor allem anderen Menschen gefallen.

Der Umgang mit Jugendlichen ist nicht leicht und auch nicht immer leicht zu ertragen. Der Aufwand muss umso größer sein, je schwieriger ihr bisheriges Leben war. Lohn der Mühe ist oft nur ein Lächeln, ein kleiner Fortschritt in die richtige Richtung oder das Gefühl, ein weiteres Abgleiten verhindert zu haben.

2. Eltern, ihre Kinder und die Drogengefährdung

Mit dem Älterwerden der Kinder wachsen bei vielen Müttern und Vätern sowohl die Sorge als auch der Verdacht, der eigene Sohn oder die eigene Tochter könnten Drogen nehmen, und sie wollen dann wissen, woran sie das erkennen und was sie dagegen tun können.

Drogenkonsum beginnt nicht von heute auf morgen, er hat eine lange Vorgeschichte. Oft beginnt die schon in den ersten drei Lebensjahren:

- ▓ Kleine Kinder, die mit einem Mangel an Zuwendung, Liebe, Ansprache, Zuhören und Kontakten zu anderen Kindern oder mit Überforderungen durch allzu hohe elterliche Erwartungen (z.B. im Hinblick auf Reinlichkeits- und Ordnungsvorstellungen) in ihr Leben starten, fallen häufig im Alter von vier Jahren dadurch auf, dass sie mehr als andere Kinder Zucker begehren, so dass viele Fachleute sagen, Zucker sei die eigentliche Einstiegsdroge.
- ▓ Kinder, die sich langweilen, die sich als störend oder nicht in den Lebenszusammenhang ihrer Eltern passend empfinden oder die es nie ihren Hauptbezugspersonen recht machen können, fallen mit sieben Jahren vielfach durch das auf, was wir „ungerichtetes Essbedürfnis" nennen. Ohne eigentlich Hunger zu haben, gehen sie an den Kühlschrank und essen ziemlich wahllos, was sie darin finden; sie haben dann unbewusst das Gefühl, sich wenigstens selbst etwas Gutes zuzufügen, wenn es schon nicht andere tun.
- ▓ So etwa mit neun Jahren ereignet sich dann eine erste Weichenstellung: Entweder diese Essstörung wird in Richtung Ess- bzw. Fresssucht oder später gar Bulimie ausgebaut oder der

junge Mensch weicht auf Selbstverletzungen, Magersucht oder kleinere Mengen von Stoffen mit höherer Wirkung aus: Oft beginnt dieser Weg dann mit Schnüffeln oder Rauchen, wird später mit Alkohol und Tabletten fortgesetzt und mündet dann zwischen dem 13. und 15. Lebensjahr in das Ausprobieren von Haschisch ein. Nach einer Studie des schleswig-holsteinischen Sozialministeriums konsumieren 80,9 Prozent der Siebt- bis Dreizehnklässler gelegentlich Alkohol, 61,5 Prozent rauchen, 22,8 Prozent nehmen Hasch, fünf Prozent Ecstasy, 4,7 Prozent Schnüffelstoffe und Aufputschmittel, 2,5 Prozent Kokain und 0,9 Prozent Heroin. Selbst die Zwölf- bis 13-Jährigen trinken schon in 60,4 Prozent der Fälle gelegentlich Alkohol. In Hamburg-Rahlstedt haben Schüler einer Realschulklasse eine Umfrage unter Gleichaltrigen gemacht, die ergab, dass bereits 80 Prozent der 13- bis 14-Jährigen gelegentlich Joints rauchen. Die Dunkelziffer scheint also derart hoch zu sein, dass offizielle Umfragen, die von Ministerien in Auftrag gegeben worden sind, stets zu weitaus niedrigeren Zahlen kommen, als der Realität entspricht.

Der Weg bis zum Hasch und zu den gelegentlich danach noch draufgesetzten Drogen Speed, LSD, Kokain, Yaba oder gar Heroin und Crack ist stets ein sehr langer, und er führt eigentlich immer über Versagenserlebnisse, Minderwertigkeitsgefühle, Nikotin, Alkohol und Verführung durch andere, so dass er auch sehr viel mit dem Milieu und dem Umgang des jungen Menschen zu tun hat. Dabei sind die so genannten besseren Kreise noch etwas anfälliger für illegale Drogen als die sozial schwachen, so wie mittlerweile der ländliche Raum ein etwas höheres Einstiegsrisiko bietet als der großstädtische (in Norddeutschland sind die Kreise Dithmarschen und Nordfriesland am stärksten betroffen).

Dank der inzwischen intensiven gesellschaftlichen Verpönung von Drogen und dank der enormen Aufklärungs- und Präventionsmaßnahmen weiß heute eigentlich schon jeder Grundschüler, wie gefährlich der Konsum von Drogen ist, und so wird zwar nicht das Ausprobieren im Rahmen von Freundschafts- oder Gruppenprozessen verhindert, aber immerhin hören etwa 90 Prozent der Jugendlichen, die zur Droge greifen, recht bald wieder ganz damit auf. Denn auch das wissen junge Menschen heute: Die direkte Wirkung von Hasch auf den Körper ist nicht so schlimm wie die Gewöhnung an das Ausweichen vor Problembewältigung mit Hilfe einer stofflichen Ersatzbefriedigung.

Die Drogengeschichte eines jungen Menschen ereignet sich nämlich in den vier Stufen Probieren, Konsumieren, Abhängigsein und Süchtigsein, wobei auf jeder Stufe jeweils die Mehrheit der jungen Menschen wieder aufhört. Einmal Hasch unter dem Druck von Freunden ausprobieren, das machen etwa 80 Prozent der Jugendlichen aus Anlass von Feten, Feiern, Klassenfahrten oder sonstiger Treffs. Etwa 50 Prozent der Jugendlichen konsumieren über Monate oder auch Jahre Hasch oder andere leichte Drogen, oft nur an Wochenenden oder im Rahmen von Diskos oder Partys.

Zehn Prozent der Jugendlichen werden abhängig, sie brauchen ihren Stoff in Abständen, ohne dass ein Steigerungsbedürfnis auftritt. Und lediglich unter drei Prozent werden süchtig, was ja das Bedürfnis nach Dosissteigerung und nach immer stärke-

ren Drogen meint. Aber diese fast drei Prozent unserer Jugendlichen – die ja durch
die vielen Nikotin-, Alkohol- und Tablettensüchtigen und die jungen Menschen mit
Essstörungen und mit dem Hang zu erheblichen Selbstverletzungen ergänzt werden
müssen – sind auf jeden Fall zu viele.

Wenn Eltern Angst davor haben, dass ihr Kind in eine „Drogenkarriere" einsteigt,
dann müssen sie schon sehr genau hingucken:

▪ Unterforderungen und ständige Langeweile (wie bei hochbegabten Kindern) sowie Vernachlässigung, Übererwartungen und häufige Niederlagen begünstigen das Ausweichen in
die stoffliche Ersatzbefriedigung.

▪ Kinder, die im Falle von Frust zu Aggressionen neigen, sind nicht so stark drogengefährdet
wie Kinder, die den Frust in sich hineinfressen und mehr zur Gewalt gegen sich selbst als
zur Gewalt gegen andere neigen.

Wenn junge Menschen sich in kurzer Zeit sehr rasch verändern, nicht mehr viel erzählen, häufig weg sind, sich ständig verspäten, blass, schlecht gelaunt und bei
wiederholter Ansprache aufbrausend sind, wenn sie sich häufig lange in ihr Zimmer
einschließen oder ihr Zuhause nur noch als „Boxenstopp" verstehen, wenn sie sich zu
„Partylöwen" und „Diskofreaks" verwandeln, dann ist eine verstärkte elterliche Aufmerksamkeit nötig, dann muss man sich die Freunde der Kinder schon mal genauer
ansehen, zu sich einladen oder befragen, auf indirekte Information der Geschwister
achten oder Erkundigungen über die Begegnungsorte des Jugendlichen einholen.
Hinterherspionieren, im Zimmer oder in den Schulsachen des jungen Menschen he-
rumwühlen, Briefe öffnen und in Tagebüchern schnüffeln sind jedoch eher untaug-
liche Mittel, weil sie das jetzt so dringend erforderliche bessere Vertrauensverhältnis
endgültig zu zerstören drohen. (Internate helfen sich mit Haar- oder Urinanalysen
oder mit dem in Apotheken käuflichen kugelschreibergroßen Plastikgehäuse namens
„Drugwipe", das Dope-Dosen durch Rosafärbung nachweist.) Nur die direkte offene
Ansprache, das Angebot zum Herzausschütten und Rat helfen; aber auch das versagt,
wenn Eltern zuvor jahrelang zu streng, zu hart, zu kalt, zu überfordernd und zu stark
strafend waren. Dann können nur noch Außenstehende, zu denen der junge Mensch
ein unbelastetes Vertrauensverhältnis hat oder aufzubauen vermag, helfen.

▪ Zusammenfassend gilt jedoch vor allem: Wer in unserer komplexen, also fast unüberschau-
baren, komplizierten und wertepluralen Gesellschaft dem Kind schon früh beibringt, wie
man „nein" sagen und sich angemessen wehren, behaupten, entscheiden und durchsetzen
kann, wenn man Probleme hat, wer also dem Kind von Anfang an hilft, konfliktfähig zu
werden, wer sich immer um die Zustimmung des jungen Menschen zu Forderungen und
Grenzsetzungen bemüht, vermag das Risiko eines späteren Ausweichens mit Drogen aus
den vielen Überforderungen, Belastungen, Versagenserlebnissen und verführerischen Ge-
fährdungen des Alltags erheblich zu minimieren.

Wir wissen, was vor allem gegen Drogenkonsum schützt: Abschreckung, bevor der
junge Mensch damit beginnt. Etwas gegen Drogen zu tun, wenn bereits konsumiert

wird, ist unglaublich schwer. Drogensüchtige kommen eigentlich nur dann vom Stoff wieder weg, wenn sie es selbst wollen.

Jeder zehnte Schüler, der Drogen nimmt, wird süchtig, stellt der Hamburger Suchtexperte Rainer Thomasius fest. Das Einstiegsalter für Haschkonsum ist mittlerweile auf etwa 13 Jahre gesunken, aber schon Zehnjährige beginnen gelegentlich nicht nur mit Nikotin und Alkohol, sondern auch mit Cannabis-Produkten.

Dabei ist zu beachten: Cannabis-Produkte sind heute durch Züchtungserfolge doppelt so stark wie früher, und sie werden oft durch Zusatzstoffe so manipuliert, dass sie zu größeren Hirnschäden führen. Hasch ist also mittlerweile keine „weiche" Droge mehr. Und Hasch wirkt auf Menschen, die noch nicht ausgewachsen sind, deutlich schädlicher als auf Erwachsene.

Ein Alkoholiker muss etwa 15 bis 20 Jahre extremen Alkoholmissbrauch betreiben, bevor er deshalb in einer Klinik landet, beim übermäßigen Haschkonsum Jugendlicher geschieht das aber oft schon nach einem Viertel dieser Zeit.

Dabei ist das Verführungspotenzial sehr groß: Schon 50 Prozent der regelmäßigen Disko-Gänger nehmen Drogen, 38 Prozent sämtlicher 18- bis 24-Jährigen unserer Gesellschaft konsumieren inzwischen Hasch, Kokain, Crack, Ecstasy oder ähnliche Stoffe, und selbst auf Schulhöfen und in Schultoiletten raucht beispielsweise jeder zehnte Hamburger Schüler Joints. Es gibt leider auch noch eine andere Faustregel: Jeder zweite starke Raucher im Jugendalter konsumiert zugleich illegale Drogen.

Frühere Unterschiede zwischen Großstädten und ländlichen Gebieten sind inzwischen nicht mehr vorhanden, eher ist es umgekehrt. Die vermeintliche Langeweile in ländlichen Regionen erhöht das Risiko des Drogeneinstiegs im Vergleich zu den ablenkungsreichen Citys der Großstädte.

Schlimm ist auch noch Folgendes: Jugendliche, die es auf eigenen Wunsch mit Hilfe von Entzug und Therapie geschafft haben, wieder clean zu werden, berichten, dass ihre Lehrer entweder gar nichts von ihrer Abhängigkeit bzw. Sucht bemerkt haben oder dass sie es zwar wahrgenommen, aber lieber weggeschaut haben.

Lange Rede kurzer Sinn: Suchtprävention funktioniert eigentlich nur, wenn sie schon im Grundschulalter beginnt, und zwar indem bereits Kindern die fixenden Wracks z. B. um den Hamburger Hauptbahnhof herum gezeigt werden, indem der Drogenkonsum von Gleichaltrigen massiv verpönt wird und indem Eltern und Lehrer durch Gespräche und das Aufzeigen von Verhaltensalternativen dafür sorgen, dass junge Menschen angemessen auf ihre Alltagsprobleme zugehen können, damit sie „nein" sagen können und nicht im Sog der Jugendkulttrends mit Rausch ausweichen müssen.

Drei von vier Jugendlichen zwischen 14 und 18 Jahren kiffen gelegentlich oder häufig. Elf- bis 13-Jährige lieben Alcopops, also süße Rum-Limonade-Mischungen von Firmen wie Bacardi und Diageo, die zum Beispiel „Smirnoff Ice" heißen. Schon 3,6 Prozent der Elfjährigen trinken regelmäßig solche süßen Verführer, meist aus Anlass von kleinen Partys oder bei Gruppen-Treffs im Freien, so wie vor 50 Jahren Kids heimlich an die Eierlikörflasche in Papas Hausbar gingen. 37 Prozent der 15-jährigen Jungen und 25 Prozent der Mädchen dieser Altersgruppe trinken bereits ziemlich häufig Alkohol. Allein der Umsatz von Alcopops, von denen etwa 20 verschiedenen Varianten im Supermarkt zu haben sind, ist von 2001 auf 2002 um 341 Prozent gestiegen, so dass die Drogenbeauftragte des Deutschen Bundestages Alarm geschlagen hat und ein neues Gesetz die Steuer auf Alcopops drastisch erhöht hat, um sie unattraktiv zu machen. Aber auch Zigaretten, koffeinhaltige Getränke wie Cappuccino, Cola und Red Bull, Beruhigungs-, Kopfschmerz- und Schlaftabletten und schließlich auch Ecstasy, Crack und LSD sowie andere zum Teil Farbhalluzinationen bewirkende Stoffe stehen jungen Menschen neben viel Zucker für einen ständigen Wechsel zwischen Kick und Dämpfung an einem einzigen Tag ihres jungen Lebens irgendwie legal oder illegal zur Verfügung.

Dabei ist die Frage gar nicht so wichtig, ob denn nun Alkohol, Hasch oder Alcopops schädlicher sind, sondern entscheidend ist, dass alles, was irgendwie erlaubt oder zugänglich ist, im Zweifelsfall in einen einzigen Tag gepackt wird, so dass die Balance auf dem Hochseil des Lebens nur noch mit stofflicher Hilfe statt mit wirklichen Erfolgen gelingt. Das Gefährlichste an Drogen ist schließlich die Gewöhnung an das Ausweichen über stoffliche Ersatzbefriedigung anstatt direkt auf aktuelle Probleme zuzugehen. Wer nicht stark genug ist, „nein" sagen zu können, wer Angst hat, ein gehänselter, nicht anerkannter Außenseiter zu werden, der verfällt den Trends und ihren Sogwirkungen, der kann Verführungen nicht widerstehen, der ist ebenso schwach, dass er von außen gelenkt wird. Wer Drogen nimmt, ist innen haltlos, er verzichtet letztendlich auf seine Selbstbestimmung. Und genau das tut dann seinen Eltern weh. Das Sich-langsam-selbst-Aufgeben kann deshalb durchaus mit scheinbar harmlosen Alcopops beginnen.

„Saufen bis zum Koma", titelt ein großes deutsches Magazin. Neu ist dieses Phänomen nicht, aber es hat seit Jahren stetig zugenommen: Jugendliche wollen sich selbst im Spiegel anderer Jugendlicher erproben, meist auf Partys und in Diskos und meist am Wochenende. Motive für den starken Alkoholkonsum gibt es zuhauf: Mit Rausch aus dem oft grauen Alltag, aus elterlichen und schulischen Übererwartungen und den damit verbundenen Niederlagen für einige Stunden auszusteigen; sich selbst in seinen Möglichkeiten und Grenzen auszutesten; Angst vor einem Außenseiterschicksal, wenn man nicht mithalten kann; Imponieren mit der Alkoholmenge, die man aushält; und Enthemmtsein, um etwas zu tun, was man sich sonst nicht traut. Aber selbst derjenige junge Mensch, der alles kann, alles hat und von allen anerkannt ist, möchte – so widersinnig es klingt – Leiden ausprobieren, so wie die anderen mit Abenteuerlust, mit dem Reiz des Prickelnden, das Verbotene zu tun, Grenzen überschreiten, die sie kennen, um zu erfahren, was dann passiert. Extremsport, Mutproben in den vier Wänden, das ist es statt Freeclimbing, Bungee-Springen und Paragliding, nur nicht ganz so gesund. Über 90 Prozent der Kampfsäufer hören nach einer kurzen oder längeren Erprobungsphase damit wieder auf, oft in Richtung normale Dosierung von Alkohol geläutert; der Rest geht den traurigen Weg des Alkoholikers. Und dieser Rest, der von Komaerfahrungen nicht abgeschreckt ist, braucht dann Entzug, Decodierungsprogramme, Selbsthilfegruppen, massive Verpönung der Trunksucht durch geliebte Menschen, Therapien, Verhaltensalternativen und ganz andere Lebenserfolge, als im Kampfsaufen vor den Augen anderer zu siegen.

3. Von der schiefen Bahn auf den rechten Weg: Welche Chancen gibt es noch bei Fünfzehn- bis Achtzehnjährigen?

Auch Jugendliche kann man noch auf den rechten Weg bringen; nur schafft man das meist nicht, indem man sie so liebevoll behandelt, wie man sonst mit normal aufgewachsenen jungen Menschen umgehen sollte.

Außerordentlich schwierige, immer wieder zur Gewalt und zur Kriminalität neigende 15- bis 18-Jährige brauchen zunächst eine sehr deutliche und außerordentlich konsequente Pädagogik, die weniger dem Primat einer stetigen Erziehung folgt als vielmehr der „Explosionsmethode" des ukrainischen Pädagogen Anton S. Makarenko. Die unstetige Überraschung bringt junge Menschen eher aus ihren eingefahrenen Bahnen heraus als das von ihnen Berechenbare. Damit das gelingt, müssen sie in der Regel in Distanz zu ihrem bisherigen Milieu gebracht werden, damit sie von ihren misslichen Freunden und eventuell auch von den Drogen wegkommen. Wenn sie im Rahmen von „Erlebnis-" oder „Segelschiffpädagogik" mit einem Kutter und mit Sozialpädagogen wochenlang über den Atlantik schippern, dann sind sie mehr denn je auf sich selbst geworfen; sie kommen nicht an Drogen heran, haben also Entzug, und sie werden vorübergehend nicht Opfer des Sogs ihrer Jugendgruppe. Sie können sich dann nicht mehr ausschließlich an den Regeln ihrer subkulturellen Nische, die ihnen jede Eigenverantwortung abnimmt, orientieren, sondern müssen sich plötzlich mit völlig anderen Menschen und deren Regeln arrangieren und auf ganz andere Herausforderungen einstellen.

Das erlaubt ihnen einen Neuanfang, eine Neuorientierung, wie es der Zweck der „erlebnispädagogischen Reisen" ist. Aber all diese Unterbrechungen können nur dann auf Dauer effizient sein, wenn es gelingt, dass sie sich zunächst mit Sympathie an zumindest eine neue Bezugsperson, die andere Normen und Werte repräsentiert, binden und wegen dieser ihnen angenehmen Bindung Sorge haben, diese Bezugsperson bald wieder zu verlieren. Im Rahmen einer solchen sicheren personalen Bindung lässt sich dann ein neuer Weltbildaufbau organisieren. In dem Maße, wie sich mit den neuen Werten dann persönliche Erfolge für den jungen Menschen einstellen, beginnt er, etwas weiter in seine Zukunft zu schauen, in eine drogenfreie, in eine gewaltfreie und in eine, die in einen Job oder Beruf und in den Aufbau einer eigenen Familie einmündet. Die Bindungsphase an neue Menschen dauert mindestens vier Wochen, die Bindungsphase an ein neues Weltbild benötigt mindestens ein bis zwei Jahre, und frühestens nach einem weiteren Jahr lassen sich die Grundlagen für Motivation, für Perspektiven in die Zukunft hinein legen, die erst dann einigermaßen gefestigt sind, wenn ein Schulabschluss erreicht und ein Ausbildungsvertrag unterschrieben ist.

Schwer aus der Bahn geworfene Jugendliche sollte man anfangs vollständig umfassen, eventuell indem man sie vorübergehend so unterbringt, dass sie nicht sofort wieder weggelaufen sind, bevor man mit ihnen begonnen hat zu arbeiten. Dann muss abgeprüft werden, zu welchem Pädagogen sich eine wechselseitige Sympathie aufbauen lässt, denn ohne das Sich-gegenseitig-Mögen gelingt das neue Leben nicht. Zu oft haben diese jungen Menschen schon erlebt, dass man es mit ihnen über ihre Krisen hinweg nicht aushält und dass sich die Bindung an einen neuen Pädagogen überhaupt nicht lohnt, weil der sowieso bald wieder weg ist oder weil man selbst bei jeder größeren Schwierigkeit in eine wieder andere Einrichtung „umgetopft" wird (Familie, Vollheim, therapeutisch vorgehendes Heim, Jugendwohnung, Außenwohngruppe, Jugendarrest, Untersuchungsgefängnis, erlebnispädagogische Reise, geschlossene Unterbringung in der Psychiatrie, Pädagogische Farm Kuttula von Kari Björkman in Finnland oder das Bismuna-Projekt des Kinder- und Jugendhilfeverbundes Kiel und seines Pädagogen Dieter Dubbert, wieder ein Heim, wieder eine Jugendwohnung, ständige Schulwechsel, usw.).

Nach der kurzen vollständigen Umfassung des Nicht-weglaufen-Könnens muss in der Phase der engen Bezugsperson-Bindung zunächst eine autoritäre Pädagogik gestaltet werden, fordernd, grenzensetzend, aber noch ohne die Zustimmung des Jugendlichen, der sich in dieser Phase erst einmal an andere Lebensweisen und an die Stärkung seines Körpers gewöhnen muss. Sobald ihm damit auch persönliche Erfolge und Fortschritte sichtbar werden und er das neue Leben zu schätzen und im Vergleich zum vorherigen höher zu bewerten beginnt, kommt der Umschwung in die autoritative Phase, in der es über Erfolge und Gewöhnung an bessere Handlungsstrategien um seine Zustimmung zu Forderungen und Grenzen geht und in der sich die Rationalisierung Richtung stimmiges neues Weltbild, Schulabschluss und Berufsausbildung sowie Perspektiven für die Zukunft zu ereignen hat. Dazu gehört dann eventuell neben einem „Kriseninterventionsprogramm", wie es die Eylardus Schule für Erziehungshilfe im niedersächsischen Bad Bentheim erfolgreich durchführt, auch das Anti-Aggressivitäts-Training oder „Coolness-Training" mit den über viele Monate reichenden Konfrontationen und „Provokationstests" auf dem „Heißen Stuhl", wie es Michael Heilemann und Jens Weidner in der Jugendanstalt Hameln entwickelt haben. Das überdeutliche und auch körperlich bedrängende Konfrontieren mit schlimmen Taten ist jedenfalls ein Stück nachgereichten Weltbildaufbaus plus Grenzsetzung im Rahmen von Rationalisierung. Sie dauert am längsten, bevor dann am Ende das Überflüssigmachen des Pädagogen, also die Ablösung gestaltet werden muss. Die Ablösung sollte aber mit dem Angebot einer lebenslangen Verbundenheit zum Pädagogen verbunden sein, denn gerade die zuvor wurzellosen Jugendlichen, die zumeist gar keinen oder keinen guten Draht mehr zu ihren leiblichen Eltern haben, benötigen mehr als andere Menschen das Gefühl eines lebenslangen Halts, einer hohen Bindungsmöglichkeit für Notfälle auch bei räumlicher Trennung.

Jugendliche, die ein schweres, niederlagenreiches Leben hinter sich haben, die an Grenzübertritte, an das Ignorieren von allgemeinen Normen und Werten jahrelang allzu sehr gewöhnt waren, die oft schon lange nicht mehr in der Schule waren, obwohl sie noch schulpflichtig sind, die sich nächtelang an Bahnhöfen und in miesen Jugendkultnischen mit schrecklichen Freunden herumgetrieben haben, brauchen zunächst eine sehr deutliche Führung an einer sehr kurzen Leine durch neue Bezugspersonen, weil die alten, also auch die Eltern, „verbraucht" sind und nichts mehr für Respekt hergeben und weil man mit ihnen allzu oft trainieren konnte, dass mit ihnen Ausweichen und Regelverstöße letztlich immer wieder möglich sind.

Nur ein totaler Bruch mit dem Alten und ein ganz neuer Anfang mit ganz anderen und anders deutlichen Menschen, die man jedoch mag, verheißen dann noch Erfolg. Bloß verordnete Pädagogen in zugeteilten Institutionen und die Neigung der Behörden, gestrauchelte junge Menschen eher verwalten zu wollen, als dass jemand mit ihnen wie in einer guten Familie oder Freundschaft über alle Krisen hinweg zusammenlebt, bringen im Allgemeinen noch keineswegs die erhofften resozialisierenden bzw. integrativen Fortschritte, jedenfalls nicht bei allen Jugendlichen, auch wenn es bei einigen dennoch gelingt, weil sie selbst auch unter widrigen Bedingungen unbedingt aus ihrem Sumpf herauskommen wollen.

Wenn ein junger Mensch schließlich nach etwa drei Jahren mit einem ganz anderen Weltbild stabilisiert worden ist, wenn er an neue Menschen, an ein neues Weltbild und mit großen Perspektiven an seine Zukunft gebunden ist, dann vermag er übrigens als nun gefestigte Persönlichkeit zu seinen Eltern zurückzukehren, dann ist er vielleicht auch zur Versöhnung, zur Nachsicht oder zur Vergebung bereit und auch zu einer neuen, aber ganz andersartigen Bindung zu ihnen. Die damit einhergehende neue Sichtweise müssen die Eltern dann aber ertragen können; sie haben nämlich nun ein anderes, ihnen weitgehend fremd gewordenes Kind, und diese Veränderung tut ihnen vielleicht weh; aber sie haben es irgendwie zurückbekommen, und allein das sollte sie mehr beglücken als enttäuschen.

4. Berufliche Perspektiven
in einer immer beschäftigungsärmer werdenden Gesellschaft

Mit der Rationalisierung unserer Wirtschaftsprozesse, mit dem Umsichgreifen von Computern und Robotern in der Arbeitswelt produzieren immer weniger Menschen immer mehr. Vor allem „unqualifizierte" Menschen ohne Schulabschluss bleiben dabei auf der Strecke, und unter ihnen vor allem die Jungen.

Fast zwölf Prozent eines Schülerjahrgangs erreichen nicht einmal den Hauptschulabschluss, und so, wie unsere Schulen heute immer noch sind, werden in ihnen die Schlüsselqualifikationen Selbstständigkeit, Handlungskompetenz und Kreativität derart dürftig gepflegt, dass „abgewickelte Menschen" eher zu Hause auf der Couch darauf warten, dass das Arbeitsamt bei ihnen anruft und ihnen einen Job anbietet, als dass sie sich selbst eine berufliche Nische in dieser Gesellschaft einrichten, in der sie gebraucht werden und in der sie ihren Lebensunterhalt erwerben können. Der Schule ist mittlerweile die hohe Verantwortung zugewachsen, junge Menschen selbstständiger, mündiger zu machen, damit sie später auch auf eigenen Beinen stehen können. Nur mit Appellen an die Betriebe, mehr Ausbildungsplätze zur Verfügung zu stellen, wird das Problem langfristig jedenfalls nicht zu lösen sein.

Am oberen Ende der Leistungsfähigkeit von Schülern ist es ebenfalls eng geworden. Begriffe wie „Studentenberg" oder „Akademikerschwemme" stehen dafür. In dem Maße, wie junge Menschen heute bereits erkannt haben, dass die Karrierekonkurrenz immer schärfer wird, sehen sie den Zusammenhang zwischen ihrer schulischen Bildung und ihrem späteren beruflichen Aufstieg immer stärker, und deshalb gehen immer häufiger Schüler auf die Straße, um anderen und mehr Unterricht zu fordern; sie freuen sich nicht mehr über Stundenausfälle wie noch die Generationen zuvor. Je enger es wird, desto weiter greifen die Perspektiven, und deshalb stellen Jugendforscher heute fest, dass Jugendliche nicht mehr so massenhaft wie früher in den Tag hinzuleben gedenken, wie das einmal für die „Null-Bock-Jugend" oder „No-Future-Generation" beschrieben wurde, dass sie stattdessen zunehmend mit deutlich gewachsenem Ehrgeiz an ihrer Zukunft basteln wollen. Die Erwachsenengeneration kann also wieder stolz auf ihren Nachwuchs sein, obwohl sie mit der riesigen Staatsverschuldung schon längst einen Großteil dessen, was der Jugend später zustehen müsste, verwirtschaftet hat.

In Zukunft werden immer weniger Menschen ein Leben lang in einem Beruf bleiben; der Wechsel von Beruf und Arbeitsplatz wird stetig mehr um sich greifen, mit der Gefahr, dass der Einzelne sich in einer Weise auf das Mehr an Mobilität und Flexibilität einstellen muss, dass gleichzeitig seine regionalen und sozialen Bindungen beeinträchtigt werden. „Der Mensch driftet dann nur noch durch das Leben", beschreibt der amerikanische Soziologe Richard Sennett diesen Trend, und er weist darauf hin, dass man diesen Zustand heute schon in den USA und in Großbritannien betrachten könne. Was man am Ende seines Berufslebens macht, hat dort meistens nichts mehr mit dem ursprünglich Gelernten zu tun. Dass jemand sich „von der Pike auf" in einem Betrieb hocharbeitet, ist dort mittlerweile die Ausnahme.

„Junge Menschen müssen lernen, dass sie ein Leben lang werden lernen müssen" ist allerdings auch bei uns ein längst vertrautes Motto. Das andere ist, dass es künftig weniger auf hierarchische betriebliche, aber auch nicht auf universitäre Strukturen mit Chefs und Untertanen ankommen wird als vielmehr auf „Teamwork". Die gewohnte Über- und Unterordnung wird wahrscheinlich zunehmend durch Teamkonkurrenz abgelöst, was nicht so gemeint ist, dass die Mitglieder eines Teams untereinander konkurrieren, sondern Teams müssen sich gegen andere Teams durchsetzen, sonst werden sie aufgelöst; die Gewinnerteams werden belohnt, die anderen fliegen raus. Teamfähigkeit gewinnt als Kernkompetenz eine immer größere Rolle, und die Ausbildungsleiter von Siemens, DaimlerChrysler, BMW und VW sind schon längst dazu übergangen, weniger auf die Abschlusszeugnisse ihrer Bewerber zu gucken, in denen ja keine Schlüsselqualifikationen vermerkt werden, als vielmehr in konstruierten Situationen im Rahmen von mehrtägigen Sichtungsverfahren derjenigen jungen Menschen habhaft zu werden, die sich als besonders handlungs- und erkundungskompetent, team- und konfliktfähig sowie flexibel erweisen.

In diesem Zusammenhang gibt es aber auch noch einen Trost: Jugendliche ohne Schulabschluss oder mit einem schwachen Schulabschluss und Sonderschüler haben in vielen Betrieben eine gute Einstellungschance, weil sie sich mit ihren geringen Qualifikationen als besonders „pflegeleicht" anpassen müssen. Sie müssen notgedrungen flexibel sein, weil sie sonst gefeuert werden; sie müssen die besonders eintönigen und schmutzigen Arbeiten, die in jedem Betrieb anfallen, machen, weil sie nicht zu ihrem Schutz auf eine höhere Qualifikation verweisen können; sie haben sich als auffällig betriebstreu erwiesen, so dass sich die Ausgaben des Betriebes für ihr Anlernen auszahlen, und sie lassen sich fast alles gefallen, sie halten aber auch eher fast alles aus, weil sie keine Ansprüche stellen.

In Großbritannien und in den USA hat sich längst herausgestellt, dass bei schnellen Arbeitsweltwandlungen, bei Umstrukturierungen von Betrieben vor allem die Mittelschichtmitglieder und die mit mittleren Qualifikationen auf der Strecke bleiben, weil sie besonders fest an herkömmlichen Werten hängen und besonders stark in herkömmliche Familienkonstellationen eingebunden sind, die ihnen nicht so viel Flexibilität erlauben, weil sie sich überschätzen und weil sie stets am allerwenigsten mit ihrer beruflichen Situation irgendwo zwischen ganz unten und ganz oben zufrieden sind und deshalb für das Management zu unbequem sind.

Auch das sollte noch gesagt werden: Jugendliche mit schlechten Schulnoten besitzen nach Angaben des Berufsverbandes Deutscher Psychologen häufig derart gute praktische Fähigkeiten, die sie kompensatorisch gegen die Kopflastigkeit der Schule ausgebaut haben, um nicht überall Versager zu sein, dass sie besonders gut in der Ar-

beitswelt vermittelbar sind. Gute Erfahrungen machen Betriebe übrigens auch mit
jungen Menschen, die schwache Noten in ihren Abgangs- oder Abschlusszeugnissen
haben, die deshalb außergewöhnlich lange eine Lehrstelle gesucht und mehr als 100
Absagen hinter sich haben; sie sind sehr motiviert, sie wollen endlich einmal beweisen, dass auch sie tüchtig sein können.

5. Wenn Kinder Kinder kriegen:
Die Familie als Auslaufmodell
und die Bindung zwischen den Generationen

Indem die Generationen immer häufiger nicht mehr noch beieinander, sondern entfernt voneinander wohnen, indem die Familien immer kleiner werden und schneller
als je zuvor wieder zerfallen, ist es nicht mehr selten, dass ein Kind ohne Vater, ohne
Geschwister, ohne Großeltern und ohne Tanten und Onkel aufwächst, und wenn es
sie gibt, leben sie in unserer mobilen Gesellschaft immer häufiger ganz woanders.

Familie ist nicht mehr das, was sie einmal war; Soziologen bezeichnen sie sogar als
„Auslaufmodell", und sie wollen damit sagen, dass auch weiterhin Kinder geboren
werden, dass sie aber in gänzlich andere Situationen als je zuvor hineingeraten: Mama
ist Single oder lebt mit einem Freund zusammen, Mama ist lesbisch und wohnt mit
einer Freundin und deren Kind zusammen, Papa ist allein erziehend, lebt aber mit
einer Freundin oder mit einem Freund zusammen; Mama und Papa haben bereits
Kinder aus erster Ehe, Mama lebt in einer Wohngemeinschaft oder in einem Frauenhaus, oder das Kind wächst bei Oma auf.

Wenn alle diese neuen Varianten von Familie zunehmen, dann entwickeln sich
auch deshalb ganz andere Umgangsformen und Erziehungsweisen, weil herkömmliche Erziehungstraditionen unterbrochen oder auch ganz abgeschnitten werden. Die
Mutter kann keinen Fisch zubereiten, weil sie das bei ihrer Mutter nicht abgucken
konnte; eine Oma, die über Märchenerzählen und Vorlesen aus der Bibel für Werteerziehung sorgen konnte, kommt nicht vor, die historische Tradition, die Großvater
bieten könnte, ist nicht organisierbar, und vor allem ist Mama nicht vor Erziehungsfehlern geschützt, die nahe Verwandte durch Überlieferung von Bewährtem verhindern könnten.

In Russland musste von 1917 bis etwa 1990 niemand mehr seine Kinder selbst erziehen; diese Funktion hatte komplett der Staat mit seinen Institutionen übernommen, damit alle Frauen einer Arbeit nachgehen konnten und damit direkt kon-
trolliert werden konnte, dass das Kind auch so linientreu sozialisiert wird, wie sich
die KPdSU das mit ihren „Agitprop"-Methoden wünschte. Als mit dem Zerfall der
Sowjetunion und ihren Institutionen plötzlich Eltern ihre Kinder wieder selbst erziehen mussten, konnte das kaum noch jemand, und auch die Großeltern konnten nicht

mehr helfen, weil bereits sie ihre Kinder ganz an die Erziehungsweisen der Kinderkrippen, Kindergärten, Horte, Schulen, Ferienlager, Parteijugendorganisationen und Kulturpaläste abgeben mussten.

Auf eine ähnliche, wenn auch nicht ganz so dramatische Situation steuern wir ebenfalls langsam zu. Immer mehr Mütter jobben und geben ihre Kinder in Krippen, Kindertagesheime, Vorschulen, Volle oder Verlässliche Halbtagsgrundschulen, Ganztagsschulen, Nachhilfeinstitute, Musikschulen, Sportvereine, Internate und Ferienlager sowie Auslandsaufenthalte. Die allgemeine familiäre Erziehungskompetenz wird damit immer weniger herausgefordert, und das Bedürfnis nach zeitlich umfangreicher Abgabe des Kindes bei irgendeiner Einrichtung wächst zugleich. Mit der „Kindergartenplatzgarantie" hat der Deutsche Bundestag diesem zunehmenden Erwartungsdruck nachgegeben.

Gleichzeitig bekommen immer jüngere Mädchen immer häufiger ein Kind, und die Väter werden ebenfalls immer jünger. Dass ein 14-jähriges Mädchen von einem 17-Jährigen ein Kind bekommt, ist so selten nicht mehr; in gymnasialen Oberstufen und Berufsschulen sowie während des Studiums ist das noch häufiger. Klar, zunächst müssen dann meist die Mütter der Mütter einspringen, aber die Kinder, die Kinder bekommen haben, sind durchweg dennoch mehr als überfordert. Zwar hilft auch hier wieder Vater Staat, indem eine Sozialarbeiterin der Frauenklinik das Jugendamt informiert, das dann zunächst die Amtsvormundschaft übernimmt, das die junge Mutter mit ihrem Kind eventuell, wenn deren Eltern sich ablehnend und konfliktreich empört zeigen, weil die Tochter die Schwangerschaft aus Hilflosigkeit und Scham bis zur Geburt hin zu verbergen vermochte, in ein Frauenhaus und in eine Mütterschule, in die Mutter und Kind gemeinsam bis zu ihrem Hauptschulabschluss gehen können, vermittelt, das für die Ausstattung und später für eine eigene Wohnung, eine Tagesmutter, ein Wohngeld und den Unterhalt sorgt oder das das Kind, wenn nötig, schließlich zur „halboffenen Adoption" freigibt.

Aber gut tut dem Kind das alles nicht, zumal dann nicht, wenn die junge Mutter sich nicht auf ihr Kind gefreut hat, wenn sie die Schwangerschaft zu verbergen suchte oder gar das Neugeborene aussetzen wollte, wenn es zur konfliktträchtigen Offenbarung kommt, wenn der junge Vater aber nichts mit dem Kind zu tun haben will und seine Eltern und die der jungen Mutter auch nicht und wenn die junge Mutter rein gar nichts von Erziehung versteht und sich auch überhaupt nicht auf die Geburt und das Kleinkindalter vorbereitet hat oder vorbereiten konnte.

Wir müssen in Zukunft wahrscheinlich junge Menschen viel früher und viel besser, vor allem aber flächendeckend auf ihre Eltern- und Erzieherrolle vorbereiten. Die vorhandenen staatlichen und privaten Anlaufstellen wie Elternschulen, Familien-, Mütter- und Erziehungsberatungsstellen und Praxen mit Schwangerschaftsgymnastik reichen für Problemfälle, wie eben geschildert, jedenfalls nicht aus; sie vermögen nur erzieherische Kompetenzen zu vermitteln, wenn jemand freiwillig zu ihnen kommt, und das ist für unsere Gesamtgesellschaft zu wenig.

Eigentlich bräuchten wir in sämtlichen 9. Klassen Deutschlands allwöchentlich eine Stunde ein Fach wie „Erziehungskunde". So etwas Ähnliches wurde aber in Bayern unlängst gerade abgeschafft, obwohl es den jungen Menschen nur Nutzen brachte.

In Nordrhein-Westfalen und Brandenburg gibt es in vielen Gymnasien und Gesamtschulen in der Oberstufe einen Leistungskurs Pädagogik, der bedauerlicherweise weit überwiegend nur von Mädchen besucht wird. Nach Auskunft der Lehrer bringt er aber den Teilnehmern außerordentlich viel mit einem vergleichsweise geringen Aufwand: Verfolgt man ihr weiteres Leben, kann man nämlich feststellen, dass diejenigen Mädchen und die wenigen Jungen, die sich zwei Jahre lang etwas mehr mit Erziehungsthemen auseinandergesetzt haben, durchweg später ihre eigenen Kinder so gut erziehen, dass man sie als gelungen bezeichnen kann. Eine gute Elternschaft lässt sich also durchaus erlernen.

Den besten Beleg dafür, dass Erziehung eigentlich nicht schwer ist, wenn man nur häufig und genug darüber spricht, bietet die traditionsreiche Hamburger Mütterschule, die 13- bis 16-jährige Mädchen mit ihren Babys besuchen, um dort den Hauptschulabschluss zu erwerben. Dort wird nach dem Lehrplan der Hauptschule unterrichtet, aber jeden Tag wird auch über Kinderpflege, Kinderernährung und Kindererziehung gesprochen und danach gleich vor Ort gehandelt. Obgleich die jungen Mütter eher aus nicht so guten Verhältnissen stammen und oft selbst erzieherisch defizitär aufgewachsen sind, was heißt, dass sie in Sachen Erziehung keine gute erzieherische Tradition am eigenen Leib erfahren haben, machen sie es fortan mit der Erziehung ihrer eigenen Kinder ausgesprochen gut, wie die Lehrerinnen berichten, die ihre Schülerinnen auch nach der Schulzeit auf ihrem weiteren Lebensweg verfolgen.

Dass Erziehung leicht ist, wenn man nur genügend oft darüber mit anderen Menschen spricht, wissen wir jedenfalls auch von Schulen, an denen mehrmals im Halbjahr Elternabende mit Erziehungsthemen stattfinden, und von regelmäßig angebotenen Elternstammtischen, an denen nicht über Schulorganisation, sondern über Erziehung geredet wird.

6. Ist mein Kind ein Ego-Taktiker?

Die Anthroposophen, die die Waldorfschulen betreiben, sagen, wir würden in einer Gesellschaft voller sich aufrichtender Ichs leben. Das steht für zunehmenden Egoismus, für Ellenbogengesellschaft und wohl auch für das Unwort des Jahres 2002, nämlich „Ich-AG". Wenn das so ist, haben wir Demokratie erzieherisch nicht richtig umgesetzt. Denn unser Grundgesetz erlaubt uns zwar Freiheit und Eigentümlichkeit, es darf also jeder Mensch verschieden vom nächsten sein, aber soziales Verhalten,

Hilfsbereitschaft, Rücksichtnahme, Sich-einfühlen-Können und Respekt vor anderen sind ebenso wichtig.

Die letzte Shell-Jugendstudie des Jahres 2002 hat ergeben, dass unsere Zwölf- bis 25-Jährigen zwar einerseits viel Spaß für sich selbst haben wollen, dass sie andererseits aber auch mehr denn je an ihre Zukunft und an ihre Karriere denken. Beides ist tatsächlich sehr ichbezogen, so dass der Bielefelder Wissenschaftler Klaus Hurrelmann unsere heutige Jugend als eine Generation von „Ego-Taktikern" bezeichnet. Andererseits gibt es jedoch auch viele soziale junge Menschen, die gleich nach Veröffentlichung der sie so schlecht beleumundenden Shell-Studie diese Lügen straften, als sie bei der großen Flut in Ostdeutschland 2002 mehr als viele Erwachsene bis zur Erschöpfung halfen. Und die deutsche PISA-Studie bescheinigt gerade Schülern aus Nordrhein-Westfalen und Bremen, die bei den Schulleistungen nicht so gut abschnitten, Spitzenwerte im sozialen Engagement.

Studien können übrigens durchaus zu falschen Ergebnissen kommen, und sie messen meist nur, was ihre Autoren schon vorher bestätigt wissen wollten.

Ich glaube, dass wir heute insgesamt eine wunderbare Jugend haben, und zwar von einigen schwarzen Schafen abgesehen. Im Übrigen sind die Begriffe „Spaßgesellschaft" und „Sozialstaat" überhaupt kein Widerspruch; denn was bereitet mehr Genugtuung, als anderen Menschen zu helfen, und was macht mehr Spaß, als andere zu beschenken, auch nicht-materiell?

Eltern sind Vorbilder, und Eltern haben oft die Regeln der Ellenbogengesellschaft so gut verstanden, dass sie schon in der Sandkiste von ihren Kleinen verlangen, sich mit Gewalt durchzusetzen; und wenn die Zweijährigen das dann tun, sind ihre Eltern stolz und loben das Durchsetzungsverhalten, zumal bei Jungen. Erich Kästner hat einmal gesagt: „Wir können nicht wieder werden wie Kinder; aber wir können verhindern, dass sie werden wie wir." 43,2 Prozent der Mütter und Väter sehen im Ego-Trip ihrer kleinen Rambos, die ihren Plastik-Lastwagen einem Gleichaltrigen schroff aus der Hand reißen, eine „ritterliche Eigenschaft", hat die Zeitschrift „Familie & Co" ermittelt. Kinder solcher Eltern wachsen mit den Lebensmaximen auf: „Mein Turm ist höher, mein Spielzeugauto ist teurer, meine Klamotten sind cooler, und bald habe ich das beste Handy." Dabei hat doch schon Jean Cocteau gemahnt: „Gute Erziehung besteht darin, das man verbirgt, wie viel man von sich selber hält und wie wenig von den anderen."

7. Ablösung vom Elternhaus

Die langsame Ablösung des jungen Menschen vom Elternhaus – erst innerlich, dann auch äußerlich und dann später nur seelisch, jedoch meist nicht mehr körperlich zurückkehrend – ist für klammernde Eltern voller Besitzansprüche an ihre Kinder und für solche, die ihr Kind als Partnerersatz missverstehen, sehr schmerzhaft.

In der Regel tendieren junge Menschen etwa um ihr 19. Lebensjahr herum deutlich von zu Hause weg, nachdem sich dies bereits zuvor durch häufigeres und weiter entferntes Wegbleiben angebahnt hat. Jugendliche, die sich in ihrer Herkunftsfamilie nie sonderlich wohl gefühlt haben, lösen sich früher und stärker ab, solche, die sich dort aber geborgen fühlen, später.

Störende Kinder haben dabei oft schon lange vor ihrem Auszug ihren Lebensmittelpunkt ganz woanders, im Zweifelsfall sogar auf der Straße oder in einer misslichen familienersetzenden Subkultur.

Eltern, die die fortschreitende Reifung ihres Kindes nicht bewusst mitvollziehen, die ihren Jugendlichen immer noch wie ein kleines Kind behandeln, treiben ihn eher von sich weg, weil sie ihn zwingen, sein natürliches Bedürfnis nach erwachsenen Umgangsformen woanders zu befriedigen.

Ein bestimmter Freund oder eine Freundin können übrigens auch schlagartig eine innere oder äußere Ablösung vom Elternhaus bewirken, ebenso wie die Ansteckung durch eine Jugendsekte, eine politisch-ideologische Nische oder durch die Drogenszenerie.

Wer total verliebt der Faszination eines einzelnen Menschen oder einer Gruppe erlegen ist, ist – da Liebe blind macht – oft bereit, alles Althergebrachte plötzlich über Bord zu werfen. Er opfert dafür eventuell sogar leichten Herzens seine Eltern, sein Zuhause und seine Heimat.

Wenn dann späterhin Ernüchterung oder Enttäuschung folgen, kann es geschehen, dass der junge Mensch geläutert, reumütig und um Erfahrungen reicher zurückkehrt. Es kann aber auch sein, dass Scham oder Stolz, den Fehler nicht zugeben zu wollen, einer Rückkehr im Wege stehen, wenn die Eltern nicht den Brückenschlag organisieren.

Jedenfalls sollte Eltern nicht weh tun, was normal ist: Auf die Frage des Instituts iconkids & youth, was ihnen am wichtigsten sei, haben die Zwölf- bis 18-Jährigen im Jahre 2004 geantwortet: Freunde (54 Prozent), Schule und Beruf (39 Prozent), Eltern (34 Prozent), Besitz (14 Prozent), Freizeit (14 Prozent).

Schlussbemerkung: Kinder, Gesellschaft und die Erziehung im neuen Jahrhundert

Die beste Erziehungswissenschaft ist die, die in der Seele eines Kindes wie in einem Buch zu lesen vermag.

Ich tue das seit Jahrzehnten. Dabei habe ich sehr viele schwierige und auch gelungene Kinder, ihre Eltern, ihre Lehrer und eine große Zahl von Institutionen im In- und Ausland erlebt; ich habe ihnen helfen können, gelegentlich aber auch nicht, weil es beispielsweise Eltern gibt, die ein neurotisch-gestörtes Kind als Lebenszweck ge- bzw. missbrauchen und die sofort den Kontakt unterbinden, wenn das Kind Fortschritte macht, die ihnen ein gewisses Maß ihres sinngebenden „Helfersyndroms" rauben. Das ist ihnen keineswegs bewusst, aber für das Kind ist es dennoch verheerend.

Unsere Gesetze erlauben eben immer noch nicht die „Zwangsbeglückung" von Kindern. Maßstab für amtliche Entscheidungen ist – trotz aller gegenteiligen Behauptungen – nicht vorrangig das Wohl des Kindes, sondern vielmehr das Elternrecht. Wenn einem Kind beispielsweise eine konkrete Tagesmutter als Ergänzung einer hilflosen oder auch sehr kranken leiblichen Mutter außerordentlich gut bekommt, dann kann die Mutter dennoch, wenn sie in sich Rivalität spürt und wenn das elterliche Sorgerecht und das Aufenthaltsbestimmungsrecht bei ihr liegen, die Tagesmutter jederzeit wieder „über Bord kippen", auch wenn ihrem Kind das zum Nachteil gereicht, wie Präventionslehrer beklagen, die gemeinsam mit der Tagesmutter längst gute Verhaltensfortschritte bei dem Jungen oder dem Mädchen erzielen konnten.

Aber was soll man anderes von einem Staat erwarten, dessen Jugendämter (wie in Schleswig-Holstein) ihrer Obhut unterstellte Kinder und Jugendliche im internen Schriftverkehr als „Produkte" bezeichnen?

Zum Glück sind die meisten Eltern gut zu ihrem Kind, und die restlichen Eltern meinen es mehrheitlich wenigstens gut mit ihm, auch wenn sie hilflos, überfordert oder erzieherisch ganz und gar nicht erfolgreich sind.

Einigen wenigen Kindern muss man jedoch die Trennung von ihren Eltern wünschen. In Deutschland ist allerdings nicht möglich, was dem zwölfjährigen Gregory Kingsley in den USA eine neue Klarheit gebracht hat: Er hat sich im September 1992 vor Gericht von seiner Mutter scheiden lassen, um als Adoptivsohn in seiner Pflegefamilie, die ihn zuvor aufgenommen hatte, bleiben zu können. Viele erhofften sich auch bei uns von diesem Urteil einen Ausstrahlungseffekt, der zur allgemeinen Stärkung von Kinderrechten in der ganzen Welt führt. Gregory Kingsleys Kommentar nach der Verhandlung belegt übrigens sein in der neuen Familie und durch die Scheidung von seiner Mutter gewonnenes Selbstwertgefühl: „Ich habe dieses nicht gegen meine Mutter getan, ich habe es für mich selbst getan, weil ich glücklich sein möchte."

Wie sagt doch der Entwicklungspsychologe Jerome Kagan: „Die Verantwortung für unsere Kinder dauert vom ersten Schrei (wobei er irrt, denn sie beginnt mit der Zeugung) bis zur Adoleszenz; wenn der dazwischen liegende 20-jährige elterliche Blindflug mit der gelungenen Landung in der Erwachsenenwelt endet, können alle Beteiligten von Glück reden."

Was er damit allerdings nicht meint, ist der Hang vieler Eltern, mit Wahn ihren Säugling fördern zu wollen, um dann später den Jugendlichen zu vernachlässigen. Warum tun Eltern das? Sie tun es, weil sie den Jugendlichen wie den Säugling fördern wollen und nicht verstehen, dass ein Jugendlicher etwas ganz anderes braucht als ein Säugling.

Hilfreiche Adressen

- Schulsorgentelefon von Familie & Co, jeden Mittwoch von 15 bis 17 Uhr,
  Tel.: 01802–262323
- Lern- und Motivationstraining im Rahmen von Tages- und Ferienseminaren, LernTeam,
  Tel.: 06421–169 690, Fax: 06421–169 6929
- Bundesvereinigung Stotterer-Selbsthilfe, Gereonswall 112, 50670 Köln,
  Tel.: 0221–139 11 06
- Deutscher Bundesverband für Logopädie, Augustinusstr. 11a, 50226 Frechen,
  Tel.: 02234–69 11 53
- Elterninitiative zur Förderung hyperaktiver Kinder, Clemensstr. 13, 99817 Eisenach,
  Tel.: 03691–21 55 55
- Deutsche Gesellschaft für das hochbegabte Kind, Sonderhauser Str. 80, 12249 Berlin,
  Tel.: 030–711 77 18
- William-Stern-Gesellschaft für Begabungsforschung und Begabtenförderung e.V.:
  Talentförderung Mathematik, Universität Hamburg, Von-Melle-Park 5, 20146 Hamburg,
  Tel.: 040–428 38–5524
- Hochbegabtenförderung e.V., Gürtelstraße 29a/30, 10247 Berlin, Tel.: 030–297 78 895 und
  Am Pappelbusch 45, 44803 Bochum, Tel.: 0234–93 56 70
- Beratungsstelle besondere Begabungen (BbB), Winterhuder Weg 11, 22085 Hamburg,
  Tel.: 040–42863–2929
- Bundesverband Aufmerksamkeitsstörung, Hyperaktivität e.V., Postfach 60,
  91291 Forchheim, Tel.: 09191–348 74
- Kinderzentrum für Wahrnehmungsstörungen, Büdinger Str. 17, 60435 Frankfurt a.M.,
  Tel.: 069–54 80 80 21
- Bundesverband Legasthenie, Königstr. 32, 30175 Hannover, Tel.: 0511–31 87 38
- Verein Lesen und Schreiben, Große Bergstr. 261, 22767 Hamburg, Tel.: 040–38 19 00
- Deutsche Beratungsstelle für Linkshänder und umgeschulte Linkshänder,
  Sendlinger Str. 17, 80331 München, Tel.: 089–26 86 14
- Online-Adresse bei Dyskalkulie: www.rechenschwäche.de
- Online-Adresse bei Hausaufgabenproblemen: www.learnetix.de
- Online-Adresse für Internetlernen: www.lernnetz-sh.de/l3n/start.html
- Institut für mathematisches Lernen und Praxis für Dyskalkulie, Grindelberg 45,
  20144 Hamburg, Tel.: 040–422 42 21
- Schülerzirkel Mathematik/Mathematische Gesellschaft, Universität Hamburg,
  Bundesstr. 55, 20146 Hamburg, Tel.: 040–428 38 5177
- Arbeitsgemeinschaft Evangelischer Schulbünde, Im Tiergarten 5, 57076 Siegen,
  Tel.: 0271–72171
- Euro-Internatsberatung, Grillparzerstr. 46, 81675 München, Tel.: 089–45 55 550

- ISIS-Independent Schools Information Service (für britischen und andere Internate), Rügenstr. 18, 45665 Recklinghausen, Tel.: 02361–42975
- Arbeitskreis Katholischer Schulen, Kaiserstr. 163, 53113 Bonn, Tel.: 0228–1030
- Bundesverband Deutscher Privatschulen, Darmstädter Landstr. 85 a, Frankfurt a. M., Tel.: 069–609 1890
- Bund der Freien Waldorfschulen, Heidehofstr. 32, 70184 Stuttgart, Tel.: 0711–210 42–0
- Bundesverband Freier Alternativschulen, Wiemelhauser Str. 270, 44799 Bochum, Tel.: 0234–726 48
- Heilpädagogisches Lern- und Förderstudio, Waldheidestr. 44, 32758 Detmold, Tel.: 05231–62 87 50
- Kindernetzwerk für kranke und behinderte Kinder- und Jugendliche, Hanauer Str. 15, 63739 Aschaffenburg, Tel.: 0602–120 30
- Autismus-Institut, Bebelallee 41, 22297 Hamburg, Tel.: 040–511 68 25
- Forschungsinstitut für Kinderernährung, Heinstück 11, 44225 Dortmund, Tel.: 0231–71 40 21
- Kinderernährungswerk, Ausschläger Weg 68, 20537 Hamburg, Tel.: 040–254 36 00
- Verein für Familien- und Kinderrechte bei Trennungen, Postfach 100148, 31312 Sehnde, Tel.: 05138–616016
- Verband für allein erziehende Mütter und Väter, Beethovenallee 7, 53173 Bonn, Tel.: 0228–35 29 95
- Verband Scheidungsgeschädigter, Wiclefstr. 37, 10551 Berlin, Tel.: 030–395 57 94
- Privates Institut für Schulberatung, Albrechtstr. 10, 12165 Berlin, Tel.: 030–79 70 31 31
- Arbeitskreis für Montessori-Pädagogik, Hochwildpfad 8, 14169 Berlin, Tel.: 030–342 27 05
- Gesellschaft für ganzheitliches Lernen e.V., Postfach 110320, 46262 Dorsten
- Lerntherapie, Christine Klüfers-Berger, Waldweg 85, 22393 Hamburg, Tel.: 040–600 78 61
- Verein für werdende und junge Eltern e.V., Ehrenfeldstr. 34, 44789 Bochum, Tel.: 0234–30 06 15
- Studienkreis – Lernen mit System, Universitätsstr. 104, 44799 Bochum, Tel.: 0234–97 60 01
- Bundesverband zur Förderung Lernbehinderter e.V., Rolandstr. 61, 50677 Köln, Tel.: 0221–38 06 66
- Institut für produktives Lernen in Europa, Karl-Schrader-Str. 6, 10781 Berlin, Tel.: 030–21 79 20
- Staatliche Internatsschule für Sprachbehinderte, Golfstr. 5, 21465 Wentorf, Tel.: 040–729200
- ADS e.V., Sabine und Mike Townson, Postfach 1165, 73055 Ebersbach, Tel.: 07163–2855
- Streitschlichter-Ausbildung: Dyrda & Partner, Institut für Innovation und Qualität, 41460 Neuss, Tel.: 02131–260 12
- Verein gegen psychosozialen Stress und Mobbing, Kemmelweg 10, 65191 Wiesbaden, Tel.: 0611–54 17 37
- Bundesarbeitsgemeinschaft zur Förderung haltungs- und bewegungsauffälliger Kinder und Jugendlicher, Friedrichstr. 14, 65185 Wiesbaden, Tel.: 0611–37 42 09
- Bundeselternrat, Görrestr. 13, 53113 Bonn, Tel.: 0228–269 93 14
- Bundesverband drogenabhängiger Jugendlicher, Herzbergstr. 82, 10385 Berlin, Tel.: 030–556 70 20
- Deutscher Neurodermitiker-Bund, Spaldingstr. 210, 20097 Hamburg, Tel.: 040–23 08 10

Literatur

Amendt, Gerhard: Wie Mütter ihre Söhne sehen, Bremen 1993.

Ariès, Philippe: Geschichte der Kindheit, München 1993.

Arlt, Marianne: Pubertät ist, wenn die Eltern schwierig werden, Freiburg i.Br. 1992.

Ayres, A. Jean: Bausteine der kindlichen Entwicklung, Berlin 1984.

Bäuerle, Siegfried (Hrsg.): Der suchtgefährdete Schüler, Regensburg 1993.

Beck, Johannes: Der Bildungswahn, Reinbek 1994.

Billhardt, Jutta: Hochbegabte: Die verkannte Minderheit, Würzburg 1996.

Büttner, Christian: Mit aggressiven Kindern leben, Weinheim [3]1992.

Defersdorf, Roswitha: Drück mich mal ganz fest, Freiburg i.Br. 1991.

Ekman, Paul: Warum Kinder lügen, Hamburg 1990.

Fend, Helmut: Theorie der Schule, München [2]1981.

Ferchhoff, Wilfried: Patchwork-Jugend, Opladen 1997.

Firnhaber, Mechthild: Legasthenie und andere Wahrnehmungsstörungen, Frankfurt a.M. [2]1996.

Friesen, Astrid von: Liebe spielt eine Rolle; Erziehung im Geben und Nehmen, Reinbek 1995.

Gardner, Howard: Der ungeschulte Kopf; Wie Kinder denken, Stuttgart 1993.

Goetze, Herbert (Hrsg.): Pädagogik bei Verhaltensstörungen – Innovationen, Bad Heilbrunn 1994.

Goldstein, Sonja/Albert J. Sonit: Wenn Eltern sich trennen; Was wird aus den Kindern?, Stuttgart 1989.

Grefe, Christiane: Ende der Spielzeit; Wie wir unsere Kinder verplanen, Berlin 1995.

Guntern, Gottlieb (Hrsg.): Imagination und Kreativität; Playful Imagination, Zürich 1995.

Hallowell, Edward M./John Ratey: Zwanghaft zerstreut; ADD – Die Unfähigkeit, aufmerksam zu sein, Reinbek 1998.

Hartmann, Tom: Eine andere Art, die Welt zu sehen; Das Aufmerksamkeitsdefizitsyndrom, Lübeck 1997.

Heilemann, Michael/Gabriele Fischwasser-von Proeck: Gewalt wandeln; Das Anti-Aggressivitäts-Training AAT, Lengerich 2001.

Heitmeyer, Wilhelm u.a.: Gewalt; Schattenseiten der Individualisierung bei Jugendlichen aus unterschiedlichen Milieus, Weinheim 1995.

Hennig, Claudius/Gustav Keller: Anti-Streß-Programm für Lehrer, Donauwörth 1995.

Hentig, Hartmut von: Bildung; Ein Essay, München 1996.

Hesse, Silke/Klaus Hurrelmann: Gesundheitserziehung in der Schule, in: Prävention 2/1991, S. 50ff.

Hurrelmann, Klaus: Familienstreß, Schulstreß, Freizeitstreß; Gesundheitsförderung für Kinder und Jugendliche, Weinheim 1990.

Hurrelmann, Klaus/Heidrun Bründel: Gewalt macht Schule, München 1994.

Kagan, Jerome: Die drei Grundirrtümer der Psychologie, Weinheim 2000.

Kammerer, Dorothea: Aggression und Gewalt bei Jungen, München 1993.

Kohlberg, Lawrence: Zur kognitiven Entwicklung des Kindes, Frankfurt a. M. 1974.

Korczak, Janusz: Wie man ein Kind lieben soll, Göttingen 1971.

Lasch, Christopher: Geborgenheit; Die Bedrohung der Familie in der modernen Welt, München 1987.

Link, Manfred: Schulversagen; Ursachen verstehen, gezielt helfen, Reinbek 1995.

Makarenko, Anton S.: Ausgewählte pädagogische Schriften, hrsg. von Horst E. Wittig, Paderborn 1961.

Mallet, Carl-Heinz: Untertan Kind, Frankfurt a. M. 1990.

Martin, Lothar R.: Gewalt in der Schule und Erziehung; Grundformen der Prävention und Intervention, Bad Heilbrunn 1999.

Mönks, Franz. J./Irene H. Ypenburg: Unser Kind ist hochbegabt; Ein Leitfaden für Eltern und Lehrer, München 1993.

Molcho, Samy: Körpersprache der Kinder, München 1992.

Montagu, Ashley: Körperkontakt, Stuttgart 1992.

Morris, Desmond: Babywatching; Was dir dein Baby sagen will, München 1991.

Mosler, Bernhard: Mehr Zukunftschancen? Wissen anders organisieren, Frankfurt a. M. 1995.

Neill, Alexander S.: Theorie und Praxis der antiautoritären Erziehung; Das Beispiel Summerhill, Reinbek [14]1970.

Nelson, Jane: Kinder brauchen Ordnung, München 1992.

Neuhaus, Cordula: Das hyperaktive Kind, Ravensburg 1996.

Palla, Rudi: Die Kunst, Kinder zu kneten; Ein Rezeptbuch der Pädagogik, Frankfurt a. M. 1997.

Perelman, Lewis J.: School's Out, New York 1993.

Pöppel, Ernst: Lust und Schmerz; Über den Ursprung der Welt im Gehirn, München 1995.

Postman, Neil: Das Verschwinden der Kindheit, Frankfurt a. M. [7]1982.

Postman, Neil: Wir amüsieren uns zu Tode, Frankfurt a. M. 1985.

Postman, Neil: Keine Götter mehr; Das Ende der Erziehung, Berlin 1995.

Postman, Neil: Die zweite Aufklärung, Berlin 1999.

Pütz, Günter u. a. (Hrsg.): An Wunder glauben …; Die Kunst der Psychomotorik, das „Unbegreifliche" erfahrbar zu machen, Dortmund 1998.

Redl, Fritz/David Wineman: Kinder, die hassen, München [4]1984.

Reinprecht, Hansheinz: Kinder erziehen ohne Ärger, Graz 1993.

Riegel, Enja: Schule kann gelingen! Wie unsere Kinder wirklich fürs Leben lernen, Frankfurt a. M. 2004.

Rogge, Jan-Uwe: Kinder brauchen Grenzen, Reinbek 1998.

Rossberg, Ewa: Einzelkinder, Reinbek 1993.

Ruf-Bächtiger, Lislott: Das frühkindliche psychoorganische Syndrom, Stuttgart 1991.

Schmidtbauer, Wolfgang: Die Angst vor Nähe, Reinbek [3]1985.

Schnack, Dieter/Rainer Neutzling: Kleine Helden in Not; Jungen auf der Suche nach Männlichkeit, Reinbek 1990.

Schultz, Hans J. (Hrsg.): Trennung, Stuttgart 1984.

Spranger, Eduard: Psychologie des Jugendalters, Heidelberg [26]1960.

Starck, Willy: Die Sitzenbleiberkatastrophe, Stuttgart 1974.

Struck, Peter: Neue Lehrer braucht das Land; Ein Plädoyer für eine zeitgemäße Schule, Darmstadt 1994.

Struck, Peter: Zuschlagen, Zerstören, Selbstzerstören; Kinder, Jugendliche und Gewalt, Darmstadt 1995.

Struck, Peter: Die Kunst der Erziehung; Ein Plädoyer für ein zeitgemäßes Zusammenleben mit Kindern und Jugendlichen, Darmstadt 1996.

Struck, Peter: Die Schule der Zukunft; Von der Belehrungsanstalt zur Lernwerkstatt, Darmstadt 1996.

Struck, Peter: Erziehung von gestern, Schüler von heute, Schule von morgen, München 1997.

Struck, Peter: Netzwerk Schule; Wie Kinder mit dem Computer das Lernen lernen, München 1998.

Struck, Peter/Ingo Würtl: Vom Pauker zum Coach; Die Lehrer der Zukunft, München 1999.

Struck, Peter: Die 15 Gebote des Lernens, Schule nach PISA, Darmstadt 2004.

Vogt, Gregor M./Stephen T. Sirridge: Söhne ohne Väter, Frankfurt a. M. 1993.

Voß, Reinhard/Roswitha Wirtz: Keine Pillen für den Zappelphilipp; Alternativen im Umgang mit unruhigen Kindern, Reinbek 1991.

Weidner, Jens/Dieter Kreft (Hrsg.): Gewalt im Griff; Neue Formen des Anti-Aggressivitäts-Trainings, Weinheim 1997.

Wieck, Wilfried: Söhne wollen Väter; Wider die weibliche Umklammerung, Hamburg 1992.

Winn, Marie: Kinder ohne Kindheit, Reinbek 1992.

Zeltner, Eva: Generationen-Mix, Bern 1998.

Zimmer, Katharina: Wer sind unsere Kinder?, München 1994.

Zöller, Dietmar: Wenn ich mit euch reden könnte …; Ein autistischer Junge beschreibt sein Leben, München 1991.

Register

Vita

Prof. Dr. Peter Struck, geb. 1942, war zehn Jahre Volks- und Realschullehrer und danach vier Jahre lang Schulgestalter in der Behörde für Schule, Jugend und Berufsbildung in Hamburg. Seit 1979 hat er eine Professur für Erziehungswissenschaft an der Universität Hamburg. Seine Arbeitsschwerpunkte sind Sozial- und Schulpädagogik, Bildungspolitik, Jugendforschung, Familienerziehung und Medienpädagogik. Seine wichtigsten Bücher: „Die Hauptschule" (1979), „Projektunterricht" (1980), „Pädagogik des Klassenlehrers" (1981), „Erziehung gegen Gewalt" (1994), „Neue Lehrer braucht das Land" (1994), „Schulreport" (1995), „Die Kunst der Erziehung" (1996), „Die Schule der Zukunft" (1996), „Erziehung von gestern, Schüler von heute, Schule von morgen" (1997), „Netzwerk Schule, Wie Kinder mit dem Computer das Lernen lernen" (1998), „Vom Pauker zum Coach – Die Lehrer der Zukunft" (1999), „Erziehung für das Leben" (2000), „Wie schütze ich mein Kind vor Gewalt in der Schule?" (2001), „Lernlust statt Erziehungsfrust" (2001), „Gebrauchsanweisung für die Schule" (2001), „Wie viel Marke braucht mein Kind" (2002), „Schule macht Spaß" (2003) und „Die 15 Gebote des Lernens – Schule nach PISA" (2004).

Kontaktadresse: Prof. Dr. Peter Struck, Bornstraße 25, 20146 Hamburg, Tel. und Fax: 040–45 87 32, E-Mail: i4@erzwiss.uni-hamburg.de und Prof. Dr. Peter Struck@t-online.de